借钱

利息、债务和资本的故事

[美]查尔斯·R.盖斯特(Charles R. Geisst) 著 蒋小虎 译

BEGGAR THY NEIGHBOR

A HISTORY OF USURY AND DEBT

北京联合出版公司
Beijing United Publishing Co.,Ltd.

图书在版编目（CIP）数据

借钱 ：利息、债务和资本的故事 / （美）查尔斯·R.盖斯特著 ；蒋小虎译. -- 北京 ：北京联合出版公司, 2019.6

ISBN 978-7-5596-2993-7

Ⅰ. ①借… Ⅱ. ①查… ②蒋… Ⅲ. ①信贷—通俗读物 Ⅳ. ①F830.5-49

中国版本图书馆CIP数据核字(2019)第046990号

著作权合同登记 图字：01-2019-2001

借钱：利息、债务和资本的故事

作　　者：［美］查尔斯·R.盖斯特

出版统筹：新华先锋

责任编辑：管　文

策划编辑：海　莲

封面设计：王　鑫

版式设计：朱明月

北京联合出版公司出版

（北京市西城区德外大街83号楼9层 100088）

天津旭丰源印刷有限公司印刷　新华书店经销

字数245千字　787mm×1092mm　1/16　28印张

2019年6月第1版　2019年6月第1次印刷

ISBN 978-7-5596-2993-7

定价：168.00元

目　录
Contents

前　言
Preface

发现美洲大陆之后，人们渴求资产，情愿付息。这时神学家不得不对其说教布道进行重新定位。倘若人们真到了嗜钱如命、甘愿付息的田地，教会伦理就免不了改天换地。

——理查德•亨利•达纳（美国作家、律师），1867 年

就在恺撒大帝遭遇暗杀的七年前[1]，时任奇里乞亚（Cilicia）省长的马库斯•图利乌斯•西塞罗（Marcus Tullius Cicero）和罗马某省的年轻官员马库斯•尤尼乌斯•布鲁图（Marcus Junius Brutus）展开了一场辛辣激烈的唇枪舌战。这位资深的政治家斥责轻狂的布鲁图滥用自己在塞浦路斯（Cyprus）的行政权力搜刮民脂民膏、中饱私囊。据西塞罗收到的消息，布鲁图在塞浦路斯以高出罗马法律规定最高数额四倍的利息发放贷款；更令人忍无可忍的是，他居然匿名躲在

[1] 即公元前 51 年。

某个代理人后面，而那个代理人为了收回贷款，心狠手辣、不择手段。西塞罗就此事警告布鲁图，布鲁图却置若罔闻，依旧我行我素。结果是，布鲁图腰缠万贯地回到了罗马。

西塞罗因此创造了一个新词，后来成了罗马法律的基石。之后的一千八百年间，这段故事口笔相传，亚当·斯密（Adam Smith）在《国富论》（*Wealth of Nations*）中也有所引用。依照罗马法律，单利（simple interest）是合情合理的，复利（compound interest）则有违天理。不少古代文明都出现过利息重叠的现象，然而只有罗马人将其定为非法。

自古以来，几乎所有社会都严禁重息，更贴切地说是严禁高利贷。欠债纳息是历史最悠久的金融行为，不过自诞生以来，就被斥为贷方企图搜刮借方的剥削行为。不管借贷是以现金还是以其他物品的形式进行的，穷凶极恶的贷方总是采取“以邻为壑”之策，直至把借方逼到丢掉担保，甚至家破人亡的境地。人们对单利只是稍有微词，而征收复利却是罪大恶极，但此举又无法约束。

这个问题在古代社会显而易见，随着时间的流逝反而渐渐模糊起来。数百年来，民法——包括某些国家的不成文法（常被称为自然法）——明确规定严禁高利贷。不过众人喊打的贷方依旧招摇过市，很快就在传奇和文学作品中占据席位。就某种程度而言，理论和实际互不协调的并肩同行，导致自罗马陨落到宗教改革时期，欧洲各国在经济发展模式上各走各路。尤其是在中世纪初期，教会认为凡是利息均为重利，复利被称为“犹太人利息”，旨在说明其阴森黑暗、有违基督教伦常的特质，它是作为社会局外人的贷方的剥削工具。

蹚过漫漫历史长河，利息和高利贷经历了从古代罪大恶极到当代繁荣商业的变迁，但在不少社会下仍贴着非法标签——美国不少州仍保持着严惩利息犯罪或“贷款鲨鱼（loan sharking）[1]”的法律。然而也是在这些地方，人们对这类行为置若罔闻，除非经济不景气、资本短缺，或高通货膨胀，才会有人兴师问罪。这也许就是为何重利依旧是全球公开严打的典型。罗马沦陷后[2]，资本短缺的时期远远多过持续增长、全面繁荣的年岁。因此，在举步维艰的日子里，严禁高利贷的呼声变得尤其激昂尖锐，这绝非巧合。

今时今日，高利贷就是收取超额利息的贷款，但就历史看来，这个定义是相对新潮的。起初，拉丁语 usura 就指代利息，具体数额因地而异；超额利息就是利息之上还有利息，或者说是 usurae usararum，即叠加在未偿还的借贷本金之上的利息。

在古代社会，尤其是中世纪，收取超额利息是罪大恶极的。依照希伯来氏族的传统，犹太人相互借贷时不得收取利息，甚至连单利也不能收。但是讽刺的是，犹太人却可以借钱给非犹太人，而且教会还认可他们的贷方身份。这一漏洞让犹太人得以与伦巴底人和卡奥尔人抢占市场。

犹太人出现之前，伦巴底人和卡奥尔人是中世纪欧洲的主要贷方，奇怪的是，竟然没有人跑出来指责。到了 14 世纪，多亏了伦巴底人，欧洲金钱市场迎来了新的发展。当时，在西欧从事信贷业务的意大利银行家成了皇亲国戚的出资人，业务一路向北拓展到了英格兰。和爱德华三世（Edward III）打交道时，他们吃了大亏，但在那些财政匮乏或能力不济的国家却顺风顺水。尽管重利禁令普遍存在，但人们对贷方睁只眼闭只眼，如果期限到了，贷方甚至会给国王施压，而犹太人贷方就没这样的好命了。

[1] 指高利贷行为或放高利贷者。

[2] 指公元 476 年，西罗马帝国的末代皇帝被日耳曼雇佣军统帅废黜，宣告了罗马帝国的灭亡。

这种赤裸裸的自相矛盾恐怕要归咎于传统、宗教和法律的综合作用。伦巴底人是支野蛮的氏族，6 世纪征服了罗马；卡奥尔人是定居法国的西哥特人后裔。这两者的祖先社会都崇尚物物交换或以物代钱，因此，两支氏族都犯不着在法律中禁止利息或高利贷。罗马帝国后期的自然法是以文明开化社会的普遍性为大前提的，这可不包括野蛮部落。两支氏族的后代继承并发扬了借贷之法，没人高调反对，直到 800 年，查理曼大帝（Charlemagne）征服了伦巴底人，可惜那会儿，风俗传统已经定了。

野蛮人入侵将不少罗马法律条文打入历史冷宫，直到 12 世纪人们重拾学习热情，遗失数百年的书籍才重见天日，亚里士多德（Aristotle）的思想成了包括中世纪哲学家兼神学家托马斯·阿奎那（Thomas Aquinas）在内的牧师们的主要参照。这让借贷行为更加扑朔迷离，因为学究们接受了亚里士多德关于金钱的教诲——金钱为死物，没有内在特质，只可做交换之用；金钱不可自我繁衍，因此重利不可为。大家遗漏或忽视了 1130 年被发现的《查士丁尼法典》（*Justinian's Code*），其中明确禁止 anatocismus（西塞罗发明的术语，即利息叠加）和 alterum tantum（通过利息使债务加倍），即今天所说的“复利”。不过，尽管罗马法律对普通利息和高额利息区别对待，但在中世纪教会的法律中，连普通利息也是明令禁止的。

到了中世纪，意大利数学家斐波那契（Fibonacci）开始讨论复利问题，从此，复利成了一道数学题。考虑到关于重利的禁令，他小心翼翼地不去触及贷款价值，而只是聚焦未来价值问题，这不在中世纪哲学家熟悉和讨论范围之内。他针对某货币单位的未来价值提出问题，最广为人知的要数：假设不断繁衍，一对兔子能产下多少后代？两百年后，名气不输其下的卢卡·帕西奥利（Luca Pacioli）首次讨论了复式簿记（又称复式记账法），同样也对高利贷问题讳莫如深。不过，斐波那契的确解决了货币贬值的问题，这在13世纪的皇亲国戚看来是符合政治路线的议题。

人们极容易信口斥责历朝历代利息控制标准不一的现象。中世纪时，教会严禁放贷收息，这和伊斯兰世界颇为类似，然而在12~19世纪，借贷（走势）却起落频繁。评论家对此各执一词，不过在必须控制利息这一点上倒是不谋而合。即便是自由市场经济理论之父亚当•斯密也提议控制利息。不过随着借贷迈入19世纪，除了不同文化和政治动机的刻意反对，人们对重利的态度趋于稳定。

“以邻为壑”如今常被用来描述一种国际贸易策略，意指某个国家通过限制性的贸易措施或政策，试图从贸易伙伴国身上占便宜。这主要源自重商主义思想，可以追溯到殖民国家剥削远方殖民地、确保自己出口大于进口的年代。但是，在这个重商主义时代之前，“以邻为壑”更多的是和借贷有关。世界各地的夏洛克（Shylock）[1]都在剥削安东尼奥（Antonio），基督教的公平原则和仁慈精神却要求贷方要视借方为手足和乡亲，不伤其性命。不过，能这么做的人寥若晨星。夏洛克才不是什么乡亲父老！他借钱给非犹太人，这是妇孺皆知、由来已久的事实。在莎士比亚这部戏剧中，波西亚（Portia）在法庭上成功地为安东尼奥辩护，使其免受夏洛克的刁难，有趣的是，布鲁图的第二任妻子也叫波西亚。莎士比亚对罗马历史如数家珍，恐怕这不是巧合。

数百年来，围绕借贷的对骂声此起彼伏。贷方和早期的银行家，不论是犹太人、伦巴底人、卡奥尔人还是圣殿骑士团（Templars），他们都很清楚，自己在欧洲各国的金融技能和外域地位令其饱受羡慕、

[1] 此处提及的人物均为莎士比亚《威尼斯商人》中的角色。夏洛克是靠放高利贷致富的犹太人，安东尼奥是向夏洛克借钱的威尼斯商人，因到期时无力偿还，夏洛克要从安东尼奥身上割下一磅肉。

妒忌、讥讽、嘲笑，最终恐怕还会招致一些强权的打击报复。最后，他们不少人通过收取复利来弥补商业风险，或将利息伪装成灰色折现费用。至于他们所面临的风险，那可绝不是亏损这么简单，他们可能会被驱逐出境，或被关押审讯，或被没收财产。文艺复兴之前，北欧不少知名银行家都来自遥远的他乡，这充分证明，大家总是去找外国人借钱，就是因为借方可以欠债不还，还不必担心受罚判罪。

关于借贷的历史（研究）常被分为两派，一派围绕着借贷评头论足，另一派将目标瞄准在不同的社会对利息的法律态度。自罗马帝国初期以降，始于共和国终于帝国，罗马一直保持着所谓的“法定利息”。监管利息的条文涵盖在法律之中，起初是《十二铜表法》（*Twelve Tables*），而后是《查士丁尼法典》和《国法大全》（*Digest*）。其中，《国法大全》包含了不少知名演说家和哲学家的著作，是罗马对过去数世纪有关借贷思想的完美汇编。这些法律在范畴和细节上各有千秋，但都明确指出贷方向借方收取利息的最高限额，它们没有禁止利息，但希望能制定切合实际的利息标准。借用亚当·斯密的观点——社会越是繁荣富裕，利率就越低。

有人曾言，放贷收息的历史不过是精神史的表达。与其对应的，放贷是一种历史悠长的思维，充满神秘和不连贯性，几乎只存在于经济历史学家的脑海之中。这的确没错，不过却忽视了潜台词——它是三千年来不同的社会最强大的概念之一。作为自然法的一部分，它折射出了超越古代、中世纪、现代社会时空局限的公平、公正观念。利息的威力，尤其是复利，令人捉摸不透。借贷和利息蒙受了数百年的谴责与非议，尽管谁也不确定，批评者究竟是否区分或明白两者之间的差异。直至近代，复利本身才引发了某些争论。被称为“战后繁荣之父”的英国经济学家约翰·梅纳德·凯恩斯（John Maynard Keynes）意识到，德国在支付第一次世界大战重建款项时会出现复利问题。据传，爱因斯坦（Einstein）戏称此为“世界第八大奇迹”——有东西居然能繁衍出大大高于眼前价值的未来价值！18 世纪，英国牧师理查德 • 普莱斯（Richard Price）试图以复利收回数量可观的英国国家债务。如今，美国的贷方必须上报自己对顾客未支付差额收取的年度百分利率，然而联邦立法者对这些数字不闻不问。20 世纪 80 年代初，数家美国大型银行为了逃避因收取高额利息招致的起诉和控告，不惜人力物力，到尚未推行反重利法的其他州设置信用卡中心，信用卡的利息是按日或月叠加计算的，金额更高。

但丁（Dante）斥责高利贷者为恶魔、厉鬼，无数作家引经据典，痛斥借贷陷阱。在 19 世纪初的爱尔兰，牧师杰拉米阿 • 奥克拉汉（Jeremiah O’Callaghan）拒绝为一个垂死之人做圣礼，直到那人放弃自己那份高利贷，而此事的最终结果是牧师被驱逐到了北部弗蒙特（Vermont）的荒郊野岭。天主教终于重新审视起了重利禁令。18 世纪，教皇悄无声息地向意大利各主教寄出信件，而不是依照惯例颁发教皇通谕，一百年后，人们对那道禁令淡然漠视。历经数世纪的口诛笔伐，看到固定收入投资回报如此丰厚诱人，人们终于按捺不住了。

尽管各类金玉良言层出不穷，但比起出台合理有效的法律，全盘否定似乎更为直截了当。19 世纪初，英国政府终于废除了《重利法》（*usury laws*）。然而，在美国却出现了不少相关争论——严禁高利贷有损企业发展，退出舞台的应当是这类法律。关于这一点，没人能够提出有力的辩驳证据；可是鉴于贷方常把借方逼入绝境的事实，又无人敢完全同意这个做法。结果是，美国的《重利法》继续存在了一百年。事实上，数十年之后爆发了重大的信贷危机，不过推崇高额举债经营和自由市场利率的支持者们似乎并未方寸大乱，很显然，他们没有意识到，1720 年发生在英国的南海泡沫、1929 年的华尔街崩盘以及 19~20 世纪美国绝大多数经济崩溃，都是因为高额借款和举债经营波及股票市场造成的。

美国的《重利法》出台于殖民时期，转变缓慢。由于绝大多数有实际意义的法律为州法而非联邦法，其改变都随各自喜好，或为数不多几个州同时改变，从未整齐划一地大改。美国内战之前，经济之变的主题由原来的敌对竞争转向了公平、公正。20 世纪 20 年代，改变之举终于有了成效，各州开始上调利息最高限额——其实就是在换着法子要求严禁高利贷。因为如果普通贷方可以收取高额的利息——多数州的规定是 30% 以内——那么放高利贷者就没有了立足之地。这一点尤其重要，当时，消费贷款的主要来源是高利贷，而毫无节制的放贷导致了严重的社会问题。所以，利息最高限额上调后，放高利贷者面临着严酷的考验：一是未经注册的贷方，其收取的利息低于 100%；二是有组织的犯罪团伙，收取的利息高于 1000%。但是，“大萧条”和“二战”使提高利息限额的进程延后了。1929 年的华尔街崩盘和大萧条也是根源之一，消费疲软、务求低利息的时期偏偏碰上利息居高不下。

自 18 世纪初期牛顿（Newton）首次提出有效复利利率的计算公式以来，围绕复利的绝大多数谜团便清晰易懂起来。20 世纪无疑成了利息的分水岭，信用卡公司和其他消费借贷公司发明了连续性利息，即最常用的叠加利率法，而且越来越多的人掌握了计算方法。但是，令上几代人一头雾水的有关复利的基本事实却依旧没变。利息叠加在现有本金之上，即原始而悠久的“利息积累”促进了消费贷款的繁荣。人们心甘情愿地借钱购物以改善生活。但是，当权者觉得此举于大众民生有害无益，所以总在遏制消费。不少欧洲国家出台了《节约法令》（*sunmptuary laws*），且贯彻了一千年。如今看来，那些禁止皮草衣领和昂贵缎带的法律，可谓顽固不化、压制人性，不过很多政府会严禁，主要是为了防止下层阶级借钱消费。和当今社会不同，其出发点是防止因贷款造成入不敷出的后果，而非尽所能地扩大贷款和接受市场检验；其目标是借入钱的人，而非发起人。照此推论，已经成文的限制重利的法律效果不太好，未能很好地保护黎民百姓。

虽然由利息、借钱和重利引发的争辩不绝于耳且历时悠长，可是借钱让发达国家多数人口的现代生活更易掌控，这要是放在三百年前恐怕要被说成疯人疯语了。唐提式养老金（tontines）[1]，这类投机性方法在17世纪初露端倪，衍生出后来的年金和人寿保险，其发展伴随着政府股票市场的发展。大范围的长期投资计划首次成为可能。欧洲人口不断飙升，不动产更加稀少，因此，数载之后，金融资产代代相传、保证收入是经济整体发展的关键。拿破仑战争之末，在英格兰，财富无关土地，大家倒也可以活得宽裕，过去数百年皆是如此。比起父辈，固定收入投资和人寿保险让生活更加无忧。

然而，金融崩溃和恐慌频频上演，多数要归咎于过度举债经营和资产价格通货膨胀。近期的金融危机说明，信贷市场是把握资本市场的核心要素。现代金融技巧娴熟、别出心裁，有关债务、偿还、过度消费危机的数百年历史准则被推翻，可21世纪仍旧重蹈覆辙，一如当初——借方手头拮据，贷方不愿再推出可以刺激经济发展的其他生产性贷款。

在古代，布鲁图发现在塞浦路斯借钱给他人大有可图，罗马允许在罗马之外的其他省份收取高额借款利息。20世纪80年代初，花旗银行为躲避当地的《重利法》，将自己的信用卡业务撤出纽约，非常机敏灵巧地来到另一个能够接受其业务的州，为当地创造就业机会——这种做法后来被称为“监管套利”，即甩掉某个监管，转而投靠另一个更为友好包容的监管。这个误导性词语掩盖了理应细致监管的借钱

[1] 又称联合养老金制，所有参加者共同使用一笔基金，每当一个参股者死后，剩下人得到一份增加的份额，最后一个活着的人或过了一定时间依然活着的人获得剩下的所有金额。

行为。不太为人所知的一点是，布鲁图的代理人会将顽抗的借方囚禁起来，不准吃喝，直到有人饿死。而今天，陷入绝境的借方会承受更多信贷，直至彻底崩溃，宣告个人破产，不过这种做法是在 19 世纪才登上舞台的。在此之前，破产意味着欠钱不还的借方本人乃至其全家老小都去蹲大牢。

过去三十五年间，西方金融异类在伊斯兰世界横空出世。基于本族先哲经典之作普遍禁止利息，《伊斯兰教法》（*Sharia*）结合现代结构性金融，推出了所谓的“伊斯兰金融体制”：金融工具之设计和贯彻遵从《古兰经》和伊斯兰教教令。任何金融工具和投资必须遵守一套严苛的伦理标准，这套标准刻意对利息避而不谈。这一新市场和小额借贷同步发展，此举最早源自孟加拉国，旨在扩大面向穷人的营运资本、加大小型企业贷款力度，后来在全球范围内推行开来。小额贷款的雏形也体现了伊斯兰教教旨，不过在金融社会万花筒的另一端，这和伦敦金融城孕育出的模式背道而驰。在此之前，没有人去考虑大规模借钱给穷人，最为类似的举动也要追溯到中世纪末期意大利北部城邦一个叫作“蒙特”（monte）[1] 的机构。今时今日，仅存的“蒙特”是意大利其中一家大型银行。创立二十年后，它打破惯常的借贷模式借出了一笔巨款，结果差点儿崩溃破产——那笔借给哥伦布（Columbus）的贷款从未收回，只得画掉，这成了历史上最著名的欠债不还案例。

今天，收取利息、过度举债经营见惯不怪，可是在 20 世纪，新金融手段诞生，一方面推动了社会繁荣发展，一方面也带来了巨大风险。20 世纪 70 年代，资产证券化逐渐普遍，由此迎来了借贷革命，使得信贷走向民主化。为了整合贷款，将之从资产负债表上消掉，世袭的贷

[1] 此处为音译，后文将采用意译，即公共放贷机构。

方放宽了早已有之的经营标准。门槛降低意味着更多的人能够获得抵押贷款，因此不可避免地造成了 2007 年和 2008 年的房地产泡沫。放贷不再需要放贷人心思缜密，贷款被认为是可替代、可销售的。扩大信贷，然后转给证券化的投资人，这比起早先严词拒绝评价太低的借方要容易得多。

这种手段也导致信用卡广泛使用，其发放几乎不考虑偿还能力，当然，这合乎发卡人的心意。采用多样性的原则一般伴随着证券投资，信用卡发卡人得以向边际借款人甚至穷人提高信贷，他们的出发点是，向这些借款人收取的高额利率能提高自己证券化卖出的贷款总额收入。和其他那些依靠过度举债经营、玩手段的借款人一样，他们的论据是除非出现灾难性事件，否则休想撼动其金融体制，而这类事件发生的概率是 1%，但大家遗漏了一个要点——过于依赖这些手段极大提高了发生概率。

回顾利息和借贷的历史变迁，人们很容易会认为，近代的贷方和金融掌舵手要么遗忘了，要么压根儿没有意识到前人惯常的做法，于是注定会重蹈覆辙。20 世纪 80 代末期，墨西哥的大规模金融重组，其成功秘诀在于采用了源于四百年前的都铎王朝的做法。债务危机蔓延渐广，关于利息和借贷的辩论持续升温，因为借贷的剥削成分依旧存在。更沉重的词——债务——在市场化金融产品中鲜少提及，这从侧面说明，于借方而言，“信贷”是恩从天降，而非一记警钟。虽然外部包装不同，但如果信贷超过界限，结果就是债务。

时至今日，没人会认同古代先哲所谓“利息生而不公，故当扼杀”的言论，伊斯兰世界另当别论。没有信贷机构，发展现代资本主义只能是痴心妄想。不过不论时间、地域，金钱之梦永远美丽动人。坐收高额利率比勤劳工作自然轻松惬意，意大利银行家、英国商人，包括莎士比亚的父亲[1]早就心知肚明。高利贷的极端反对者也心中有数，16 世纪，英格兰著名作家托马斯·威尔森（Thomas Wilson）便是其中之一，他试图影响国会对利息最高额度的辩论结果。他坦言："三十年风霜雨雪，人世沧桑，我凡事亲力亲为，小有资产。虽然我涉水不深，但仍切身体会放贷吃息实乃最佳保收之法。放眼四海，此乃谋利最丰、伤神最少之生意。"

在 2007 年美国信贷市场危机爆发的数年之前，发生了一次有关借贷和利率的波折。在几代人的时间里，房地产或生产性目的的借贷与消费借贷泾渭分明，而房屋净值贷款（the home equity loan）推出之后，金融的新发展模糊了前两者的边界。二次抵押使房屋所有人为了随心所欲地花钱，对房屋进行了"解锁"——借用不动产行业的术语。借来的钱主要都用在消费上，因为利率比信用卡的利息低。结果，抵押危机来袭，房屋价值一落千丈，消费者开支急剧下滑，房地产资本价值严重贬值，导致无数借款人丢了抵押赎回权，只好宣告个人破产。

很多情形下，房屋净值贷款只是一种金融产品，体现了借贷行业的发展。同时，它无视消费者的债务，只关注房地产，因而也揭露了借贷程序中的薄弱环节。一旦两者交会，八十年前就拉开序幕的债务革命将全面铺开。房屋持有人的消费几乎占到 GDP 的 80%，而在 20 世纪 20 年代，这个数字是 67%。一旦消费者以房屋抵押来满足消费需求，一种"食人性消费"便开始了。

在启蒙时代之前，严禁重利素来是欧洲自然法的一部分，然而由于胡果·格劳秀斯（Hugo Grotius）等法学家撰文高呼理性战胜道德审判以及古代法残余思想，这些禁令形同虚设。《重利法》已经存在了数个世纪，判断依据是不固定的，这些在谈及利息和不公平借贷时

[1] 莎士比亚的父亲是位殷实的商人和政府参议员。

都会提及。即使在公共政策领域，自由市场和自由竞争的理论将被打入冷宫，然而高利贷仍旧焕发活力。关于设置利息最高额度的争论尚无定局。尽管人们刻意忽视，但利息过高依旧是个棘手的问题，借用美国最高法院大法官波特·斯图尔特（Potter Stewart）的一句话："高利贷的确难以界定，不过一看便知。"

第 1 章
Chapter 01

圣人与罪人

上帝、自然、理性、所有圣典、所有法律、所有作家、所有博士、所有大公会议都反对重利。哲学家、希腊人、拉丁人、律师、牧师、天主教、异教徒，不同国家说各种语言的人们，均视高利贷与偷窃无异。

——罗杰·范顿（英国牧师，曾参与钦定版《圣经》的翻译工作），1612 年

本章导读

收取利息一直被视为工业革命之前全球历史第二悠久的行业，但它损害大众福祉，违背人们应该互助、互爱的道德观念，和其他被社会排斥的行为根本就是一丘之貉。宗教准则认为它和卖淫嫖娼、纵火谋杀一样罪大恶极，不过，世俗社会对它倒是睁只眼闭只眼。中世纪时，放高利贷者常常挤在城镇贫民区，就像妓女总聚在红灯区一样。有关利息的理论和实践总是大相径庭，不过一般而论，社会宗教气氛越浓厚，对收取利息这一行为的打击就越严厉。

起初，重利和利息总被混为一谈，并未做系统的区分，宗教性文献只有“重利”一词，意思就是利息，后世才将两者区别开来。启蒙运动时期，这两者可以交替使用，只不过“重利”成了一个带有贬义的操作性术语。由于拉丁文在欧洲的使用频率江河日下，“利息”这个词渐渐被赋予了其他意思，但怎么也甩不掉中世纪时染上的色彩。近千年来，“利息”一直承受着无益于经济繁荣的解读。

“利息”的拉丁文词源是usury（即现在所说的“重利”）或

usura；中世纪时演变为usuria，这是现代拼写的源头。这个词带有贬义，历朝历代皆是如此，因为中世纪的教会一方面严禁收取利息，一方面又允许合理范围内的“正常交易”。但是，不论在哪种商业模式下，鉴于古代社会四分五裂的状况，外加宗教传统的不同，人们对收取多少利息是“合理”的、收取多少利息是“剥削”，从未有过令人心悦诚服的定论。缺乏统一的信贷市场也意味着利息因地而异，甚至相差巨大。

与“利息”、“重利”这样明确的概念混在一起的还有“公平、公正”的概念，这便让借钱之举蒙上了厚重的政治色彩。在物物交换的经济体制下，利息是以实物支付的，所以计算起来很是棘手。假设，一位商人借给一位农夫一袋种子，怎么判断正常利息？偿还时该还多少、以哪种物品偿还？种子长大后成了庄稼，哪个价值更高？这些问题的解决都是因地而异的。以金钱作为交换媒介后，人们随即围绕着利息展开了“多少是正常、多少是过度”的唇枪舌战，但普通利息和现在并无二致。随着金钱使用范围的扩大，伦理道德也来插上一脚——只要还钱额度超出借钱额度，就被视为高利贷，因为放贷是好逸恶劳的产物，还要收取高利息，简直叫人忍无可忍！

再次回到那个老问题：到底多少才算“高利息”？用最简单的话来说，但凡为了必要消费而借贷并收取利息，这是有违公正的，理由就是借款人如果不借钱就无法生存。所以，这类借贷全都属于剥削，这种观点历史最长，《旧约》中就有提及。

绝大多数古代和中世纪评论家、作家一批判起高利贷来，就免不了要把《申命记》（*Deuteronomy*）[1]搬出来。书中提到：“万不可向兄弟姐妹放高利贷；不论是金钱、食物或任何东西，利滚利皆不可

[1] 译者注：《希伯来圣经》第五本。

取。”“若为生人故，此举可取；若为手足者，万万不可。上苍圣主将庇佑其子民苍生，不论身处何方，紧握手中物。”不过，此处的“手足”不是泛指，而是特指同一氏族的成员，也就是说，犹太人可以对非犹太人收利息，但不能对同族的犹太人收利息，后世称之为“申命记双重标准”。[1]

《诗篇》（*Psalms*）[2] 里也有类似的警戒训示。“上帝之民，不可放贷收利，亦不可剥削无辜。若有此行径，将遭上帝遗弃。”这些教化，尤其是关于借钱给自己族人的训诫，成了古代和中世纪家庭手工业最普遍、最古老的基石。

约瑟夫斯（Josephus）[3] 认为，贷方应该为碰上手头拮据的借方而知足感恩，而非图谋放贷吃利息。然而，尽管先哲好说歹说，但早期的借款合同显示，借款还息依旧我行我素。希伯来人将利率定为12%，尼希米（Nehemiah）在公元前 444~ 公元前 432 年担任犹大山地（Judea）长官期间，曾颁令以 12% 的利率解决纷争，这一做法延续了近两千年。[4]

犹太人遵守《申命记》的教诲，只借钱给非犹太人，这一传统沿袭了数百年。但是，他们后来发现，欧洲的执政者先是纡尊降贵找他们借钱，等该还钱时，又义正言辞地说教会规矩禁止放贷收息。因此，自从和借钱扯上关系，犹太人既有所得，亦有所失。很显然，世俗法一般不会禁止借钱，但宗教却成了欠债不还的有力挡箭牌。

借钱给有迫切需求的族人，即使要收取利息，也必须少之又少，

---

[1] 参考本杰明•尼尔森:《高利贷的观念: 从部落时期的兄弟情到普遍的分别心》第二版（芝加哥: 芝加哥大学出版社，1969 年版），第一章。

[2] 译者注: 古代以色列人受感上帝的诗歌集。

[3] 译者注: 1 世纪时著名犹太历史学家、军官及辩论家。

[4] E. 纽费德: “利率和尼希米书第五章第十一节”，《犹太季刊》，44（1954）：196。

用今天的话说，仅仅是为了抵消借款成本。至于利息的最低额度是多少，谁也说不清。要是利息收高了，相当于贷方乘人之危，将借方逼入绝境，或者企图使其身败名裂，这无异于加害族人，将遭到全族上下的斥责，惩罚手段也因人而异，不过最常见的是驱逐流放。在古代和中世纪，借方欠钱不还，经证实有损贷方利益，也会被严厉惩处，不过贷方需要出示证据表明自己的确受到了损失，而且也没有收取高额的利息。在这里，利息和重利的区别显而易见。

在利息和借钱的讨论中存在一个重要问题，尤其是在罗马帝国时期，即如何准确地计算利息。如果从今到古地审视一下计算方法，便不难发现，对“利率”的概念定义和计算方法一直都在变化。部分遗存材料说明，利息计算是简单地以月为基础的，利息总额就是月度金额乘以贷款月数。利息高的贷款（拉丁文为 mutuum）一般都是时间超过一年的中长期贷款。由于古代社会缺乏有组织的银行体系，因此也找不到严格的标准的偿还条款，一切都由贷方说了算。用现在的话来说，贷款人是私营性质的，即资金源头是富裕的个体和商人。

在罗马的法律体制中，声名赫赫的《十二铜表法》试图用法律来约束贵族和平民的借钱行为。一般是贵族借钱给平民，然后平民哭天喊地抗议缴利息。罗马历史中不乏禁止或控制利息的故事。公元前450年，在一次十人大公会议（Decemviri）上出台了一个法案，规定“任何人不得以超过 1/12 的比率收利息”[1]。按照公元前 695 年努马·庞皮留斯（Numa Pompilius）推行的《十二月历法》，即法定年利率为 8.33%，而按照 18 世纪孟德斯鸠（Montesquieu）的计算，即月利率为 1%。不过这或许有些夸大其词，因为绝大多数贷款都是一个月。

[1]《十二铜表法》，表 8，18A。请参考耶鲁法学院，阿瓦隆项目，http://avalon.yale.edu。

1/12的利率主要源自农业，它是指一磅重的庄稼，利息为一盎司；偿还时间为每月首日；利息按年计算，不做叠加[1]，如果叠加就称为“年度叠加”，拉丁语为anatocismus anniversarius。在罗马共和国和帝国更迭的那几年里，利率上涨到12%（usarae centesimae），之后百年维持不变，而后数次调整，但公元4世纪时，君士坦丁大帝（Constantine）再度采用了该利率。虽然利率相对较低，但对欠债不还的惩罚却依旧残酷严厉。依照当时的法案：“一旦债务成立，或法庭颁令，则必须在三十天的法定缓和期内偿还欠款。如有拖延，债务人将被逮捕，押入法庭。如果不服法院判决，或法庭上无人为其担保，债权人有权带走债务人，或将其捆绑在木桩或链条上，或令其背负不低于十五磅的重担，一切遵从债权人之便。”对该法案的其他解读显示，只要债权人高兴，甚至可以对债务人动用凌迟之刑，以及将其子女卖为奴隶。

尽管借贷利率和拖欠惩罚的规定就在眼前，但休想每个人都遵守。布鲁图在塞浦路斯从事数目可观的借钱生意时，利率高达48%，大大超过了官方规定的12%，并且，他还雇用中介、隐藏身份，以逃避罗马参议院的监管。历史学家阿庇安（Appian）也记载了公元前89年的一件案子——债务人和债权人各执一词，闹到了罗马地方法庭上。债务人拒绝还钱，理由是一道比《十二铜法表》更早的法令规定严禁任何形式的高利贷。双方无法达成和解，法官只好放任他们继续纠缠。债权人想到自己平白无故因为某项过时的法令而追不回钱，怒火中烧，在

[1] 尽管当时推行单利，但很多借方为了还旧债，不得不借新债，实际上是在支付两笔利息，因此即便贷方无心，可还是收取了复利。请参考威廉•斯密、威廉•维特及G.E.马林登编辑，《古希腊罗马风俗词典》第三版（伦敦：约翰和莫里出版社，1901年版），836。

古罗马广场上了结了法官。参议院悬赏缉拿凶手，可惜无果而终[1]。

拉丁文的 usura 指代单利，usurae usurarum（利滚利）则是复利，罗马法中将后者称为 anatocismus，这是大约公元前 51 年西塞罗从古希腊语的“利上加利”引入拉丁文的一个术语。该词早就进入罗马的立法、司法体系了，但几个世纪之后，却因查士丁尼的缘故，遭到了官方的严禁。诚然，被禁的原因并非利上加利这么简单——anatocismus 是叠加在借款原数额之上的额外利息，这让借方深陷债务旋涡，情况之严峻远远超过复利出现之前，这种结局实在令人大为不快。[2]

由 anatocismus 带来的严重后果被称为 alterum tantum，即“翻倍”。在表示利率大大超出许可范围时（官方规定为 12%），这是最精准的措词。将未支付的利息叠加在本金之上并非罗马特有的现象，古代印度也是如此。一般认为，3 世纪时在罗马法学家乌尔比安（Ulpian）那个年代，“翻倍”和“复利”普遍遭禁，然而在《查士丁尼法典》（*Justinian Code*）的监管之下却死灰复燃。[3] 这两个词体现出罗马人发展了早期的借贷利率的范围，这与数百年之后的情形大同小异。

---

[1] 请参考莱因哈德·齐默曼：《义务的法律：文明传统的罗马基础》（牛津：克拉伦登出版社，1996 年版），167~168。

[2] 西塞罗曾试图居中调停布鲁图的代理人和欠他钱的塞浦路斯人。塞浦路斯人提出，要把钱存在某个庙宇里妥善保管，可是名叫斯卡普提斯的代理人不同意将每月贷款利率定位 1%。他要求 4%。西塞罗无力让两方达成一致意见。他写道：“在场的人都在惊呼，斯卡普提斯真是厚颜无耻，1% 的复利都无法令其心满意足……我觉得他大言不惭，不过心计了得，他要么是对有保障的 1% 颇感不满，要么是对保障欠缺的 4% 虎视眈眈。”请参考马库斯·图利乌斯·西塞罗《书信选集》，P.G. 沃尔史翻译（牛津：牛津大学出版社，2008），60 号信件，第 132 页。

[3] S.G. 维瑟 - 菲兹杰拉德，“Dam Dupat—Alterum Tantum(双倍——翻倍)”，《比较法和国际法期刊》，7（1925）：176。

当时官方规定的利率是12%，这成了利率的下限，而利率的上限则是alterum tantum，即“让本金翻倍的利率”。尽管利率上限很高，但至少清楚地说明了借方将面临的灾难性后果，同时也反映了官方利率总遭漠视践踏的现实。照此思路，我们也顺便窥探了一下《72法则》（*Rule of 72*）的起源，这一经典数学法则可以快速计算出本金翻倍所需的年数——只需用72除以利率即可。

如果短时间内就使金额翻倍，例如一两年，那绝对是违背借贷精神的。可是即便在复利情况下，贷方将借方交纳的利息再借给他人，也无甚不妥。收取复利是指，由于利息叠加、利率较高、偿还时间较长，使得借方所欠的利息居然高出了本金。这才是人们对复利忍无可忍、最终严禁的原因。但是，严禁复利并没有起到斩草除根的作用。复利，尤其是半年性复利，在13世纪早期就在斐波那契的数学作品中首次亮相了，不过具体运算方法模棱两可。

且不管利息应该如何计算，其长期存在于商贸交易之中的事实，似乎与宗教严打严禁的主张背道而驰。不过，必须明确金钱借贷和物品借贷在收取利息一事上的区别。人们常视利息为贷方好逸恶劳和借方走投无路的恶果，因而危害甚大。贷方借出一笔钱，不管借方是以金钱偿还还是以物品偿还，在绝大多数古代和中世纪学者看来，这都是一种奢侈的做法，因为贷方没有创造价值，没有收获有意义之物，但却占尽了好处。那时的农民和市民过一天是一天，几乎没有储蓄和经营资本，因此，这种观念在当时勉强糊口的经济形势下屡见不鲜，尽管后来的数百年间贸易腾飞，对商贸投资资本的要求渐渐增加，但这种想法早已根深蒂固。

除了《圣经》和罗马的一些文献，亚里士多德也被视为利息问题的哲学权威，尤其受古代和中世纪教会人员推崇。他的老师柏拉图没怎么提利息问题，不过也曾说过：“不应……借钱收利息。法律不会保护那些索要利息或本金的人。”[1] 罗马衰落后，亚里士多德的著作从欧洲消失，直到 21 世纪才被阿拉伯学者再次引入。经过再度引介，亚里士多德的思想在 13 世纪的经院派哲人中盛行起来，集大成者当属托马斯·阿奎那。亚里士多德以独一无二的视角审视利息问题，被不少中世纪学者和经院派人士尊称为“先哲”。《旧约》、氏族派系或清规戒律对重利都持贬低的态度，而亚里士多德则是从哲学角度来看待该问题的。他认为，收取重利对借方不公平，是对借方的肆意剥削，因而是最有违自然的谋利手段，“毋庸置疑，卑鄙无耻的放高利贷者恶贯满盈，以钱生钱，敛财牟利，扭曲了金钱原本的用途”。[2] 也就是说，金钱是死物，只可用作交换媒介，不该用作自我繁衍之物；其正当用途是促进货物或服务的交易；要是放贷收利有违公正，就算进行借贷，也不能收取重利。这倒不是说古代雅典人不允许借钱收利，而只是说那时的世风舆论掌舵人影响深远，长达数世纪，在他们眼中，此举损害了借方，满足了贷方，万万不可取。

不少古代社会，例如古希腊和古罗马，《重利法》还受到道德、社会、经济环境的影响。这些社会出台了旨在控制意图跟风贵族或统治阶级的下层阶级大肆消费的《节约（消费）法》，法律规定了个人能够拥有的奢侈品数量。罗马的第一项节约法是《奥庇乌斯法》（*Lex Oppia*），于公元前 215 年出台生效。这项法律内容颇丰，其中一条规定了一位妇女可以持有的用于衣着打扮的饰品等物件数量。一般认为，《节约法》主要是用于扼杀非贵族阶层不切实际的痴心妄想，只有贵族才有资格打扮得华丽奢侈，商人和平头百姓想都别想。不过购买奢

---

[1] 柏拉图：《法律篇》，选自《柏拉图对话集》，本杰明·乔维特翻译（牛津：克拉伦登出版社，1953 年版），742c。

[2] 亚里士多德：《政治》，厄尼斯特·贝克翻译（纽约：牛津大学出版社，1962 年版），x，4。

侈品和借钱关系密切，因为那些向富裕公众人物看齐的人，多数要靠借钱欠债才能达到目的。很多时候，《节约法》和《重利法》有名无实，然而却反映出一种焦虑，很多人担心借钱居然是为了消费，而非生产性目的，这会浪费宝贵资源，尤其是在金融危机时期下。《奥庇乌斯法》的出台背景是与迦太基帝国（Carthage）进行第二次布匿战争（The Second Punic Wars）时期，罗马打了胜仗，该法律规定也松懈下来。和《重利法》的变迁一样，淡出舞台的《节约法》总会在后世再度登台。

教义和借钱的纠葛

公元 325 年 6 月 19 日，君士坦丁大帝身着耀眼的金边紫袍，走进尼西亚大公会议（Council of Nicaea）的现场，恭敬地坐在 300 多位主教后面。会议按照罗马元老院的形式进行，由优西比乌宣读祝辞、奥塞思主持讨论。该会议是基督教历史上第一次世界性的主教会议，为期两个多月，8 月 25 日圆满结束。该会议最为人所知的要数当着异端阿里乌派（Arian）的面坚持“三位一体论”（Trinity），并颁布了影响深远的《尼西亚信经》（*Nicene Creed*），以及二十项有关纪律的教会法，其中就包括牧师不得参与放贷收息的规定。

会上提出：“不少神职人员因嗜财如命，将教义圣文抛至一边，谁都不可以钱生利，若月利率达 1%……必当从名单中画掉其名，驱出教会。”[1] 也就是说，牧师要是利欲熏心、放贷收息，就将面临被

[1] 第一次尼西亚大公会议，17 号教义，《教会委员会法令》，诺曼•P. 坦纳编辑（华盛顿，哥伦比亚特区：乔治城大学出版社，1990），1:14。

驱逐的风险。这是君士坦丁对《十二铜法表》提出的借钱利率的重申。按照教规，如果平均总利率超过 50%，也将遭遇同样的惩处。1% 是当时通行的平均月利率，而 50% 一般是针对四年以上的贷款，其潜台词是：月利率低于 1% 或平均总利率低于 50%，这是可以接受的。这句简单的话同时也透露出另一个信息，即所谓的“重利”就是指高出平均可接受水平的高额利息——和现在的解读如出一辙。但有个问题却始终含糊不清——如果牧师的借贷利率低于普通利率，那会怎么样呢？

严禁重利一旦进入尼西亚教规中，就上升到了教义的地位，而不再是惨遭宗教谴责的罪恶经济行为那么简单了。在罗马老百姓看来，第一次尼西亚大公会议具有民法一样的作用。法学家们当然不愿承认在罗马人民眼中宗教教义比民法更有地位，但他们却赞同，如果民法与教规背道而驰，肯定是民法不对。[1]

由于蛮族和穆斯林的入侵，欧洲外部的教会开始四分五裂，迦太基已经不再属于基督教世界，因此极有必要重新明确一下。345 年，迦太基大公会议（Council of Carthage）将严禁重利的教规扩散至普通信徒。类似的，蛮族入侵高卢（Gaul）之后，789 年，艾斯大公会议（Council of Aix）重新搬出故有条款，采用驱逐流放的惩罚措施。[2] 而后，查理大帝（Charlemagne）也再度重申。随着西方帝国的陨落，usura（利息）和 usurae usararum（利滚利）两个词的界限渐渐模糊，最后只剩下利息。

一百多年以后，罗马教会出现了历史上第一位杰出的教皇大利奥（Pope Leo the Great），在他在位的二十年间，严禁教会人员从事

---

[1] R.W. 卡勒尔及 A.J. 卡勒尔：《西方中世纪政治理论史》（爱丁堡：威廉•布莱克伍德出版社，1903 年版），1:79ff。

[2] 迦太基大公会议 12 号教义与艾斯大公会议 36 号教义。

放贷收息活动，同时提出有此行为的信徒将背负“收脏钱”的罪恶。尽管他没有直接禁止普通信徒的收息行为，但坚持严打还是带来了预期的效果。因为在那个时候，收取重利已然成了和谋杀、通奸一样天理不容的事，历经数世纪仍未得翻身。

古代和中世纪对借钱收息的态度根源在于时间。现代社会几乎都认可本杰明·富兰克林（Benjamin Franklin）提出的基本教诲，即“时间就是金钱”。然而在罗马帝国末期以及中世纪，乃至文艺复兴时期，时间都被认为是上帝恩泽人间之物。换言之，时间是公共财产，不能在个人之间买来买去。按照时长而收取金钱有违道德伦常，这一提法的创始人是早于阿奎那的法国神学家兼哲学家威廉·欧塞尔（William of Auxerre）。他认为，凡夫俗子不可算计上帝的恩赐。在宗教改革之前，罗马教会（Roman Church）是上帝在西方世界唯一的代言人，所以一切都由它说了算。从无到有创造东西，那是上帝的权力，而不是一个金融界小妖所能做的事；借钱收息是藐视上帝和教会的罪行，不容姑息！然而，这里忽视了一个事实，即当时的宗教机构正在大摇大摆地收取和支付利息，而且数额可观。

君士坦丁将基督教推崇为官方宗教之后两百年，在查士丁尼一世（Justinian I）的统治下，东罗马帝国迎来了新的黄金时期。国王委任一群律师广泛审阅已有法律，并根据时事所需进行了调整和编纂，颁布了三部法律，分别是《查士丁尼法典》《国法大全》（*Digest*）和《法学阶梯》（*Institutes*）。其中，534 年汇编完成的《法学阶梯》是一部教材，也是当时最全面的罗马法律文件。收取重利被归在“用益权（usufructs）”一类中，意思是非合法继承人企图占有财产所有人的财产，简单地说，就是坐享他人的财富和劳动。但是，对用益权的描述却是：使用并获取非本人财产之利益，但未对该财产造成实际性损害。[1]这听起来好像把收取重利视为合法行为了。书中还明确，以高利率收取利息，只要未破坏原来的资产或抵押物，均获允许。该书秉承了古代和中世纪的思想，认为可以收取利息，但不得伤害借方，不得危及其人身和财产安全，否则就是违法行为。在当代，偿还行为不得让借方破产。不过，借钱利率并没有统一的标准，要看钱是借给谁的。一般说来，借给普通个人的话是6%，借给商人的话是8%。同时，依照各地区的情况、金钱的用途，利率也会有所变化。但无论如何，严禁利滚利。当然，有人搞复利，不过不会在贷款合同上写明，美其名曰“保护借方”。

牧师不得放贷收息的禁令一直持续到9世纪。800年的圣诞节，教皇利奥三世把皇冠戴在查理头上，宣布他是罗马人的皇帝，德国历史上的第一帝国神圣罗马帝国（Holy Roman Empire）登上历史舞台。在三个多世纪前被毁灭的西罗马浴火重生，由基督教王朝执掌，而君士坦丁堡的东帝国被孤立，不再被西欧人视为名副其实的帝国。查理大帝抓住机遇，将两大古老势力连为一体，政教合一，他自己则肩负起国王的职责，有权决定教会及民间事务，借贷自然也归他管。

为巩固政权，查理大帝朝意大利进军，打败了伦巴第人——这支日耳曼氏族自6世纪查士丁尼逐渐衰落时便一直占据着意大利北部。最早进入意大利的伦巴第人并不是基督教徒，他们信奉阿里乌主义（Arianism），这与当时罗马教会的教义背道而驰。在体验了《查士丁尼法典》和《狄奥多西法典》的苛刻之后，他们着手编撰自己的法律，对待借贷行为的态度极其开明，例如：“某人向另一人借钱，并达成协议，如果债权人要求五年内还钱，而债务人无力偿还，则协议必须延长至

[1] 查士丁尼，《法典》，J.B. 莫伊勒翻译，第五版（牛津：克拉伦登出版社，1913年版），第IV号，第47页。

十年；如果要求十年内还钱但无力偿还的，债务人可要求延长至二十年；如果地方首领或法官提出偿还要求，协议得到证明，则债务人或其后代应当偿还。”“如果十年之内协议未获两次延期，且首领或法官未在二十年内明确提出要求，则之后债权人不得再提此事，无权起诉债务人，除非遭监禁。”[1] 如此人性化地对待债务人，或许是受了细致入微的罗马法律的影响，较之查士丁尼之前的法律，仁慈太多了。这或许是因为伦巴第人的社会并不是以金钱经济为基石的，结构相对简单，和罗马比起来，似乎还处在原始阶段。

和教皇大利奥及查士丁尼一样，查理大帝也将借钱收息的禁令从神职人员扩展至普通信徒。他以挚友教皇哈德良一世（Pope Hadrian I）生前汇编的《哈德良法典》（*Hadriana*）为基础，制定了禁止普通信徒从事放贷收息的法令。作为欧洲最强硬的统治者，查理大帝在位时期，通过文论和宗教大公会议，禁令继续得到强化。面对新政权下各类氏族法律不一的状况，法令汇编无疑可以便捷地将名目繁多的法律纳入统一的框架之下，包括借钱和收息。而且，禁止收取利息的法令作用非常显著。850 年在帕维亚（Pavia）召开的一次宗教集会，迈出了漫长变迁之路的第一步。在那次集会中，人们要求将参与放贷收息的普通教徒逐出教会；放贷者死后，借方应当获得赔偿。显而易见，查理大帝的威慑开始影响借钱收息的变迁，这也使得严禁重息成了欧洲贸易发展历程中不可忽视的一个障碍。

再后来，在关于借钱的教会文件中，人们把收取利息与偷窃相提并论。这些文本出现的时间与欧洲贸易复兴相吻合，这无疑对贸易的全面发展构成了严重的阻碍，不过也恰是因为这种复苏，引发了有关

[1] 选自《利乌特普兰德国王法令》，凯瑟琳•费雪•德鲁，《伦巴第法律》（费城：宾夕法尼亚大学出版社，1973 年版），151。

借贷的新争论。丰盈可观的借贷利润充满了诱惑，实在令新兴商界人士难以抵抗，从而促进了中世纪末期和文艺复兴初期银行机构的发展。

商人通过正常交易累积财富，并逐渐发现，比起正常商贸行为，放贷更能赚钱，于是乎借钱开始流行起来。富裕阶层花钱享受的自由时间更多——古希腊人称为享受闲暇——这是社会进步的标志。比起辛苦劳作糊口，提供金融服务能够创造出更多的闲暇，不论是在中世纪还是在现代社会。自罗马帝国鼎盛时期以来，还没见过这么多商人可以随心所欲地探索新领域。种种现象令拥有无上地位的教皇坐立不安。

犹太人、典当行和金融业

中世纪的欧洲，借贷业可谓蒸蒸日上，很多人单靠放贷吃利息就能维持生计。不过，干这些见不得人的勾当总得找个亮堂堂的名头，因而，当时的私人借贷大多是通过当铺老板进行的，以至于数百年来这一行业得到蓬勃发展。不过，这行当在当时名声不太好，一般位于城镇孤立地带，周边居民往往是些犹太人、当铺老板以及风尘女子。所有当铺标志无一例外都是三个悬挂的金色圆球，这成了中世纪借贷业的身份标志。

向当铺老板借钱要有抵押物，这跟今天的情况是一样的。中世纪的稗官野史特别喜欢讲述借方一无所有的故事，例如借方无力支付高额利息，偿还不了贷款，最后连抵押物都搭进去了，云云。当铺服务于社会各阶层，对平头百姓和皇亲国戚一视同仁，不过主要是以穷人和下层阶级为主，谁家揭不开锅了，只要有东西可以抵押，就能从当铺借到钱。这不属于资本运营贷款，因为其目的不是生产性质的。当铺在欧洲遍地开花，被广大民众视为衣食父母，尽管利率高得吓人——年利率往往超过 50%。当铺老板绝大多数是犹太人，后来，他们在消费贷款领域游刃有余。他们的事业成功地催生了一种新型金融机构，尤其是在意大利，这推动了个人金融的革命，也让借贷更为人性化。

极具讽刺意味的是，人们意识到运营资本的必要性——尤其是意大利的城镇居民——居然是因为一道宗教命令。方济会（Franciscans）认为，当铺不可或缺，如果其收取的利率在合理范围之内，那么对于从当铺借钱的普通大众而言，这无疑是极有价值的服务。在那个没有银行和金融机构服务于个人的时代，当铺是私人借钱的最后选择。14 世纪初，方济会修士杜兰德·圣普西安（Durand of St. Purcain）提出新倡议，要在已有的国家借钱形式之外，设立国家放贷机构，与私人放贷并行。多数城邦的惯常做法是商人和富人公民如果要借钱，必须向当权者交纳大约 5% 的利息，这实际上是让当权的高官显贵白白占了便宜。设立公共放贷机构的构想引发了翻天覆地的变革。这些公共贷方可以按照名义上 5% 的利率或者更低的利率借钱给公众，并且不会担上任何不好的罪名。抵押品还是需要的，不过比起私营的当铺或贷方，成本更低，逼债的程度更轻。

国家借方在拉丁文中最初被称为 mons，新设立的“公共放贷机构”则是 montes。15 世纪后半叶，montes 演变成 montes de pietatis，字面意思是“怜悯之山”。绝大多数公共放贷机构依旧服务于穷人，不过后来有的演变成了银行。方济会迅速和教皇呈水火之势，商品经济急速腾飞，教皇却依旧想继续严禁借钱收息，很快，教会风光不再。

另一项商品经济的重大发展是对汇票的逐渐认可。这些媒介对于国际贸易有着举足轻重的作用，通过汇票，不同国家的双方无须跨国运输价值不菲的货币，就能进行放贷或兑换，也大大降低了运输风险。

这使得人们能够更放心、更便捷地和外国人开展贸易合作，同时也打开了欧洲的大门，中东的思想和改变逐渐进入欧洲。

在10世纪和11世纪，贸易在西欧复苏，这是十字军东征的起因，同时也是结果。1096年，教皇乌尔班二世（Pope Urban Ⅱ）发起了第一次东征，1099年攻下耶路撒冷，达到巅峰。该事件的一大主要影响是使罗马和君士坦丁堡的东帝国重新建立联系，并且开启了与阿拉伯世界的往来。于是，贸易在三种截然不同的文化之间开展起来。

在新的国际形势下，犹太人扮演了关键的角色。他们曾经居无定所，从不指望融入某个特定的社会，结果反而拥有了国际性的视野。放贷一直是他们的独门手艺，只不过那时放贷并不像12~13世纪时那么重要，因此，当时不少王国、侯国都要将他们驱逐出境。[1]4世纪末期撰写完成的《狄奥多西法典》（*Codex Theodosianus* 或 *Theodosian Code*）区分了异教徒、分裂者与遵守新帝国宗教信仰（天主教信仰）的高贵公民。该法典将矛头指向违背三位一体论的摩尼教（Manichean）异端分子，并且明确指出：任何人——包括犹太人——如果违背教义，将面临相应的民事惩处。随着教义的发展，所谓的“他者旁人”渐渐特指犹太人等“倒行逆施”的放贷者，这使得他们处于社会边缘地带，任人呼来喝去。犹太人在挣钱和借贷方面尤其精明，因此，民众对他们怀着满肚子的狐疑。中世纪时，人们茶余饭后总免不了要说说犹太人杀害基督徒的事情，渐渐地，各种罪恶滔天的事全都被推到了他们身上，一旦有人煽风点火激起民愤民怨——尤其是在宗教裁判所——犹太人的生命就令人堪忧。在那样的环境下，不止一位犹太商人被指控屠杀婴儿或其他各类同等恶劣的罪状，一般是怎么有利于原告的钱包

[1] 罗伯特•S.洛普茨:《中世纪的商业革命》,950~1350(剑桥:剑桥大学出版社,1976年版),61。

就怎么罗织罪名。

到了十字军东征时期，犹太人的放贷业务竞争激烈。并非所有的放贷者都是犹太人，很多放贷者来自意大利北部、法国南部和低地国家的伦巴第人区域，“伦巴第”这个词后来特指放贷者或者当铺老板。可是，在借方眼中——尤其是在国王和亲王看来——放贷者全是犹太人。无关宗教信仰，很多政权都喜欢将放贷者统称为“我的犹太人”。13 世纪前，英国的法律称放贷者为“国王的犹太人”。这种“他者旁人”的立场能够拉开贷方和客户之间的距离，要是政坛有什么风吹草动要征用财产，贷方也可自求多福。“犹太人”逐渐成为放贷者的代名词，尽管带有浓重的种族色彩。1215 年，英国国王约翰（John）在兰尼米德（Runnymede）签署《大宪章》（*Magna Carta*），其中两章特别提到犹太人和放贷：“若有人从犹太人那里借钱，不论多寡，在偿还债务前离世的，如果其继承人尚未成年，则不得收取利息……如果债权属于我们（国王），则除所借本金之外，绝不收取任何他物。”[1]

放贷者中还有一些是卡奥尔人，他们是西哥特人的后裔，定居点就是后来的法国南部。和伦巴第人不同，这支氏族的《西哥特法典》（*Forum Judicum*）明确规定了贷款能收取的最高利率。这与《十二铜法表》惊人的相似，该法典要求：

> 任何人放贷收息，一个金币（solidus）的年利息不得超过三个银币

[1] 《大宪章》：第十章。6 世纪末期首批入侵意大利北部的原始伦巴第人发展出了一套成文法，部分是基于《查士丁尼法典》。但是，在这些蛮族早期的法律中，并未提及高利贷。774 年，查理大帝将其击败，他们成了法兰克帝国的一部分。之后，“伦巴第”成了放贷者的代名词。从 13 世纪开始，北欧绝大部分伦巴第人起初都是当铺商。

（siliqua），每 8 个金币的年利息为一个金币，债权人有权依照上述规定要求债务人偿还本金和利息。若有书面协议，债权人向债务人索取的利息价值超过上述限额，则该协议将被视为非法，无法生效；若有任何一方违反法律规定支付或收取高额利息，则利息不做退还。[1]

这等于规定了最高年利率为 12.5%，即便另外签订书面协议，也不得违背此规定，这也间接说明多数西哥特人并非文盲。该法典贯彻执行了数百年，其理论与《十二铜表法》更接近，在语言措辞上也很类似。然而事实上，卡奥尔人的行径明显与《西哥特法典》背道而驰，因而在法国是声名狼藉的放贷者，不过这也再次证明，并非所有的利率上限都有人遵守。严格来说，法国的卡奥尔人在拥有西哥特传统的西班牙定居点独自为政，因此大可宣称，自己只不过是适应布鲁图的放贷原则，采用当地通行的利率而已。

和伦巴第人一样，西哥特人最初也属阿里乌派，直到安定下来才皈依天主教。所以，他们并不承认尼西亚大公会议或《尼西亚信条》严禁神职人员从事放贷收息的规定。在罗马人眼中，他们何止是刁民蛮族，更是异端分子，因此在自然法理论形成阶段，他们游离于教会规定之外也属正常。他们干起放贷这一行来，可以说是天赋异禀。11 世纪以后，这两支刁民蛮族的后裔与犹太人正面展开了激烈的竞争。在英格兰，“长腿”爱德华于 1275 年严禁犹太人放贷，1290 年下令将犹太人赶出了英格兰。一百年后，法国也大规模地驱赶过犹太人一次，不过驱逐力度最大的恐怕要数 1492 年的西班牙。

犹太人风光不再，手上有必备资源的就剩下伦巴第人，放贷自然

[1] S.P. 司各特：翻译，*Forum Judicum*（《西哥特法典》）（波士顿：波士顿图书公司，1910 年版），第五册，第八章。

风险重重。考虑到借钱给高官显贵需要承担很高的风险，绝大多数放贷者收取的利率基本是 15%~18%，而他们借钱给普通商人的利率则是 5%~25%。于是，国王更加震怒，觉得没收放贷者的财产是再公正不过的举动。

“兔子问题”引发的革命

12 世纪的欧洲正处于充满朝气与活力的时代，十字军东征、城市崛起、民族国家建立，在此背景下，罗马艺术达到了最高峰，欧洲商人与东帝国及伊斯兰世界也有了更加频繁的往来，后人称之为“12 世纪的文艺复兴”，它象征着贸易和知识的全面重生。然而，尽管贸易正在改变着欧洲的政治经济面貌，但教会对放贷收息依旧不肯松口。不过，为投资者和存款人支付利息实在是必须的，否则如何补偿风险成本呢？因此，收取利息的方式变得更加别出心裁了。

格拉提安（Gratian）推行的教义汇编《格拉提安教令》（*Decretum Gratiani*）探讨了借方和贷方之间的关系，提出如果双方是敌人，就没有公平正义可言，允许放贷收息。这就好比法律允许大家杀死敌人，那么自然没有理由反对收取重利。一般而言，如果借方未能偿还债务，将会沦为贷方的奴隶；等还清债务，这种主仆关系才算了结。[1] 对放

[1] 约翰·T. 诺南：《高利贷的学术分析》（剑桥，马萨诸塞州：哈佛大学出版社，1957 年版），101~102。

贷收息的各种特例和细节的描述充分反映出教义的细致繁杂，同时也折射出贸易事务中借鉴三段论逻辑所导致的不连续性。

《格拉提安教令》问世一百年之后，出现了一种更务实的方法。阿佐·博洛尼亚（Azo of Bologna）针对《法学阶梯》和《查士丁尼法典》展开了一项著名的研究工作，他指出，虽然收取利息是违背上帝旨意的，但应“根据现实社会的实际所需”采取容忍姿态。[1] 尽管上述两类法律似乎不兼容，然而即便是教义的维护者也认为，只要民法不明目张胆地违背教会法，两者是可以并存的。这种认识尤其重要，因为在 12 世纪初期，新诞生的“股份制（compagnia）”逐渐取代源自希腊－罗马的“合伙制（societas）”，成为欧洲新型合作模式。很显然，新模式远比旧模式灵活。在合伙制下，一个合伙人的投入要么是劳力要么是资本，每位合伙人都要承担同等的责任和风险；而在股份制下，合伙人支付的资本更为繁杂精细，包括合作经营赚取的收入、额外投入的资本以及其他投资者的存款。存款其实就是利息，不过在合作经营的过程中被称为“酌情支付款项”，通过这种鱼目混珠的方式，躲避了放贷收息的禁令。

另一个躲避重利禁令的高明手段是确保偿还贷款或投资时，金额超过原借款数，但对利息只字不提。其他的办法还包括借方给贷方“送礼”，或借方故意弄错还款日期好让贷方合理估算损失后索取赔偿。[2] 这提高了合作经营资本来源的灵活性，也吸引了更多外界投资者，对业务扩展至关重要。绝大多数情况下，股份制和合伙制的合作伙伴是家人亲戚，或是各种有关联的伙伴。经营不善的后果是很严重的，很

---

[1] R.W. 卡勒尔及 A.J. 卡勒尔：《西方中世纪政治理论史》，1:79。

[2] 埃德温•S. 亨特及詹姆斯•M. 莫雷：《中世纪欧洲商业史》，1200~1550（剑桥：剑桥大学出版社，1999 年版），73。

有可能被打入大牢，甚至家破人散，或被卖去当奴隶。[1] 因此，对合作伙伴知根知底是商业活动成功的前提条件。

重利禁令让商业机构在措词上小心翼翼，但即便教会三令五申，依旧架不住贸易迅速发展之势。教会认识到这一点，也试图应对合作制度的问题。13 世纪，托马斯 • 阿奎那提出："将金钱以某种合作形式委托给某商人或工匠，金钱所有权并未因此转移给后者，仍属于原所有人。受委托的商人或工匠使用这笔款项时，风险由原所有人承担。如果盈利，鉴于所有权归属，原所有人有权要求获得部分盈利。"[2] 这种阐释将其中一方合伙人定位为代理人，而非商务交易的当事人，这在当时的确是创新之举。

拖欠贷款的惩处因地而异，有的要求债权人归还欠款、蹲大牢，或把债务人卖去当奴隶。不过在传统上有政治难民而非财政难民的管辖区域，一般都可以申请减免。于是，可以让债务人躲开债权人的庇护所出现了，主要是在教堂或圣地。但是，请求庇护对于债务人而言并非一劳永逸，因为一旦寻求庇护，其财产将不再受保护，而且在债权人的要求下，会被民政机构拿走。庇护渐渐盛行开来，尤其是在伦敦，那些居住条件最好的庇护所自然最受欢迎。一个城市总有几家特别受债务人青睐，其中一家是建于 1056 年的圣马丁大学院教堂（Collegiate Church of St. Martins le Grand），特为寻求庇护人士打造，直到大约五百年后，亨利八世（Henry Ⅷ）将寺院庙堂悉数瓦解，这座庇护所才退出历史舞台。另一处庇护所与迦密（Carmelites）白衣修士

[1] 罗伯特 •S. 洛普茨：《中世纪的商业革命》, 950~1350，73~75；乔纳森 •B. 贝斯金及保罗 •J. 米兰提：《公司金融史》，（剑桥：剑桥大学出版社，1997 年版），38。

[2] 托马斯 • 阿奎那：《神学大全》，英国多明我会教省神父翻译（纽约：本齐格兄弟出版社，1948），Q.LXVII，第 2:7 号文章。

（White Friars，等级长袍）有关，与中殿（Middle Temple）毗邻，由帕特里克·格雷（Patrick Grey）在1241年建立。

12世纪时，贸易往来和私人交易都已经开始明目张胆地收取利息，从表象到本质，利息都似乎与高利贷毫不相干。收取利息只要不伤害借方就行，也就是说，借方应当能在合理的时间内偿还贷款，不至于让自己身陷囹圄或一无所有；另外，贷款必须用于生产目的。从技术上来说，贷方的主要业务不应该只有放贷，这样才能避免被扣上放高利贷的罪名。贸易和工业日渐繁盛，贷款需求增大，利率一路飙升，英格兰的个人贷款利率为40%~120%不等，意大利的商业贷款则在20%上下浮动。[1]个人贷款利率超高，放贷者一般都是当铺老板。需求增多一方面让当铺变得举足轻重，另一方面也让其身陷险境，因为教会对贷款的态度很明确：绝不姑息！这种一刀切式的严禁无疑是在打击和阻挠经济发展，因而争论的焦点仍是不招人待见的放贷者收取高利息的问题，渐渐掌握权力的当铺自然招来了教会的极度不满。

1139年和1179年，教皇英诺森二世（Pope Innocent Ⅱ）和教皇亚历山大三世（Pope Alexander Ⅲ）分别召开了第二次、第三次拉特兰大公会议，毫不留情地斥责收取高额利息的行为，并强调谁要染指，将不得接受圣礼。然而在世俗社会，即便统治者对教会旨意嘴上唯唯诺诺，可终究是在商言商。第三次拉特兰大公会议也不得不承认，“重利之罪恶扎根已深，很多人完全无视《旧约》和《新约》的禁令劝诫，正经事不做，一门心思放贷收息，好像这是理所当然的”。[2]对此，最严重的惩处就是将放贷者逐出教会。

1215年，中世纪最声名显赫的教皇英诺森三世（Pope Innocent Ⅲ）

[1] 西德尼·霍莫及理查德·塞拉：《利率史》，89。

[2] 诺曼·P. 坦纳：《教会委员会法令》，223。

主持召开了第四次拉特兰大公会议，会上提到："基督教越是对放贷吃息坐视不理，犹太人就越在这行当中无法无天，用不了多久，他们就会耗费掉基督徒的所有心血。"[1] 教会对犹太人态度十分强硬，甚至可以说是蛮横——犹太人既要满足借方或世俗当权者的需求，又被迫在衣着打扮上异于基督徒，而且不得担任公职。通过衣着来辨别犹太人成了中世纪分辨放贷者和非信徒的惯用之法。

借贷实践史上最浓墨重彩的年份之一是 1202 年。一位曾云游四方的意大利人斐波那契撰写了《计算之书》（*Liber Abaci*，或 *Book of the Abacus*），将阿拉伯数字介绍到了欧洲。欧洲传统的数学计算主要是用罗马数字，一碰上个位数以上的运算，这套系统就爱莫能助了。《计算之书》不仅介绍了小数、平方根、比例、整数和分数的运算法则及具体应用，也为利率的计算提供了方法。在这之前，对借贷的口诛笔伐持续了数个世纪，但如何计算利息依旧没个标准。

斐波那契原名李奥纳多 • 皮萨诺（Leonardo Pisano），他的父亲是一位意大利外交官，出生于 1170 年左右。"斐波那契"的原义是 Fibonacci，字面意思很广，最常见的两种解释是"大笨蛋"和"闲晃者"。不过，这位年轻小伙和"笨蛋"二字完全不沾边儿。他去北非看望外交官父亲，就是在那里学会了印度 - 阿拉伯数字体系，于是撰写了这部百科全书式的数学著作。1202 年的欧洲还没有印刷术，因此，《计算之书》是以手写稿的形式问世的，并且很快引起了中世纪数学家们的注意，尤其是神圣罗马帝国弗雷德里克二世（Frederick Ⅱ）王朝的那些人。在回答弗雷德里克的顾问们提出的问题时，斐波那契阐述了著名的"兔子问题"。[2]"一对兔子一年生出 377 对兔子"这

[1] 诺曼 •P. 坦纳：《教会委员会法令》，265。

[2] 李奥纳多 • 皮萨诺 • 斐波那契：《计算之书》，劳伦斯 •E. 西格勒翻译（纽约：斯普林格出版社，2003 年版），404。

个结论令在场的所有人都目瞪口呆，弗雷德里克立马成了他的资助人。结果，欧洲迎来了一场数学革命，也使得人们一瞥当时对利息到底有多少认识。

《计算之书》成了中世纪学校的必修课，其中的方法多数是用来解决实际问题的，年轻的男子则从中学习商业技巧。其中有一道题涉及复利问题，非常吸引眼球。

假设某人有 1 枚货币（denaro），每五年可增加 1 倍，那么一百年后，他有多少枚货币？

斐波那契的解答很简单——每五年增加 1 倍，100 年就增加 20 倍，无须使用方程式，他靠笔算就可得出未来价值为 1048876。[1] 放到贷款问题上，想要达到相同数值的未来价值，利率约为 14.355%，而且还只能通过半年复利来计算。也就是说，一枚货币（现值）的半年利率为 7.1775%，经过两百个半年，才能获得上述未来价值。中世纪商人显然都有复利的概念，但首个有文字记载的案例则出自斐波那契，尽管他只是计算了结果，对“利率”只字不提。

然而，一个重大的问题浮现出来了——斐波那契的例子隐藏了复利的计算方法，如果将此视为可以接受的，那么势必引起坚决反对“利滚利”的教会权威的愤慨。更重要的是，以复利为例成了中世纪放贷

[1] 李奥纳多·皮萨诺·斐波那契：《计算之书》，438。斐波那契还提出了一套数字理论，即所谓的斐波那契数列。按照这一数列，某一数字是前两个数字的相加。例如，0，1，1，2，3，5，8，13，21，从第二个 1 开始，每个数字都是前两个数字的相加。证券和货币贸易商采用这一数列，从而为二级市场的金融产品定价找出理论依据。随着数列不断延长，用后面的数字除以前面的数字得出计算结果 1.619，这是中世纪著名的黄金比率，卢卡·帕西奥利对此有详细论述。

者消耗敌手价值的手段——当权者手头缺钱时，就进行货币贬值。对此，斐波那契举了迪纳厄斯（Denarius）小银币的例子。

这种硬币一直是罗马帝国的主要货币，出现在大约公元前 211 年的罗马共和国，也就是第二次布匿战争[1]期间。当时的罗马皇帝卡拉卡拉（Caracalla）之所以推行这种银币，主要是为了应对不断增加的军团开销。起初，迪纳厄斯的币重为 4.5 克，不过这个重量只保持了很短的时间，公元前 2 世纪就减到了 3.9 克。然后到了尼禄（Nero）统治期，由于银的贬值，迪纳厄斯被减少到 3.4 克。在公元 3 世纪后期，后来的罗马皇帝将它贬值到 3 克，最终被安东尼安币（Antoninianus）[2]所取代。

斐波那契在著作中费了大量笔墨解释“合成钱币（alloying monies）”的问题，尽管看上去是道数学练习题，实际上却说明了如何让货币贬值以达到预期的结果，否则把它放在实用数学中实在有些别扭。私人投资者解决货币贬值的方法之一就是复利，即利用规律性的利息叠加来弥补贬值带来的损失。例如前文提到的那道数学题中，若按年度复利计算，一年后只能得到 669138 枚货币，也就是说，幸好可以用半年复利来计算，才多了额外的 379738 枚货币。生活在勒紧裤腰带过日子的王公大臣眼皮子底下的中世纪商人对此可是心知肚明。

16 世纪采用公历（Gregorian Calendar）之前，欧洲通用儒略历（Julian Calendar），斐波那契的利率计算也基于此。当时，利息的计算要根据新一年的日历略作调整，这就催生了首个利率牌的问世。而启发斐波那契思考、撰书的阿拉伯数学体系，则大大激励了一群果断勇敢的开拓者，他们成了欧洲首批跨国银行家。

[1] 译者注：第二次布匿战争历时十六年（前 218 年～前 202 年），是古罗马和迦太基之间三次布匿战争中最长也最有名的一场战争。

[2] 译者注：原本为银币，后变成铜币。

上帝的银行家

14世纪早期，政教冲突愈演愈烈，1302年教皇卜尼法斯八世（Pope Boniface Ⅷ）发布的训令《一圣教谕》（*Unam Sanctam*）最能反映两派冲突之激烈。教皇在谈到宗教和世俗权力时总结道："倘若世俗权力犯下罪过，当由宗教权力拍案定夺……但若是最高宗教权力犯下罪过，有盖棺定论的权力的只能是上帝，绝非凡夫俗子。"[1] 如此极端地捍卫教皇的权力无疑将法国的腓力四世（Philippe Ⅳ）和英国的爱德华二世（Edward Ⅱ）变成了教皇的奴仆，腓力还是爱德华的老丈人。

卜尼法斯的强硬立场让政教关系陷入了历史低谷。腓力气得火冒三丈，于是绑架了教皇，结果没多久，教皇就一命呜呼了。国王的拥护者推选克雷芒五世（Clement Ⅴ）担任了教皇，教皇法庭迁至阿维尼翁（Avignon），克雷芒是历史上首位遭遇"巴比伦囚禁（Babylonian

[1] 援引自西德尼·Z.厄勒及约翰·B.莫拉尔：《古往今来的教会和国家》（伦敦：伯恩和奥茨出版社，1954年版），92。

captivity）”的教皇，而这一现象持续了一百多年。因此，克雷芒在教会中最具现实操纵力的事情就是对皇帝唯唯诺诺。当教皇权力和军队势力勾搭上，新兴金融阶层可谓大难临头。

从某种程度上来说，十字军东征是借贷行为的分水岭。这支庞大的队伍以前所未有的规模抢占国际银行业，大大赶超了遍布全球的犹太人而成为欧洲首要的放贷者。东征期间，这群人一直占据优势地位，个个成了银行家暴发户，然而战争一结束又被打回了原形，成了 14 世纪大规模政教权力斗争的牺牲品，这就是圣殿骑士团（Knights Templars）。

圣殿骑士团原是一支宗教军事队伍，诞生于 1119 年新征服的耶路撒冷，由两位法国骑士雨果·德·帕英（Hugh des Payens）和格弗雷·德·圣欧莫（Godfrey of St. Omer）发起。1128 年，特鲁瓦大公会议（Council of Troyes）正式认可了圣殿骑士团，圣伯纳德（St. Bernard of Clairvaux）还为他们制定了行为准则。

圣殿骑士团是耶路撒冷拉丁国王鲍德温二世（King Baldwin Ⅱ）自行出资的，创立宗旨是保护那些从欧洲前往耶路撒冷的朝圣者。鲍德温把他们安排在皇宫的所罗门圣殿（Temple of Solomon）遗址里，这是唯一留存至今的哭墙（Wailing Wall）。这支队伍起初名为圣殿贫苦骑士团（Poor Soldiers of the Temple），靠行乞为生，但却以极高的热情坚守着苛刻的条例。他们的行为准则是“绝对服从”和“禁欲主义”，随着军事力量的增强，他们在欧洲的名望被蒙上了一层神话的色彩。居住点和庙宇也渐渐遍布欧洲，英国、西班牙、法国以及德国都有他们的踪迹。

事实上，自创建之初起，圣殿骑士团就以庙宇为据点，发展出了一张非常巧妙的融资网络，并演变为欧洲首批银行网络。他们的集资能力也和他们自身一样具有传奇性，在欧洲无人能及。因此，这支最初靠乞讨为生的队伍成了妇孺皆知的致力于耶路撒冷复苏的宗教骑士团体，并推动了第四次十字军东征。汇票、票据和外币的使用便捷了许多，圣殿骑士团也算是苦尽甘来。

不过，圣殿骑士团的国际业务也不是没有缺点。耶路撒冷失守以后，他们将自己在耶路撒冷的部分业务转到了法国南部，这让美男子腓力四世（Philippe IV）如芒刺在背。圣殿骑士团是个错综复杂的军事组织，有别于欧洲封建主义一贯的组织模式。作为一个骑士团体，他们有权宣战，有权签订和平协议，有权不听从任何王族安排去打仗，因为除了教皇，他们不效忠任何人。[1] 虽然腓力是出了名的治国无方，但他绑架了卜尼法斯八世，成功地让教皇从此以后对世俗权力俯首称臣，这无疑让圣殿骑士团一个头两个大。偏偏在那个时候谣言四起，说他们富可敌国，这让诸如腓力这样手头吃紧的皇帝瞪大了眼睛——一旦骑士团在法国站稳脚跟，得到其财富只不过是时间问题。

在英格兰，圣殿骑士团在搬到弗利特街（Fleet Street）之前，首先在伦敦霍尔本（Holborn）安顿下来，所有教堂都仿照耶路撒冷圣殿的圆形风格而建。今天，三大律师学院（Inns of Court）之一的中殿便坐落于此。骑士团不断发展壮大，逐渐成为英国社会根基性的一部分，与财政及皇权密不可分。圣殿骑士团在伦敦的业务让爱德华二世获益匪浅，尤其是犹太人被驱逐出境之后，骑士团又是掏腰包又是提建议。伦敦的神殿成了国王和富商的金库，此处被认为是资金存放的保险柜，因为它由僧侣骑士团打理，神圣不可侵犯。约翰王（King John）将皇家珠宝首饰和一些重要文件都存在那里。为十字军东征筹集的资金也特地交给圣殿骑士团保管，尽管也出过一点儿小意外——

[1] 亨利·查尔斯·利：《中世纪的宗教法庭》，玛格丽特·尼可尔森缩写（纽约：麦克米伦出版社，1961 年版），693。

有位骑士挪用十字军款项被发现了，皇帝饶恕了他，但骑士团没放过他。[1] 爱德华二世实在不敢对圣殿骑士团怎么样，因为自己的福祉和他们唇齿相依——至少在初始阶段是这样。然而，圣殿骑士团在法国的人数增多，势力渐大，这才出了岔子。

法国国王觊觎圣殿骑士团的财富，可要是用拳头镇压无疑会破坏他们一手创建的国际银行体系。骑士团是银行家，对汇票、票据很有一手，但不直接放贷，其收益主要来自外汇交易，而不是吃高额利息。他们就是借助这个方法避免了可能存在的高利贷指控，因为教义允许从外汇交易中获取利润。经院派的神职人员——教义的捍卫者——对这一做法也无可诟病。这也解释了为什么当骑士团遭受打击、财产被没收时，仍然没人指控他们放高利贷。[2]

圣殿骑士团诞生于十字军东征的政治浪潮中，13 世纪末 14 世纪初又被卷进了风起云涌的政教斗争。中世纪时，诸如格里高利教皇和亨利国王在卡诺萨的那种较量屡见不鲜，不过几乎每次都是教皇笑到最后。罗马不仅有言辞凿凿地维护教皇权力的文献，而且一次次搬出来，以劝告国王们效仿君士坦丁大帝心甘情愿将帝国献给教会，将政治权力让给教皇圣座（Holy See）。文献称："我们认为将帝国和国王权力迁至东部地区是合理之举……我们颁令，依照我们神圣帝国法令及其他圣洁之令所建立的各种制度体系均不得遭人践踏破坏，直至世界末日。"[3] 尽管到了 15 世纪，人们发现这其实是洛伦佐·瓦拉（Lorenzo Valla）伪造的，但在当时却被视为宗教史上重要的一环，至少在罗马

[1] 埃利诺·费瑞斯：《圣殿骑士和英国王座的经济联系》，《美国历史评论》，8（1902）：6。

[2] 请参考雷蒙德·德罗弗：《学术、高利贷和外汇》，《商业历史评论》，41（1967）：257~271。

[3] 西德尼·Z.厄勒及约翰·B.莫拉尔：《古往今来的教会和国家》，22。

人看来，这象征着宗教拥有至高无上的权力。但是，教皇卜尼法斯被腓力如此羞辱，使得权力天平倾向了国王。

1307 年年初，以精明能干著称的“美男子”腓力广发密函，下令各地官员逮捕法国的圣殿骑士团。10 月 13 日，对于法国的圣殿骑士团而言，这是历史上最黑暗的星期五——没有任何征兆，138 位骑士被捕，其中包括国王的朋友大团长雅克·德·莫莱（Jacques de Molay）。他们的财产被没收，然后接受了多明我会（Dominican Order）审讯。严刑拷打果然非常有效，受刑者老老实实地交代了各种罪行，重伤死亡的人也不少。效忠于腓力的神职人员捏造了多项指控，包括邪神崇拜和变态性行为等，不过没有放高利贷这一项。腓力早就虎视眈眈，但处理汇票业务在当时不算高利贷行为，因此，比起放高利贷的罪名，其他那些罪名似乎更有说服力。同时，腓力向克雷芒五世大力施压，后者只得遵照吩咐，煽动其他管辖区的国王效仿腓力，严厉打击圣殿骑士团。

不过，爱德华二世显然对老丈人的举动有所不满，他表示自己不会和圣殿骑士团对着干。骑士团被审判为异端邪教时，英国已经在民法中严禁使用酷刑，没有武力迫害，骑士团至少可以保住小命。爱德华还极力游说卡斯蒂利亚、阿拉贡、那不勒斯和葡萄牙的国王也不要迫害骑士团，可惜失败了。克雷芒要求爱德华遵守基督教法，而英国的法律也必须服从基督教法，因此，爱德华占了下风。1308 年，他终于下令逮捕英国的圣殿骑士团并没收了其财产。为让骑士团认罪伏法，宗教审判者在英格兰短暂动用了酷刑，不过很多骑士在被移交到审判者手上之前就已经逃走了。

骑士团富可敌国，这叫囊中羞涩的国王及其盟友教皇如何坐得安稳！1312 年，克雷芒颁布教皇训令《至高之声》（*Vox in Excelso*，或 *Voice in Heaven*），表示尽管难以证实，但他坚信圣殿骑士团的罪名全部成立。克雷芒的说辞无疑成了中世纪教皇的一大污点，后世数百年都饱受诟病。其实早在二十五年前，腓力就宣布骑士团的财产权没有法律效力，只是那时他尚未落实决策。

克雷芒和圣殿骑士团这么一闹腾，直接结果就是在1311年的维也纳大公会议上，所有允许放贷收息的世俗法全部失效了。这次大公会议的初衷是要解决骑士团的问题，但其措词遣句却分明在说骑士团和放贷问题密不可分是导致教会各阶层问题百出、冲突频频的根源。会议宣布：“基于此，出于根除这些罪大恶极之行径的目的，经本次神圣大公会议之批准，我们裁决，所有地方法官、首领、长官、执政官、审判长、顾问或其他任何将来执政各地区的官员必须严格遵守……如果收取重利，或在此情形下，未按要求悉数归还借款，则驱出教会。”同时还宣布，如有人支持放贷收息无罪，也将面临严重的处罚。无论是谁，沾上异教徒罪名，招惹上宗教审判，处分就绝对不会手下留情。

克雷芒和腓力击垮了圣殿骑士团的基石，不过维也纳大公会议结束的时候，大团长雅克·德·莫莱还活着——他认了宗教审判给他定的一个较轻的罪名，从而躲过了严惩。[1] 但是，1314年，他与另一位资深的骑士杰弗里·德·查尼（Geoffroi de Charney）被判定为“重蹈异教覆辙”，被绑到巴黎的木桩上烧死了。[2] 和烧死其他骑士团的成员一样，火慢慢燃烧着，只有这样，宗教审判员才能让公众胆战心惊，杀一儆百。至此，骑士团终于溃不成军，尽管在此之前超过半数的人

---

[1] 请参考戴斯蒙德·斯沃德：《战争的教士：军事宗教命令1》，（伦敦：企鹅出版社，1972年版），第十二章。

[2] 译者注：这一判决将雅克·德·莫莱变成了某种意义上的殉道烈士，而他一直是共济会的“守护神”，该兄弟会组织成立于18世纪早期，和圣殿骑士团颇有些渊源。有些人直接将共济会追溯到圣殿骑士团，并坚称两者之间没有断裂。

已经归西了。他们的财富原本是要福泽罗马的，结果却统统落入了腓力的口袋。腓力吞噬了骑士团之后，国家财力瞬息猛涨，不过也就是昙花一现。中世纪原本极具传奇特色的一幕突然结束，而且惨不忍睹。教皇及其盟友狼狈为奸，霸占了深得欧洲放贷者们青睐的骑士团的财物，而犹太人也被逐出了法国和英国，这使得欧洲的放贷者们苦不堪言。

当然，圣殿骑士团的突然陨落也有积极作用，至少为其他放贷者和银行家的崛起创造了必要条件，也推动了欧洲早期银行体系的建立。意大利城镇的商人伸开触角，除了经营常规业务之外，也开始放贷。13世纪初期，在圣殿骑士团借钱给教皇之初，邦西尼奥里（Bonsignori）和托洛梅伊（Tolomei）等商业家族就已经在佛罗伦萨南部的锡耶纳（Siena）开创了自己的银行事业；佩鲁齐（Perruzzi）和斯卡利（Scali）等家族也在佛罗伦萨（Florence）扎稳了脚跟。不过直到15世纪，美第奇银行（Medici Bank）才在佛罗伦萨建成，其名望和地位可谓举世无双。银行业是有风险的，但是从普遍意义上来说，借贷给商人的风险显然比借钱给当权者要小一些。

中世纪末期出现了一种具有时代特性的金融手法，即所谓的“干交易（dry exchange）”。具体说来，就是存在国际汇票交易关系的某借方和某商业贷方，用不同的货币进行标价；贷方收到汇票后，将汇票交给借方在海外的分支或代理人，获取交易部分的金额。由于金钱本身没有跨洋过海，所以才将这种交易称为“干交易”。[1] 如果计算得当，贷方能从汇率差价中赚上一笔，而这一开始看起来并不存在利息。这种借贷方法首次出现是在伦巴第银行家之中，当时正值教会严厉打击重利的顶峰时期，这恰恰成了他们逃避罪责的惯用漏洞。

---

[1] 请参考雷蒙德•德罗弗：《美第奇银行：其组织、管理、运作和衰落》（纽约：纽约大学出版社，1948年版），82~83，文中给出了干交易机制的实例。另可参考西德尼•霍莫及理查德•塞拉：《利率史》，75~76。

“哲人圣贤”们的借钱观

尽管后来教会在重利问题上受到亚里士多德思想的影响，直到12世纪末期，柏拉图一直是绝大多数中世纪思想家主要的哲学启发源泉。流传在西方的亚里士多德著作支离破碎，得益于穆斯林哲学家阿维森纳（Avicenna）和阿威罗伊（Averroes）的传播，其著作才广为人知，这两位哲人在12世纪末对欧洲学者而言耳熟能详。虽然十字军东征未能在中东施展基督教的沐雨春风，倒是为东西方贸易和文化往来做了点儿实质性贡献，于是让人们对不少希腊学者哲人有了重新认识。亚里士多德最具影响力的著作《政治学》（*Politics*）的希腊语原文由威廉姆·穆尔贝克（William of Moerbeke）于1260年翻译引入，也是亚里士多德作品中最后译介的作品之一。威廉姆是阿奎那的朋友，也是多明我会修道士。在阿奎那将其纳入教会思想之前，高利贷禁令一直缺乏稳固的哲学基础。可一旦向世人证明，就连亚里士多德都贬斥高利贷，于是乎理论或教旨都有充分权威性将其打压严禁。

在亚里士多德看来，高利贷是一种有关家庭组织的行为，属于内部事情，关乎民间社会发展。公平正义要求贷方不得占借方便宜，而是要在保证双方公平的情况下，向借方伸出援助之手。亚里士多德认为这不仅是家庭经济学的根基，也是所有社会制度的根本。通行于家庭的原则理应普及至全社会。公平正义源自家庭。如果单一经济问题的核心都是有失公正的，那么这些概念做法放到整个社会也将一无是处。

中世纪讨论借贷收息问题，最响当当的基督教思想家要数托马斯·阿奎那，他对亚里士多德亦步亦趋，对“哲人圣贤”的核心概念——公平、正义——顶礼膜拜。

和多数中世纪的神职人员一样，1225年出生的托马斯·阿奎那家境殷实，父亲兰道夫（Landulph）是阿奎诺伯爵（Count of Aquino），他安排年幼的阿奎那接受多明我会的教育，但在阿奎那15岁那年却又反对儿子加入多明我会。为了制止阿奎那入会，家人们可是没少花心思，甚至花钱雇佣妓女来引诱调戏他。但是意志坚定的阿奎那不顾家人的反对，还是加入了多明我会。该会将阿奎那派到科隆（Cologne）跟着艾尔伯图斯·麦格努斯（Alertus Magnus）学习，结果在那里得了个“呆牛”的绰号，但很快，他的智慧之光开始闪现。而后，他在巴黎大学（University of Paris）学习，并获得了教会博士学位。其间，他与法国国王路易九世（Louis IX）关系很好，偶尔共进晚餐。1274年，他已然成了一位声名远扬的传教士，教皇格里高利十世（Gregory X）派他去参加第二次里昂大公会议，可惜半路上归天了，只留下未完成的杰作《神学大全》（*Summa Theologica*），万幸的是，已完成部分足以使它成为教会神学奠基性著作。

在《神学大全》中，阿奎那把数世纪以来围绕重利的种种论调做了一番总结。一直以来，支持借贷收息的绝大多数言论都是以“支付高额利息是自愿之举”为中心的，而阿奎那则赞同亚里士多德关于借出去的钱本身不具繁衍性的著名论断。他在《神学大全》中写道：“贷款收重利本身就有违公平、正义，因为此举是在售卖不存在的东西。”[1]因此，放贷者还必须为此赎罪。“凡为人者，若以不公平之手段获得某物，必当奉还；同理，以放贷所获之金钱，也必须退还。”[2]

在阿奎那看来，自亚里士多德之后，金钱的用途就一直很明朗，“金钱的合理及首要用途在于消费或商业交易”。[3]这里并没有明确财富是如何积累、储蓄的，不过大致可以推断，挣钱和存钱都应该通过货物及土地的交易，而不能像现代社会这样通过投资获取回报。这听着像是阿奎那解读亚里士多德思想的一大缺口，但实际上，情况要复杂得多。

阿奎那对现实中的商业活动倒也不是一窍不通，至少他认识到，商业的存在是再自然不过的，日常交易其实也牵扯收益。于是，他借用了亚里士多德的另一个观点，即可以向物品——包括放贷——索价，但买卖双方均不能在价格上吃亏。如果能确保这一点，价格就是公正的。也就是说，售出价格可以比物品本身的价值高，但不得超过持有人应得的价格。[4]这一概念围绕着商业交易的公平问题展开思考，但究竟有多少价值就另当别论了。

假设一件物品的售出价格是持有人应得的，那么持有人就必须进行一项计算，用现在的话来说即机会成本（opportunity cost）。倘

[1] 托马斯•阿奎那：《阿奎那政治著作选》，J.G. 道森翻译（牛津：布莱克维尔出版社，1959 年版），173。

[2] 托马斯•阿奎那：《神学大全》，Q. LXXVII，第 1 号文章。

[3] 托马斯•阿奎那：《阿奎那政治著作选》，175。

[4] 托马斯•阿奎那：《神学大全》，Q. LXXVII，第 1:3 号文章。

若这件物品对于持有人而言，价值要比所标价格对应的价值高出10%，则他有理由在销售时通过价格多收取10%。但是，除此之外，这个理论就没多少说服力了，因为调整和估测价值的方法粗糙而含糊，市场缺乏制定价格的标准。不过，在这些说辞的背后，教会力量取代了市场调控。

但是在中世纪，利率似乎不会影响到机会成本的计算。现在销售证券时为了补偿卖方在下一轮利息支付日期之前遭受的机会损失，买方要支付高额利息，而在中世纪，利率的概念似乎毫无意义，至少对教会人员来说是这样的。价值的衡量不取决于利息，因时间流逝而收钱也行不通。

阿奎那还论述了用益权的相关描述。他提到，《法学阶梯》将用益权视为可接受的行为。根据他对罗马法的解读，《法典》之所以认可高利贷是因为它被归类于“半用益权”，换言之，直至当时，世俗法（不是教会法）接受这一形式，倒不是因为公平，而是可以防止贷方占借方便宜。罗马法代表了基本的公平概念，可是没有拓展性亦无确凿性：“我们借钱出去，或是做好人好事，都不该寄希望于人，而当寄敬畏于上帝。”[1]换言之，利息本身不是问题，违背亚里士多德各项标准的是收取或征收高利贷。阿奎那特意挑出这段话，因为《查士丁尼法典》对中世纪法律变迁带来了广泛影响。这部法典当时依旧举足轻重，但丁为国王在天堂安排了归宿，可放高利贷者只能被打入阴曹地府。

阿奎那将政治和伦理叠加，严格控制放贷收息，他的著作被广泛应用于最高等的哲学和神学教育。但是，他也承认，贷方收高利息违背法律，可是如果借方将这些钱用在正当之途上，那么借方是无罪的。

[1] 托马斯·阿奎那：《神学大全》，Q. LXXVII，第1:7号文章。

不过和亚里士多德不同的是，阿奎那的观点充斥着 13 世纪盛行的对非基督徒的鄙视。面对非基督教徒，他严格划分放贷者和犹太人，尽管当时的宗教法宣称要一视同仁。

但是，犹太人好像不受放贷收息禁令的制约，因为依照《申命记》，他们可以借钱给外族人。在当时的政治环境和宗教特性之下，阿奎那难免从大流，提出犹太人应当与基督徒一样要受禁令制约。鉴于有人钻《圣经》的空子，于是整个社会高喊“四海皆兄弟”。大家都是兄弟姐妹，自然就能禁止放贷行为了。这增强了教会对犹太人及其他非基督教信徒的掌控。

然而，尽管舆论纷纷扬扬，犹太人照旧我行我素，而且在放贷这一行名号越发响亮。虽然西方传统下的高利贷历史，其起源是《旧约》的评头论足，可直到 13 世纪，犹太人才是欧洲的首要放贷者。到了阿奎那的时代，他们早已打出银行家的名声，他心知肚明，教义和实际迟早会分道扬镳。借贷还将继续，因为欧洲人口增长态势使其成为必然。

和对让犹太人免受基督教法律制裁的模棱两可态度不同，《神学大全》传递的其他观点相对明晰。允许犹太人放贷的另一缘由是要避免更大的罪恶——基督徒迫于无奈不得不从事高利贷行为。教义在这一问题上也是南辕北辙，然而现实所迫，必须“拯救”基督徒，让他们不要陷入如此罪大恶极之行径。

阿奎那在写给布拉邦公爵夫人（Duchess of Brabant）的一封信中甚至提出让当权者制裁犹太人的大致设想。布拉邦公爵临死前要求没收领地内的犹太人的财产，公爵夫人特为此事写信给阿奎那请求帮助。阿奎那的答复是：“城邦当权者有权没收他们的财物，就如同有权处理自家物品一样；只有一点，不得夺走其基本生存所需的物品。”[1] 这看上去有点儿苛刻，不过和亚里士多德对放贷者的观点倒是一脉相承。从别人那里因收取利息而得到的财富都要充公，但不能让放贷者身无分文，这和不能让借方陷入财政危机是出于同样的考虑。阿奎那特别热衷于号召犹太人把收取的高额贷款退还给借方，而且坚称，如果被抓到现成的，一定严惩不贷。唯一让犹太人稍稍宽慰的是，不论宗教信仰，只要存在放贷收息的行为，这些惩处措施都适用。

这些措施并不是阿奎那的独创，他不过是顺应潮流罢了。一百年前，英格兰北部建起数座西多会修道院，掏腰包的是埃伦·林肯（Aaron of Lincoln），他是英格兰最富有的犹太人金融家之一。埃伦死后，亨利二世（Henry Ⅱ）将其绝大多数土地和财产据为己有，然而，在一次资本严重损失之后，亨利发现自己即便继承了2万英镑的财富——几乎是安茹帝国（Angevin）一年财政收入的一半——自己还是债务缠身。[2] 几年之内，理查德一世（Richard I）执政期间，约克爆发大屠杀，英格兰北部很多犹太人的财产被充公。到了阿奎那的时代，总是囊中羞涩的爱德华一世（Edward I）颁布《驱逐令》（*Edict of Expulsion*），正式将犹太人驱逐出境。

在现实生活中，教会对放贷等各类违法乱纪的态度让忏悔者不知所措。1215年第四次拉特兰大公会议强制要求，每年至少有一次忏悔告白。放贷收息之罪显然分不同的层次，那等待放贷者的命途会是怎样的呢？14世纪，正儿八经的忏悔成了教会的例行事务，于是各种辅导牧师和神父如何倾听忏悔者告白的手册应运而生。除了一长串违反清规戒律的罪恶，《忏悔者手册》还特别指出，放贷收息之罪恶必须

[1] 托马斯·阿奎那：《阿奎那政治著作选》，85。

[2] 乔瑟夫·雅克布：《安茹英格兰的犹太人：文件和记录》。

严惩。有一部叫作《意识之罪》（*Ayenbite of Inwyt*）的手册论述了七种借贷收息的形式，和阿奎那及亚里士多德的分类基本一致。其中一种形式指出，有人将利息放入借款本金里，企图掩盖收取利息的事实，“更无法容忍的是，债权人……甚至还索要额外财物，而且常常将利息纳入本金里一起计算”。[1]这折射出当时的人们对复利已有所认识，虽然还相当肤浅。

对利息的整个讨论都以公正价格以及不择手段的贷方收取高额利息的各种伎俩为主导。最遭人鄙视的“在邻居十万火急时借给邻居一点儿小钱，条件是邻居必须为自己劳作，借出去1便士，要邻居付出价值3便士的劳动”。[2]至少在忏悔室中，教会依旧遵循《旧约》，视放贷收息为赤裸裸的剥削。对交代高利贷罪过的标准惩戒，似乎和社会对高利贷的态度变迁与时俱进，事实证明这是中世纪普及教义的有力渠道。《意识之罪》只不过是教会撰写的数百本手册之一，为忏悔和改过提供一些标准指引。显而易见，放贷是重点关注的滔天大罪，应对方式一定要统一，尤其鉴于和其他人一样，从事放贷的基督徒越来越多。

阿奎那对这个问题的态度倒也不能说是苛刻死板，至少从侧面反映了时代的变迁。神职人员不能从事放贷收息，对于从事放贷的基督教徒，教会自有一套解决办法，而教会又时常被当权者玩弄于股掌之间。犹太人不走寻常路，世俗统治者也不得不红着眼让他们从事放贷，因为这些统治者因为国防的问题，总是处于缺钱状态。教会将放贷收息定性为比一般的滔天大罪还要严重得多的罪过，这主要是因为有阿

[1] 丹·麦克尔：《意识之罪》，理查德·莫里斯编辑（伦敦：早期英语文本社会出版社，1866），35，44。W.J. 阿什利以现代英文援引，《英国经济历史理论简介》，163。

[2] 丹·麦克尔：《意识之罪》，35，44。

奎那的著作撑腰。

阿奎那对利息的主要贡献在于一直让借贷处于风口浪尖之上，然而，不管教会如何打压放贷行为，也不管放贷者时常突然被搞得倾家荡产，总之，中世纪的商业仍在缓慢地匍匐前进，信贷机构也无视各类警告而崛起。文艺复兴时期，银行家对时间的看法与教会的传统解读产生了实质性的区别。时间逐渐以金钱来衡量，至于如何叠加计算，那是另一个问题了。

第 2 章

Chapter 02

欢迎夏洛克

中世纪后半叶，随着贸易的不断发展，借钱做生意已成必然，也越发常见。因此，经院派开始对这些事和“利息”另眼相待，后者纯粹为了钱，但他们觉得自己这么做是被逼无奈。

——古斯塔夫·卡塞尔，1903 年

本章导读

在中世纪末期和文艺复兴之初，欧洲官方仍旧把放贷收息看作违背人性的罪恶行径，然而，意大利和欧洲各地都在上演着轰轰烈烈的商业革命，借钱已经成了社会化的现象。放贷属于教会的管辖范畴，教皇自然成了首位金融监管者，不过教会行使权力时可谓谨小慎微，甚至非常小家子气，只敢承认利息对商业而言是不可或缺的。

15 世纪时，人们的学习激情重新被点燃，对金钱和借贷的讨论热情也达到了历史新高。放贷收息依旧是人们关心的话题，不过已不像阿奎那的时代那样备受瞩目了。金钱不可自我繁衍的观念正在悄悄改变，相关的解读也不再一味的负面和消极。

关于金钱的新思维为早期的借贷争论注入了新血液。1588 年，意大利作家博纳多·达文扎蒂（Bernardo Davanzati）为金钱做了一次无懈可击的辩护。在佛罗伦萨学会（Academy of Florence）的一次演说中，他称赞金钱是“一项伟大发明，是造福万代千秋的工具，如果用于邪门歪道，受骂挨罚的该是用钱之人，而非金钱本身”。

如果想把金钱用在“不正当”的目的上，那就必须深入了解其本质，其中就包括流通数量。在文艺复兴之前，一国的货币供应数量被认为是恒定不变的。而文艺复兴时期的观点是，货币供应和社会产品总量相关，产品增多，对货币的需求也将增大；如果流通数量没有相对的增长，将会造成通货膨胀。银行家和政治家认识到，只要能计算好流通数量，就能防止不少当权者惯用的充实国库的伎俩——通货膨胀，这是当时最热门的经济话题，不过文艺复兴时期的学者们一般称之为“贬值”。

美洲的金银进入欧洲之前，货币的价值是相对稳定的，除非当权者刻意贬值。而之后，欧洲物品价格上涨，西班牙加大贸易进口，反过来又推高了价格。达文扎蒂曾发问：“如果当前银子数量是 109 枚，而之前是当作 100 枚来使用的，难道不是说，现在能用 109 枚支付原本价值 100 枚的东西吗？”[1]

中世纪末期，金钱作为国家的必备工具越发引人注目，不过直到金钱被视为促进贸易合法的手段时，人们才普遍接受并理解利息在商业发展中的地位。公元 600 年 ~1000 年，罗马衰落之后，不少金钱经济体崩溃，社会甚至倒退到了物物交换（的程度），因此，从金钱角度来讨论放贷收息问题似乎是多此一举。不过，中世纪的学者们可不会纯粹为了讨论金钱而撰文，他们开始探究金钱在国家中的地位，最常见的就是金钱在政治实体中扮演的角色。国家是有生命的有机体，而非法律堆积而成的统治机器；政府是大脑，人民是身体，金钱则是血液。最早提出这一理论的是 14 世纪的马西利乌斯•帕多瓦（Marsilius

[1] 博纳多•达文扎蒂：《论钱币》，约翰•多兰德翻译（伦敦：奥沙姆和约翰•丘吉尔出版社，1696 年版），原著为 1588 年版本。早期针对经济体中的货币数量概念催生了后世的数量论，不过在文艺复兴时期，这一概念显然与贬值问题更为关系密切，而非通货膨胀。

of Padua）和尼克尔·奥里斯姆（Nicole of Oresme）。尽管依照现代人看来，这两人都不能算经济学家，但他们有关国家有机体的理论却推动了“金钱是国家血液”的主张。1485年，法国三级会议（French Estates General）[1] 采用了这一主张。[2]

中世纪末期，人们对高额利息的态度基本没有变化，不过大家也就是嘴上厉害，商业和贸易还是自顾自发展着。斐波那契在《计算之书》中对复利的讨论从某种意义上说是金融史的严峻考验，因为它反映出利息的论述和计算曾采用过相对复杂的手段。尽管古代和中世纪的人们总在唾骂和批判放贷收息，但这一行为却非常普遍，这成了古代和中世纪最奇怪的悖论之一。所谓“一人不事二主”，从理论上来说，人们应该对教会忠诚，而不是债权人，尤其是当债权人是犹太人或是某支极不受待见的民族时。

现代利息的论述是依赖利率和叠加频率进行计算的，而中世纪和古代对利息的讨论从未明确提出过利率，只说需要偿还的数额，这是不争的事实。早期的数学家和银行家似乎早就知道这一点了，不过从未言明，斐波那契所举的例子就是印证。一个单位货币，半年利率为14.355%，按照五年时长计算，终值为两个单位货币——但他却从未提及叠加和利率。还有一个问题他也避而不谈，即14.355%的利率究竟是否算高？如果对利率的描述使用百分比，那么讨论借贷问题会容易许多，但如果使用贷方所期待的结果，那就困难多了。重新描述一下上面的例子，就是——我借出去一个单位货币，希望在五年之后收回两个单位货币，这算不算重利？

---

[1] 译者注：法国中世纪的等级代表会议，参加者有教士、贵族和市民三个等级的代表。

[2] 援引自杰拉·约翰逊，“金钱＝血统隐喻，1300~1800”，《金融杂志》，21（1966）：119。

中世纪神职人员和银行家唯一的解决办法就是坦陈这比收回 1.5 个单位货币要更艰难。如果不借用利率百分比，这一问题将模棱两可。为何某位借方要接受 14% 的利率，而另一位借方的利率更低？学者们没有去讨论信用风险，因此整个过程往好了说是主观判断。中世纪判断风险的标准是借方的人品或与贷方的熟稔度。要是被收取的利息高过平常额度，任凭是谁都要为自己低人一等而哭诉高利贷。

如果收取利息的是职业贷方，或者说“显性高利贷者”，中世纪给出的结论便是，不管未言明的利率是多少，一律算作高利贷。相反，如果回报利率是出于盈利性合作事业，答案就没这么斩钉截铁了。是谁支付回报？如果是通过借钱给他人剥削而来，那自然是高利贷。如果是海上商贸，是能够带来盈利的货物交易，这潭水就不那么清澈见底了，因为这牵扯到复杂交易，如何判断其道德本质有待深入思考。教会权威从不会去费心思量这类交易，除非是演变成了对簿公堂。即便如此，相关各方也一定要小心谨慎，万万不可让人觉得自己违背了宗教法。

不过，要是断定这一行持续了两千多年，结果无人思及信用风险，似乎有违情理。或许最佳佐证还是第一个例子。《申命记》提到，犹太人不得向其他犹太人收取利息，只能向非犹太人这么干，这段话要是放到当代来解读就应该是，相比较于借钱给自己人，借钱给非犹太人风险更高，所以可以允许高利贷。犹太人受制于同一套法律管辖，可非犹太人就不同了。在氏族社会，大家心照不宣，非氏族成员必须支付一定费用，而在氏族内部这被视为一种慷慨赠予。

因此，高利贷的收取完全靠主观判断。如果缺乏信用风险标准概念，明确利率的做法又尚未推行，那么倘若某人只需支付 1.5 个货币单位，而要支付两个单位货币的那位仁兄就可以说这是高利贷。亚里士多德的思想中简要论述了不公平待遇，显然那时还没倡导公平、正义。复利出现之后，高利贷变得更加戏剧化，因为众所周知，利息支付越频繁，就越有失公平。当时尚未利用百分比统计复利收入。直到推行了更标准化的利率计算方法，大家才深入了解高利贷，不仅是单利，还包括以频率表达的复利概念。可即便有了这些进步，中世纪的利息的概念一直延续到 19 世纪。

对此，博纳多·达文扎蒂也提出，“毋庸置疑，每个国家都应当有一定量的金钱，就像每个身体都该有一定量的循环血液”。[1] 他同时指出，金钱不能完全掌握在富人手中，因为这样存在切断下层阶段金钱流动的风险；而且，流通中的货币也不能任由财政亏空的国王想贬值就贬值，一个健康的政治实体想要预防疾病，就必须要求各个环节都能良好地运作。

达文扎蒂言简意赅的发言为当时的经济思考指出了方向。西班牙人发现美洲数十年后，金银进口导致了通货膨胀，物价上涨让教会头疼不已，但也改变了其对放贷的看法。如果价格上涨，利息是否会亦步亦趋？如果前所未有的新探索改变了经济环境，放贷收息的禁令又将何去何从？

[1] 博纳多·达文扎蒂：《论钱币》。

双关语策略：盈利不是利息

中世纪末期和文艺复兴初期，贵族的举动也为放贷的变迁施加了关键影响。皇帝和贵族信用低不说，连皇家金库里那些钱的价值都保不住。这使得放贷渐渐步入新的发展阶段，其罪恶性终于打开了一个缺口。

14 世纪，法国知名牧师尼克尔·奥里斯姆在《论金钱的首创》（*Treatise on the First Invention of Money*，大约发表于1360年）一文中指出：放贷不过是金钱的第二罪过，金钱的第一罪过是改变。他所说的“改变”并不是指调整外观或指定价值，而是像美男子腓力四世那样，刻意贬低其价值或用其他货币代替。皇帝和贵族是金钱最邪恶的敌人，他们除了将犹太人驱逐出自己的领地，还让钱变得不值钱，同时使得臣民因为苛捐杂税而揭不开锅。在中世纪的借贷和银行历史中，犹太人和圣殿骑士团被视为牛鬼蛇神，而皇帝则是绝大多数金钱危机背后的煽动势力。

1512~1517 年，第五次拉特兰大公会议召开，这是最后一届讨论放贷问题的宗教会议，尽管教义对这一行径似乎已经没有多少可论述的空间了。不过值得一提的是，会议特别提到了深受穷人欢迎的公共放贷机构。有人指控这是国家组织收取利息，这会对借钱的穷人带来伤害，教会也曾竭力反对公共放贷机构。然而，在这次会上，教会对这一指控的回应却令人大吃一惊——“无论如何，它们都不该受到谴责。相反，这类放贷恩泽天下，应当嘉奖推广……”[1]不过这一支持的背后原因绝非出于教义，而是出于现实的考量，这充分显示出，数世纪的商业发展终于对教会产生了积极影响。教会把这些机构称为信贷组织，并提出只要支付的利息是为了抵消借贷成本，且不会对借方造成伤害，就不算高利贷。也就是说，公共放贷机构是非盈利性组织，不过在当时，其采用的是低利息的当铺运营模式。

这些公共放贷机构中最有出息的，当数今天的意大利西雅那银行集团（Banca Monte Dei Paschi Di Siena）。西雅那银行集团1472年成立于古城锡耶纳，旨在秉承借钱给穷人的传统。二十年后，该机构踏出了最初的经营范围，为克里斯托弗·哥伦布1492年的大航海提供了贷款，然而这笔钱未能收回来。发展至今，西雅那银行成了全球最古老的银行，以核心资本计算，其全球排名第六十七位、意大利国内排名第四位。

当时这家大当铺的老板为什么会选择僭越界限，我们不得而知，不过对银行服务的需求以及高额回报很快就影响了意大利北部城邦的公共放贷机构。

对数学和学习的热情推动了商业实践的发展和细化。虽然当时意

[1] 诺曼·P. 坦纳编辑，《教会委员会法令》（华盛顿，哥伦比亚特区：乔治城大学出版社，1990年版），6:626~627。

大利的贸易院校已经普遍教授斐波那契的著作，不过很多商业行为并未规范化，依然沿袭自罗马帝国。直到15世纪末期，这一状况才得到改变。

1494年，首部广受认可的记账方法论著《算术、几何、比例总论》（*Summa de Aritmetica, Geometria, Proportioni, et Proportionalita*）问世，这在商业史上有着里程碑意义。从13世纪初开始，复式簿记经历了近300年的发展，第一次有了整体统一的方法，能够更精准地体现出成本和收益。尽管构思比较简单，目的也很单纯，但在当时确实极具创新意义，因为它为广大商业人士提供诸多便利。

《算术、几何、比例总论》的作者意大利数学家卢卡·帕西奥利（Luca Pacioli）出生于1445年，曾在帕多瓦大学接受教育。他的第一份工作是为威尼斯富商安托尼奥·洛姆皮亚斯（Antonio Rompiasi）的孩子担任家庭教师。除了教学，他还帮助雇主打理生意，对日常贸易事务非常有见地。这部作品是用意大利文撰写的，因此意大利商人都能读懂。

帕西奥利特别用一个章节阐释威尼斯式记账体系，并解释了如何计算公司盈利。不过，这本书并不纯粹以务实为出发点。整部作品中，帕西奥利一边不厌其烦地论述盈利，一边又强调相信上帝的重要性，这样才能让他的核心思想看上去不那么世俗。很显然，他这么做是为了避开借贷及盈利等更棘手的问题。他浓墨重彩地讨论了商人要想盈利，就必须能力不凡，这成了15世纪管理类书籍的典范。他毫不掩饰自己对商人的偏爱，“在伟大的共和国里，良心商人之言辞最为可贵，他们言而有信”。[1]

[1] 卢卡·帕西奥利：《古代复式记账：卢卡斯·帕乔利的论文》，约翰·B. 盖斯比克翻译（休斯敦：学者图书有限公司，1914年版），第73页。

尽管传统上喜欢将帕西奥利视为复式簿记的功臣，但意大利之外的商人早在数世纪前就以各种方式采用了这种方法。早帕西奥利一百年的乔叟（Chaucer）就曾提及。他在《坎特伯雷故事集》（*Canterbury Tales*）中讲述了一位名叫约翰爵士（Sir John）的僧侣从一位商人那儿借了一笔钱，这位商人对这笔债紧追不舍。僧侣没有直接把钱还给商人，而是给了他妻子。《船长故事》这样写道：

那天您大发慈悲心，
感恩您愿借钱予我。
我祈求上帝保佑您，
然我已还钱给令正，
悉数还清在您钱柜。
令夫人心知又肚明，
那可是夫账妇来记。[1]

显而易见，乔叟写这篇作品是顺着泉涌文思，却折射出复式簿记的实际应用，不过他用了双关语修辞格。更为核心的是，在乔叟时代，借方和贷方一般会使用记账棍，放贷时将棍子折断成两半，等还清欠款时，又重新放回一起。这恐怕能够解释上文僧侣的复式簿记概念，不过帕西奥利对该术语的应用远比记账棍复杂精确。

帕西奥利后来为米兰公爵卢多维奇·斯福尔扎（Ludovico Sforza）工作，很快，米兰就成为欧洲百花齐放、精致典雅的地方。在那里，他结识了列奥纳多·达·芬奇（Leonardo da Vinci），两

[1] 杰弗里·乔叟：《坎特伯雷故事集》，奈维·克格希尔（Neville Coghill）将其翻译为现代英文（伦敦：企鹅出版社，1951）。

人一拍即合，成了合作伙伴。1509 年，他吸收古希腊数学家欧几里得（Euclid）的思想，出版了《神圣比例》（*Divina Proportione*），并由达·芬奇绘制插图。这部著作共三册，主要论述了在文艺复兴时期被广泛应用于建筑和设计且深受达·芬奇推崇的黄金比例（golden ratio）。帕西奥利最终回到了家乡，于 1517 年逝世。

帕西奥利之后，旨在帮助商人和金融学徒的文献增多，16 世纪的法国商业得以发展。不论教会持什么样的态度，十四本商业算术书中，还是有十本是指导读者如何计算利息的。不过，这些手册用盈利或利润掩盖了利息，同时也讨论了复利问题，即偿还本金时要收取的金钱额度。有些人喜欢把复利称为“犹太利息”，这其实是在暗示：一位虔诚的基督徒是不会向同胞收取复利的！但是，不管怎么解读，既然计算方法已经有了标准，那就在没有明确提及利率的情况下，也能算出究竟能得到多少利润。

来看一个 1565 年的例子：某人投入 1000 里弗（livre）[1]，6 个月后赚到 350 里弗，他想知道，如果按照同样的利润计算，借出去 4500 里弗，那么 11 个月之后能拿多少钱？[2]（答案是 7387 里弗，其中 4500 里弗本金，2887 里弗利润。）在这个案例中，单利为每年 70%，不论贷方信仰的是哪种宗教，这绝对算得上是超高利率了，不过如果说成“回报很可观”，那就无可厚非了。果然是高招！

自锡耶纳的那些银行机构陨落后，得益于这些创新，意大利银行业迅猛发展，再一次证明了就算和金钱打交道是种罪恶，广大人民仍然甘之如饴。

美第奇银行在佛罗伦萨总部之外的其他意大利城市——甚至包括伦

[1] 译者注：古代法国货币单位。

[2] 娜塔莉·泽蒙·戴维斯：“第 16 世纪商业生活的法国算术”，《观念史杂志》，21（1960）：23。

敦、布鲁日[1]（Bruges）和日内瓦——都设有分支，为自己在这些地区建设本土化的机构铺平了道路。究竟应该怎样来理解金钱的社会作用？许多学者百思不得其解。尽管当时提出的理论过于基础和简单，但却为大家提供了某种视角，以认识为什么自罗马帝国以来每每论及借贷收息人们便义愤填膺。

[1] 译者注：比利时的一个城市。

神话的美第奇

在 12 世纪中期到 13 世纪中期，佛罗伦萨的人口增加了五倍，虽然总数没有中世纪的巴黎和米兰多，但增速却是空前的，远远超过罗马和伦敦。或许与巴黎和米兰这样的城市相比，佛罗伦萨缺乏强大的政权和悠久的历史，但很快，财富弥补了它在这些方面的不足，这主要归功于新兴的银行业。

13 世纪末，银行主要集中在锡耶纳，这是一个小城市，在佛罗伦萨南部的一座山上，离佛罗伦萨约四十公里。当时的众多银行家族都在为教皇和皇室做贡献，借出去容易，收回来却非常困难。在付出了沉痛的代价后，锡耶纳的银行家终于发现，法律只是为统治者制定的！

1298 年，当时最重要的银行家族——邦西尼奥里家族破产了，意大利的金融中心转移到了佛罗伦萨。很快，佛罗伦萨的银行贸易被三大伦巴第人银行家族占据，他们分别是佩鲁茨（Perruzi）、巴尔迪（Bardi）和阿希亚尤里（Acciaiouli）。尤其是富可敌国的巴尔迪家族，据传，其资产相当于英王爱德华三世一年的收入，而爱德华三世自己也是巴尔迪的主顾之一。不过，由于利息禁令，他们的主要收入并非来源于存款付息和高利率放贷，而是今天所说的"收费银行业务"。收费业务不同于放贷利率高于存款利率的差价银行业务，它是指办理外汇、汇票或黄金交易时收取固定费用。这种做法非常普遍，连罗马也不得不认可，因为教皇老是缺钱，而收入来源又太多，必须依赖兑换机构进行货币转换，或为各教区拨付补助。

自 13 世纪起，犹太人银行界就在意大利定居了，而且大多数在罗马和一些大城市。银行家们承蒙教皇庇护多年，但也免不了起摩擦，每当利益受到威胁，犹太人银行家就会向教皇圣座积极游说，双方倒也相安无事。

就是在这个时期，近代资本主义的基础在佛罗伦萨得以建立，复式簿记的使用、信用借贷形式的开创、转账和汇兑的发展，佛罗伦萨的商贸一片欣欣向荣。这些银行机构和梵蒂冈（Vatican）关系不错，但一些臭名昭著的当权者借方就没那么友好了。他们的财富既成就了其响当当的银行家名头，也让其更易受到打击。在英国和法国的百年战争期间，由于巴尔迪和佩鲁茨两大家族与英王爱德华三世业务往来密切，结果全都破产了。

当时，为了打赢法国，爱德华四处寻找能够为自己支付军费的资金来源。他禁止英国出口重要的产品羊毛，这给主要买方佛兰德（现在的比利时和荷兰）的衣物制造商们带去了致命的打击。他用麻袋装着英国造的羊毛作为抵押，借钱支付战争费用。他也试图授予富裕的英国羊毛制造商行业垄断权，以换取经济利益。可惜，这些计划最终都失败了。爱德华大致清点了一下，发现自己居然欠了 7 万英镑的债！其中，巴尔迪 5 万英镑，佩鲁茨 2 万英镑，这在当时可是天文数字，相当于数百万意大利达克特金币（ducat）。[1] 巨大的战争开支使爱德华视意大利人为玩物，他把两个家族的银行代表囚禁在伦敦塔，随后又将其逐出了英国，终结了两大家族银行不求盈利的传奇故事。

很多小型银行机构未能存活，它们势单力薄，无力承受政坛更迭和 14 世纪中期席卷欧洲的人间浩劫黑死病所带来的社会波动。天灾人祸沉重地打击了欧洲的信贷市场。14 世纪末，佛罗伦萨的“三大家族”最终悄然落幕、销声匿迹。但是，银行业的需求却日益加大，很快，另一个名声显赫的佛罗伦萨大家族填补了这一空白，在一片萧条与动荡中，美第奇银行大放异彩，成为最瞩目的新势力。

13 世纪初，美第奇家族离开故乡加弗吉奥罗，想去佛罗伦萨碰碰运气。他们绕着圣洛伦佐教堂安了家，从圣洛伦佐步行到老市场（Mercato Vecchio）只需几分钟。那里是商业中心，一大早，通向这个大广场的街上就车水马龙、果蔬满目，热闹非凡。美第奇家族从事的是货币兑换的业务，到了 13 世纪末，已然成为当时有名的贸易家族。不过，他们真正摆脱“贵族”或“商人”的名头，被列入佛罗伦萨主要家族的名单，是在 1296 年阿迪尼格奥·德·美第奇（Ardingo de Medici）当选为行政长官之后。

佛罗伦萨是一个独立的共和国，其领导者是行政长官，由抽签选出，任期两个月。由于暗箱操作，签逐渐被一些重要的家族所操控。美第奇家族注定将会长期受到景仰，继阿迪尼格奥之后，鲁奇奥·德·美第奇（Guccio de Medici）和阿伟拉多·德·美第奇（Averardo de Medici）也曾当选行政长官。

在 14 世纪初，佛罗伦萨共和体已经进入了不安定时期，经济长

[1] 埃弗拉姆·罗素：《巴尔迪和佩鲁茨的社会以及他们和爱德华三世的交易》，《爱德华三世统治下的金融和贸易》，乔治·安温编辑（曼彻斯特：弗兰克·卡斯出版有限公司，1918 年版），130。

期萧条，接着黑死病来袭，近三分之一的欧洲人死于那场鼠疫。而此时，美第奇家族已经发展壮大，核心家族达到二三十之多。利用佛罗伦萨三大家族破产所造成的空白，美第奇家族开始进军银行业。他们建立了独立的小公司，兄弟们以合伙人的身份联合起来，共同提供最初的资金，每天一起打理银行，忙于外币兑换、小额存款，以及羊毛商人、纺织商人的季节性贷款。渐渐地，相对精明或者说相对幸运的几家小公司，平安度过了政治和鼠疫的冲击，成为美第奇家族的力量基础。

1397 年 10 月 1 日，乔凡尼·迪·比奇·德·美第奇（Giovanni di Bicci de Medici）在佛罗伦萨成立了一个总公司，为向伟大的美第奇银行表示敬意，人们广泛地接受了这个日子。毫无疑问，罗马，以及罗马教廷（教皇法院）和所有出席者的支持，为银行提供了很好的收益来源。佛罗伦萨成为欧洲银行业的重要都市，为投资提供了最好的机会。

美第奇银行的启动资金是 1 万弗罗林（这种金币每个重 3.5 克左右），其中，5500 弗罗林由乔凡尼·德·美第奇提供，其余部分由两个合伙人提供。在第一年的交易中，银行获得了大约 10%的利润。据说，乔凡尼在老家加弗吉奥罗买了农场，使自己的资产多元化，以应对变化无常的世界金融。随后，美第奇银行看重佛罗伦萨的羊毛加工业，又提供三千弗罗林建立了布料生产车间。不过，乔凡尼是个谨慎的银行家和投资者，即使是在银行最繁荣的时期，他也没有像已经没落的三大家族一样广泛扩展业务，而是在佛罗伦萨周边买了许多地。他不仅创建了美第奇银行的业务法规，也为家族打下了坚实的财富基础。后来，这家银行机构的管理者是其更为人所知的继承者——科西莫（Cosimo）和洛伦佐（Lorenzo）。

美第奇银行很快成为业界翘楚，它与教皇以及不少欧洲有影响力的商人都有合作，在意大利及欧洲各地均设有完善的分支网络。和先前的圣殿骑士团、巴尔迪家族、邦西尼奥里家族一样，美第奇银行也没有直接放贷，而是运用一套非常精密的汇票制度，用“盈利亏损”来掩盖利息，即将利息包含在汇票成本里。

美第奇银行的各个分支也按照这个模式运营，看起来只是在搞收费业务，而不是放贷。它们间或也进行当铺业务，但不是面向急需现金的穷苦百姓。乔凡尼曾贷款给原来的约翰二十三世（John XXIII）[1]，以教皇的镶嵌珠宝的头冠为抵押品。后来取回这件抵押品的是后继者马丁五世（Martin V），他也是这个家族银行的优质客户。

15 世纪伊始，银行的实际运作在欧洲渐渐站稳脚跟，汇票和放贷组织的地位已经不可撼动，商人圈子出了不少银行家，不过很多都保持着商业银行家（merchant banker）的身份，这个术语沿用至今。虽然相关业务无处不在，但主导市场的还是意大利人，他们是名震欧洲的专业金融家。得益于意大利银行家慷慨的捐赠，文艺复兴时期，艺术和建筑得到了蓬勃的发展。科西莫捐钱资助修道院修葺，希望教会出训令赦免美第奇过往的罪行，很显然，他是在为自己和后代免遭可能的利息指控而努力。[2] 类似的捐赠在 15 世纪的意大利屡见不鲜，巴黎圣母院就是放贷者捐钱建成的，精明如教会自然也知道该从哪儿去弄钱做那些崇高伟大的事业。

中世纪末和文艺复兴时期发展起来的意大利银行网络推动了欧洲金钱市场的进步，绝大多数意大利城市都有银行中心，只有罗马情况比较特殊。当时，教会的行政机构罗马教廷（Roman Curia）是银行的

[1] 又译若望二十三世。

[2] 请参考蒂姆•帕克斯:《美第奇的财富: 15 世纪佛罗伦萨的银行业，形而上学，以及艺术》（纽约: 诺顿出版社，2005）。

主要客户，因此，美第奇特派了面向罗马教廷的银行专员，为了开展业务，他们甚至要陪同教皇出差，不过一般是在意大利境内。[1]

总之，美第奇竭尽所能避免利息问题，但想要逃开佛罗伦萨的政治审核谈何容易！想要保住财富，必须得到当政者的肯定，然而当政者对这个家族不可小觑的财富又疑又怕，即使美第奇借助自己与教皇在经济和政治上的双重关联也难保安稳。

美第奇也算是盛极一时，可惜命数太短。1464 年，科西莫去世，整个家族——乃至佛罗伦萨——都被他的儿子皮耶罗（Piero）掌管，直至 1469 年；接着又交给科西莫的孙子洛伦佐执掌，直至 1494 年；最后，皮耶罗二世接过了家族，管理了没几天就彻底破产了。

银行厄运的开端是经济的严重衰退，黑死病和百年战争的影响延续了一个世纪，这是美第奇家族和佛罗伦萨遭遇的最大灾难。1422 年 ~1470 年，佛罗伦萨从事国际业务的银行从 72 家减少至 33 家；到了 1494 年，只有 6 家幸存了下来。[2] 在这次经济衰退中，不少曾与美第奇银行有过业务往来的公司纷纷破产，皮耶罗和儿子都无力回天。曾经由科西莫掌管的这家银行，经历了转瞬即逝的绚烂，虽然“伟大的洛伦佐”是这个家族在政坛上的知名人物，可是继承者们都不擅长银行业务，错用了家族银行一手遮天的权力，结下的梁子远远多过交上的朋友。

除了时代的商业难题之外，佛罗伦萨的政治气氛也是银行破产的一大原因。15 世纪 90 年代初，美第奇家族没落后，爱搞焚毁、手段残暴的布道者萨佛纳罗拉（Giorlamo Savanarola）控制了这个城市。这位极端的牧师主张苛刻严厉的天主教精神，对银行家以及教皇的金

---

[1] 雷蒙德•德罗弗：《美第奇银行兴衰史》，1397~1494，124。

[2] 雷蒙德•德罗弗：《美第奇银行兴衰史》，1397~1494，374。

融伎俩不屑一顾。由于当时经济萧条，他所宣扬的朴素的天主教思想颇得人心。

1494年，洛伦佐的儿子皮耶罗二世执掌了家族银行，就在那时，年轻的国王查理八世（Charles Ⅷ）领导法国军队打进了佛罗伦萨，皮耶罗二世不愿投降，所以撤出佛罗伦萨。家族资产由此被鸠占鹊巢，银行成了一盘散沙。十八年后，美第奇家族才重回故里。

近一个世纪的辉煌、欧洲有史以来最成功的银行网络，自此化为乌有，然而它的运营模式并没有被遗忘。欧洲信贷机构再次出现空缺，这促使很多荷兰和英国的小商人开始放贷给客户，尽管仍是一波三折，但历史的车轮终于开始步入国家银行体系的初始发展阶段。

改潮换风：利息的合法化

文艺复兴让人们对金钱和利息的传统观念产生了进一步的质疑。1517 年，路德（Luther）将自己的文章钉在维滕贝格教堂（Wittenberg Cathedral）的门上，尽管没有全盘接受放贷收息，但至少勉强默认了利息的存在，他显然也意识到利息是商业和宗教生活的有机组成部分。人们能够容忍利息，但要满足“借钱用于生产”和“借方有权决定偿还条款”这两个条件，只有这样，贷方才能名正言顺地收取 5%~7% 的低利息。

加尔文比起路德开明一些，他所拥护的伦理道德被马克斯·韦伯誉为“资本主义核心”。加尔文反对亚里士多德的“金钱不可繁衍”的观点，他认为如果把钱用在能够带来收入的土地上，就可算作生产性的，因此可以收取利息。为此，他还举了一个例子：

富人 A 坐拥大量固定的土地资产，但缺少现钱；B 虽不及 A 富裕，但拥有大量流动现金。A 想向 B 借钱，B 作为债权人，可以直接把 A

的土地买下来，也可以把某块土地作为担保（抵押），直到A把债务还清为止。既然这么苛刻的契约都被认为是公平的，那么设想一下，B不这么做，而是收利息，这一行为凭什么要受谴责？说白了，这不过是愚弄上帝，是小孩子的把戏！[1]

换言之，贷款是达到目标的最佳方案，但如果将土地抵押出去，麻烦更多，潜在危机更大，还不如收利息来得快捷便利，那么，为什么要谴责利息呢？

路德承袭了《申命记》的传统观点，而加尔文则与《申命记》背道而驰。他认为，“犹太人不得借钱给其他犹太人”的禁令只不过是古代犹太人的政策[2]，而不是普遍性的宗教法规，随着时代的变迁，必须接受借贷和利息，那些金科玉律也必须改变。不过，他也赞同收取合理利率，不得伤害借方。在这个问题上，两位改革者达成了一致。

加尔文主义者非常谨慎地解读对合理利息的接受态度。在荷兰，伦巴第人银行家收取30%左右的高额利息，他们不得参加圣餐仪式，妻子有责任将丈夫从罪海中拯救出来。在此背景下，不少教会拒绝接受这些银行家的捐赠，认为这些捐款恶行累累。然而，改革后的基督教提出了一个极具价值的论点：重利是指消费贷款的高额利息，合理利息是指借方能够利用贷款获得收益的生产性贷款的利息。[3]这是改革者做出的最具实质性的让步，从而催生了资本主义精神。

大约在1545年，新教徒与罗马分道扬镳，对商业带来了不小的影响，

---

[1] 援引自康拉德•亨利•莫尔曼：《利率的基督教化》，《教堂史》，3（1934）：9~10。

[2] 本杰明•尼尔森：《高利贷的观念：从部落时期的兄弟情到普遍的分别心》，第二版（芝加哥：芝加哥大学出版社，1969），75~76。

[3] 康拉德•亨利•莫尔曼：《利率的基督教化》，11。

刺激了英国国会。亨利八世（Henry VIII）执政时，他着手于解决借贷带来的问题。国会颁布了一道法令，规定 10% 为合法利率，任何人以高于这个利率收取利息，将面临相当于三倍利息的罚款。

国会的措施让商业得以继续发展，也为借贷之争注入了新血液。不过这道法令命数不长，很快就被 1552 年另一道法令所取代。爱德华六世（Edward VI）当政时期，不仅废除了 10% 的利率，而且规定收取利息为非法行为。到了 1571 年，新的法令又恢复了 10% 的利率，并且规定任何超出法定利率的合同均无效，同时，如果有人放贷利率低于 10%，也要接受惩罚。

这道新法令导致英国关于新利息上限的案子层出不穷，法学家爱德华·柯克爵士（Sir Edward Coke）旁听了部分案子，然后评论道："那些玩心眼儿的放贷者，或明目张胆，或暗度陈仓，以收取高于 10% 的利息，但最终，那些狡猾的狐狸没能逃避法律的追究，他们不过是自欺欺人罢了。"[1] 当然，还是有些贷方能够绕开法律的，比如通过延期偿还收取更多的利息。

都铎王朝（Tudor dynasty）时期，货币贬值和放贷收息的问题同时出现。亨利把英镑贬值，同时又试图限制利率，因为如果利率超出官方上限，就会破坏贬值政策，进而影响货币政策。在这方面，亨利沿袭了很多中世纪当权者的做法，不过限制利率一般是被称颂为朝公平正义迈出一步，而非是向银行家和放贷者点头哈腰。货币贬值是创收的惯用手段，不过亨利不必重蹈前人覆辙，落个倾家荡产的结局。

新法令为放贷收息进行了新的界定，但"利率 10%"是现在的说法，当时的说法是"一百镑中的十镑"，而不是"10%"。但不管怎样，这

---

[1] 援引自唐纳德·O. 瓦格纳：《焦炭和经济自由主义的兴起》，《经济历史评论》，6，第一期（1935）：33。

道法令为皇室带来了一些收入。1578 年，光是犯罪者的罚款就达 6600 英镑，且悉数落入了皇室之手。[1] 举报者也得了不少好处——揭发不合规定的放贷者能领一笔奖金。

自金雀花王朝（Plantagenet）以来，英国时常出台节约法，下令穿金戴银是贵族特权。爱德华一世和爱德华三世时期，数次颁布节约法。1574 年，伊丽莎白又出台法律，女王在宣布该法律时附有评论，值得留意。女王陛下的部分指示是，游手好闲的“一干人等企图穿华服将自己扮成绅士，这些人刻意炫耀，不仅是在浪费自己，也是在糟蹋父辈留给他们的财产和土地，还让自己债务缠身，身陷囹圄，难逃法律制裁，难免会干出违法乱纪之事，他们原本可以效忠祖国，现在却为非作歹”。[2] 她的这番担忧得到后代法庭及评论员的响应，其中包括两百年之后的亚当 • 斯密。

16 世纪中期，卷入借贷旋涡的其中一位贷方名叫约翰 • 莎士比亚（John Shakespeare），他是戏剧家威廉 • 莎士比亚的父亲。约翰是位羊毛商人，也涉足放贷，那时很多英国小商贩都这么干。因此，那位诗人和戏剧家在撰写《威尼斯商人》之前就对这一行有切身经历。威廉 • 莎士比亚的父亲搞放贷不太顺利，他数次被指控放高利贷，至少一次被带上法庭。1570 年，来自雅芳河畔斯特拉特福（Stratford-Upon-Avon）的约翰被两位举报人指控放高利贷。有一次，他对 1569 年的一笔贷款收取 20% 的利率（每 100 英镑贷款收 20 英镑），另一次为 25%（每 80 英镑贷款收 20 英镑）。两次情况，他都被指控违反 1552 年的法令放高利贷。按照这道法令规定，任何利息都是非法的。一年之后，这些指控依旧有效，因为这利率仍旧高出 1571 年法律规定

[1] 托马斯•威尔森:《关于高利贷的演讲》, R.H. 道尼编辑并撰写导读（重印本，纽约：奥古斯都•M. 凯利出版社，1965 年版），163。

[2] 着装令，颁布于格林威治，1574 年 6 月 15 日；伊丽莎白一世第十六号令。

的 10% 额度。都铎王朝时期，如果成功在法庭上证实高利贷，举报者一般能得到违法者缴纳的一半罚款。但是，两次案子中，约翰 • 莎士比亚只上过一次法庭，未经审判就了结了案子。[1]

不过他儿子对利息的论述更为众人所知。《威尼斯商人》展现了对待高利贷的所有传统态度观念。安东尼奥（商人）找夏洛克（犹太人）借钱，他认真听夏洛克提的要求，也打算同意，其实也知道这些条件一定蛮不讲理。夏洛克提出苛刻要求，因为觉得自己过去在安东尼奥那儿遭受不公待遇。夏洛克对安东尼奥说道：

施以援手，我愿为之。
同去公证，你我言定。
绝不反悔，你情我愿。
到期之日，若你欠债，
未照约定，偿还借款，
一如所定，则欠之款，
以你肉还，重量一磅，
从哪切来，从哪割走，
任凭我愿，你当服从。[2]

安东尼奥立即答应，压根儿没有预料到未来的财政困难会让自己无力偿还借款。之后，夏洛克准备行使自己的合同权利，从他身上割肉，波西亚的辩词力挽狂澜。她（乔装打扮）辩驳道，夏洛克当然可以行

[1] D.L. 托马斯及 N.E. 伊万斯:《国库里的约翰 • 莎士比亚》,《莎士比亚季刊》,35（1984）。

[2] 《威尼斯商人》：第一幕，第三场，约翰 • 多弗 • 威尔森编辑（剑桥：剑桥大学出版社，1958）。

使他的权利，不过根据法律，他不能让对方流一滴血。这显然是在借用放贷不得构成伤害的传统观念。夏洛克气急败坏，知道自己输了，只好作罢。尽管父亲吃了不少苦头，威廉·莎士比亚还是沿用了利息的传统定义，而并未提及黄金法则。安东尼奥命好，传统赢了。不过，这里流血的喻意非常明显，虽然这和中世纪的普通概念有所出入。在威廉·莎士比亚看来，让安东尼奥流血，夏洛克也休想逃过一劫。如此说来，流血象征着风险，毋庸置疑，放贷者可不愿去冒此风险。

在更为正儿八经的法律界，经院派对借贷普遍性的排斥主要是因为16世纪法国法学家查尔斯·迪穆林（Charles Dumoulin）。查尔斯出生于1500年，他的多数评论直截了当，对教会神父的素养深表怀疑，尤其是阿奎那。他对传统教义不屑一顾，对借贷的接受态度就是最佳佐证。他有段话写得尤其义愤填膺，对经院派极尽嘲讽，但也承认了信贷风险："经院派的博士们，不只是神学家，还有那些宗教专家和法学家……压根儿不懂放贷，也不懂法律限制利率的意义。由于他们既没有法律知识，又没有实际经验，所以错误百出。试问，有谁放贷是单纯为了提供放贷服务，而不是补偿损失或防止被占便宜，不是为了分享债务人没准能获得的收益？"[1]

就某层面而言，这番话极具时代特色，这是文艺复兴时期的典型态度，折射出对当下的关心和对过去的排斥。查尔斯之所以不加掩饰地作此评论，是因为他自视甚高。他曾说："我不向任何人屈服，也不受任何人指手画脚！"1564年，他因为撰文抨击特伦托大公会议

[1] 卡罗鲁斯·莫利纳乌斯：《合同和高利贷的论文》，阿瑟·埃利·蒙洛编辑，《早期经济思想》（纽约：戈登出版社，1975年版），114~115。雷蒙德·德罗弗发觉，经院派针对高利贷等问题的诡辩对于他们在学术界和法律界的地位提升无甚帮助，反倒还拖累了他们其他方面的精神成就。请参考雷蒙德·德罗弗：《学术、高利贷和外汇》，《商业历史评论》，41（1967）：271。

（Council of Trent）而蹲过一段时间的大牢。他还对格拉提安评头论足，令教皇火冒三丈。不过在1566年即将归西之时，他和罗马重修旧好，和多数银行家一样，希望自己来生不要遭罪。

尽管16世纪中期《重利法》逐渐松动，但托马斯·威尔森（Thomas Wilson）却对重利进行了严厉的斥责。威尔森出生于1525年，毕业于伊顿公学（Eton）和剑桥大学国王学院（King's College, Cambridge），是一位功成名就的学者和外交官。玛丽女王（Mary）执政期间，他离开英国前往意大利，结果因为自己的政治信仰而被指控为异教徒。意大利政府下令要求他回英国去，他不服从，被宗教审判所关了一年的大牢，然后越狱逃走了，直到1560年返回英国。

威尔森后来为英国皇室多方效力，在司法部工作，还多次参与国会，完成了不少外交使团任务。他强烈谴责高利息，指出这与安特卫普（Antwerp）金钱市场的正常市场利率截然不同。16世纪下半叶，英国出口大幅增加，圈地不断，物价飙升，英国西南部的锡矿产量增多，纺织成为主要的制造业。为了满足激增的资金需求，英国银行体系渐渐成形，不过主要从业者还是形形色色的商人。这说明相较于意大利的银行业，英国的银行业还只处在家庭小作坊阶段，不够精细和发达。[1]威尔森的观点恰恰契合了都铎王朝不断发展的经济状况。他认为，超高利息和真正的利息有着天壤之别，前者是违背公平和自然的，后者却代表着公平和自然[2]；国家出面将利息合法化，并设定最高额度，这才是万全之策。

16世纪末期，传统观念再度向各类形式的利息发难，主要集中在欧洲大陆。本尼迪克丁·阿丰索斯·维拉古特（Benedictine

[1] 托马斯·威尔森：《关于高利贷的演讲》，87。

[2] 托马斯·威尔森：《关于高利贷的演讲》，155。

Alphonsus Vilagut）于1589年在威尼斯出版的《高利贷文集》（*Tractate on Usury*）中，把各类高利贷批判得体无完肤。他认为凡是超过原来贷款额度的都算作高利贷，放高利贷者不能参加圣礼，不得葬入教会墓地，甚至不能赎罪。只有主教才能决定是否接受放高利贷者的财产捐赠，神父没有决定权。为了不让维拉古特一枝独秀，六十年之后，还是在威尼斯，欧侬拉托·利奥塔迪（Onorato Leotardi）以同一标题撰写反高利贷著作，这次是将放高利贷者等同于谋杀犯。他们的罪过可不止偷窃那么简单了。

不过，虽然有国会法令和威尔森的努力，但英国仍然把所有的利息都视为重利，这触发了17世纪为期三十年的争辩。1612年，罗杰·范顿义正言辞地提出要严禁利息，认为利息“能给我们带来的益处有限”，收取任何形式的利息都是违背法律的。十三年后，罗伯特·菲尔默（Robert Filmer）坚定不移地支持日常业务中涉及利息的商贩们。他认为借贷与利息对商贸至关重要，只有苛刻的利息才有失公平。菲尔默更大的能耐是论述了利息和早期的英国年金问题。这种关联性不言而喻，如果没有利息，国家如何抚养孤儿？“如果没有借贷这些或公或私的麻烦事儿，国家政策也别想为孤儿做好事。”[1] 这一论述撇开了道德神学观念，首次将公共政策纳入考虑范围。

范顿认为，在高利贷问题上，伊丽莎白制定的法律太过人性化，而爱德华六世（Edward VI）全盘禁止，这更切中要害。他还给出了十多种证据，“即便是无宗教信仰、从未听说过反高利贷圣典的学者”，例如亚里士多德，也认为这有违德才，严加斥责。可他有关利息的论证有些模棱两可。伊丽莎白时代一百收十的上限不足以令他接受只有

[1] 罗伯特·菲尔默：《提问辩难》（伦敦：汉弗莱·莫塞莱出版社，1653年版），26。

高过10%的利率才算作高利贷，不管法律如何界定，任何利息都是高利贷。他秉承了长期以来将所有利息等同于高利贷的传统，暗示伊丽莎白法律从根本（道德）上说来有失妥当，这让同时代的另一位知名学者发话，此人极少和经济学问题扯上关系。

菲尔默猛烈抨击反对高利贷的观点，范顿首当其冲，菲尔默认为他的对手在高利贷定义和应用上有点儿小题大做。他的批评为后世的争辩明确了方向。利息和高利贷的定义问题萦绕数世纪一直悬而未决，菲尔默在范顿的思想中揪住这个问题。“他也没说清道明何为高利贷，只不过是罗列了其他各式人物的描述，却不告诉我们他的态度。”[1]菲尔默进一步解释高利贷能带来的好处，不过却未能给出一个全面实用的定义，这在当时屡见不鲜。能和社会谴责对着干，然后留待后世给出定义，他心满意足。他的辩驳有些部分是政治性的。菲尔默是保皇主义者，他撰写的《父权》一书淋漓尽致地论述了君主制的起源和优点。范顿在点评都铎王朝利率上限与重利法道德观的冲突时，对君主制多少有些愤愤不满。如果将高利贷视为合理利息，就等于认可其高效性和实用性，从而也就是站在了君主制这一边。换言之，菲尔默的政治观念不符合时代发展潮流，难以普及，然而却与早期的新教传统一脉相承。路德因为憎恨教皇以及其各类金融罪行，主要是买卖圣职，所以连带也鄙视高利贷。

弗朗西斯·培根（Francis Bacon）也为借贷摇臂助威。培根出身显赫，曾为伊丽莎白和詹姆斯一世（James I）效力，可是他和哥哥安东尼（Anthony）仍时不时面临财政困难，所以不得不求助于贷款。坊间盛传，他哥哥就是《威尼斯商人》中的安东尼奥的原型。培根对待金钱的态度是相当现代的。他以英国乡村绅士特有的风度说道：“金

[1] 罗伯特·菲尔默：《提问辩难》，113。

钱如粪土，只可用之弃之，别无它用。”他本人与放贷者打过交道，因此对其人其事的点评也非常实际。“因为总有借贷需求，如果不能自由放贷，人心必然不满，因此一定要允许。”“有些人对银行……等新兴行业满腹怀疑，妄下定论；不过也有极少数人认为借贷有实际用途。”[1] 培根在借贷问题上的不同寻常之处在于，他提议设立两种利率：一个是 5%，一个更高一些，后者面向的是商人；以更高的利率放贷给商人必须得到批准。比起同时代的人，他的想法更为灵活，然而当时官方银行的怀疑心态反映了举国上下对此看法的普遍不信任。

虽然围绕着借贷和利息的矛盾争议和理论争辩持续不断，但在 16 世纪时，一个特殊的机遇大大推动了利息的合法化进程。1582 年，一位荷兰工程师及数学家公开了首个利率表，从而让银行家一直秘而不宣的计算方法曝了光，由此迎来了长期债务合同的市场化，并推动了金融改革。

[1] 弗朗西斯•培根：《散文，或劝告公民与道德》（印第安纳波利斯：博布斯-美林出版社，1905），179。

银行家阴谋的破产

西蒙·斯特芬（Simon Stevin）于 1548 年出生在布鲁日。他曾在安特卫普的商界当过记账员，之后在布鲁日市政府担任税务员，后来以 35 岁“高龄”进入大学，当时，他已在科学界颇具声望。1582 年，就在托马斯·威尔森去世一年后，斯特芬出版了《利率表》（*Tables of Interest*），将银行家们藏了数年之久的利率计算方法公之于世，也让教会在一定程度上看到了复利的作用。

事实上，意大利和荷兰的银行家使用利率表的历史足有数百年，但他们从不公开，这就像每个行业都有自己的约定俗成和潜规则一样。斯特芬将其公布出来，这无疑是一项造福百姓的举动，因为但凡有点儿算术基本功的人，都能按照公式算出结果。

同年，新公历取代了原来的儒略历，从而改变了年利息的计算，这绝非巧合。斐波那契时期，人们采用的是儒略历，每年有 365.25 天。然而随着时间的推移，到了 1580 年，春分已经比理论上的时间晚了近 10 天。新公历修正了这一误差，很快被欧洲绝大多数天主教会采用。

而英国和它的美国殖民地直到 1752 年才采用新公历。在两套历法并用的时期，由于一年的天数不同，复利的计算发生了变化，导致欧洲商界出现了一些问题。

利率表一被公开就在商人中流传了开来，斯特芬的表格中包含了年金的折现值表和年金终值，利率从 1% 到 20% 不等。在之后的两百年里，更多的实用性表格工具不断涌现，为日常商务提供了便利。教会对利息的官方立场并没有改变，不过，各类表格的不断出现和频繁使用，至少说明了人们对教会的顾忌已经被更务实的“在商言商”观念所取代，甚至连 16 世纪的新教领袖都开始包容利息，只不过态度没那么明朗罢了。

斯特芬对数学的实际应用最大的贡献之一在于引介了小数。如果没有小数，恐怕复利表的全面发展和高效利用只是痴人说梦。斯特芬在使用小数时，用了特殊的标记符号，表格中的各个项目在现值前面少一个点，所以，这些现值看起来就像一连串毫无意义的数字。或许现代读者无法立马理解这种用法，不过这和现在的现值、终值表其实是一样的。

威尔森的论述基本以道德宗教为主导，而斯特芬则围绕着数学。斯特芬的表格列出的利率数高达 20%，在威尔森看来毫无疑问是重利。他们几乎同时效力于各自所在的荷兰市政府，不过至于威尔森是否知道斯特芬这个人或他的作品，那就不得而知了。但是，两人都意识到，西班牙人从美洲将黄金进口到欧洲造成了通货膨胀。东西比以前价格更高，单是这一现状就足以说明，金钱的使用绝不能恣意而为，姑且不论道德层面的问题，至少现实情况就说明了这一点。

威廉·韦伯斯特（William Webster）追随着西蒙·斯特芬的步伐，于 1620 年出版了英国首套利率表，其中包括年金的计算。不过，碍于伊丽莎白规定的利率上限，韦伯斯特在他的表格中所使用的利率没有超过 10%。

关于通货膨胀的最为务实的论述者要数著名的法国政治理论家让·博丹（Jean Bodin）。他最有名的著作是出版于 1576 年的《国家六论》（*Six Books of the Republic*），除此之外，他还写过一篇简论，讨论了发现美洲六十年后欧洲出现的通货膨胀问题。相比于他的政治论调——先是拥护人民政府，后又偏向君主制——他对通货膨胀的观点更能激起读者的群愤。他认为，通货膨胀是资源管理不善的后果，是西班牙和法国国王闹出的事。他对西班牙的态度非常明确——“眼下的现实是，西班牙人原本只能从法国获取必需品……可如今跑到世界另一端挖金掏银搞香料，和我们做买卖。”[1] 这和可以在本国内挖掘矿物的北欧及英国形成了对比。

从美洲进入西班牙的金银推动了西班牙的进口，间接对欧洲其他地方的制造品价格带来影响，尤其是那些和西班牙有贸易往来的国家。但即便如此，西班牙北部的利率并没有大幅飙升，甚至还低于先前几百年的限额——16 世纪时，西班牙给亲王的贷款利率为 6%~18%，而在 14 世纪是 15%~18%；给国家的贷款依旧维持在 6%~15%，不过 15 世纪意大利各城邦陷入内战时，利率有所上升。[2]

这就是说，银行支付存款或收取贷款的利率没有因为物价的上涨而做出相应的调整，由此，借贷引发了一连串的问题。在通货膨胀腐蚀现有的生活水平之前，欧洲必须找到新的收入来源，为自己注入新的财富增长，这样才能在连年征战和利息偏见的背景下维持生存。

---

[1] 让·博丹：《马来特鲁瓦有关一切事物的可贵与由此引发赔偿悖论的回复》，《早期经济思想》，阿瑟·埃利·蒙洛编辑（纽约：戈登出版社，1975 年版），130。

[2] 西德尼·霍莫及理查德·塞拉：《利率史》，第四版（霍博肯，新泽西州：约翰·威利父子出版社，2005 年版），132。

“荷兰奇迹”

荷兰律师胡果·格劳秀斯的著作补充了新教改革者对借贷的挑战，此人在1582年斯特芬出版利率表格之后一年出生。格劳秀斯心智早熟，11岁时便入读莱顿大学，三年便毕业。三年之后，他陪同一个荷兰外交使团来到法国，在法国期间，奥尔良大学授予他法学博士。法国国王盛赞他为“荷兰奇迹”。格劳秀斯而后从事法律工作，并撰写法律著作，其中《荷兰法学入门》（*Introduction to the Dutch Jurisprudence*）成为法学院标准教材长达150年之久，在1901年之前南非也是采用该著作。不过他最知名的要数国际法论著，这些著作开启了学科新疆界，再度将高利贷搁置一旁。

格劳秀斯的经典著作《战争与和平的权利》（*The Rights of War and Peace*）是法学界阅读最广的作品之一，在习惯法国家之外，其重要性堪比威廉·布莱克斯通（William Blackstone）的《英国法释义》（*Commentaries on the Laws of England*）。格劳秀斯的基本论点是，凡是违反国际法律秩序的国家，都要依照已接受的战争法律，收到其他国家的军事惩罚。格劳秀斯列举了各类法律类型，其中包括自然法，他坚称自己的观点与基督教一脉相承。他对高利贷的态度无疑是敲响丧钟，要终结卫道士对高利贷和放贷者的处置。出于律师对抽丝剥茧的嗜好，他驳斥了阿奎那及教会神父们的观点，间接承认了债务资本的价值。论及高利贷，他直言："那些允许使用金钱或其他物品获得补偿的世俗法，和自然法或天启法并不矛盾。"他认识到信贷风险，于是补充说明，"在荷兰，普通贷款利率为 8%，向商人收取 12% 的利率并不违背公平，因为风险更大。"但是，如果利率超过风险范围，那么放贷就成了"一种敲诈或剥削行为"。[1] 信贷风险正式进入高利贷讨论之中。

同样重要的是，反重利法在"高级法"中渐渐式微，尤其是在托马斯眼中的自然法体系中，他将其等同于上帝永恒之法。这是有史以来首次力图证明，收取利息绝不违背民间社会习惯做法，这类做法是格劳秀斯本人对自然法的观念基石。利息只不过是对贷方所要承担风险的一种自然补偿。格劳秀斯倾向于将收取真正意义上的高额利息视为公民行为不当，仅此而已。虽然这为问题解读带来了更多灵活性，不过还算不上是对所有高利贷传统观念的一记丧钟。

格劳秀斯深知《申命记》对高利贷的阐释，他进一步提出，犹太人不得向其他犹太人收取利息的禁令与其说是道德戒律，倒不如说是政治规定。因为犹太人可以通过放贷收取非犹太人的利息，这些文字只能证明，高利贷绝非违法之举。这纯粹是对《旧约》禁令的法律解读，而非宗教阐释，这进一步撼动了被援引数世纪之久的宗教圣典权威性。同样，他以类似方式批评了罗马人："加图（Cato）、西塞罗和普鲁

---

[1] 胡果•格劳秀斯：《战争与和平的权利》，A.C. 坎贝尔翻译（纽约：M. 瓦尔特•当尼出版社，1901），第二册，第十二章，第二十段。

塔克（Plutarch）等人对高利贷的谴责并不适用于问题本质，而只是触及普通偶然事件和结局。”[1] 换言之，共和国时期的罗马人没将问题说得令人心服口服，但是后人却对这些观念染色着墨。

格劳秀斯将高利贷身上的自然法——永恒法——剥离，将高利贷从当代自然法理论的困境中拯救出来，他算不上大功告成。17 世纪，高利贷禁令依旧有效，商业社会的利息和复利仍然存在，长达数世纪的冲突尚未完结。在接受高利贷的战斗中，格劳秀斯绝非一人作战。和他同时代的一个人为打破放贷的陈腐枷锁，走得更远，陷入四面楚歌的公众舆论。

17 世纪，对格劳秀斯的评论屡见不鲜。相对深刻犀利些的要数德国哲学家、法学理论家赛缪尔·普芬道夫（Samuel Pufendorf），他放弃了神学，转而投入法学研究。1670 年之后，他的重要著作相继问世。他在自己的自然法著作中论述了格劳秀斯关于高利贷问题的阐述：“格劳秀斯反对高利贷其名，但允许其实。他认为，有些事情看着像是高利贷，但本质截然不同：债权人将自己的钱借出去会有损失，理应获得补偿；而他可能收获的收益，也应当予以尊重。”考虑借贷还要衡量机会收益和损失，这一提法无疑更加坚定地指出了高利贷的存在价值，因此再也没有实际理由对其严禁。他继续发问道：“对那些假惺惺不用钱放高利贷而是顺其自然的人，谁人不笑话？”[2]

1638 年，克劳迪亚斯·萨尔马西斯（Claudius Salmasius）撰写的《论高利贷》（*On Usury*）一书为后世更著名的经济学家开辟道路。他认为，经济活动不仅必要而且合法，必须鼓励。利息对商业至关重要，放贷也应当鼓励。他更具现代冲击力的观点是，如果允许银行家业务

---

[1] 胡果·格劳秀斯，《战争与和平的权利》，第二册，第十二章，第 76 页。

[2] 赛缪尔·普芬道夫：《自然和国家法》（牛津，1710），第五部，第七章，第 406 页。

竞争，而不是对重利法律东躲西藏，利率就会降低。为了在竞争中胜出，他们就不得不提出尽可能低的利率。这是首个明晰标示之一，说明经济思想已经超越了货币贬值和高利贷《圣经》解读的局限，从而以竞争和银行业务为推动标准。

克劳迪亚斯·萨尔马西斯（Claudius Salmasius）其实是克劳迪·萨马斯（Claude Saumaise）的拉丁文表述，这位法国学者于1588年出生在勃艮第（Burgundy）。他曾在法国学习，而后又去了德国海德堡大学（Heidelberg）深造，他研习经典，信奉新教主义。值得一提的是，在初期的学术生涯里，他曾为早期的反教皇学者编辑文章，后来出版了自己最为知名的学术著作，这是一部论述罗马历史学家普林尼（Pliny）思想的重要作品。后来他在莱顿从事教学工作。他的主要工作就是学术批评，因此著书论述高利贷对于他而言再自然不过，尽管他因此遭到因循守旧者的蔑视。这本书的确令荷兰教会接受放贷者，可以让他们担任圣职，从而结束了该国长达数世纪的禁令。

英国国王查理一世（Charles I）1649年被废，萨尔马西斯和约翰·弥尔顿（John Milton）两人为查理一世的功过著文对骂，好不热闹。坊间流传，萨尔马西斯收了一百枚金币的好处费，对查理被弑一事大加指责。而这边弥尔顿，他代表的是废黜并将查理一世斩首的奥利弗·克伦威尔（Olive Cromwell）和反皇派，回敬萨尔马西斯。1651年，弥尔顿用拉丁文撰写了一篇文章反驳他，弥尔顿讽刺说："谁给了萨尔马西斯好处，教唆着他如此油腔滑调，非要和我们打文字战？他这本事的师父就是他的贪欲，那一百枚雅克布斯金币就是流亡国王（查理二世）钱包里的重要物件。"[1] 这无疑是在暗示收买萨尔马西斯的

[1] 援引自麦利特·休斯、约翰·弥尔顿：《完整的诗歌和主要的散文》（纽约：奥德赛出版社，1957），160。

是查理二世。这场争辩战中，反对君主制政府的弥尔顿胜出，而萨尔马西斯则带着他对高利贷的开明观点黯然失色。17 世纪对政府合理模式的唇枪舌战在一定程度上模糊了高利贷争议，利息的世俗化要另待时日了。

斯特芬、格劳秀斯和萨尔马西斯的著作汇在一起就可清楚显示，16~17 世纪荷兰对高利贷争辩的贡献不可小觑。路德和加尔文或许开启了对高利贷禁令的辩驳，然而却是这些精通数学、法律和经典文论的世俗学者延续了早期改革者的强大动力，而此时新教伦理也开始普及。斯特芬在数学领域颇有造诣，他出版的首部利率表著作与未来很多金融创新改革都发挥了同样作用：曾经的神秘莫测终将为大众所知，这一进程也揭开了高利贷神话的古老谜团。

东印度公司的探险

经年累月的贸易增长改变了人们对放贷和利息的态度，但有件怪事却叫人疑惑，即政治的“两极”——早期的民主思想家和保皇党——都在提倡放贷收息。不少人一面坚守着保皇党的阵营，一面提倡把合理的利息作为政府和商业运转的润滑剂；同时，那些主张人民政府的思想家也认为收取利息是广大非贵族阶层改善生活的一种渠道。

这绝不是偶然，而是体现了当时的主导性经济理念。文艺复兴后期，欧洲官方积极推行重商主义政策，强调出口要超过进口，到处寻找金条。当黄金成为全世界衡量财富的标准，经济政策的重心自然是铆足了劲儿夺取最多的黄金，尤其是在美洲被发现、西班牙大量进口金属之后。这就要求贸易国家重视国际贸易，同时需积极维持贸易和扩张之间的平衡。因此，重利法的自由化与重商主义政策并驾齐驱、结伴而行。

不过，欧洲官方历经了数百年才意识到这一点，自然是悔不当初。通过货币贬值从自己的同胞手中夺取财富并不是长久之策，相比之下，发展贸易显然比没收财产更得人心。依照文艺复兴时期的观念，净出口国最富裕。这一想法必然要求激进的扩张政策，有时还伴随着迫不得已的结果。政府必须大力推行重商主义政策，通过加大国内生产来平衡进口，否则将会大难临头。博丹对西班牙的评论可谓一针见血。进口黄金固然令人艳羡，但如果黄金是用来购买基本生活用品和成品的，唯一的结果就是所有的东西全都变得昂贵起来。

为了生存发展且又不引起国内物价飞涨，政府必须灵活运用重商主义政策。多数推行重商主义的君主制政府把垄断权独家授给某些商人和贸易公司，要想获得独占权，就必须缴纳更多的收入来孝敬君主。这是当权者滥用特权的一大实例，而那些获得独占权的个人或机构则把这一切视为至高无上的荣耀。

16~17 世纪的君主们永远囊中羞涩，一如往昔，幸好他们还找到了这么一条生财之道。但是，这让共和党人士以及早期的民主思想家们极度不满，因为不少提议让借贷自由化的人士也多多少少称颂起君主制来了。

1599 年，伊丽莎白一世授权建立东印度公司（East India Company）以创造新财富，这应该算是早期重商主义中最经典的案例。东印度公司是首家致力于探索欧洲以外地区的联合性股份公司，有 125 个持股人，7.2 万英镑资金，1600 年开始运营。公司对持股人进行了划分：第一阶层持股人购买的股票金额在 500~2000 英镑，他们在最高法院占有一席之地，有权直接干预公司事务，对公司有最高决定权的董事也将从这个集团中选出；第二阶层持股人绝大多数是贵族和富商，他们期盼着能够大赚一笔。这种联合股份制公司至今依旧被认可，而在当时则是对利息禁令的一记重击。

东印度公司通过海运保险合同和低利率的公司债券来筹集资金，因此，它的资金实际上是股票和债券的混合。由于 1624 年英国的官方利率降至8%，1651年又降至6%，[1]所以公司首次远航后，债券的利率低于都铎王朝时期规定的10%，而持股人在每次成功远航后能获得大约20%的分红。显而易见，在初始阶段，股票持有人明显比债权持有人更占优势。1687年，詹姆斯二世投资了7000英镑，从此英国君主也成了公司的投资者。

在起步阶段，公司为每次远航发行了单独的风险股票。1600~1612年，该公司在中东累范特和远东组织了12次探险。1612年之后，公司取北道绕过危机四伏、用时过长的好望角，积极探索前往东方的路线。12次远航以单独风险投资为组织形式，销售给投资者的股票名义价格为每股100英镑，每次远航筹集的资金大约在4~8万英镑，完成远航后就清算持股人或赚或亏。这12次远航没有赚大钱的只有两次，其余10次每次盈利都高达200%。[2]显然，有了联合股份制公司，贷方再也不用像原来那样躲躲闪闪了，也没人再揪住收取利息的小辫子不放。

东印度公司早期的一位董事名叫托马斯·曼（Thomas Mun），他于1615年当选，1641年退出。刚步入成年之时，曼就成了一位贸易商，在中东和意大利积累了丰富的商业实战经验。1630年，他撰写了当时最为有名的重商主义文论——《英国得自对外贸易的财富》（*England's Treasure by Forraign Trade*），不过，这本书在20年后才在官方出版。他言简意赅地道出了重商主义基本原则："必须通过对外贸易充实财富和国库，一定要严格遵守该准则；每年销售给外国人的货物价值一定要超过我们对货物的消费价值。"[3]财富的创造仰仗顺差，但并不一定要君主持有大量现金盈余。曼指出，国王一有钱就会到处宣战。

---

[1] 西德尼·霍莫及理查德·塞拉：《利率史》，131。

[2] 乔纳森·B. 贝斯金及保罗·J. 米兰提：《公司财政史》（剑桥：剑桥大学出版社，1997年版），71。

[3] 援引自阿瑟·埃利·蒙洛，《早期经济思想》，171。

联合股份制公司的诞生为金融业带来了新曙光，中世纪禁止利息的观念渐渐被消磨。利息逐渐得到理论和实践的双重认可，这也得益于17世纪的西欧利率相对较低。不过，放贷收息仍然是个问题，甚至到了20世纪，依旧是立法之争的一大主题。

卡尔·马克思后来评议道，从历史的角度来看，合理的利息推动了经济的发展。而资本主义最伟大的评论家则认为，宗教改革时期的商业理念已经改变，在之后的资本主义发展历程中，人们开始对新教伦理津津乐道。

荷兰：只要遵循利润法则就可以了

起初，欧洲官方为了能把金银收进教会和政府的金库里，大多都在生财之道上设了关卡，犹太人和锡耶纳的三大家族，以及神话的美第奇都未能幸免。但随着贸易的发展和资本的积累，重商主义成了经济政策的重心，和英国王室一样，荷兰官方也开始为商业保驾护航，从而创造了令许多欧洲国家眼红的经济奇迹。

荷兰政府非常开明，但凡和商贸没有直接关系的行政服务，几乎都可以外包，别说市政厅办公大楼最初是租的，连打仗都可以雇兵。这一举措的最大利处在于控制了行政成本，避免了战争引起的苛捐杂税，从而为资本运作创造了相对稳定的环境和空间。因此，荷兰政府能够一门心思地推动资本扩张，集中力量搞经济建设。

17 世纪初，荷兰对货币进行了改革，将各省五花八门的货币都统一为荷兰盾，后又对币值进行了确定。这种金币信用度非常高，在之后的一个多世纪里，英国和亚洲之间的贸易都用荷兰盾付款，连波兰的粮食生产商都希望买家用荷兰货币结算。而同期的西班牙为了增加财政收入，却发行了大量的劣质铜币，其结果是，西班牙从殖民地采来的白银源源不断地流进了荷兰。

统一货币和稳定币值为储蓄担保做足了准备，政府又通过发行国债来筹集资金。可以说，国家信用是发展的重要资本，这是荷兰最早发现的。英王詹姆斯一世的儿子出世时，荷兰送去了一个纯金打造的箱子作为贺礼，里面装满了由阿姆斯特丹证券市场发行的债券。在当时的人们看来，那可是能够不断获得溢价的"纯金"啊！

荷兰政府还认为，企业最重要的工作是去发现市场、适应市场需求，从而建立一个新的贸易体系。因此，荷兰的公司发展迅速，与荷属东印度公司相比，英属东印度公司的资本小得多。一个法国人曾说："在荷兰，贸易使国家获利，也使个人获利，两者是并行不悖的。投资和贸易是自由的，没有任何事情对商人而言是绝对禁止的，只要他们遵循利润法则就可以了。"贸易的自由使荷兰成了"生意人的天堂"。

由于风险投资的狂热刺激以及政府的大力推动，荷兰人将自己在金融创新中的聪明才智发挥得淋漓尽致。银行、证券交易所、国债市场、代理人、信用制度、有限责任公司等，说其是现代经济制度的奠基者也不为过。银行为证券交易所提供了结算上的便利，推动了资本上千倍地扩张。

1609年，阿姆斯特丹创办了能够提供高质量货币的贴现银行，只要交易双方都拥有该银行的账户，就可以直接转账，甚至取现，从而避免了货币转换及价值波动带来的风险。而且，买卖双方只见金钱不见人，有票据就能付钱，因而取消了身份限制，大大方便了结算和资本运作。

由于荷兰的银行所提供的货币和票据兼具安全性与便利性，加上荷兰商人在世界市场的迅猛扩张，阿姆斯特丹很快成了欧洲储蓄和兑换的中心，并在之后近九十年的时间里一直处于领先地位。1640年以后，阿姆斯特丹成了世界贵金属贸易中心。1683年，阿姆斯特丹的银行建立了新的贷款制度，规定可以用金块或硬币作为抵押获取最长六个月的货币贷款。这一制度创新取得了巨大的成功，繁荣的贵金属贸易使阿姆斯特丹的汇率能够保持稳定，反过来又巩固了其在国际贸易中的主导地位。到了1660年前后，阿姆斯特丹无可争辩地成了多边支付体系中的核心角色，并且一直保持到1710年左右。

荷兰的另一个金融创新体现在金融市场方面。同样是在1609年，阿姆斯特丹成立了世界上第一家证券交易所。政府官员、大资本家，以及普通老百姓都参与了进来，共同享受着高风险带来的高利润。1605~1720年，荷属东印度公司的红利回报为22%，其中，1670年，荷属东印度公司的红利分配利率高达40%，交易所的股票牌价猛蹿到510%。1612~1654年实现的利润总额约970万佛罗林，平均每年44万佛罗林，和股东们的收益相比，这实在是少得可怜。1724年以后，公司不惜借钱给股东发红利，1699年的一项账目表明，最初的650万佛罗林的投资所创造的价值约等于64吨黄金。整个17世纪，荷兰积累的资本比欧洲各国的总和还要多，对外投资是英国的十多倍。

阿姆斯特丹的证券交易所是国债买卖的主要场所，也是欧洲最主要的债券市场，在这里还可以观察到外国的债券价格起伏。在1747年的一张证券行情表上，我们可以看到44种证券、3种荷兰的股票、25种尼德兰的公债券、4种英国的公债券，以及6种德意志的公债券。1796年，交易所还有39种外国债券的交易，尽管英国退出了，但波兰、西班牙、美国、瑞典等国却相继加入了。荷兰在欧洲、东印度和美洲的外国债券总资金超过3.4亿荷兰盾，难怪有人曾形象地说，荷兰就是一个由各国舰队守卫的账房。

整个17世纪，实际掌控“欧洲央行”的是荷兰人，连罗马皇帝都认为如果欧洲少了荷兰的资金将无法生存。而事实上，真正的“欧洲央行”是十来名阿姆斯特丹的头等批发商。他们聚在一起研究信贷业务，如果有需要，当场就能让2亿多佛罗林在全欧洲流通起来。因此，说阿姆斯特丹是“17世纪的华尔街”并不为过。

谁养活寡妇与孤儿

商业发展了，汇票使用广泛了，国际贸易自然也就蒸蒸日上了，不过地域风险依旧阴魂不散，使得有些商业交易存在着高风险，其中之一就是海上运输，尤其是在国际码头。教会还严禁借贷，如果插上一脚，这些风险对商业活动造成的影响将更加麻烦。

在传统上，海上交易有合同的制约，交易机构的资本家和实际运输机构均要履行合同。如果借贷确实与合作伙伴关系相冲突，受损的就是经济发展。路程越长，风险就越大，海上贸易就越不可能开展，因为双方都担心会折本，而且如果全军覆没，极有可能会遭到借贷收息罪名的起诉。

到了 14 世纪初期，合作伙伴制依旧是商业探索中最常见的风险共担方式。当时，欧洲商界还没有诞生保险，不过呼声已经越来越高了。令人忍俊不禁的是，第一套保险合同上明确地写着：鉴于利息禁令这一障碍，在定义合作伙伴制时刻意使用模棱两可的措词，以避免提及利息。

为了不违背禁令，海运合同一般会注明贷方和借方或者银行和运输商为合作伙伴关系，如有违约，由债务人负责。不过，这些合同不会明确指出没有出现意外情况时的责任承担问题。因此，贷款和利息悄无声息地进进出出。

合同中刻意留下的漏洞无意间促成了早期某种金融创新的形成，最后推动了保险合同的发展，同时也为即将开始的跨海探险开辟了道路。早在13世纪，人们似乎就认识到这一漏洞了。阿奎那曾指出："妄图以比公正价格更高的价格销售物品而刻意遮遮掩掩，这和欺诈邻居、令对方损失惨重同样罪大恶极。"[1]不过，造假非法的合同是一回事，灵活避开教会对利息的诸多法律则是另外一回事。合作各方意识到自己面临的风险，自然不会对阿奎那言听计从，这样才能使保险合同更加靠谱。

极具讽刺意味的是，中世纪极受欢迎的一种金融产品却没有被利息的是是非非缠住，那就是年金，这主要是得益于其政治上的重要性。当时，年金作为一种资金筹集渠道深受追捧，而借方不是穷人这一点，也使得它更容易被广泛接受。年金能够避开利息禁令，原因有两个：具备牢靠的金融合同、符合罗马法对受益权的定义。

年金是指在特定的年限之内偿还固定额度的贷款，在中世纪常被称为"人口调查"。年金的借方往往是政府、贵族或其他一些有组织的机构，从贷方那里一次性借一笔款，并签署合同，在约定的年限或在贷方有生之年，按照一定的利率偿还贷款。贷款前提是借方有收入，一般是可耕种土地的收成、税收或征收的其他费用。

西蒙·斯特芬的利率表让人们对16世纪业已成熟的金融手段有了

[1] 托马斯·阿奎那：《神学大全》，英国多明我会教省神父翻译（纽约：本齐格兄弟出版社，1948年版），Q.LXVII，第1:3号文章。

初步的了解。他对年金终值的计算是基于实践的。自中世纪起，欧洲便将年金销售给希望获得稳定收入的投资者。不过，和其他涉及利率的做法一样，年金的一大特点是对年金本身缺乏明确的定位，只是为某段时间向接受方支付一笔钱，时间一般按年计算。斯特芬的表格为该问题做出的贡献在于解释了数额叠加的利率。

正常情况下，定期支付的金额是固定的，支付时间贯穿人们的一生，或者略短。当时战争频繁、政治动荡，所以年金时限越长，风险就越大，不过就算是时限较短的年金，其出售条件也是一样的。梵蒂冈认为年金是合法的投资形式，教皇马丁五世（Martin V）和教皇加里斯都三世（Calixtus III）分别在1425年和1455年颁令批准。[1] 教会僧侣和那些富人一样，将手中大量因捐赠得来的钱用于年金投资。然而，他们总是找不到信得过的银行机构，因此，只好把钱投给政府或贵族，这是少有的值得信赖的长期投资，不至于让投资者首先遭遇风险。年金渐渐成为首个“寡妇和孤儿”投资渠道。[2]

而另一方面，年金也是欧洲用于筹集长期资本的首次尝试。早在14世纪，布鲁日便制定了一项计划——市政府发行的年金将主要用于孤儿院的地产投资，要确保孤儿有稳定的收入，直至法定成年年龄；[3] 之后，市政府将拿回本金，自主使用。这一计划非常人性化，也极具金融眼光——偿还期限取决于孤儿的年龄以及有权继承财产的法定年龄。这使得偿还期限能够估算出来，年金也能够有效运作。然而，期限太长的年金就让借方犯难了，因为会受到买卖双方各种因素的影响。

17世纪，年金在英国和荷兰更为盛行，很快就成为股票市场形成

[1] 西德尼·霍莫及理查德·塞拉：《利率史》，76。

[2] 译者注：“寡妇和孤儿产业”后来特指风险较低的投资领域。

[3] 埃德温·S. 亨特及詹姆斯·M. 莫雷：《中世纪欧洲商业史》，1200~1550（剑桥：剑桥大学出版社，1999年版），208。

之前政府融资的最常用方法。这还多亏了统计学和概率论的发展。在17世纪以前，今天所说的“精算统计”完全依赖于罗马法学家乌尔比安大约在公元225年制定的表格。这份表格显示了预期寿命，以六十年为基准判断一个人的寿命年长。据说这表格和当年帝国向军团前成员支付年金有关，有些成员四十多岁时便退休，也得到罗马批准。不过这种计算本身的生命力也不可小觑，直到19世纪，意大利北部的托斯卡纳（Tuscan）政府依旧将其运用于官方目的。不过，这些表格并未包括后来所称的概率论分析，概率论是直到17世纪才由爱德蒙·哈雷(Edmund Halley)、约翰·葛兰特(John Graunt)和威廉·佩第(William Petty）总结提出。他们的依据其实是对寿命的分析。中间这数百年，尽管平均寿命发生了巨大的变化，西欧出现各类人口因素影响寿命，可无人试图修正或挑战乌尔比安的理论。

概率论的提出对欧洲金融的发展至关重要。如果对购买者的平均寿命没有正确的判断，年金何以存在？这就说明，绝大多数年金都不成功，尤其是那些期限较长的。没有精算学，年金的成功就只能依靠低利率。很多情况下，相较于银行家或政府的存款利率，依靠土地收入的年金利率高不到哪儿去。荷兰为接受者提供的年金利率尤其低。这倒不失为一个好办法，因为年金支出利率越高，借方的风险就越大，反之，利率越低，风险也就越低，给接受者的钱也就越少。同时，借方还能成功避开高利贷的罪名，因为他们的收入源头是生产性财产。

虽然在提供长期年金方面，英国落后于荷兰，但英国一干上这一行，立即就蓬勃发展起来了。这就像在斯图亚特（Stuarts）王朝之前，英国的银行也不及荷兰和意大利的同行，但到了17世纪末就迎头赶上了。1688年的光荣革命（Glorious Revolution）把詹姆斯二世赶下台，将威廉三世（William III）推上英国王位。威廉来自低地国家，和他一起来的还有精通长期金融的专家顾问，英国财政由此开始提供年金。

只要人们相信政府或其他机构提供的这些盈利能够长久，那么长期金融产品市场就将繁荣发展。当英国骄傲地宣称，自1066年以来自己“从未被侵犯”时，这已经不是国家荣耀那么简单了。事实上，这个“宣言”也是极佳的年金营销策略。

年金后来成了最有保障的通用借钱法，利用这个方法，意大利城邦为各类名目筹资，英王亨利一世招募了一支军队，但德国政府禁止这么做，理由是这会让银行家占尽便宜。放到现代来看，当时那种相对古老的年金形式其实类似于收入债券（又称收益债券）的多次支付。在中世纪，最常见的筹资目的是打仗，虽然利息具有剥削性，可为了招募并养活军队而抵押领地或城堡是合情合理的，尤其是当为了完成上帝旨意时，这一做法就更无异议了。

按照当时的标准，年金的长期利率其实低于短期利率。这与现代社会的“风险－回报”关系背道而驰，原因在于：一个不受独裁控制的国家——如果多少算个国会政府的话——就算发生政权更迭，其发行的年金好歹还有继续支付的可能性，甚至会比之前略高一些；而受独裁暴君统治、没有民主机构做支撑的国家就难说了。即便是威廉三世，一开始年金也卖不出去，因为人们担心斯图亚特王朝会复辟，当这种顾虑消散后，年金销售前景也迅速明朗起来。

就整体上而言，在17世纪，欧洲从罗马帝国沿袭而来的利率期限结构呈负面倾斜态势。这就从宏观角度解释了为什么意大利银行机构原本如日中天，后来却一落千丈——为了获得最大盈利，这些机构选择和国王、亲王合作，因为这些人能够支付高额的利息，然而，他们绝非最合适的信贷风险人。当政治动荡，就会出现高利贷，中世纪绝大多数时候以及文艺复兴早期均是如此，也就是说，低利率和政治稳定性密切相关。

尽管莎士比亚在《威尼斯商人》中非常巧妙地描述了对待借贷的

传统态度，但到了 17 世纪末，欧洲绝大部分地区都开始伸出双臂欢迎“夏洛克”。合理的利息和高利息泾渭分明。古老的高利贷禁令开始改变，不过仍有人揪着不放。资本主义精神成为商界主宰力量，之后将会让贸易的重商主义体制主宰社会三百年之久。当面对割掉对方一磅肉，但不能让对方流一滴血的无奈抉择时，夏洛克很知趣地溜走了，因为他深知为了要回钱非要和传统对着干是徒劳无益的。对方扭转了蓄意伤害的局面。一百五十年后，波西亚的辩护自然将更具技巧性。不幸的是安东尼奥，16 世纪的威尼斯尚未出台《破产法》。要是当时有这法律，他就不用担心债权人对自己造成身体伤害。

事实是，自放贷出现之日起，人们就已经欢迎放贷者了，尽管一开始并不是明目张胆的。欧洲的贸易飞速发展，重商主义政策进一步推行，“以邻为壑”的概念已经摆脱其雏形，并成为一种体制，纳入国家官方政策，而不再局限于有待商榷的放贷行为。不过，对这一术语的古老阐释并未消失，在关于借贷和利息的争辩中不时被提及。

第3章 Chapter 03

战争和债务

自亨利八世（Henry Ⅷ）以降，国家的财富和收入持续增加，且在这一进程中，速度不是渐行渐慢，而是越走越快。

——亚当·斯密，1776年

本章导读

宗教改革后，由于贸易和海外扩张的快速发展，关于借贷和利息的禁令渐渐崩溃，尽管之后的数个世纪，这些禁令依旧是某些人的情感和道德寄托。可是，现实在借贷之争中胜出，资本主义开始走出教会教义的阴影。

在自由化解读利息和贷款这个问题上，荷兰绝对功不可没。就现实层面而言，斯特芬的利率表让普通民众首次发现了银行家的阴谋；从更高层面而言，格劳秀斯让借贷摆脱了托马斯式的阐释，与此同时，也尽量让其受制于自然法。两人的功劳加在一起，形成一股新动力，为早期资本主义和放贷发展注入了力量。贷方被视为贸易不可或缺的一部分，而不再是“边缘人”。大家可以名正言顺讨论金钱，犯不着遮遮掩掩的，或者把金钱说成迫不得已的罪恶。就连“资本主义”本身，都是用复利来定义的——钱生钱。

虽然早期的新教改革者对待借贷的态度与16世纪天主教徒没有实质性的区别，但人口因素开始将“放贷”这个术语中的那枚钉子拔出来。

改革者承认了重利和合法利息之间的不同；天主教虽然没有正式宣布，但也默认商业的必要性，但总体而言对借贷仍旧不依不饶。欧洲人口迅速增加，对外扩张需要资金，这显然比对金钱的批判更为重要。只要夺人性命的黑死病退去，社会趋于稳定，对资源和制造的需求就会急剧飙升。1550 年，英国的人口恢复到瘟疫爆发之前的水平，几乎在同一时间，人们重新审视了《重利法》。

对人口增加的关注开始影响人们对借贷和利息的争议。扩张压力缓解了对借贷和负债的批评，尤其是考虑到如果发展停滞就会陷入饥荒和资源短缺的困境中。人口是当时的热门话题。苏格兰著名牧师兼学者罗伯特•华莱士（Robert Wallace）是英国人口学家兼政治经济学家托马斯•马尔萨斯（Thomas Robert Malthus）的学术引导者。罗伯特在 1761 年评论说：“如果对比我们最为了解的国家的古代和今天……多数国家的古代人口远超过今天……这或许会给我们一种感觉，即只要照顾周全，就能养活大量人口。但是我说，人口将比所宣传的多十倍，我所说的绝非虚言。”[1] 华莱士的社会论点比起马尔萨斯更加理想化，然而所能期待的结果不言而喻。社会必须发展，也有足够的空间承载发展，但是，人口成倍增加，最终会导致食品和资源供不应求。发展需要投资、扩张和承担风险，而这些行为空前需要放贷的支持。

其实人们从很早就开始考虑人口问题了。1666 年，英国赶走了最后一场瘟疫，政府和企业家都希望未来能够稳定。然而，寿命变长将带来潜在的人口危机，值此背景，爱德蒙•哈雷对死亡率的研究推动了年金市场的发展。年金的卖方依旧需要支付高额利率，不过，这种

---

[1] 罗伯特•华莱士：《人类，自然和天意的多种层面》（伦敦：A. 米勒出版社，1761；重印本，纽约：A. M. 凯利出版社，1969），6。援引文字选自 1969 年版本。

行为已经普及到国家层面，范围也越来越广，为战事和扩张筹集资金。最后，股票市场也发展起来了。

随着平均寿命的延长，年金逐渐盛行，一些新产品也应运而生。这充分显示金融界已然重拾自信。不过，并不是所有的人都乐意接受那些创新，因为那些新产品包含投机成分。

其中，最有名的创新要数以洛伦佐·唐提（Lorenzo Tanti）命名的唐提式养老金，此人是一位颇具开拓性的那不勒斯（Neapolitan）医生兼冒险家，他制定的这一做法旨在帮助支撑法国金融。他向法国首席大臣马扎然红衣主教（Cardinal Mazarin）提出提议：从不同年龄的人那里筹资，根据年龄层分组；国家每年向最年轻的一组支付 4% 的利息，并根据平均年龄给年纪较长的组支付较多的利息；如果有人去世，同组的存活者将分享回报，因而单个人拿到的钱自然更多；等到一组中最长寿的那个成员也逝世，该组原本应得的资金余额就归国家所有。

马扎然也是意大利人，出了名的好赌。他非常中意这个提议，不过由于财政大臣让·巴普蒂斯特·柯尔贝尔（Jean-Baptiste Colbert）的反对，这个提议最终还是遭到了拒绝。唐提还试过其他各类集资方法，例如彩票制度，可惜也未获得官方采纳。1695 年，他去世时一贫如洗，而这些提议却存活了下来。法国人不采纳，荷兰人和英国人却欣然接受，经过改良加工，在他有生之年就有好几个养老金项目问世，只不过并未提及他罢了。现在我们只能用这个术语来缅怀他。不过，正如中世纪一样，战争阴影从未消散，绝大多数唐提式养老金项目都旨在为军事行动筹集资金，而不是让受益人领一笔稳定可靠的退休金安享晚年。

唐提式养老金是一个关于概率问题的金融案例。在 17 世纪后半叶，概率是一个热门话题，科学界、政治界和宗教界都喜欢谈论概率。瑞士数学家雅各布·伯努利（Jakob Bernoulli）撰文论述概率论，这对推动金融和风险管理起到了不可或缺的作用。詹姆士·哈林顿（James Harington）和约翰·弥尔顿则著文讨论了“轮值共和”政府的作用，要让能力相当的各个政府定期“轮值”，这有赖于概率。很多无法预测、难以解释的事件依旧要推给宗教，于是概率事件又和上帝意志扯上了关系。概率的探讨还触发了投机行为，直至概率的科学论述击败传统观念，投机才从高效金融规划中剥离出来。唐提式养老金对那些认为自己会比同组成员更长命的投机分子非常具有吸引力。

荷兰不少城市都采用了唐提式养老金，不少项目还推广到了国外，尤其是英国。[1]一百年间，在这两个国家，这些项目后来被国家资助的年金计划取而代之。不过，“唐提”这个名称还是保留下来了。不同的地方开始推出类似的金融计划，包括独立之前的美国，不过由于含有投机成分，不招官方待见。这个名称还和早期的美国股票市场有着千丝万缕的联系。纽约证券市场开始运行时，贸易商们聚集在纽约市一家名叫唐提咖啡馆（Tontine Coffee House）的地方，之前各项交易都是在华尔街户外展开进行。那家咖啡馆的建设资金是依靠销售养老金得来的，参股者就是那些支付部分订金的贸易商。按照最初的计划，房产将留给最后活下来的七位组员，内战之前财产权到期。阿尔巴尼（Albany）也有一家名称相似的咖啡馆。[2]

---

[1] 埃德温·W. 克普夫（Edwin W. Kopf）：《年金的早期历史》，《寿险精算协会会议记录》，12（1927）：244~245。

[2] 咖啡馆也推动了伦敦一家著名交易所的形成。伦敦劳合社（Lloyds of London，又译“劳埃德保险社”）是一个保险交易场所，于1688年在伦敦爱德华·劳埃德咖啡馆（Edward Lloyd）创建，个人（或通过“姓名”）可在此预定购买海上保险财团产品，这与当今做法别无二致。英国内战期间，咖啡第一个被归为令人神魂颠倒的东西，这实属偶然，当时，牛津大学贝利奥尔学院（Balliol College）一位名叫纳桑奈尔·科诺皮欧斯（Nathanael Konopios）的年轻人品尝了第一杯咖啡，无意之中开启了一个漫长悠久的传统。

唐提式养老金采用了并不科学的人寿表格来说明可能的支付计划，其依据往往是对一小群人的观察，或是从教会获得的有限的出生及死亡记录。这使得其回报充满投机性，不太可靠。而后，国家资助的年金于17世纪问世，需要更为科学而广泛的精算表格，以提高可信度。首个值得表彰的贡献者是爱德蒙·哈雷（Edward Halley），现代人对他的认识更多的是以他名字命名的彗星，即哈雷彗星。当年金表格和科学的人寿表格相呼应，年金的销售较之以前就有了更扎实的基础。

哈雷是天文学家，22岁时就成为皇家学会（Royal Society）的成员。他的工作是造币厂的副主管和皇家天文学家。1700年，威廉三世命令哈雷指挥一艘舰船前往南大西洋和南极，研究那里的地域情况，并汇报信风走向，这为航海的数学研究做出了重大贡献。回到英国后，哈雷成了牛津大学的几何学教授，尽管在几年前，他应聘牛津大学的天文学教职时被拒绝了。在年金方面，他在对德国布雷斯劳市（Breslau）[1]的观察研究和档案分析的基础上，对年金计算和具体做法进行了改革。他在自己论述年金的著作中指出："购买者能活多久，就要为这一时间段支付相应的费用。这一计算必须以年为单位，所有年份缴纳的价值总和将等于此人寿命时长的年金价值。"[2]即预期寿命较长的年长购买者和年轻购买者必须支付不同的保险费用，这一论述无疑是对唐提式养老金当中的概率概念的反驳——唐提式养老金的支付原则是同组成员比谁活得更久。（后世对哈雷表格的援引请参见附件。）

不过在当时的英国，不论年龄长幼，政府仍向所有的年金购买者

---

[1] 译者注：现属波兰。

[2] 爱德蒙·哈雷：《人类死亡率程度估计》（1693），重印于《数学世界》第三册，詹姆斯·纽曼编辑（多伦多：通用出版有限公司，1956年版），1440。

收取相同标准的费用，从购买到支付的时间差也相对较短，大约为十四年，亨利八世执政期间又缩短至七年。哈雷的研究表明，应该在较长时期以后再支付，而且要根据年龄估测来支付。[1]一旦采用新方法，政府将节约一大笔可观的资金。不过在哈雷有生之年，政府我行我素，依旧发行着代价昂贵的年金。

1688年的光荣革命之后，威廉三世登基，给英国财政施加了不小的压力。筹钱之举势在必行，新政府铆足了劲儿思考筹集现金的新渠道。英国利用寿命估测的成果，于1692年向公众销售首支年金，不过这和唐提式养老金如出一辙，换汤不换药。政府的目标是向公众销售100万英镑的年金，承诺回报可观；销售获得的资金主要用于英法战争；利息先由政府掌控，七年后将会支付7万英镑给仍活着的年金购买者；如果年金没有全部销售出去，则购买者每支付100英镑将获得14英镑的回报。这属于人寿年金，由于没有全部售出，一年后政府又开始兜售另一种年金，条件相似。但是，两次都没有划分年龄层，因此年轻的年金购买者自然受益更多。直到下一个一百年，人们才利用寿命表格，并以1万名购买者为基础，估算可能支付的额度。

新的计算方法为利息之争扭转了乾坤，因为很显然这是在替借方省钱。由于从购买到支付的时间间隔延长了，并且购买者支付的保险金也根据个体年龄有所调整，因而从总体上来说，作为回报需要支付的资金减少了，而回报低就意味着利息低。

哈雷活到了86岁的耄耋之年，令人无奈的是，他原本可以更长寿，偏偏不听医生劝，饮了一杯酒。1742年，哈雷去世。当时食品中毒并不多见，至少对于贵族阶层和高等知识分子来说更是难得一见。在哈

[1] 彼特·拜恩斯坦：《反对上帝：风险的不同寻常的故事》（纽约：约翰·威利父子出版社，1998年版），87。

雷之前的约翰·葛兰特（John Grant）撰写的《死亡率报表》（*Bills of Mortality*）成为寿命的标准参照，并列举出各类死亡因素，该《报表》首次出版于1662年，据其计算，22.9万人（他的统计样本人数）中仅有14人会因中毒致死（不论何种中毒）。哈雷一直热衷并付出如此之多心血的百分比，最终还是没有放过他。

尽管都铎王朝设立了利率上限，但利率最终还是下调了。詹姆斯一世执政期间，1624年，利率从10%降为8%；查理二世复辟后的1660年又降至6%；安妮女王（Queen Anne）在位时期的1713年甚至降至5%。不过，法学家和国会议员仍旧坚称，尽管上限下调，但重利依旧有待商榷，例如英国最高法院首席法官援引罗杰·范顿提出：所谓非法不是指那些“不咬人”的放贷，而是那些“吃人”的放贷（特指犹太人）；如果有人选择“践踏自己的良心”，那么10%的利率就会被接受，而不是遭受谴责。[1]

总体说来，果真如此，教会将是最大受益者。查理二世复辟时期，英国政府出台法律将官方利率降至6%，其中提到，“调低原来一百收十的利率是英明之举，能促进贸易，通过改善畜牧业提高土地使用，于国于家将大有裨益”。[2]重商主义者已经意识到低利率的好处，大门如今敞开，迎接更视野开阔的高利贷观点。不过这一进程实在缓慢。

查理二世复辟之后，英国的金融开始初具规模。政府销售长期汇票，并承诺将在约定年限内完成支付。这些东西成了金边证券的前身（英国财政部证券）。当时，英国财政部由乔治·唐宁（George Downing）领导的一个委员会管理。在唐宁的管理下，英国财政部脱离了国库。因此，英国国家债务越来越重，对资金的需求每年都在剧增。

---

[1] J.B.C. 莫雷：《从古至今的高利贷史》（费城：J. B. 利平科特出版社，1866年版），50。

[2] 法令，查理二世第十二号令。

唐宁曾在克伦威尔（Cromwell）麾下的军队和国会任职，还曾作为英国外交官前往法国和荷兰。他的功绩包括在荷兰人的启发下重组了英国财务部、在伦敦建造唐宁街（紧挨其在伦敦市的某处房产）。他还协助撰写《航海法》（*Navigation Act*）。他的孙子出资建设了剑桥大学唐宁学院（Downing College）。这位外交官为捍卫英国重商主义政策立下汗马功劳，被查理二世封为从男爵。唐宁于1684年去世，不久，世界上第一家国家中央银行——英格兰银行（Bank of England）——登上了舞台。

债务人监狱和小银行家

在 17 世纪的英国，债务人监狱已经屡见不鲜了。不论是否涉及利息问题，只要债务人无法偿还债务，债权人就要将他们关禁闭。这是当时的惯常做法，不少知名人士都受过折磨。

1691 年，一本名为《压迫者的痛诉》（*Cry of the Oppressed*）的书问世，严词谴责债务人在监狱中遭受的不公平待遇。作者莫瑟斯·皮特(Moses Pitt)曾被关在伦敦臭名昭著的弗利特监狱(Fleet Prison，又译舰队监狱)，他列举了债务人监狱的种种罪行，其中包括看守者施暴强奸、强迫犯人吃老鼠苟活、和猪关在一起抢食等。

英国著名小说家丹尼尔·笛福（Daniel Defoe）也蹲过债务人监狱。他的事业——包括海洋保险的冒险业务在内——失败了，欠下了高达 1.7 万英镑的债务，他根本无力偿还。1692 年了，他被人追着讨债，不禁感慨万分，“没人比破产者更凄惨无助……（我国法律）为债权人的邪恶和报复开了方便之门……而债务人却没有半点儿机会申诉自己的无辜。”[1] 笛福在伦敦弗利特监狱关了几年，当然，他原本也可以到债务人避难所去寻求庇护，当时伦敦有好几家，都是中世纪的避难所的“遗物”。但是，法律依旧视那些寻求庇护的人为罪犯，只有宣告破产，将债务全部还清，这些人才能重新在社会立足。债务人监狱的存在无疑是一个历时已久的悖论：债务人被关禁闭，无法从事生产活动，又如何还钱呢？

这一问题从未得到解答。尽管国会议员詹姆斯•奥格尔索普（James Oglethorpe）等人也曾努力过，但 18 世纪初期，在国会上通过的保护债务人的措施最后几乎都失败了。即使在五十年后，债务人监狱依旧屹立不倒，而且“生意火爆”。

笛福对“破产者”这一术语的使用是符合 17 世纪标准的。1542 年，亨利八世执政时期，英国出台了一部法律，被认为是英国首部《破产法》。[2] 该法律规定：只有贸易商才能经由财政部长宣布破产。这里所说的“贸易商”是指为盈利而买卖商品的商人，而不是指那些从事无形资产交易的人。具体说来，如果贸易商无力偿还债务，债权人就可以把他告到财政部长那里，部长有权没收债务人的财产，用于偿还贷款，或把债务人关入大牢，直到把钱还清。该法律的宗旨是为债权人提供补偿。这一做法和保护破产人免受债权人伤害的现代观念恰好相反。这就解释了为什么在英国，尽管表面上出现了《破产法》，但实际上债务人却仍备受折磨。

伊丽莎白一世和詹姆斯一世执政时期，英国出台了后续的《破产法》。这些法律拓展了原来的规定，伊丽莎白制定的法律区分了“破产者”和“资不抵债者”——后者原本是指无力偿还债务的非贸易商。

[1] 援引自奈杰•斯特克：《模棱两可的逮捕：18 世纪伦敦债务人避难所的地址变迁》，《社会历史》，25（2000）：316。

[2] 亨利八世第三十四、第三十五号令，第二章。

之后的两百年里，政府制定了各种措施，希望既能保护破产者，又能安抚债权人，不过债务人始终处于不利地位。

债务人受苦受难，银行业却因破产者的不幸遭遇而蓬勃发展。不少商人发现放贷和日常业务一样能赚钱，法院也乐意和这些人站在同一阵营中，以帮助债务人，其中不乏发家致富者。1692 年，一位名叫约翰·坎贝尔（John Campbell）的苏格兰商人在伦敦的河岸街（Strand）上开了一家铺子，店铺的标志是三个皇冠，这简直就是以前当铺店的三个金球标示的“银行版本”。坎贝尔主营金器以及包括存钱、贷款和兑票在内的银行业务。他身后有个强大的赞助人——阿盖尔公爵（Duke of Argyll）。很快，坎贝尔就为安妮女王办理银行业务了。这家店铺后来演变成了为整个英国王室理财的顾资银行（Coutts and Company），坎贝尔家族和皇室的密切关系维持了近三百年。

“慷慨”的英格兰银行

小型银行在英国昌盛起来，但大型银行依旧处于空白之中。17 世纪末期，英国的财政危机四伏。自 1625 年起，英国经历了两次内战，政局动荡不安，国库极度亏空。1689 年，威廉一世娶了詹姆士二世的女儿，由此入主英国，但他接手的只是一个烂摊子，加上与法王路易十四正在打仗，威廉一世不得不绞尽脑汁四处求钱。1692 年，首个唐提养老金项目问世，政府承诺将从 1700 年开始向购买者支付 10% 的利息。不幸的是，该项目只筹得 10 万英镑。于是第二个唐提式养老金项目又诞生了，并将利率提高到了 14%，最终筹到了约 90 万英镑。两年后，由于和法国的战争在持续，英国政府再度向公众筹钱，为了吸引投资者，自然要多给点甜头，因此，当时发行的政府债券时限为 16 年，利率为 10%。然而，钱远远不够！

就在英国政府一筹莫展之际，以坎贝尔为代表的小银行家证实，依靠存款、放贷就能过上小康生活。英国政府意识到机会要来了，如果要筹集小银行家难以企及的大笔资金，就必须依靠一个强有力的中央机构。1609 年阿姆斯特丹银行的成立，为荷兰吸引了大量储蓄，英国人敏锐地注意到，要想在商贸领域超过荷兰，就必须拥有更多的资金来源。乔什亚·察尔德（Josiah Child）是一位商界大亨，在英属东印度公司任职。他非常钦佩荷兰银行业的做法，他认为荷兰商界的很多辉煌成就是因为“他们对银行的善用，这无疑大有裨益，据传，银行为社会带来的收益每年至少有 100 万英镑，恐怕这不是空穴来风”。[1] 尽管察尔德是积极的重商主义者，但他也提议要设置利率上限，理由是低利率是社会富裕和健康的表现，这一观点的提出比亚当·斯密早了一百年。

经过激烈的讨论，1694 年，在英王的特许下，世界上第一个私有的中央银行英格兰银行成立了。这一举措的实现，少不了另一位“冒险者”的努力，那就是苏格兰商人威廉·帕特森（William Paterson）——英格兰银行的规划者。帕特森意识到，国王总是缺钱，谁要是能第一个建起一家覆盖全国的银行，就一定能拿到为皇家服务的独家特权。他向枢密院（Privy Council）递交了建立国家银行的申请，最终得到了国会的批准。

当然，反对的声音也不小。首先是詹姆斯二世的拥护者们，他们担心此举将进一步巩固威廉和玛丽的地位，因而强烈反对设立国家银行；其次，小银行家们也不愿有新人和自己竞争，因为一旦新银行占了上风，他们就不得不给出更高的存款利率。但是，反对无效，在阵阵对骂中，国会通过了建立新银行的提议。

帕特森担任银行行长，不过一年之后就辞职不干了。他后来领着探险队去了巴拿马（Panama），可是结局惨淡，他灰溜溜空手而归。

---

[1] 乔什亚·察尔德：《关于贸易和金钱利息的简要观察》（伦敦：伊丽莎白·卡尔弗特和亨利·摩特洛克出版社，1668 年版）。

他和曾经的唐提一样，在银行发展史上没获得应有的嘉奖，甚至连创建者名单里都没有他的名字。他和唐提、乔治·唐宁 3 人代表着对金钱和银行的务实态度，这都是源自于商业实践，而很多高利贷和中央银行的反对者压根儿没有这些切身体验。

新银行不仅办理存款、放贷业务，还发行纸币。由于拥有特许权，不受《重利法》的制约，支付和收取的利息往往超过其他私人银行。诸如东印度公司这样的垄断型贸易公司也要收取 12% 的利息，并宣称这是因为自家业务绝大多数是在海外开展。显而易见，体制化的利率远远高出重利法定上限。1716 年，国会正式批准该银行可以酌情支付利息。[1] 官方高利贷利率上限仅适用于该国普通百姓的小型交易。

支持者们意识到，用纸币取代金属硬币大大有利于信用建设，而且毋庸置疑，银行首批顾客将获益最多。正在流通的硬币的金属含量令人担忧，很多时候还被公民又削又割，难以量化，无疑令官方伤透脑筋。纸币可以让贷款变得更加统一，而且可以大数额进行。威廉三世宽松的金融态度为银行营造了友好的政治环境。据估计，1690 年，皇室年收入达到 160 万英镑。其中三分之二用于英法战争以及镇压苏格兰和爱尔兰的叛乱。[2] 威廉急需一笔战争贷款，不过鉴于他信用背景堪忧，机会渺茫。

英格兰银行向社会招募董事和股东，谁要是能认购 2000 英镑或更多，就有资格成为董事。最后，包括帕特森在内的 14 人成了董事，另有股东 1330 人。

新银行的第一个目标是筹集 120 万英镑，并以 8% 的年利率借给英国政府，同时，政府需要另付 4000 英镑的管理费。也就是说，政府每

[1] 乔治一世第三号令，第八章。

[2] A. 安德利亚德斯：《英格兰银行史》，克利斯塔贝尔·梅勒迪斯翻译（伦敦：F. S. 金父子出版社，1909），55。

年只要花10万英镑，就能借到120万英镑的现金，而且永远不用还本金！这对当时的英国政府和皇室成员而言，正是雪中送炭。为了“报答”慷慨解囊的新银行，英国政府允许其独家发行国家认可的银行券（Bank Note）。这些得到国家认可的银行券就是国家货币，即英镑的前身。换言之，英格兰银行拥有了独家发行货币的权利，但不得超过其自身资产总额。

英国政府用公债向英格兰银行借钱，而英格兰银行则用自己发行的银行券来购买国债。国债是未来税收的凭证，这就意味着政府的税收将落入新银行的腰包。如果政府想买回流通在外的国债，就必须用金币或银行券。就这样，英格兰银行成功地把皇室的私人债务转化成了国家的永久债务，而抵押品就是劳动人民的税收。从此，国王有钱打仗了，皇室有钱享受了，政府也有钱做自己喜欢的事了，而银行家们则获得了大量可观的利息，可谓皆大欢喜。

在英格兰银行出现之前，股票没有相应的市场，而英格兰银行的早期发展无疑推动了股票交易。在南海公司（South Sea Company）创立之前，英格兰银行是最大的金融机构，自然也就成了新加入的股票买卖商们的心头好，在南海泡沫时期，这些人将英格兰银行和南海公司的股票价格越推越高。这种新职业并不令人艳羡，尤其是在1720年泡沫破碎之后，引起了广泛恐慌。反对者总将股票买卖戏称为“荷兰金融”，因为这种构思是从荷兰学来的，是英格兰银行和新君主的代名词。詹姆斯二世的那帮顽固拥护者认为这家银行不过就是新国王的小跟班，阻碍了他们重回斯图亚特王朝的道路。

丹尼尔·笛福也严词批评股票买卖，以及首个交易场所——伦敦交易巷（Exchange Alley in London）。他将纸币和信贷批得体无完肤，充分折射出自己之前和债权人之间的旧恨。在他看来，“破产者和乞丐让股票买卖更加扑朔迷离，我们现在可以估测，一张写有57人姓名的黑名单，这些人在这十年里飞黄腾达，霸占巨大地产……他们工于心计、玩弄手段、巧借丑闻不断的股票买卖……其中的龌龊难以看清”。[1] 不过无人在乎他的抱怨。股票买卖很快就成功扎根，也成为伦敦股票市场的发展里程碑。

英格兰银行和政府之间还有一项届满条款，要求政府每十二年必须更新特许权。[2] 由于对战争的资金需求源源不断，这种更新从一开始就注定是有必要的。18 世纪初期，英国陷入了西班牙王位继承战争（War of Spanish Succession）的泥潭，于是，特许权被延长了一段时间。那是到当时为止欧洲代价最大的一次战争，战争的起因是西班牙国王查理二世驾崩，有人图谋篡夺皇位。英格兰银行再次以高于官方标准的利息吸引了大笔资金以支付战争开支。

最值得玩味的是，由于英格兰银行的远见卓识，国家货币和永久国债从此被捆绑在了一起，货币发行得越多，也就意味着国债越多，而经济发展和偿还利息必然要求有更多的货币供支配。钱从哪儿来？自然还是从银行借！所以，英国政府的赤字“一路高歌”，自 1685 年至 1700 年暴涨了十七倍，从原先的 80 万英镑飙到了 1380 万英镑，而在此期间，英国政府的财政收入只增加了一倍多。到 2005 年年底，英国政府欠的钱达到了 5259 亿英镑，占英国 GDP 的 42.8%。

---

[1] 丹尼尔•笛福：《股票批发商之恶》（伦敦：出版社不详，1701），26。

[2] 届满条款纳入金融监管的初衷是在赋予法律永久效力之前对该法律进行一段时期的试用。英、美两国的金融监管均有这一情况。

泡沫中的南海公司和英国

英格兰银行为政府和公民提供资金，充当着中间人的角色。除税收外，政府的其他收入主要来源于扩张和贸易。海外贸易公司为谋取财富增添了一抹冒险主义色彩，但若和债务管理问题联系起来，结果可就没那么令人振奋了。

英格兰银行为投资者制定的利率最后降至5%，但并没有被英国举国上下接纳，这时就需要另建一个机构来为战争筹资。于是，1711年，南海公司成立了。

新机构获得了以皇室名义在南太平洋扩展的独家特许权，但在创办的头六年并未到过海外。到了1720年，有人提出了将所有的国家债务聚到一个屋檐下的想法。南海公司向国会提出，自己愿意认购3000万英镑的国债，作为回报，国家必须一次性支付一笔钱，并以每年5%的利率为剩下部分支付利息。英格兰银行自然不高兴自己在这件事上被抢了风头，于是也提出了自己的建议，可惜被拒绝了。不久，国会通过并接受了南海公司的建议，于是，该公司的股票价格以迅雷之势从 125 英镑上涨到了 2000 英镑，六个月内平均涨幅超过 500%，最高涨幅达到了 1400%！

在当时，收取高额回报已经渐渐普遍，而不像一百年前那样十恶不赦了。换言之，依靠投机获取高收益不再专属于从事风险经营的商人们了。这也滋生了奢靡之风，不少作风堕落的英国绅士为了维系奢华的生活，常常债台高筑，而南海股票的发售使得他们有了新的捞钱渠道，而且不用工作，何乐而不为呢？投资者趋之若鹜，其中包括半数以上的参众议员，就连国王也禁不住诱惑，认购了价值 10 万英镑的股票。在南海公司的带动下，整个英国的股份公司都成了投机对象，人们不顾这些公司的经营范围和经营状况，疯狂地购买股票，唯恐错过人捞一把的机会。社会各界人士——包括军人和家庭妇女，甚至连物理学家牛顿——都卷入了这个旋涡。1720 年 5 月，牛顿买入了南海公司的股票，并在早期的上涨阶段及时卖出了，获利 5000 英镑。但后来，他又重新买入，最后亏损了 2 万英镑。事后，他不得不感叹："我能计算出天体的运行轨迹，却难以预料到人们如此疯狂。"

泡沫发展到最高潮时，南海公司的名称以及其标志一度成为最时尚的装饰品。衣服、马车和其他家用设备上全都贴着"南海"二字，以彰显股票持有者紧跟最新投资潮流。亮晶晶的泡沫还催生了一些前景堪忧的小型投资项目，其中一个项目是，购买者支付两个几尼[1]就能得到一张 100 几尼的凭据，而当天晚上，项目的兜售者就带着 2000 几尼的非法所得逃之夭夭了。[2]还有一个项目宣称可以让投资者从墨西哥进口驴子。

南海公司为了圈钱，编造虚假信息，给投资者们描绘了一幅金灿

[1] 译者注：旧英镑 (LSD 或£sd)，1 几尼相当于 20 先令。

[2] A. 安德利亚德斯：《英格兰银行史》，133。

灿的致富之图。然而，随着公司经营的真相的揭穿，泡沫很快就破灭了。1720 年 6 月，为了应对各类股份公司的大泡沫和各路卖方搞出来的小泡沫，英国国会通过了《泡沫法案》（*Bubble Act*）。事实上，提出《泡沫法案》的正是南海公司，其目的是遏制市场竞争，因为当时各类联合股份公司推出的投资计划层出不穷。依照该法案，所有的联合股份公司在交易前都必须获得皇家特许权。这无疑是英国历史上首部金融监管法。不少公司被迫解散，公众终于清醒过来。

然而极具讽刺意味的是，对一些公司的不信任逐渐扩展到了南海公司身上。从 7 月份起，外国投资者首先抛售南海股票，国内投资者也纷纷跟进，南海股价一落千丈，其跌落速度可与上涨速度相媲美，众多投资者慌了手脚。据一家英国报纸报道："据说，一位萨福克（Suffolk）的骑士得知股票跌到 800，立刻自缢身亡了，因为他掏了 1 万 1 千英镑给南海公司，他怕自己饿死街头。"[1]

那位萨福克骑士自杀一个月后，即 1720 年 9 月，南海公司的股价跌至每股 175 英镑，从贵族到普通商人，社会各阶层无不受其影响。然而受创最重的还是南海公司自身，程度略轻一些的是英格兰银行。英格兰银行并未直接被南海公司拖下水，不过也的确遭遇了存款流失的困境。泡沫烟雾散开后，南海公司还有些盈利，不过国会可没有轻饶南海公司的董事会和财政大臣——财政大臣被关进了伦敦塔，公司部分董事的财产被没收。不少评论员和批评者将所有的责任都推给了几近癫狂的投机，这和法国把责任推给约翰·罗（John Law）如出一辙——他提出的地产银行计划（land bank scheme）引发了密西西比泡沫（Mississippi Bubble）。

《泡沫法案》也希望能保护公民不被假冒的年金计划蒙骗。政府

[1] 《苹果蜂周刊》，1720 年 8 月 27 日。

推出的唐提式养老金和年金，自首次诞生以来，买卖双方都在弄虚作假。小册子作者阿贝尔·伯耶（Abel Boyer）在创始于1718年的月刊《大不列颠政治局势》（*The Political State of Great Britain*）中，披露了无数起诈骗事件。年金购买者伪造他人死亡方便自己快点儿领钱，而另一方面，有些死者亲属隐瞒死亡消息，好继续领钱。唐提式养老金更是引起一群人密切关注，他们研究购买者的家族史，然后下注，看哪些人寿命更长。更令人发指的是，有人为了加快精算统计数字，花钱雇凶。这种恶行延续了两百多年。到了20世纪，阿加莎·克里斯蒂（Agatha Christie）那部谋杀案小说《命案目睹记》（*4:50 from Paddington*）的杀人动机就牵扯唐提式养老金。即便到了1719年，英国年金行业仍旧混乱不堪，不少年金项目未能及时支付给购买者。当有人提议将所有国家债务全部纳入南海公司，年金自然也被涵盖进去，因为它们是国家收入的一个大头。

当时，南海公司为了补偿心有不满的年金购买者，用股票来代替未支付或拖欠的金额。在泡沫时期，受益人能拿到价格不断飙升的股票自然心满意足，然而当泡沫破碎时，很多年金项目也跟着化为泡影，结果便是爆发大范围的财政灾难。很多年金一开始就无视正儿八经的死亡率表格和年金表格，提出了每年25%~50%的回报率，这根本不具可持续性，或者说是不现实的。之前的几百年里，收取高额利息就是通过“以邻为壑”的策略来实现的，而在现实生活中，支付高利息带来了同样的结果。可见，现代金融诈骗在当时就已经诞生了。

18世纪初期，英国出现了两家人寿保险公司。1705年，友好终生保险公司（Amicable Society for Perpetual Assurances）成立，该公司承诺，如果投保者去世，公司将支付一定费用，以作为投保回报。五十年后，公平人寿保险公司（Equitable Life Assurance Society）也成立了，为55岁以上的人士提供保险。公平人寿保险公司还采用了最新的寿命估算方法，保单条款也依据申请人的健康状况而定。它与友好保险一样，也推出年金计划。尽管政府推出人寿保险项目已经有数百年的历史，不过就某种程度而言，那只是国家的筹资项目，而非补偿。

私人年金说白了就是为了逃避重利法而进行的借钱行为，而借钱的最常见形式是一个人从另一个人那里借一笔钱，例如 1000 英镑，并承诺每年还 100 英镑，直至死亡。因此，贷方自然要衡量借方的年龄和健康状况后才能决定是否借钱；万一借方刚借不多久就一命呜呼了，贷方可是连本金都收不回。为了避免这种潜在的损失，贷方就为借方购买人寿保险。换言之，私人年金和人寿保险不过是某些人掩盖借贷真相、收取高额利息的一种手段。

18 世纪中后期，英国公共财政状况越发复杂，政府发行了更多的统一公债（consols），但缺乏稳定性，其中最著名的要数发行于 1751 年的利率为 3% 的统一公债。政府的初衷是弄一个永久性年金，因而没有到期日，其收益的计算也非常简单。这项公债后来成了英国最有名的证券，直至 19 世纪被另一个统一公债取代。“永久性”给政府施加的压力并没有想象中那么沉重，因为统一公债还有一个特点——如果利率降低了，可以召回。[1]

唐提式养老金及其变体在英国依旧势头不减，还在爱尔兰盛行起来，尤其是工薪阶层，很多人热衷于投机，甚至把自己弄得身无分文。一家英国报纸评论道：“从唐提式养老金的数量就可看出，经纪人肯定能从中拿不少好处。”[2] 唐提式养老金是为逃避法律制裁而推出的

[1] 18 世纪绝大多数时期，统一公债的收益一直低于官方高利贷上限利率。请参考西德尼•霍莫及理查德•塞拉：《利率史》，第四版（霍博肯，新泽西州：约翰•威利父子出版社，2005 年版），157。

[2] 《每日邮报和广告客户》，1791 年 7 月 18 日。

最早的金融产品之一，可是当这个秘密被意识到时，已经过去数年之久。1777年，英国国会通过了保护无辜者免受欺诈的《年金法》（*Annuity Act*），规定不得向未满21岁的人销售唐提式养老金。该法律还要求年金必须申请注册，这使得之后的私人年金项目开始减少。

私人彩票在英国也很普遍，但是，因为禁不住诱惑的人们常常希望一夜暴富而把血汗钱全都投进去，外加一些诈骗丑闻，于是被法律禁止了。唐提式养老金表面看来是在为将来打算，但仍是一种赌博手段。普通投机者最大的乐趣是赌自己比同组成员更长寿，因而对其背后的预期寿命和死亡数据并不清楚，不过唐提式养老金还是会给购买者一些好处。

有位读者曾写信给伦敦的一家报社，提出疑问：那么多劳动人民购买唐提式养老金，绞尽脑汁想要变成富人，这和私人彩票如出一辙，那么，禁止私人彩票的法律是否也同样适用于这类养老金呢？然而，报社给出的答案却是否定的——“任何一种合同，若兼有付出和回报，那么就是好的……因此，禁止私人彩票的法律只能针对所指事物，不可做延伸或类比的解读，也不应牵扯唐提式养老金。”[1]

公众的热情充分说明，在南海泡沫破碎之后，英国人还是对此类投机冒险行为趋之若骛，并且将一直持续下去。政府所面临的挑战是，如何为公众制定能够带来稳定回报的投资项目的同时，也创造一些社会效应。不过鉴于英国财政摇摇欲坠，这可不是轻而易举之事。

[1]《圣詹姆斯年代纪事报》，1792年3月20日。

漂洋过海的《重利法》

虽然遭遇了投机、泡沫和诈骗，可高利贷依旧在经济争辩中占据一席之地。英国对待利息的态度很快就漂洋过海到了殖民地，又在那里存活了两百年，有的地方因此而引发的争辩和监管，其残酷严厉比起宗主国，有过之而无不及。这些法律被照搬到殖民地，高利贷氏族性的古老禁令再度浮现。

英国在新世界的殖民地沿袭了宗主国对高利贷的态度，而且还锦上添花。重利法律移植过来时做了些改动，以适应新殖民地的法律，而后又做调整与新国家宪法融合。这将为后来美国出台高利贷成文法埋下铺垫。多年以来，英国的高利贷成文法有习惯法为补充，不过两者都被殖民地时期的美国吸收进去。这在以后将是个大麻烦。

习惯法跟着英国殖民者进入最早的 13 个殖民地，绝大多数殖民地的立法者在更早的时候就已经采用了更为正式的重利法。最早采用重利法的是 1641 年马萨诸塞州的殖民地立法机关。法律提到："一年债务每 100 英镑收取 8 英镑乃最高上限，一旦超过，不论总金额，一律要罚，仅汇票除外。”这显然是秉承了詹姆斯一世制定的上限。不过，法律并未提及对放高利贷者的具体惩罚。至少一位 19 世纪的学者坚信，《重利法》的本质是氏族性的，因为新来的移民思想和背景大同小异，法律对惩罚措施只字不提，说明这禁令和希伯来人的非常相似。[1] 将汇票排除在外则清楚证明，早期的殖民者脑子里想着做生意，从而证实商贸在早期殖民中的作用。

马萨诸塞州一直保持着 8% 的利率，直至 1692 年下调至 6%。其他立法机构纷纷效仿。同一年，马里兰州将最高利率调整为 6%，和贸易有关的交易维持 8%，例如香烟生产或海上运输。马里兰州对最初的伊丽莎白时代法律亦步亦趋，如果有人以更高利率搞高利贷，则要三倍赔偿。宾夕法尼亚州在 1700 年将 6% 定为永久利率，纽约州是在 1717 年，康涅狄格州是在 1718 年，南卡罗来纳州是在 1719 年。前两个州将 6% 设为上限，当时南卡罗来纳州的利率较高，为 10%。不过，纽约在这方面开了先河。最早是规定 6% 利率的使用年限为五年，到期则失效，这成为美国立法史上首个届满条款之一。后来该利率上调为 8%，1737 年再度调回原来水平。

其余的殖民地开始效仿，6% 是最常见利率。佐治亚州是国会议员詹姆斯•奥格尔索普于 1733 年建立的，这块殖民地最大特征是为英国的债务人提供庇护。这一倡议是英国一些学者提出的，奥格尔索普帮助他们组织了一次考察，最后在这块殖民地安顿下来，并以乔治二世的名字命名。奥格尔索普愿意拔刀相助，因为他的一位挚友因高利贷问题被关押在弗利特监狱，染上天花丢了性命。佐治亚州于 1759 年通过《重利法》，弗吉尼亚州（1730 年）、新泽西州（1730 年）、北卡罗来纳州（1741 年）、特拉华州（1759 年）和罗得岛州（1759 年）也通过法律，规定 6% 的利率。

---

[1] 约翰•A. 博勒斯：《高利贷和＜重利法＞的论文》（波士顿：詹姆斯•门罗出版社，1837），19。博勒斯的结论是，马萨诸塞州的法律适用于同一教区或社区的民众成员，这沿袭了古代希伯来传统。

只有新泽西州相对较高，定为7%。[1]6%的标准做法一直延续到《重利法》开始废除，这一过程始于20世纪80年代。

乔治三世执政期间，在美国之外，国会将印度的利率设定为12%，西印度群岛和爱尔兰设为6%。这些殖民地的法律和英国法律一样，非常全面，同样也适用于贴现贸易票据和汇票。如果各方之间汇票再贴现，则是违反高利贷上限，美国殖民地绝大多数法律会盯上这种做法。海洋合同由于运输风险更大，往往不包括在内，或者上限更高。中世纪以来，这种做法被运用地越发娴熟，通过刻意伪造海洋合同，掩盖利息。

殖民地对不同贷款的区分较之两百年后要简易得多，最高单利即便不是全部也至少是绝大多数贷款的官方最高上限。渐渐地，财产概念越发复杂，单一标准利率开始难以承受自身压力。20世纪出现了消费者利息，虽然根基不稳，但风险模式将发生改变，随之改变的还有最高利率。不过到了这一时期，放贷依旧是相对简单的事，其中牵扯的利率也仍旧以《重利法》为主要参考标准，不过市场利率可以而且也的确大幅偏离这些条条框框。抵押物总是必需的，一旦借方欠债不还，就会没收抵押物。

虽然重利法律在美国殖民地使用广泛，同样广泛的还有对其排斥。绝大多数殖民地将高利贷视为民事纠纷，而非犯罪行为，惩处较轻，而且几乎从未落实。人们惯常的做法是制定例外情况以及想方设法逃避《重利法》。其中一种逃避方法是“干交易”。这是源自中世纪的一种交易手段，借方签了汇票，可交易的第二方细节却刻意只字不提，

---

[1] J.B.C. 莫雷：《古往今来的高利贷历史》，70ff。莫雷在著作中讨论了宗主国法律与殖民地法律的关联性。他用一定篇幅论述了一个事实，即美国印第安土著人没有关于借贷的法律，而且这些人不会固守某片土地，而只是在农村来回游荡的移民，因此，英国法发挥效力，其他权威机构的法律则无效。这一论述也体现了最高利率和长期固定（不移动）资产的关系，这在18世纪非常普遍。

这样借方和贷方就能使用不同利率。汇票在两头都是同时执行。此时，借方就能通过巧妙安排向贷方支付更高的利息。在这之后又出现了另一常见做法，即回购交易（repurchase transaction），借方向贷方销售某个抵押物，接着以超出《重利法》规定的高价再买回来。这两种手法均难以识别，因为它们都是借贷双方协商一致的结果。在这些烟雾弹之下，《重利法》有名无实。[1]

不过《重利法》在美国殖民地盛行的原因绝非仿照宗主国法律这么简单。未来将证明，这些法律的寿命要比英国的长久，英国《重利法》在1854年被废除。它们的成功是得益于一部原本看似不可能成为畅销书的书籍，偏偏在美国殖民地大受追捧，销售量和英国不相上下。从1755年到1765年，威廉·布莱克斯通的《英国法释义》出版问世，弥补了大西洋两岸习惯法汇编材料的空白。虽然他对高利贷问题的论述既称不上推陈出新也算不上一针见血，不过却为美国后来两百年的《重利法》奠定了基石。

布莱克斯通在编撰这部《英国法释义》时，还算不上是知名法学家或倡导者。他是一名平庸的律师，1763年回到牛津研习法律。他的研究汇成了洋洋洒洒四部著作，成为当时有史以来最著名的研究英国法律的书面材料。就很多方面而言，他的成就和格拉提安在教义方面的研究颇有类似。布莱克斯通后来成为国会议员、女王参事和法官。他和其他很多知名评论员不同，当他坐上法官之位时，他早已名声显赫。

他对高利贷的论述和当时英国主流法律完全吻合，没有新颖之处。希伯来人禁止高利贷，经院派则以亚里士多德“不可繁衍”的观点为佐证，彻底严禁各类利息，基于此，布莱克斯通提出：“摩西戒律显

[1] 请参考罗伯特·E. 莱特：《自由的汉弥尔顿：美利坚合众国的金融和创新》（纽约：普雷格出版社，2002），20~26。

然出于政治目的，而非道德考虑。它只是严禁犹太人不得从自己族人那里收取利息……除非允许金钱借贷，否则贸易无法发展，如果金钱使用禁止额外费用，谁还愿意借钱出去；或至少就无处借钱了。”[1]古代严禁高利贷是民智愚钝的产物，与商贸发展背道而驰。这一评论虽然不太惹人注目，不过却是当时的社会主流思想，并且为美国在20世纪制定反对高利贷的国家法律奠定基石。

英国殖民者也带来了利息计算方法，这也是意料之中的事。虽然西蒙·斯特芬的表格自1582年就被引入欧洲大陆，不过九十年之后英国才制定了全面的类似表格，并采用了英镑等其他分计量单位计算现值和终值。虽然威廉·韦伯斯特的表格是首先在英国出版，不过并未采用小数来衡量终值，而是用英镑、先令和便士来计算结果。该表只涵盖了5%~10%的利率。另一套名为《放债人》（*The Money Monger*）的表格，又叫《放贷者历书》（*Usurer's Almanacke*），于1626年在英国出版，并采用了8%的利率，詹姆斯一世执政期间将利率下调至该水平。斯特芬的表格按照1%的增量涵盖了1%~20%的利率跨度。[2]结果，另一个便捷式的表格版本开始盛行，得益于它的简要便利，在殖民地大受欢迎。英国出口的这份表格原本是作为“计算手册”（快速计算表格）出版，专供中学男校学生使用，由詹姆斯·霍德（James Hodder）于1671年在伦敦城出版。詹姆斯是一位教师，也是一位校长，出版过一本名为《霍德小数算术》（*Hodder's Decimal Arithmetik*）的著作。1719年该书修订版在波士顿出版，成为首部在美国殖民地出版的英国计算手册（请参见附录）。

---

[1] 威廉·布莱克斯通《英国法释义》，威廉·凯利·琼斯编辑（旧金山：班克罗夫特-惠特尼出版社，1916），第二册，第三十章。

[2] 斯特芬早期表格例子请参考附件。

从重商主义到“看不见的手”

17~18 世纪，反对重利的道德及神学观念渐渐稀薄，公众已经普遍接受高额利息。人口得到了增长，生活水平也在提高，而连年的战事，尤其是三十年战争以及英、法之间无止无休的冲突，使人们已经越发意识到经济金融对公众福祉的作用，因而对经济金融事务更加上心。和这些发展一同出现的还有更多基于人口因素的新观念。

在法国，关于放贷和利息的争辩和几百年前一样热烈。孟德斯鸠为该问题增添了一抹现代特色，他认为：“借钱出去不收利息，自然是一件品德高尚的善举；然而毋庸置疑，这只是宗教的清规戒律，不是民法的实践。”[1] 尽管当时整个社会越来越世俗化，但宗教氛围依旧很浓厚，而作为一名贵族，孟德斯鸠所体现的不是宗教而是世俗的商业观点。“……贷方要面临遭受惩处的危险，自然要获得些补偿。”[2]

[1] 孟德斯鸠：《论法的精神》，托马斯·奈金翻译（伦敦：J. 诺斯 and P. 维兰特出版社，1773），79（第二十二卷，第二十章）。

[2] 孟德斯鸠：《论法的精神》，121（第二十二卷，第十九章）。

孟德斯鸠把海运贷款单独拿出，再次强调其风险高于其他贷款类型，必须要支付更高的回报以补偿贷方。丹尼尔·笛福的破产遭遇就是最佳证明。要是中世纪的商人和贸易商对教会苛刻的禁令言听计从，那么，探索和发现压根儿就是痴心妄想，因为如果没有合理的补偿，谁愿意去承担不断增加的海上远航风险呢？

围绕着新的金融产品和年金项目，利息的发展又迈进了一大步。当时著名的数学家兼哲学家让·勒朗·达朗贝尔（Jean Le Rond d'Alembert）对利息做出了一个具有决定意义的论述。达郎贝尔与德尼·狄德罗（Denis Diderot）共同撰写了《百科全书》（*Encyclopedia*），该著作于1751~1772年在法国问世。达郎贝尔在《百科全书》中对高利贷问题给出了睿智的解读。他的观点今天依旧为人所知是因为采用了利率表，由此为那些数学欠佳的读者提供了一个图像化的规则解读。这可以算作是阐释单利和复利的里程碑，最终为高利贷争辩做出了技术层面的贡献。在当时，这些规则除了数学界之外，其他人知之甚少。他指出：在贷款的不同阶段，单利和复利会对借贷双方带来不同影响；在借贷时间少于一年，针对同笔贷款、同等利率，借方以复利支付的实际金额要少于单利的情况；当利息正式和本金挂钩，相比较于等到年末，如果他提前还完贷款，那么实际金额相对较少。这是因为单利计算是将应付金额平分成两部分，或按季度分为四部分。相反，根据折现表，复利现值更高，该表格将用于计算偿还金额。

如果某人借了100英镑，为期三年（按年叠加），利率为6%。若按照复利计算，一年后利息是6英镑，两年后将变成12.36英镑，三年后则是19.10英镑。但这里的要点在于六个月后必须提前偿还贷款。根据利率表，例如西蒙·斯特芬的表格，如果在前六个月后就还贷款（前提是合同允许），那么这些以复利终值为基础的折现表格显示，实际支付的利息为2.92英镑（使用小数标示，以0.9708英镑现值为基础）。

相反，如果按照单利，实际应支付利息为3.00英镑。因此，按照复利支付的金额实际上会低于单利计算。但是，如果超过一年，结果就完全相反。因此，结论非常明显清楚：债务人的优势只在第一年，之后，债权人的优势逐年递增。[1]

达郎贝尔采用的例子属于高利贷，因为其假设条件是贷款期限内，利率会增加三倍，“从道德层面绝不允许高额利率，这个例子不过是为方便解释计算过程而已”。为了支撑论点，才使用了高额利率，换言之，在计算欠款或应支付金额方面，正常利率会造成不同结果，鉴于普通常见，或许不会让读者大吃一惊。英国一家反对君主制的报纸援引了达郎贝尔对高利贷的论述，于是哀叹道，这套方法“对这个国家的商界人士恐怕起不了多少实际意义，因为他们对复利几乎一无所知”。[2]

《百科全书》出版时，达郎贝尔遭人指控，罪名是宣称复利实际上有利于借方。这显然不符合他所给出的例子。计算手册和基本利率表已经广泛使用，因此在18世纪末期，有人没有见过例子中的表格然后煽风点火，实在难以想象。似乎，复利仍旧是世界第八大奇迹之后的另一神秘事物。

从更广泛的层面来说，人们勉为其难地接受了高额利息，其背后的引导力量其实是重商主义。重商主义者认为，在与邻国的贸易中占上风才是国家目标，后来，这种做法在国际贸易中被称为“以邻为壑政策”。但是，这个概念更多是源自古代和中世纪，而非国际贸易。即便对让间或有来往的国家和贸易伙伴搞“以邻为壑”过于醒目，可人们将高利贷视为高额利率从而接受，并且后来国际贸易对同一过程

[1] 援引自《反雅各宾派评论》，1806年12月1日，第457页。

[2] 援引自《反雅各宾派评论》，1806年12月1日，第458页。

睁一只眼闭一只眼，两者存在的关联人们早已遗忘。

重商主义依赖于高额利息，尤其是在航海和贸易领域，很多评论家都认为，如果没有高额利息，放贷将会演变为风险更高、成果更低的行为，绝对无法创造多余的价值。

苏格兰哲学家大卫·休谟（David Hume）毫不留情地批判了重商主义。虽然休谟不是同乡威廉·帕特森和约翰·罗那样的金融实践者，可他对利息的点评极其务实，完全基于货币数量理论。重商主义的概念是，相比较于一个国家用货币衡量的国内财富和商品供应量，进入一个国家的贵金属数量并不那么重要。如果经济体强盛，则利率会一直偏低。相反，高额利率是经济体衰弱的表现。“高利息有三大源头：极高的借贷需求、财富有限无法满足该需求、商贸带来高额利润。这些源头都清楚地表明，商贸及工业发展受到限制，和金银的短缺没有关联。”[1] 反过来就是低利率的情况。休谟将利率水平纳入历史背景。在早期社会，不公平现象普遍，富人向穷人收取高利息，那么高额放贷利率显而易见。这一概述体现了中世纪和罗马一千年历史的实情。

休谟去世那一年（1776 年），亚当·斯密恰好出版《国富论》。社会普遍认为这本著作为重商主义时代画上句号，从而开启了以市场为动力的贸易时代。综合来看，休谟和斯密就利率问题进行了深入全面论述，反映了两人对重商主义作用的类似观点。斯密偏向扩张和技术。虽然他的论述也是历史性的，不过另外还沿袭了一种技术性观点。他解释道，从历史来看，16 世纪初期的通货膨胀是因为从新世界进口贵金属导致的。进口之后，欧洲总体利率下降，这与预期背道而驰。尽管可以通过诸如休谟采用的货币量化理论来为高额利率正名，不过斯

[1] 大卫·休谟：《文集：道德、政治、文学》，尤金·F. 米勒编辑（印第安纳波利斯：自由基金出版社，1987），ii，iv，6。

密以古老的贬值作为例证。但是，这一论述也是遵循了刚刚诞生不久、恰好风靡的重商主义理念。他认为，如果“现在的一百英镑相当于当时的50英镑，那么现在的五英镑就相当于当时的两英镑10先令(即2.50英镑，20先令为1英镑)。因此，如果降低利率，从原来10%下调为5%，在使用某笔资金时，现价值等于当时价值的一半，则利率也是等于以前利率的1/4”。[1]

进口黄金绝不是西班牙仅有的现象，英国也受其影响。查理二世执政期间，人们在几内亚（Guinea）和西非发现了大量黄金，并带回英国。查理为此特意铸造了一种硬币——几尼（英文拼写为guinea），意图用这种黄金硬币取代原来的1英镑以下20先令的银币。1717年，艾萨克·牛顿担任造币厂主管，他发现，1几尼所含黄金实际为1镑8便士（240便士相当于1镑，12便士相当于1先令）。皇家迅速颁令，1几尼等同于1镑1先令，可如果按重量，1几尼实际上还缺4便士。[2] 而就在同一年，大不列颠的国债全部放到南海公司。

牛顿在1720年出版的《广义算术》（*Universal Arithmetick*）一书中解释了复利的威力。书的标题远比实际内容看着简要。说到解决年金问题时，他的假设是：“如果每年保险金（数额）为a英镑，要在之后五年支付，用现钱c购买，按照每年100英镑的复利计算的话，结果会是多少？”[3] 和其他计算手册不同，牛顿并未给出答案，只是给了一个解决问题的多项式（原等式请参阅附件）。至于他对复

[1] 亚当·斯密：《国富论》（伦敦：T.尼尔森父子出版社，1852），146（第二册，4，14）。

[2] 约瑟夫·休谟·弗兰西斯：《英国银行史》（芝加哥：欧几里得出版有限公司，1888），39。

[3] 艾萨克·牛顿：《通用算术：算术合成与分解论文》，拉夫森翻译（伦敦：J.塞涅克斯出版社，1720），84。

利的解读是否影响了收取利息的实际做法则难以断定，不过却清楚显示，利滚利依旧活得好好的，凡是从事金融和经济规划的人都会考虑这一点。

这部著作的这一小块内容有着特殊意义，因为它是首部且现存的论述复利计算的出版物。牛顿似乎非常了解斐波那契的作品，因为他提出的假设和斐波那契的颇为类似。牛顿没有解答终值问题，而是给出了一个能够解决中世纪古老谜团的等式，计算了回报率，而这是真正算出终值的必需条件。牛顿坚称一个几尼的黄金量有缺，这一说法也可追溯到斐波那契，他在《计算之书》里用了一章的篇幅来说明同一问题。在当时不过是另一种计算的东西，所造成的影响却超出了实际计算领域。

亚当•斯密不仅论述了利息问题，同时也评议了托马斯•曼在150年前撰写的一部重商主义著作。“曼的著作《英国得自对外贸易的财富》一书成为政治经济的根本准则，不仅在英国，其他各个贸易国家均是如此……内陆或国内贸易……被视为是对外贸易的补充附属……要是单靠这种方式，国家不会变富亦不会变穷。”[1]斯密和休谟或许有不同意见，不过重商主义却推动了国家财富的积累，这和许多国家意图在国际舞台上大展宏图的野心非常契合。接受高利贷是不可分割的一部分。

在高利贷问题上，相比较于前人，斯密为利息引入了更为现代和基础的方法。他认为，利率最高额度应该高于市场最低水平，这样贷方才愿意继续放贷。“必须遵守的是，法定利率不得过度高于市场最低水平。如果英国的法定利率高达8%甚至10%，原本用来放贷的大部分钱都会被借给奢侈铺张者以及投机者，他们会非常乐意

[1] 亚当•斯密：《国富论》，175。

接受这么高的利率。”[1] 姑且不论这种借贷极可能会拖欠不还，它还会和需要资本投入的有用项目抢夺资金。斯密的方法为可容忍利息“上下限（collar，又译‘两头封’）”提供了一个框架，这一概念将在后世进一步调整。他所提到的那些愿意支付高额利率的堕落之人主要是有土地的英国贵族乡绅，他们多数人游手好闲，声名狼藉，从放贷者那儿借钱维持自己的消费水准，他说这些人此举是“高利贷的敲诈勒索”。

斯密对资本的讨论区分了现金和长期投资基金，即他所称的“股票”，或简单货币（simple money）。以前的反高利贷文章往往忽视这一点。显而易见，如果要实现生产性目的，资本需要利息，不过利率要低。生产力和资本能营造良好社会氛围，让人们看到这一进程能够善终，而不是出于非生产性动机的单纯收益积累或放贷。这还可以参考斯密在《国富论》中提到的“看不见的手”。这股力量引导个人自我利益步入大众福祉，后世两百年里对这一概念进行了多样化解读，最常见的是当作自由市场的一个隐喻。不过其宗教成分也难以忽视。如果看不见的手是上帝指挥人间事务的世俗代理，那么完全可以将其解读为要求容忍但控制有限度高利贷的力量。斯密注意到充满经济道德教条的高利贷历史丑闻频频。如果能同时造福商贸和社会，大家自然会包容。换言之，成功调用资本是大势所趋。一百年前，保皇党罗伯特·菲尔默以略欠分析的眼光做出了本质上相同的论述。共识在于，利息是资本项目的有机组成部分。极高的利率专门针对那些高风险业务，以及那些地痞无赖。合理利率对于投资活动而言至关重要。

对利息的讨论渐渐聚焦在商业投资上，债台高筑的阴暗面有增无减，尤其是在英国更贫困的阶层。奥格尔索普的努力以失败告终，不

[1] 亚当·斯密：《国富论》，147。

过这番心血倒也没有白费，至少还有一小撮人念念不忘。1772 年，詹姆斯·奈尔德（James Neild）和威廉·多德（William Dodd）在伦敦一座教堂成立了茅草屋顶协会（Thatched Roof Society），旨在帮助小额债务人从牢房里释放出来。他们四处募捐，然后用筹来的钱给小额债务人支付欠款，从而救出牢狱。他们还在报纸上刊登广告，向富人募捐。捐款人名单迅速增多。攒够一小笔钱之后，他们很快就可以从不同牢房救出 5 位债务人，这些债务人总计欠款 28 先令。组织运营一年之后，他们共救出 600 位成人，近 1200 位儿童。总支出为 800 英镑。

好人好事有个不为人知的动机。多德牧师从剑桥拿了好几个学位，曾经过着奢侈挥霍的生活，大半辈子都嗜赌。同时代人都称他是“意大利通心粉牧师（Macaroni Parson）”，因为他对外国货趋之若鹜。他和许多同时代的富裕阶层一样，热衷赌博。有一次中了彩票得了 1000 英镑，他用这笔收入盖了座小教堂。和他自己的债务相比，他帮助的那些债务人简直是小巫见大巫。他们的麻烦事加在一起都赶不上他一个人的。

绝大多数被关押的债务人欠的都是小钱，有些不过才 18 先令。只要债权人到法庭上提要求，就可以把债务人打入大牢。债务人的妻儿也要陪着进去。但是，在社会阶层另一端，类似的场景却出现了截然相反的结局。1793 年，威尔士亲王弗雷德里克（Frederick）花钱如流水，债台高筑，远远超过其年收入。债权人追着要钱，可是他们却不能把他打入大牢，因为法律不允许，不过他们可以要求国王或国会还钱。1795 年，他已经欠债 80 万英镑。钱最终还了，可也让皇室蒙羞。然而，多德牧师就没这么幸运了。1777 年，这位牧师迎来了颜面扫地的结局，被判犯了伪造罪。他在某文件上签名，意图以非法手段筹集 4200 英镑，希望能还掉部分债务。这单案子落到塞缪尔·约翰逊（Samuel Johnson）手上，他收到请愿书，2.3 万人联名支持多德，可是事与愿违。由于伪造罪是死罪，所以多德最后被当众绞死。虽然他已经作古，但是后人依旧在人道主义道路上奋斗着。

到了18世纪后期，欠债成了一个严重问题，而总把犹太人当作放贷轴心的固定成见延续了数百年依旧不变。1777年，英国作家谢立丹（Sheridan）的戏剧《造谣学校》（*School for Scandal*）在伦敦首次公演。该作品围绕着一个地主家族，有些家庭成员急需贷款。“莫瑟斯（Moses）”是戏剧中一位非常友好的犹太放贷者，还有一个人物叫作“保费先生（Mr. Premium）”。当两人被介绍给这个家族时，顿时被围攻要借钱，生意不请自来。

英属殖民地的怒火

18世纪，随着新大陆的发现，大西洋取代地中海，成为欧、非、美“大三角贸易”的必经之路，从而导致意大利和德国北部的传统商业城市的衰落，以及英国、法国、荷兰的兴起。1588年，大英帝国击败西班牙无敌舰队，开始了对北美洲的殖民统治，并建立了哈得孙湾公司和新英格兰殖民地。

英国和法国是老对手，从百年战争开始打了几百年，从17世纪初到18世纪中叶，两国更是为了争夺霸权不断开战，最后，英国凭借强大的海上力量，夺取了法国在印度、加拿大和密西西比河以东的大片领土，一跃成为世界第一流的殖民大国，并在和荷兰的战争后取代了荷兰，成为主要的船运国，建立起庞大的商船队和海军。到了18世纪60年代，英国在北美洲拥有了除原本的13个殖民地以外的大片土地。绝大部分的殖民者都将自己视为英王统治下的臣民，和居住在大不列颠岛上的人们拥有相同的权利与义务。

然而，尽管法国战败，但英国也几乎耗尽了人力和财力，政府的财政状况升到了警戒程度。因此，1760 年起，英国实行了一系列经济政策，以从殖民地取得更多的财富。在英国政府和人民看来，这些政策都是绝对正当的，因为法国战败、英国耗损过度，只有英属殖民地的人们得到了好处，即俄亥俄河沿岸的开发权。

1764 年，英国首相乔治·葛兰维尔（George Grenville）颁布了《食糖法》（*Sugar Act*）和《货币法案》（*Currency Act*）。前者禁止北美从国外进口甜酒，对进口的糖和各类奢侈品征税；后者严厉禁止殖民地各州印发自己的纸币，并强迫当地政府必须使用黄金和白银来支付缴纳给英国政府的所有税收。这两项政策让殖民地陷入了经济困难中，包括联合抵制英国商品在内的抗议活动随之而来。同时，殖民地的人们认为，有权对自己征税的只有自己的议会，而非英国国会。当时最流行的一句口号是："没有代表权，就不能征税。"（No taxation without representation.）最初的几年，各个殖民地各自为战，属于地方性活动，然而葛兰维尔的政策逐渐将这些分散的抗争活动集结了起来。由此，一场声势浩大的革命拉开了序幕。

1765 年，葛兰维尔为了给北美驻军提供军费开支，颁布了《印花税法》（*Stamp Act*），要求殖民地的印刷品，如法律文件、许可证、商业契约、报章、小册子、纸牌等，都必须贴上印花税票才可流通。这激起了殖民地人民的极大愤怒，于是，"自由之子"、"通讯委员会"等秘密反英组织相继出现，各地都发生了反英事件，例如抵制英货、赶走税吏、焚烧税票、武装反抗等。这一切引起了英国政府的恐慌，他们立即派军队镇压。反英的怒火在殖民地燃烧起来，一场争取独立和自由的斗争即将在北美大陆拉开序幕。当年 10 月，"印花税法会议"向英国国会递送了一份正式的抗议书，面对反对高潮，英国国会撤销了《印花税法》。但在 1766 年的《宣示法案》（*Declaratory Act*）中，英国意有所指地声明：国会对殖民地拥有合法权力，“不管在何种事务上”。

1767年，英国国会又想出了新花样，通过了财政大臣C.唐森德提出的《唐森德法》（*Townsend Acts*），其中第二项《唐森德税法》规定对一些进口到殖民地的日常用品征税，包括玻璃、颜料、铅、纸和茶。殖民地人民对这些从英国进口的商品发起了联合抵制。1768年6月10日，一艘属于殖民地商人约翰•汉考克（John Hancock）的船只“自由号”由于涉嫌走私，被波士顿的海关局查扣。面对愤怒的抗议行动，波士顿海关局向伦敦报告说“波士顿已经处于暴动状态”。紧张的局势不断升级，加上驻扎在波士顿的英国军队胡作非为，反抗的暗流逐渐壮大。1770年3月5日，英国士兵对着情绪激昂的民众开枪，打死了五个人，这就是波士顿惨案（Boston Massacre）。《唐森德税法》被迫撤销，但是，作为某种象征性的政治宣示，英国政府保留了对茶叶征税的规定。然而，对革命者来说，只有自己的代表才有权收税，在此原则下，哪怕只是一项税收，也足以让他们奋起反抗了。

1773年，英国政府为了倾销东印度公司积存的茶叶，通过了《救济东印度公司条例》，给予东印度公司到北美殖民地销售积压的茶叶的专利权，并且免缴高额的进口关税，只需要征收轻微的茶税，并明令禁止殖民地贩卖“私茶”。该条例引起北美殖民地人民的极大愤怒，因为人们饮用的走私茶占消费量的90%。波士顿革命分子塞谬尔•亚当斯领导的“自由之子”打扮成印第安人的模样，偷偷摸到三艘船上，将船上的货物捣毁，并将342箱茶叶倒入港口。这就是有名的“波士顿倾茶事件（Boston Tea Party）”。

英国政府的一系列经济政策没能为自己带来预期的丰厚收入，未能解决长久以来的财政危机，却加剧了殖民地人民的反抗，终于在

1775年爆发了美国独立战争(American War of Independence)。而且，由于法国、西班牙及荷兰的加入，这场战争的范围远远超过了英属北美洲之外。1783年，法英在印度库德罗尔展开海陆拉锯战，英国人败北；9月3日，英王代表与殖民地代表于凡尔赛宫签订《巴黎和约》（*Treaty of Paris*），英国正式承认美利坚合众国独立。

偿债基金和“利滚利”

因为唐提式养老金和还不完的债务，以及美国革命的后果，英国陷入了激烈的讨论。1780 年，英国的债务接近 2.5 亿英镑。由于失去了北美殖民地，其在国际上的影响力每况愈下。好在随着战争的结束，英国获得了短暂的和平。绝大多数政治家都希望和平能够长久一些，这样就能节省不少军费开支，从而使政府有所盈余，减少赤字，重振雄风。

1783 年，年仅 24 岁的小威廉 • 皮特（William Pitt the Younger）首次出任英国首相。他面临的一大问题就是巨额国债。为此，他制定了新型国家偿债基金。其实早在 1719 年，英国就推出过一个偿债基金，但结果不尽如人意。新政策计划通过税收和销售新的唐提式养老金，每年抵消一部分债务，并用收入买回尚未支付的政府债券。[1] 偿债基

[1] 1790 年，亚历山大 • 汉弥尔顿采用美国政府销售唐提式养老金的做法，从而减少国家债务。他的思想是基于英国人的一些论点。请参考罗伯特 •M. 詹宁斯、唐纳德 •F. 斯旺森及安德鲁 •P. 特路德：《亚历山大 • 汉弥尔顿的唐提式养老金提案》，《威廉和玛丽季刊》，45（1988）：107~115。

金的最大特色是利用复利累积计算法。

这个想法简单，但也漏洞百出，其一就是皮特对利率和复利的解读。他在1784年的一次演讲中提到“就国家而言，高利率基金要好过低利率基金，4%胜过3%，5%胜过4%。在各项财政金融工作中，我们必须时刻谨记要偿还。逐渐偿还并消除债务是政府的明智之举。”[1]他对基本概念的理解似乎有些模棱两可，不过他对高利率的评价是出于政治的考虑，鉴于极大的债务压力，众人都期待高利率。采用比旧债更高的利率向公众借钱，这做法实在够怪异，而唯一能让此举名正言顺的理由，就是政府用于回购政府债券的钱来自政府的盈余，而不是依靠借钱或新税收。这一做法的前提是英国的内政外交一帆风顺，因为一旦爆发战争，该计划就会受到牵连，逐步抵债的过程也将被打乱。

不过，这个构思并不是皮特的原创，他是从牧师理查德·普莱斯（Richard Price）那里借鉴来的。普莱斯于1723年出生在威尔士，父亲是牧师。早年，普莱斯观点奇异，不愿遵循正统，被牛津和剑桥拒之门外。他曾执笔论述道德问题，这让他深信“利滚利”有弊有利——不过这个术语几乎已从法学词汇中消失了，现在我们的标准措辞是“复利”，尽管本质上是一样的，但对其的态度明显变了。1765年，普莱斯因为一部概率论著作成为皇家学会的成员，之后，他开始专攻年金和利息问题，并出版多部著作进行论述，试图分析英国的年金问题和保单持有人的预期寿命。普莱斯坚持认为可以使用复利成功地减少国家债务。

1807年出版的《新百科全书》（*New Encyclopaedia*）中这样描述“利滚利”：“总之，要想发现个中不公，即在本金的利息上再加利

[1] 援引自卡尔·B. 科尼：《1786年理查德·普莱斯和皮特的偿债基金》《经济历史评论》，4（1951）：243。

息，这不是一件容易的事。”“等到了还款日，把收回的本息一并作为新的本金，继续借给同一个人或另一个人；如果重新签了凭证的话，新老利息就加在一起了。”[1]——债权人通过这种方式提高利息是被允许的。

复利已经被围攻了数世纪之久，普莱斯终于找到了它的用武之地，至少从理论上来看是行得通的，而被英国财政机关采纳则是对其适用性的真正考验。大西洋两岸有不少普莱斯的读者，道德、神学和金融的大杂烩不仅令读者产生了共鸣，也令一直期待采用新方法应对债务问题的英国政府颇为认可。普莱斯通过著书撰文大赞复利的优点。为了说明主旨，他写道：“在救世主诞生之时借出 1 便士，如果按照 5% 的复利计算，截至目前（1785 年）所增至的总额将超过两亿的固态黄金价值，而如果按照单利计算，最多不会超过 7 先令 6 便士。”[2] 这就是他为政府为何要使用复利偿债基金提供的基本解释。

普莱斯支持美国独立，和本杰明•富兰克林（Benjamin Franklin）等美国著名人物一直都保持着通信。美国获得独立后，国家金融一片混乱，因此，美国国会还曾邀请普莱斯替自己执掌国家金融，不过被他婉言拒绝了。[3] 不过，他在一部关于美国福祉和未来的著作中提出，10 万英镑的偿债基金就能使这个新国家免受债务困扰，因为如果支付十七年，按照复利 5% 计算，将减少 300 万英镑的债务。普莱斯不过是把年金估测改头换面，转而用在为国家谋利上；如果执

[1] 请参考《新百科全书》（伦敦：弗诺、胡德和夏普出版社，1807 年版），720。

[2] 理查德•普莱斯：《美国革命重要性观察》(都柏林：L. White et al., 1785 年版)，11。

[3] 卡尔 •B. 科尼：《1786 年理查德 • 普莱斯和皮特的偿债基金》，244。

行正确，国家就是在给自己支付年金，而且结果还不赖。1791 年，普莱斯去世，在这之前，耶鲁大学授予他神学博士学位，以表彰他的著作以及对美国的影响。他同时也是一神协会（Unitarian Society）创立者之一。

皮特借用了普莱斯关于偿债基金的构思，1786 年，英国国会和乔治三世（George III）通过并接受了偿债基金，财政部正式采纳该计划。不过，皮特并未公开承认普莱斯的贡献，而是独占了这个荣耀。复利需要时间才能减少赤字，但英国享受了几年和平，拿破仑战争就爆发了，原本打算用于年度支付的钱全都转为他用。尽管该计划并没有像预想的那样为国家减少 5% 的债务，但在当时看来，成就已经不算小了。

“第六大欧洲力量”

17 世纪末期，银行业盈利可观，私人银行家开始崛起，禁止诈骗的法律相当严明苛刻，这多少保护了银行家们，但也不是没有信贷风险和竞争对手。在美国革命之前的数世纪中，银行业的一个状况一直不曾变过，即银行家更愿意向大客户或大型机构倾斜，因为小客户贷款往往是为了挨生活，而且行为欠检点。

到了 18 世纪中期，几个主要贸易国家的海外商务以及殖民地发展都需要业务多样、影响力大的银行家。南海公司的海外探索和对外贸易不算成功，尤其是在接收了国家债务后一蹶不振。欧洲圣殿骑士团和美第奇银行所扮演的角色后继无人。英国乃至整个欧洲急需像探险家一样的银行家们，以便顺利开展跨国业务。

18 世纪末期，这一角色最后落在了两家私人银行集团身上。在当时，“集团”一词是对私人银行公司的最高非官方尊称，而这两家私人银行都被称为“集团”，可见其社会影响力之大。之后的两百多年，这两大集团在国际上叱咤风云，为英国和法国的权力崛起做出了不可磨灭的贡献，并对 19 世纪后的美国经济产生了重要影响。这两大集团，就是巴林集团（House of Baring）和罗斯柴尔德集团（House of Rothschild）。

对绝大多数人来说，巴林家族并不陌生，因为其所拥有的巴林银行（Barings Bank）是英国历史最悠久的银行之一。然而，就在上世纪结束前的五年，即 1995 年，这家背景显赫的老牌银行甚至来不及长叹一声，就由英国中央银行宣布破产。消息一传出，亚洲、欧洲和美洲地区的金融界立即产生了一连串震荡。在东京股市，英镑对马克的汇率跌至近两年的最低点；伦敦股市也出现暴跌，纽约道·琼斯指数下降了 29 个百分点！不过，在这之前，它已经走过了 233 个年头。

巴林银行由约翰·巴林（John Baring）和法兰西斯·巴林（Francis Baring）两兄弟于1763年创立，当时该银行的名称是“约翰和法兰西斯·巴林公司”。兄弟俩的父亲是从德国移民至英国的商人。法兰西斯比约翰活跃一些，在他的带领下，公司步入了多元化发展的道路，并在国际金融界取得了巨大的成功。1776 年起，巴林银行逐渐转变为商业银行，一方面为客户提供资金，一方面自己也做买卖。当然，和其他商人一样，它也要承担相应的风险。巴林银行的业务范围相当广，无论是到刚果开采铜矿还是从澳大利亚贩卖羊毛，抑或开掘巴拿马运河，它都可以为之提供贷款。

18 世纪末 19 世纪初，在改良蒸汽机的带动下，一系列技术革命引起了从手工劳动向动力机器生产转变的重大飞跃，随后，工业革命从英国传播到整个欧洲大陆。巴林集团的崛起几乎是和英国工业化同步进行的。不过，巴林银行不开发普通客户的存款业务，因此资金来源比较有限，只能靠自身的力量来谋求生存和发展，但这并没有阻止巴林银行前进的步伐。

巴林银行有一个强劲的竞争对手——罗斯柴尔德银行，不过，各国政府、各大公司和许多客户仍把巴林银行作为首选银行。1803年，刚刚诞生的美国从法国手中购买了南部的路易斯安纳，购买资金就出自巴林银行，由此，巴林银行成了英国向美国投资的主要枢纽。巴林银行的投资金额巨大，投资领域主要是基础设施，例如铁路。18世纪末19世纪初，美国人非常惧怕巴林银行的势力，因为在很多人看来，它代表着乔治三世的利益——在美国独立之时，这个国王的精神状态令人担忧。19世纪中期，巴林银行在美国开展了许多颇具影响力的交易，并资助了当时的美国中央银行及不少私人公司。1848年墨西哥战争后，巴林银行安排融资，以协助美国向墨西哥政府购买得克萨斯州；在美国内战期间，巴林银行还协助美国政府向俄罗斯购买阿拉斯加州。直到19世纪90年代，英国依旧是美国的主要资金来源地，不过那时，巴林银行在南非的投资损失惨重。

1810年，法兰西斯•巴林去世，他的儿子亚历山大•巴林（Alexander Baring）继承了父亲的衣钵。亚历山大在成为国会成员之后，经常公开号召废除英国的《重利法》。19世纪初期，有不少反对高额利息的名人都和他站在统一战线，其中包括大卫•李嘉图（David Ricardo），从而使得他的呼吁更有分量。亚历山大在下议院说《重利法》“伤害了那些法律原本想保护的人”。[1] 随着反对声的高涨和工业革命的开展，英国终于在1854年下令废除了《重利法》。

在亚历山大领导巴林银行时期，该银行参与了一项非常重要且意义深远的交易——向英国政府提供融资，以对抗拿破仑。1798~1814年，英法两国正在打仗，亚历山大为英国首相小皮特提

[1] 援引自詹姆斯•贝奇•凯里：《<重利法>概要和历史》（伦敦：理查德•詹姆斯•肯尼特出版社，1835年），176。

供担保，使国家有足够的军费来支持漫长的战争。因此，在拿破仑战争时期，巴林银行被视为排在数个欧洲强国之后的“第六大欧洲力量”。在1815年的维也纳会议上，英国、法国、奥地利、普鲁士以及俄罗斯的代表都认为，如果没有巴林银行的担保，就没有一条具持久影响力的和平条约。

19世纪初期至中期，巴林银行在国际金融界的地位如日中天。1830年代后期至1840年代的欧洲经济萧条，巴林银行是欧洲大陆上规模最大的银行。1839年，英格兰银行陷入了财政危机，巴林银行的汤马斯·巴林（Thomas Baring）协助支撑着央行。1847年，巴林银行又拯救了陷入相同困境的法兰西银行。1886年，巴林银行发行“吉尼士”证券，手持申请表的购买者就像潮水一样涌进银行，最后不得不动用警力来维持秩序。很多人排上几个小时的队后终于买到了股票，第二天抛出时，股票价格已经翻了一番。

然而，巴林银行由于较为冒险的政策而过多地认购阿根廷及乌拉圭的债务，致使自身陷入了严重的财政危机，其直接影响是促使了英国1890年恐慌（Panic of 1890）的形成。幸好英格兰银行行长所组建的财团及时施以援手，危机才得以化解。之后，巴林银行的行事作风变得严谨，并逐渐成为英国统治集团的一员。20世纪初，巴林银行荣幸地获得了一个特殊客户——英国皇室。由于贡献卓越，巴林家族先后获得了五个世袭的爵位，这可算得上是世界纪录了，巴林家族显赫的地位也因此有了坚实的基础。尽管严谨的作风阻碍了该银行的发展，但也因此得以拒绝向在第一次世界大战中战败的德国提供融资，从而避免了在“大萧条”中的巨额损失。

两百多年来，巴林银行在证券、基金、投资、商业银行业务等方面取得了长足的发展，成为伦敦金融中心位居前列的集团化证券商，就连英国女王的资产都委托给它管理，因而素有“女王的银行”之美称。该集团 1993 年的资产为 59 亿英镑、负债为 56 亿英镑、资本金和储备金为 4.5 亿英镑、海内外的职员约有 4000 人、盈利达 1.05 亿英镑；1994 年，该集团的税前利润高达 1.5 亿英镑。在倒闭之前，巴林银行管理着 300 亿英镑的基金资产、15 亿英镑的非银行存款，以及 10 亿英镑的银行存款，在世界 1000 家大银行中按核心资本排名第 489 位。但即便拥有如此悠久的历史、显赫的背景、丰富的经验、雄厚的资产，巴林银行终究成了过去时。尽管破产之后的巴林银行仍以“巴林银行有限公司”之名继续运作，但实际上早已经易主。

罗斯柴尔德的金融帝国

和巴林银行同一时期崛起的另一个银行集团，就是久负盛名的罗斯柴尔德集团（House of Rothschild）。罗斯柴尔德家族从16世纪起定居在德国法兰克福的犹太区，默默无闻了两个多世纪，直到18世纪才开始发迹。而使这个古老的家族兴旺发达的是梅耶·阿姆谢尔·罗斯柴尔德（Meyer Amschel Rothschild）。

1800年之前，战争席卷了欧洲的大多数国家，即便是那些没有处于战争中的国家，也都忙着未雨绸缪，为战争做准备。在这样的大背景下，不可避免地，各国的开支大幅增加；另一方面，由于贸易锐减以及农产品歉收等原因，欧洲各国税收普遍减少，国家收入大幅下跌。整个19世纪，几乎所有欧洲国家都会偶尔出现财政赤字，其中一些国家甚至始终处于入不敷出的境地。

尽管与国家收入相比财政赤字的数额较小，但也不容易在财政上实现填补。对大多数国家而言，借贷的代价很大，因为在投资者眼中它们是不可靠的债务人，所以往往需要支付较高利息。一般而言，预算赤字通常是通过以下这些方式填补：一是通过通货膨胀（国家贬值流通货币）来实现；二是以出售皇室资产，比如土地或办公场所，来增加收入；还有就是征收新的税项。

但是当时有一个例外，德国的一个小公国黑森－卡塞尔（Hesse－Kassel），统治者始终保持一定的收入盈余。其中一个原因在于，他雇佣属地中的人给其他国家当雇佣兵，由此获取收入。梅耶·阿姆谢尔·罗斯柴尔德参与管理该国统治者庞大的投资组合。这是梅耶从硬币交易商（他最初的业务）转变为银行家迈出的第一步。

1793~1815年，再次发生的战争主宰了一切，战争对财政带来的作用非常复杂。第一，欧洲所有参战国因战争带来的巨额开支，经济都陷入了通货膨胀的泥沼；第二，从另一方面来说，战争又为商人带来了一些机会，他们可以利用纺织品、金银等进行高风险的交易，或者帮助流亡的统治者管理已有的投资，由此获得巨额利润；第三，英国给予欧洲大陆盟友的经济援助，有力地推进了跨国支付系统进行变革，因为在此之前这一系统并未处理过数额如此庞大的款项。就是在这样动荡不安的局势下，罗斯柴尔德家族抓住机遇，实现了关键性的飞跃，从两家规模不大的公司——一个位于曼彻斯特的布料出口公司，和一个位于法兰克福的小型商业银行，一跃成为跨国金融合伙人公司。

梅耶·阿姆谢尔·罗斯柴尔德的三儿子内森·梅耶·罗斯柴尔德，他在英国的职业生涯起步于纺织品出口，1978年创建了罗斯柴尔德父子公司（N.M. Rothschild and Sons）。这家公司后来成了不少欧洲投资商的中介，还将业务扩展至北美地区。用今天的话说，罗斯柴尔德父子公司从事的业务属于商业银行性质，其中一项业务便是为想到美国投资的欧洲大陆投资商做代理。1812年战争之后，这家公司和巴林银行展开竞争，发展到美国的直接投资，绝大多数是州政府和市政府的债券。在内战期间，它还帮助美国财政部吸收大笔资金。

但是罗斯柴尔德父子公司当时还不能被视作家族公司，它正式成为罗斯柴尔德银行集团中的一员，是在1905~1909年之间某个时间点。罗斯柴尔德银行集团由几个家族成员掌控。唯一经营到今天的只有伦敦分行。19世纪20至60年代是罗斯柴尔德家族的鼎盛时期。当时罗斯柴尔德集团拥有5个分行，分布于不同的地区：在伦敦有由内森管理的分行；在德国法兰克福有罗斯柴尔德父子公司（M.A. Rothschild & Sohne. 1817年后改名为M.A. von Rothschild & Sohne。老梅耶·阿姆谢尔·罗斯柴尔德去世后，这家公司由长子阿姆谢尔接手）；在法国巴黎，五子詹姆斯创立了罗斯柴尔德兄弟公司（de Rothschild Frres）；另外还有两个法兰克福总行的分行，即次子萨洛蒙管理的奥地利维也纳罗斯柴尔德银行（S.M. von Rothschild）和四子卡尔掌管的意大利那不勒斯罗斯柴尔德银行（C.M. von Rothschild）。

直到19世纪60年代，五家银行之间的关系都非常紧密，无论从哪一方面来说，它们都是同一个跨国银行的组成部分。甚至在20世纪头一个十年里，罗斯柴尔德集团都是这种合伙人体系。法国的罗斯柴尔德成员与伦敦分行有着休戚与共的金融联系，英国的罗斯柴尔德成员与巴黎分行也是荣辱共生。与现代跨国公司不同的是，罗斯柴尔德集团一直是一个家族公司，所有经营决策权都严格控制在合伙人的手里，并且一直到1960年，合伙人只能由罗斯柴尔德家族的男性成员担任。

利用家族成员分布在欧洲各地支行的优势，罗斯柴尔德兄弟总能在第一时间获得最新政治、经济情报，并提前采取行动。1814年，拿破仑与欧洲联军对抗，战局变化无常，英国的证券交易很不景气。1815年6月18日，世界军事史上最著名的战役之一，滑铁卢战役爆发。这不仅是拿破仑与威灵顿两支大军之间的生死决斗，也关系着英国成千上万投资者的身家性命。如果英国战败，公债价格将跌落深谷，反之，则将直上云霄。内森通过便捷的信息网，提前一天得到了情报，他不动声色地回到伦敦股票交易所。当时，关于战役结果的谣言满天飞，焦急的人们普遍感到恐慌，因此大肆抛售英国公债。内森趁机大批吃进，最后稳稳地赚了一大笔，使家族财富一下子增加了二十倍！

罗斯柴尔德家族在多地开办银行，从事证券、股票交易和保险业务，投资工商业、铁路和通讯业，并渗透至钢铁、煤炭、石油等行业中，是 1815 年之后那个世纪的“金融巨人”。和巴林银行一样，这个家族也在国际舞台上活跃了两百多年。

恐慌和通货膨胀

18 世纪下半叶，英国严峻的经济形势导致投机加剧，社会越发动荡不安。19 世纪初，英格兰银行不得不为英国政府提供 300 万英镑的贷款，以满足其开支。

英国国内的主要问题是物价上涨。商人们因为今天所称的“哄抬物价”而被判刑的案子在法院档案中俯拾皆是。在当时，这种行为被称为“事先干预（forestalling）”。有这样一件案子：一名叫拉斯比（Rusby）的贸易商以每桶 41 先令的价格购买了 360 桶燕麦，在同一天，他以每桶 44 先令的价格售出了一部分。陪审团很快就判他有罪。法官凯尼恩爵士（Lord Kenyon）对陪审团说道：“你们的判决为本国带来的利益是其他任何一个陪审团都难以企及的。”[1]

这话显然夸大其词。自 1773 年到 18 世纪末，英国生活成本激增。

[1] 援引自约翰·阿史顿：《19 世纪英格兰的黎明》，第五版（伦敦：T. 费舍尔·安文出版社，1806 年版），17。

早期的一份生活成本表显示，一篮子家庭主要必需品，例如一担干草、蜡烛和一担煤，1773 年价格为 84 便士，而 1800 年涨到了 4514 便士，换言之，涨幅高达 537%，亦即平均年增长 20%。[1] 通货膨胀引发了诸多问题。黄金短缺，于是很多人将几尼硬币熔化掉，以获取里面的黄金。物价上涨也导致社会动荡，人们纷纷把责任推到贸易商和中间商身上，因为大家亲眼目睹这些人通过蚕食百姓而使自己致富。很多时候明明是政府之失，却怪罪于商业行为，人们觉得抬高物价是贸易商对祖国同胞犯下的最不可饶恕重罪之一，而事实上，主要罪过在于政府政策，例如限制性关税。

自亨利八世到国会废除《重利法》之间的这三百年，英国可谓冰火两重天，这也是对美国的一个映照。

人均寿命大大延长，新型金融产品陆续问世，人们对借钱和利息的态度也发生了显著改变。与此同时，战争依旧是实现稳定经济发展的主要拦路虎，这和当年都铎王朝别无二致。资本主义披着重商主义的外衣现身了，英国开始了工业革命。

亚历山大•汉弥尔顿（Alexander Hamilton）撰文论述了制造业进入美国农业经济之后带来的影响，他以英国作为榜样，很多政治家和商人矢志不渝地支持废除《重利法》。理查德•普莱斯早已指出复利有利亦有弊，19 世纪面临的真正问题在于，是否有人认真体会这番话。

---

[1] 约翰•阿史顿：《19 世纪英格兰的黎明》，17。其中还包括所得税，它是在那一时期后十年的新增内容，从而大幅度提高了总体成本。

第 4 章
Chapter 04

伟大的试验

现代信贷体制的发起人，其出发点不是对普遍意义的利息资本施以诅咒，恰恰相反，是对其毫无遮掩的认可接纳。

——卡尔·马克思，1867 年

本章导读

社会逐渐繁荣，进入了工业时代，对贷款和财产的需求也在增加。英、美两国的高利贷禁令面临着巨大压力，因为很多人认为这禁令是发展的绊脚石。18世纪经历的风风雨雨充分证明，信贷银行能够让贷款变得更加便捷。然而萦绕着高利贷和债台高筑的道德丑闻挥之不去。那些希望维持高利贷禁令的人仍旧以消费贷款做挡箭牌，而那些要求放松禁令的人就搬出商业贷款据理力争。最后一个有待商榷的问题是：如果取消了利息上限，这些禁令是否还该耀武扬威？

经历了四千年之久的禁令和谴责，面对社会经济的飞速发展，取消利息上限的实验已经势在必行。在滑铁卢之前，法国就在贯彻《拿破仑法典》（*Napoleonic Codes*），其中一项内容刻意回避了法国的《重利法》，这明显传达了一个信息——要放松对放贷利息的监管限制。英国睁大眼睛看着法国如何摸着石头过河，它不安地打量着法国，希望能得到些许启发——如果英国松开对利率的管制，任由其变成“自然”水平将会有何遭遇？

大西洋两岸的这次伟大实验远比看起来要触目惊心。如果英美两国废除《重利法》，两个社会都将面对不可小觑的不可确定性。消费贷款和商业贷款的利率将发生什么样的变化？后者的答案更明显一些，因为多年以来，商业贷款很大程度上都游离于《重利法》之外，而对个人消费贷款的影响就难以估量了。或许，利率会调整到自然水平，且不会对借方构成危害。大多数立法者均有共识，改变乃大势所趋，唯一的疑问是时间。

得益于理查德·普莱斯（Richard Price）尚存的影响，19 世纪对复利的论述增多。在这个世纪的绝大多数时候，美国和英国的法庭时常要直面对传统做法的挑战。总体而言，大西洋两岸的法庭规定，只要借方心里知道，这种做法就可以接受，但是贷方不得恣意妄为。和先前一样，人们认为利滚利不过是逃避《重利法》、借方付出代价以补偿贷方的另一种渠道罢了。因此，即便在英国和美国的部分州废除了《重利法》之后，高利贷的问题依旧存在，因为借方认为，比起单纯的高利贷，计算复利会让自己损失更大。

市场发展也让立法者压力倍增。自 17 世纪引入股票买卖之后，投机为《重利法》的执行带来了更多棘手的问题，因为很多投机商都是通过借钱为股票筹资的。自英格兰银行建立以来，英国早已习惯了抽象资产的交易。南海泡沫虽然给投机浇了盆冷水，可是人们的投机热情并未熄灭。股票买卖发展昌盛，投机商队伍开始庞大，他们就像曾经的贷方一样，认定投机活动肯定比卖命工作舒坦惬意。相较于英国，美国的投机活动与土地的牵扯颇深。

美国人也体验过股票交易的滋味。1800 年之前，尚在襁褓中的美国市场还遭遇了两次恐慌。和英国人民一样，美国人民眼睁睁地看着知名公众人物跌入投机旋涡，落个一败涂地、名利两失的结局。新型股票交易取代了实物贸易，这让原本就令人一筹莫展的问题更加棘手。在 19 世纪初期，高额利息的概念已经奄奄一息了吗，还是在复杂的现代生活里仍有一席之地？数十载光阴缓缓流转，那些翘首期待高额利息呜呼哀哉的人们会发现，其实二者并存。

18 世纪，举债经营的概念登上了金融界舞台。一旦股票商、冒险家和正经商人意识到它创造利润的潜质，它就离死不远了。尽管《重利法》尚存，伦敦还是出现了多家私人银行，它们能够提供更多的贷款。英格兰银行发行纸币让这一过程更加顺利。所有因素都在给信贷机器涂抹润滑剂。个人依旧靠着借钱维持生计，而企业家借钱投资或投机的规模愈来愈大。债务仍旧是金融体系的核心问题，收取高额利息的做法一如往昔。

虽然后来采取了一些新措施，希望能引入或改革《破产法》，以减轻债务人的负担，可是欠债不还的惩罚依旧很严厉。将拖欠债务的借方关入大牢的可操作性越发受到质疑，更何况其中还有一些知名的美国人，他们都是响当当的欠债难还的人。如果受人信任的公务员都凭借自己的金融知识，借来大笔金额从事投机活动，那么牵涉人类本性的高利贷争辩是偏向延续《重利法》，还是废除《重利法》？

到了拿破仑时代末期，信用度的概念和三百年前大同小异。不论是个人贷款还是商业贷款，声望口碑和社会地位依旧是决定一个人能否获得贷款的主要因素。那时尚未出现信用评级机构和债务报告机构，因此，历经时间洗涤的传统做法——“言而有信”——是借贷双方具备社会约束力的不成文契约。19 世纪末期，约翰·皮尔庞特·摩根（John Pierpont Morgan）在决定是否可以贷款给某位客户时，首先考虑的是对方的人品，这无疑反映了那个时代普遍认同的原则。借方嘴上一句话是对偿还贷款或与贷方公平交易的承诺。当然，和数世纪以前一样，抵押物是免不了的，不过成功获得贷款的首要因素还是声望口碑。欠债不还的借方将遭到社会的排斥，对于商人而言，无法融入社会，这简直是不敢想象的。偿还债务是财政事务的重中之重，所以《重利法》自然而然地保持了其庄重性，即便是在借钱给那些有风险的借方时，收取高额利息也是毫不遮掩的。

美国的《破产法》

随着商业活动和投机活动的增加，纽约的咖啡馆较之往日更加人头攒动。唐提咖啡馆可谓车马盈门，户外的贸易商和股票商则聚集在华尔街和宽街（Broad Street）上做生意，这简直就是当年南海泡沫时期伦敦交易巷的翻版。投机铺天盖地，可惜不得善终。

美国独立后不久，第一波股票市场恐慌就爆发了。威廉·杜尔（William Duer）是纽约的一位公众人物，他是大陆会议（Continental Congress）的参与者。他的祖辈生活在英国，1773 年，他定居纽约，自此再未返回英国。他在政府担任过不同的职务，其中一个是国家财政委员会（Board of Treasury）秘书，这让他得以深入审视美国的金融。1787 年，他搞土地交易投机，借了一大笔钱用于早期的股票投机，这些股票的买卖还是在华尔街的路边市场完成的。然而短短五年之内，市场就显露出崩溃的迹象。

杜尔欠债过多，最终破产了，由此遭到了债权人的起诉，而后被关进了纽约新监狱（New Gaol），那里关押着不少当时响当当的破产者。事实上，美国国会自成立以来，每年都会收到不少《破产法案》，但经过反复斟酌，最终都没有被批准。美国改革者试图改变债务人蹲大牢的做法，这和英国人自笛福和奥格尔索普时代的改革努力颇为类似。一位曾因欠债未还而被关进新监狱的律师公开斥责这套制度。威廉·凯特塔斯（William Keteltas）号召推翻关押债务人的做法，并且从监狱里发表了数部小册子，最早的一部是1800年的《无望之望》(*Forlorn Hope*)。[1] 不过这些努力已经帮不上杜尔了。他在监狱里待了整整七年，得益于亚历山大·汉弥尔顿出面斡旋，他得到了一段缓刑时期。不过他最终没能重见天日，于1799年在监狱里去世。

杜尔在1792年的破产对纽约造成了大规模的金融损失，这导致股票商自行签署了《梧桐树协议》（*Buttonwood Agreement*），从而使得股票市场迎来了首个正规组织，并最终演变成纽约证券交易所。这次行动也促使国会于1800年——距离杜尔死亡仅一年——通过了首个《破产法》。

威廉·杜尔是那个时代第二大臭名远扬的债务人，在他归西以前，尽管有过很多努力，但国会从未通过任何一部《破产法》。美国独立之后的那些年里，企业家和投机商人数庞大，宣告破产就意味着他们将来休想卷土重来。简言之，宣告破产对他们而言不是什么好事，逃过这一法律宿命总胜过任人宰割。

在共和国早期，联邦派和杰弗逊派的争辩焦点就是破产，这拖慢了国会出台任何法律的进程。联邦派和亚历山大·汉弥尔顿认为，为了帮助无力偿还的债务人摆脱债务，就必须制定《破产法》，这样才能让商界重焕生机，取得进步。这一构思是基于制造业和信贷建设过

[1] 布鲁斯·H. 曼：《债务人共和国：美国独立时期的破产》（剑桥，马萨诸塞州：哈佛大学出版社，2002年版），102。

程的。与之相反，杰弗逊派首先是将美国定位成农业经济体，任何一部《联邦破产法》都会将各州的权力转移至华盛顿，他们担心此举会扼杀生计。这些争议在同时期的英国也出现了。在边沁抨击《重利法》之后的数十年间，一旦其他主要学者和小册子作者的观点反映出公众的态度，这些争辩则将成功地使《重利法》被反复提及。

这场世纪之交的争辩推动了联邦《破产法》的诞生，其间最常被提及也最臭名昭著的案例要数罗伯特•莫里斯（Robert Morris）。当时，许多州都有各自的《重利法》和《破产法》，而通过《联邦破产法》的进程则是在杜尔事件之后才有了快速进展。那个时代的主要破产都牵扯为投机而大肆借钱，结果还没来得及盈利就付诸东流了。贷款收取多少利息并不是首要问题，本金额度才是。

在 18 世纪 90 年代末期，罗伯特•莫里斯还不是那种举债经营和财政不善的人物。作为一名商人，他极其热衷于冒险，据说他是 1800 年之前的美国首富。莫里斯出生在利物浦，13 岁那年，即 1747 年，他和父亲移民来到美国。他在费城一位名叫查理•维林（Charles Willing）的商人那里做学徒，后来从学徒变成合伙人，成立了维林莫里斯公司（Willing, Morris and Co.）。莫里斯精通航海运输和地产，很快就富甲一方。他曾作为宾夕法尼亚代表团成员参加大陆会议，就职于宾夕法尼亚委员会（Pennsylvania Assembly）并签署《独立宣言》。然而，他为公众做出的贡献因为多项指控而蒙上了阴影，有人指责他的公司存在滥用公共基金的现象，尤其是公司为政府提供海上运输服务时。

1781 年，新政府重创连连，莫里斯因其金融才干而声名显赫，被任命为财政总监（superintendent of finance）。为了摆脱人们对自己利用财政漏洞的指责，他有时会从自己的钱包里掏钱贴补新政府。1784 年当他离任时，联邦财政实际上小有盈余，而他作为美国独立时期的闪亮人物之一，就此奠定了名声。

美国独立后，莫里斯的事迹仍在延续。作为美国制宪会议（Constitutional Convention）的成员，《宪法》签署之后，他从宾夕法尼亚被选为参议员。他向国会提议，仿照英格兰银行建立一家美国国家银行，但遭到了国会的否决。于是，他自己出资 2500 万美元，在宾夕法尼亚创建了北美银行（Bank of North America）。1795 年，他从参议院退休，从此和几位搭档投身地产投机活动。他们在华盛顿哥伦比亚特区购买了上千块土地，希望当首都开始建设时自己能大赚一笔。他还在纽约西部购置了上百万英亩的土地，在南部也有一些地产。他用地产做抵押，以获得更多的贷款，不过很快就触底了。他没有现金，无力还债。那时，他欠银行的钱总额为数 10 万美元。

莫里斯只好躲在家里，不过很快就被逮捕，并于 1798 年关进费城的普伦街监狱(Prune Street Prison)，直到1801年才被释放。据估计，当时他已经欠债超过 300 万美元。虽然他的财政情况不容乐观，要想摆脱破产几乎难于登天，但他在牢狱期间仍竭尽所能避免被宣布破产。他的债权人超过一百人，大多已经放弃穷追猛打地逼他还钱了。最终，他极不情愿地宣告破产，并在 1801 年年末重见天日。依照《破产法》，他的债务得以免除，债权人也不得再起诉他。[1]1806 年，莫里斯去世。

让莫里斯重回自由身的《破产法》（*Bankruptcy Act*）是在 1800 年通过的。这部联邦法和英国的《破产法》相似，二者均认为，破产不是出于债务人自身的意愿，而是必须由债权人提出，且债务人欠债超过1000美元。该法律并非以保护破产者为目的，而是旨在保护债权人，防止有些商人故意欺骗或掩藏资产，意图欠债不还。不过，这部法律

[1] 有关根据《破产法》解除债务，请参考大卫•A. 斯克尔：《债务主权：美国 < 破产法 > 历史》（普林斯顿，新泽西：普林斯顿大学出版社，2001 年版），6~7，98~99。

和英国的《破产法》在应用上也存在不少差别。[1]

由于债务人监狱不断遭人诟病，英国的发展步伐也加快了。只有贸易商才能宣告破产的古老想法一如往常，非贸易商的个人如果还不上债，一旦债权人提出要求，则仍会被关进监狱。不过，在英国废除《重利法》的前几年，情况发生了改变。1808 年年初，凡是因为欠债而被关押的人，如果已经蹲了一年大牢，且金额在 20 英镑或以下，则必须释放，理由是服刑的时间已经抵消了如此小金额的债务。对于公众来说，反对关押小额欠款的债务人是自然的，不过想要真正推动法律进步却需要数个世纪。

[1] 布鲁斯•H. 曼：《债务人共和国：美国独立时期的破产》，223。

关于《重利法》的唇枪舌战

自击溃拿破仑起，英国金融界实现了大跃进，社会大众信心十足，工业革命推动了国民财富的增长，为了适应市场的灵活性，原来的各类监管限制必须废除。

1802 年，银行家兼商人亨利 • 桑顿（Henry Thornton）为反对《重利法》提出了强有力的经济依据。桑顿和不少同行一样，生于商业世家，年少时期就为父亲打理银行业务。他还是一位著名的经济学学者，是 19 世纪最具影响力的货币数量论的支持者之一。和许多商人一样，他反感《重利法》，认为这些法律违背了市场利率。不过，他的解读和同时代人略有不同，他认为，当《重利法》规定的利率低于市场利率时，才会引发问题。他写道："在《重利法》的故意干涉下，借方很廉价地就获得了贷款。由于他们支付的利息太低，所以拼命申请贷款。"[1] 在桑顿

[1] 亨利 • 桑顿：《大英帝国的票据信用本质及成效询盘》（费城：詹姆斯 • 亨弗瑞出版社，1807 年版），243。

的著作中，能够发现亚当·斯密有关高利贷上限及该上限与市场关系的论述的踪影，这就说明，对高利贷的解读终于摆脱了道德术语，从而进入经济范畴。

1815 年以后，英国国会经常收到要求废除《重利法》的提案，但总体进展十分缓慢。国会议员阿瑟·昂斯洛（Arthur Onslow）数次提议要求废除《重利法》，每一次都铩羽而归。1816 年，昂斯洛又交出数个提案，财政大臣提醒他，滑铁卢之后，英国财政脆弱不堪，实在不宜变革当下的制度而选择未知的变数。[1]对《重利法》的不满情绪越发高涨，而对未知的恐惧却让国家裹足不前。与此同时，人们开始纷纷讨论，没有《重利法》的社会，其本质将会发生怎样的变化。

希望废除《重利法》的人可谓意志坚定。昂斯洛坚持不懈地提议废除，不少声名赫赫的同僚为他摇旗助威，其中一位就是大卫·李嘉图，他本是一名股票经纪人兼放贷人，后来成了经济学家。李嘉图出生在葡萄牙一个犹太人家庭，他继承父亲的衣钵，在伦敦成了一名股票经纪人，其间，他收入颇丰，在滑铁卢战役中，他是为数不多的认定法国必胜的英国人之一，他购买的英国政府债券在战争前以极低的价格贱卖了出去。1799 年，27 岁的他还是一位经纪人，那时他便阅读了斯密的《国富论》，并很快迷上了经济学。他开始撰写文章，虽然和桑顿一样，他也没有接受过大学教育，但他的观点独到而犀利。

李嘉图发现政府的不少政策是建立在错误的经济根基上的，于是，他开始和政府唱对台戏。他反对的其中一部法律是《玉米法》（*Corn Laws*），该法律规定了保护主义关税，限制小麦进口到英国。他在一篇题为《论玉米低价对股票盈利的影响》（*Essay on the Influence of a Low Price of Corn on the Profits of Stock*，1815 年）的文

[1]《泰晤士报》，1816 年 5 月 24 日。

章中提出，这部法律减少了大家的边际收益。他还提倡今天所说的对比优势。这两个概念都成为现代经济理论的基石。李嘉图腰缠万贯，据估计，他有 60 万英镑的财富，因此得以在 42 岁时便退出金融圈。五年后，他以爱尔兰波塔灵顿（Portarlington）代表的身份进入国会。

在李嘉图去世的两年前，即 1821 年，他和阿瑟·昂斯洛联手反对当时的《重利法》。他推崇自由贸易和市场力量，因此，他的反对立场是自然而然的。昂斯洛提交了新的提案，国会不少有地产的贵族提出了质疑，李嘉图便指出：废除《重利法》并不会提高现有利率水平；虽然一些不尽如人意的事情时有发生，但借贷双方的竞争最终会将利率调整到可持续水平；英、法战争期间，尽管有《重利法》，可利率还是上涨到了 15%，这只会阻碍市场力量发挥作用。[1] 这番辩词颇有说服力，可惜提案仍未通过。

之后，昂斯洛再度向国会提议废除《重利法》。李嘉图再次为之辩护。他坚称，应该像对待其他商品那样对待金钱，买卖双方既然可以为商品讨价还价，那么牵涉金钱，他们也应当有同样权利。此外，他还提出，《重利法》带来的唯一结果就是将放贷业务送给那些肆无忌惮之人，这些人故意逃避法律，并以此大获其利。[2] 然而，最终胜出的还是那些支持《重利法》的人。《重利法》将继续存世三十年，而李嘉图不久便逝世了，将争辩的重任留给了后人。

在生命最后的时光里，李嘉图评论过英国财政部为收回英国政府债券而推出的偿债基金。他在信件中与弗兰西斯·普拉斯（Francis

[1] 大卫·李嘉图：《大卫·李嘉图工作及通信录》，皮埃洛·斯拉发及 M.H. 多布编辑，第五卷，《演讲与证明》1815~1823（印第安纳波利斯：自由基金出版社，2005），1812 年 4 月 12 日。

[2] 大卫·李嘉图：《大卫·李嘉图工作及通信录》，第五卷，1823 年 6 月 17 日。

Place）[1] 讨论了偿债基金的运作机制。1820 年，他为《大英百科全书》（*Encyclopaedia Britannica*）就英国公共债务的融资制度撰写了一篇文章，他认为，要实现融资的目标，各国应该补偿开支，而非催生贷款。这部百科全书在他去世四年后才出版。在经历了长达一百年的零星运作之后，偿债基金终于在 1829 年被废除了。

不过，当时的首要经济问题是，是否该废除《重利法》。支持废除的一个理由是，《重利法》毫无作用，那些从事更加复杂的放贷交易的金融服务公司很多时候还在逃避这些法律。一位署名为"高利贷的敌人"的读者怒气冲冲地写信给伦敦《泰晤士报》，他在信中揭露伦敦某家人寿保险公司推出的一款保单放贷项目，年利率竟然高达 20%！这位读者认为，任何熟悉行业做法的人"都会承认自己从未见过比这更赤裸裸的高利贷，可这家公司的董事会成员竟然都是些绅士贵族"。[2] 类似的情况美国也报道过。这就证明，金融服务业善于逃避《重利法》，从而推出高额利息的贷款。和数个世纪以前一样，人们利用金融手段巧妙地避过《重利法》，使得这些法律名存实亡，只不过随着报纸业的发展和普及，所有人都能够看得一清二楚了。可以说，通讯的发展推动了废除《重利法》的运动。

李嘉图逝世后，昂斯洛再度向国会提交了废除《重利法》的议案。其中一位国会代表要求保持《重利法》，他从历史的角度阐释其重要性——"细想一下，在推行《重利法》之前，这个国家是个什么模样？我们没有自己的船舰，还要从汉萨同盟（Hanse Town）[3] 那里购买船只，而他们就有《重利法》。自从贯彻《重利法》以来，我们迎来了

[1] 译者注：1771~1854，英国社会改革家。

[2] 《泰晤士报》，1847 年 6 月 25 日。

[3] 译者注：12~13 世纪中欧的神圣罗马帝国与条顿骑士团诸城市之间形成的商业、政治联盟，以德意志北部城市为主。

繁荣发展的时代，财富、工业和生活蒸蒸日上，实现了一个国家的所有期待。”[4] 围绕着是否废除《重利法》的声音不绝于耳，不过到最后，还是没有将《重利法》连根拔起。

1832 年，国会通过了《改革法》（*Reform Act*），根据地产权，将投票权扩展到地产所有人。这刺激了很多人购置地产，不少人开始借钱建屋或买地，这让建筑协会更加火爆。小银行吸收存款，然后为会员提供按揭。在各类事件的联合作用下，不少男性公民为了赢得些许政治地位开始借钱。金融服务业相时而动，国会也应机而变，于 1835 年通过了一项法案，设立了贷款协会，对向个人提供小额贷款的通用银行进行了限制。

五年后，《贷款法》出现了实质性的修改。正常情况下，贷款金额只能在 15 英镑或以下。1840 年的《贷款协会法》的特别之处在于包含了一份分期信贷表格，规定合同各方应该偿还多少贷款。贷款的应付利息用于贴现，因此贷方首先得到的是利息。分期计划有不同的方案，借方的偿还期间自 11 天至 66 天不等，每周偿还的贷款本金也相应地发生变化。偿还时间越长，利率就越高，不过该法律规定，利率不得超过“一整年 100 英镑收取 12 英镑的利率水平[5]”。很显然，这里的 12% 已经超出了当时 5% 的重利上限。然而，《重利法》却能让放贷者免于惩罚。这不仅是首次为小额借款人创造僭越《重利法》的信贷可能性，也是分期计划雏形的首次亮相。不过这项计划离成功或完美还相当远。贷款协会不是双向机构，亦非慈善机构，而是一心一意为利润而生的，可是，他们的投资者总是亏本。12% 的利率中，包括了管理开支及其他成本，从而超出了官方的重利上限。但是这些协会总是经

[4] 下议院辩论：《< 重利法 > 废除法案》，1824 年 2 月 27 日下议院辩论，第十卷，cc551-71。

[5] 维多利亚第三、第四号令，第一百一十章。

营不善，而且，15 英镑的额度也被认为太小，无法盈利。为了扭转形势，有人提议建立共同协会为存款人提供合理支付，以此来确保将来有更加稳定的可贷款资金。[1]

1844 年，国会通过了《破产债务人法》（*Insolvent Debtors Act*），废除了欠债低于 20 英镑就关大牢的做法。多数公民盛赞此举为一大进步，不过贷款协会可不这么想。这些协会的贷款金额低于 20 英镑，因此他们要求关押债务人的权利大受影响。商界对这部新法律怨声载道，认为此举会让那些居心叵测的借方钻空子——就算借钱不还，也不用担心关大牢。不过事实上，尽管关押债务人的做法遭到了公众的强烈谴责，但这种行为还是相当普遍。狄更斯还是个孩子的时候，他的父亲约翰就曾在债务人监狱里关押过一段时间。后来，狄更斯把监狱的景象写进了自己的作品中，从而让最早由莫瑟斯•皮特和丹尼尔•笛福披露的惨象得以被后世所知。

部分国会议员指出，现行的《重利法》引发了很多无据可循的情况，其中最强有力的论据就是抵押物的利率无法统一。例如，某位商人申请贷款，并以某件商品作为抵押，那么向他收取的利率将非常高，可能达到 40%；但如果抵押物是土地，则利率可能不会超过 5%，因为这是法律规定的。最终，这一论点胜出了，从而为废除《重利法》扫清了障碍。不过这也体现出房地产和贸易商的生意渠道存在的差异：一个被认为是神圣不可侵犯的，而另一个则被视为充满商业风险。《重利法》被废除之后，这种区别对待依旧存在。

经过数十年的唇枪舌战，英国终于在 1854 年废除《重利法》，为

---

[1] E.W. 布拉布鲁克：《友好的社会和相似的机构》，《伦敦社会数据杂志》，38（1875）：197。共同协会本质上是指归储户所有的银行，换言之，如果失败，每一位储户的存款都将面临风险。结果，共同协会的放贷政策非常小心谨慎，以此尽可能保住储蓄基础。

长达三百年的重利禁令画上句号。而在这十年前，汇票就不再受利率上限的限制。法律规定："英格兰、苏格兰、大不列颠和爱尔兰国会制定的各项法规及部分条文……以及所有现行禁止高利贷的法律全部取消。"[1] 立法者同时也废除了政府推行的年金项目。不过，当铺由于受另一套法规的监管，并未受影响。

在英国，越来越多的法律在处理破产案件时不再区别对待贸易商和非贸易商。1869 年的《债务人法》以及《破产法》也不再因为坏债判处某人入狱，除非债务人未履行法庭判决。将债务人关进大牢的做法已经作古，只要破产者没有犯诈骗罪，就可以申请个人破产。对待债务和债务人的新态度终于改变了自 15 世纪就已诞生的英国的法律。但是，这些进步并不意味着信贷在未来会变得廉价，因为那些有放贷资本的人觉得失去监押的追索权，自己完全处在劣势，换言之，较之以往，放贷风险似乎更高了。

不过，尽管《重利法》已经不存在，但 1870 年《泰晤士报》在报道一件法庭案件时写道："人类往往对 60% 有偏见。"在这单米勒（Miller）对阵库克（Cook）的案子中，原告米勒是一位二十来岁的年轻小伙儿，他起诉贷方库克——自己只借了 500 英镑（数额不算多），而库克收取的利率却超过 60%。法院站在米勒这一边，搞得库克郁郁寡欢，无言以对。最后利率被降至 5%，这就和十六年前《重利法》尚未废除时的情况一致了。副大法官在结案时说："并不是每笔交易中，需求都能促使双方一个愿打一个愿挨。"[2]

---

[1] 维多利亚第十七、第十八号令，第八十八章。

[2] 《泰晤士报》，1870 年 7 月 15 日，第 10 页。

《重利法》在美国的复杂处境

美国废除《重利法》的情况颇为复杂，有些州废除了，可是不久又恢复了。支持保留《重利法》的绝大多数人都指出一个现实，即每一个发达国家都有《重利法》，每一个联盟州都有《重利法》，这既能保护经济又能造福公民。常见的抱怨是，那些推崇废除《重利法》的人往往是金融机构和富人，一旦废除，他们将获得更加可观的未支付的贷款利息。

1819 年，据伦敦《泰晤士报》报道，新罕布什尔州立法机构的一位议员评论说："边沁先生的著作对美国造成了深刻的影响。他的有关高利贷的论著在美国一版再版，那些视野开阔、思想自由的美国人普遍接受了他提出的原则。"[1] 这位作者援引了一个例子：密西西比立法机构通过一部法律，在贷款合同各方都同意的前提下，不再限制利率，只有在没有合同的情况，才会限制利率。美国的发展趋势是，

[1] 《泰晤士报》，1819 年 2 月 17 日。

口头协议下维持《重利法》，同时允许合同各方有更多的自由空间。

滑铁卢之后，英国和美国就是否废除《重利法》的争议持续了数十年。美国显然是坐看英国，以吸取经验。《纽约每日时报》（*New-York Daily Times*）在英国废除《重利法》的前后曾发表一系列文章和通讯，以探讨纽约的《重利法》问题。其中一位支持废除《重利法》的银行家署名为“边沁”，他和该报的读者不厌其烦地讨论纽约的《重利法》毫无意义，号召从实际出发应当予以废除。而要求废除的最高呼声来自以农业为主和以金融服务为支柱的州。

在内战以前，除了加利福尼亚州之外，美国各州均有《重利法》，利率普遍为6%左右。这是仿照了荷兰的做法。荷兰人从未制定国家层面的《重利法》，而是让各个省自行处理。结果，评论家总说荷兰由始至终缺乏高效的国家《重利法》。美国的情况也大同小异。不过，如果超过利息上限，美国各州的处罚措施大相径庭。普遍的处罚是没收债务和利息。田纳西州的处罚措施是坐牢，只有两个州有这规定；纽约州的最高罚款可达1000美元，且放贷者有可能面临牢狱之灾。相较于殖民时期的做法（如果当时有的话），这些惩罚措施更为严厉，而且更多是以商业为基石的，而非氏族道德观念，但事实上却很少落到实处。

随着人口和国家财富的增长，这些老朽的禁令就像《申命记》一样落后，完全跟不上正在发展的经济，例如马萨诸塞州早期的法律。

在法律问题上的曲折并不是盲目地认为法律过时这么简单，这和力图吸引资金投入大有关系，尤其是海外投资。19世纪的美国还是一个非常依赖外国投资的净资本进口国。1852年，俄亥俄州试行取消较低的利息上限，规定最高利率为10%，以此吸引外国资本。当地一家报纸评论说：“的确，有些经纪人和立法者似乎认为，这里能成为传说中的金山，所有黄金都会汇聚于此。”[1]可惜，地方政治形势和该地信用度低的恶名让国外以及东海岸的投资者望而却步。

威斯康星州也出现了类似的情况。1849年该州取消了《重利法》。其推动力主要来自农民。和其他一些拓荒地及农业州类似，这里地皮便宜，但对放贷却有诸多限制。于是，人们要求废除《重利法》，以增加按揭贷款。[2]可惜这次实验并不成功。威斯康星州参议员I.P.沃尔克（I.P. Walker）写道：“该做法的倡导者声称，提高贷款竞争，放开利率限制，这将吸引更多资金流入本州。这当然会促进金钱流入，可惜不是资金。”[3]贷方非常欢迎几乎接近50%的高利率，但不愿将资金投入收入较少的当地项目，而是更乐意进行消费性的短期投资。高回报意味着高风险，如果投资周期太长，贷方收不回应有的回报，因此他们只愿意重拾以前的高利息消费贷款业务。于是，贷方被说成又在玩高利贷者的老把戏。

其他州则密切关注着小额借方和消费贷款。1852年，路易斯安那州的立法机构废除了《重利法》，即便财产所有者破产，价值为1000美元或以下的住宅，以及价值250美元的家具不在没收范围之内。不过，该州参议院在休会一年之际，断然否决了投票。

国会一名前议员，同时也是印第安纳州的一位法官，揭开了放高利贷者的另一伎俩，在《重利法》的支持者中引起轩然大波。他说自己担任法官期间，曾亲眼目睹由于没有高利贷上限的保护，很多债务人丧失了抵押赎回权，损失惨重。他认为：“必须说明的是，放高利

[1] 援引自《纽约每日时报》，1852年5月13日。

[2] 劳伦斯•M.弗里德曼：《美国法律历史》，第三版（纽约：标准出版社，2005年版），412。

[3] 援引自约翰•维普：《严苛的<重利法>：对艰难时代的最佳辩护》（波士顿：代顿和温特沃斯出版社，1855年版），3。

贷者总是要等利息积攒到几乎等同于债务人资产总价值之时，或者是等债务人的担保人或背书人提出要求之时，他们才提起诉讼要求还钱。”[1] 这番言辞非常接近最早的利滚利本质，只不过此时已经不再采用这个字眼儿。[2] 复利自然推动了这一过程，换言之，除非等到能够彻底占有抵押物或能够卖出地产支付膨胀的债务，否则贷方是不会对借方采取行动的。

美国内战之前，大西洋两岸对复利问题都十分关注，不过讨论一般仅局限于法院。英、美两国的法院都有规定，任何被收取复利的借方都必须意识到这个问题，如果各方同意，就可以作为合法条件。至于复利频率则鲜有提及，不过据推测，正常情况下应该是半年利息。如同数世纪之前一样，如果存在高利贷上限，复利不过是另一种逃避上限规定的手段，不过鉴于上限本身就备受诟病，即便严禁复利也毫无实际意义。将未支付的利息叠加在需要偿还的本金上，人们对这种做法的憎恨自西塞罗时代就有增无减，可是复利在经济体系里的根深蒂固几乎可以和利息本身相媲美，因此对复利一棒子打死只能是白费力气。

尽管公众对放开《重利法》的呼声渐高，可是美国对这些法律作用的解读却秉承了古老思想，这至少说明，美国人对前人的高利贷相关文献了然于心。最典型的例子是1851年威斯康星州的R.W.怀特（R.W. Wright）对当时一名主要的高利贷评论员约翰•维普（John Whipple）做出的回复。在谈到废除《重利法》问题时，怀特提出：“英国在16世纪就试行了这一做法，到了19世纪，法律不再限制对金钱

[1] 约翰•维普：《严苛的<重利法>：对艰难时代的最佳辩护》，3。

[2] 1828年版的《韦伯斯特词典》收录了“anatocismus”一词，然而这是最后几部能找到该词的美国词典之一。1894年版的《帕尔格雷夫政治经济学词典》还收录了该单词。《牛津英语词典》保留了该词。

收取利息。伊丽莎白执政时期，重新推行《重利法》。布莱大人（Lord Burleigh）认为，废除重利法并未带来预期成效；可是，高利贷的高额费用成倍增加，让很多人身陷囹圄，也让国家举步维艰。”[1] 怀特认同孟德斯鸠的看法，后者对高利贷禁令在伊斯兰世界造成的结果做出了相同判断。如果禁止，它将躲藏在地下经济中，为了补偿由此增加的风险，利率将会更高。

在纽约，废除《重利法》的努力引发了争议，如果对当时美国的政治和金融体制不甚熟悉，一定会觉得此番争辩莫名其妙——正反双方的焦点是金钱的本质属性。这一问题似乎英国早在两百年前就有定论了，不过纽约的讨论却关系到华盛顿流通的金币、银币以及内战之前各州银行发行的纸币。既然所有的金钱问题及其价值都关乎政治，那么限制借贷价格的决策难道就不归政治管吗？

纽约商会（Chamber of Commerce）提议在1854年撤销《重利法》，该提议得到了所有银行全力支持，是当时的热门话题，媒体和商界对这一建议议论纷纷。有位评论员为《纽约每日时报》撰文写道：“这种钱要被法律法规认可，主要问题在于，它是否合法？是否得益于政府行为？其目的是否为了公众？其创造和价格都能一如所愿为公众服务？”[2] 如果答案是肯定的，那么就应当维持重利限制。

纽约州州长米隆·克拉克（Myron Clark）就赞成保留《重利法》。1855年，他提出：“即便受制于《重利法》的束缚，金钱的力量也已经不可小觑了。”他还进一步补充道：“如果穷人还要时不时被冷酷无情的夏洛克式追债人的‘无情尖牙’撕肉饮血，那么这类事情能少就少；如果还是有人胆大包天要去割肉，就只有让睿智机敏的波西亚

[1] 约翰·维普：《严苛的<重利法>：对艰难时代的最佳辩护》，5。

[2]《纽约每日时报》，1854年10月5日。

来为这块肉称斤算两。”对于超过上限的利率，他的解决办法简单明了：“彩票购买者和兜售者都应该受罚，同理，如果出现非法利率，借贷双方都应该受罚。”[1] 州长都支持《重利法》，于是一群商界人士联名向州议会提交公开信，希望可以保持罚款措施，但取消入狱处罚。

1854年以后，美国反对废除《重利法》的行动在罗得岛州的约翰•维普的帮助下占据了上风。维普出生于1784年，曾是普罗维登斯（Providence）的一位律师、罗得岛州议会议员。他撰文为《重利法》辩护，指责当时的自由贸易思想。他的《严苛的〈重利法〉：对艰难时代的最佳辩护》（*Stringent Usury Law: The Best Defence against Hard Times*）首次出版于1836年，并于1855年再版，此时很多州对废除问题的争辩已经白热化。这本书惹来不少反对意见，但帮助了赞同维持《重利法》的辩方成功胜出。维普抨击那些废除主义者的立场：“如果自由贸易学者说得没错，即撤销了所有的《重利法》将能让利率下调……但事实是，贷方自己就很害怕自由贸易体系……当然他们不会表露出这种顾虑。他们怎么会希望利率下降呢？”[2]

内战之前，美国废除《重利法》的运动最终没有成功，纽约继续保持了《重利法》，而其他州则是重新恢复了《重利法》。不过，这场战斗并未休止。反对者意识到，《重利法》将会长期存在，于是要求纽约的监管至少要具体问题具体分析。他们以新泽西州为例指出，每个州都应该有自己的重利上限。农业地区——绝大多数是最北区

---

[1] 约翰•维普：《严苛的〈重利法〉：对艰难时代的最佳辩护》，9~10。州长的立场得益于较新潮的研究。请参考霍华德•伯登霍恩：《高利贷上限和银行借贷行为：来自19世纪纽约的证明》，国家经济研究局工作文件11734（2005），以及休•洛克夫：《浪费与投影：美国〈重利法〉的经济史——从殖民时代到1900》，国家经济研究局工作文件9742（2003）。

[2] 约翰•维普：《严苛的〈重利法〉：对艰难时代的最佳辩护》，35。

域——应该维持7%的上限，而华尔街和纽约市可以制定更高的上限，以体现高风险证券经营的本质。这和1854年之前英国时不时提出的论点大同小异。废除派希望能照搬伦敦的成功经验，以消除重利上限。

尽管各州的《重利法》存在诸多相似，但涉及跨州就非常棘手。纽约法庭曾处理一个案子，贷方原本在明尼苏达州借出一笔贷款，利率为26%，有合同。他在纽约遭到了起诉。纽约法院于1862年裁决，尽管该利率较高，可自己无权干涉在另一个州签署的合同。[1] 看起来，这个原则似乎顺应了时代潮流，不过后来又遗失了数十年，直到一百年后才又重新复苏。

这和二十年前同样是发生在纽约的一个案子截然相反，即1846年美国干码头公司（American Dry Dock Company）与美国人寿保险和信托公司（American life Insurance and Trust Company）的案子。干码头是一家银行机构，在1937年的恐慌中，它的财政遭到了破坏。为了恢复财政实力和硬币支付，干码头向人寿保险公司申请了一笔贷款。人寿保险公司同意贷款，并将贷款转入伦敦银行，在这一过程中向干码头收取利息。纽约衡平法院（Chancery Court）的裁决是，该案件属于其管辖范围，人寿保险公司所收取的利息属于重利。法院因此否决了两家公司签的合同，因为该合同约定的利率超过了7%，在贷款实际发生时就已经采用了4%的折现。这个判决绝对是四十年前罗伯特·莫里斯翘首企盼的。极具讽刺意味的是，被告的这家保险公司的副总裁是威廉·杜尔的儿子约翰·杜尔（John Duer），他原本指望着能从交易中大赚一笔。在这份贷款合同被推翻前不久，他撰写并出版了一本有关航海保险的著作。这部作品在未来数年里成了美国在该领域的标准文本。在引言中，杜尔对保险做了全面介绍，特别是将航海保险

[1] 乔叔亚·巴莫 v. 亨利·沃伯格案件，1862。

视为万国公法应有部分。他写道："这一概念借鉴自罗马法学家，万国公法等同于道德法，或者用一些现代学者偏爱的词汇——自然法。"[1]

纽约的银行家从来都是反对《重利法》的先锋战士，他们不断要求废除《重利法》，以吸引外国投资。华尔街以及美国都需要并依赖外国资本，而取消利息上限无疑为敞开胸怀吸引资金发出信号，其实重利上限对市场利率的作用微乎其微。可是法律依旧存在，于是银行家便认为，《重利法》将责任推给各州地方银行，要它们自顾自应对海外资本的可能流入，这将会导致经营不善，就是因为这类问题才导致了1837年的经济恐慌，让华尔街和纽约市受到重创。

这个观点并非完全基于所谓的原则。事实上，由于法定存款准备金制度在华尔街的普遍实施，存款者的资金被借给短期拆借市场，因此，提高贷款利率能为贷方带来巨额差价。在银行看来，流动资金不稳定是19世纪数次经济恐慌的共同因素，取消利率上限将成为吸引国内外存款的有力手段，而限制性的《借贷法》毫无益处。

在取消《重利法》运动的背后，还掩藏着另一个不那么明显的动机。美国内战之前，由于国内势力各据一方，浮动管理成了一种极具艺术性的手段。当时的通信依赖于信件，由此导致的时间差让不少人发现，在完成银行交易的这段时间里将大有可图。联邦制度和各州自治权帮助了银行家利用各地差异，而且，如果没有他们的协助，美国财政部要想在华盛顿哥伦比亚特区以外的地区施加影响，恐怕是痴心妄想。

1864年，国会通过了《国家银行法》（*National Bank Act*），从而推出了国家层面的《重利法》。但是由于管辖区的问题，国会对制定全面标准略感无力。这部法律规定了国家银行的类别，还设立了货

[1] 约翰·杜尔：《海上保险的法律与惯例》（纽约：约翰·S. 沃西斯出版社，1845），2。

币监理部门，银行必须到该部门注册。出于法律目的，国家银行与州特许银行有所区别。国家银行不得违背所在州的利率上限。依照法律规定，如果不存在上限，国家银行能收取的最高利率是 7%；如果超过这个上限，将没收该笔贷款的所有利息。[1]

由于是否成为国家银行完全出于自愿，因此，很多银行都不愿去货币监理部门注册。换言之，各州依然是各自《重利法》的仲裁人，除非与没有《重利法》的州出现管辖权的冲突。更重要的是，7% 成了房地产的最高按揭利率。由于抵押物是不动产，如果收取的利率超过这一上限，就违反了《重利法》。这一标准大概维持了一百年，之后才被成功取消。

19 世纪对信贷的需求不断提高，加上纸币混乱不堪，使得银行面临着巨大的压力，它们既要为客户提供信贷评估，也要擅长辨别假币。19 世纪 30 年代末期和 40 年代早期的金融动荡让不少小企业纷纷倒闭。这次恐慌对推行标准程序以保护贷方提出了要求，其结果是，路易斯·塔潘（Lewis Tappan）于 1841 年在纽约市创立了首家信用评级机构，首次为贷方提供过去需要自己去获取的信息。这家商业征信所（Mercantile Agency）主要专注于信用报告，为潜在贷方收集商业信息。它以中立的合同方身份，利用律师等人际网络获取有关公司持有人的金融和个人信息，收入来源是向订购者收取的费用。

该机构最早的业务范围在纽约市及其周边地区，之后培养出了一个覆盖各州的、全国性的信息提供网络。该机构的成功推动了该行业的竞争，八年后，约翰·布莱德斯奇特（John Bradstreet）建立了布莱德斯奇特机构（Bradstreet Agency）。起初，两者的区别在于布莱德斯奇特对公司进行评级，然后在后世所称的《参考书》（*Reference*

[1]《国家银行法》，1864 年，第三十节。

Book）发布结果。这类评级书也成为行业的标准做法。后来，罗伯特·邓（Robert Dunn）从布莱德斯奇特那里接手了公司，改名为邓白氏（Dun and Bradstreet）。公司业务在美国内战之后迅速膨胀，1900年，该公司评级的公司数量多达125万家。

其他评级机构在19世纪相继成立，它们都依照某种字符数字代码对企业进行评级，以帮助潜在贷方以及后来的投资者判断某家公司的信用度。公布评级结果使得公司的财政状况有了更高的透明度，因而成了标准做法。贷方和投资者通过评级来预测企业及商业的风险。这一过程不再是临时起意，而是成为一种标准化的分析和方法，以客观的视角看待经济体下的不同企业。这一点尤其重要，因为很多公司都是私人性质的，贷方要想了解其财政情况，这是唯一的方法。不过，这些评级都是和企业或商业相关的，对个人的信用评级尚未出现。

卖债券的库克

19 世纪，债券形式的债务已经成为美国的主要投资方式，这与一百年前的英国如出一辙。尽管股票市场备受关注，但未支付的债券金额大大超过了现有的股票价值，其结果是，人寿保险基金和资本投资大幅上涨。随着美国国力和地位的提升，提高个人股票和基础设施投资已是大势所趋。难以预测的偿还计划让位给了更稳定牢靠的金融规划和投资。

自滑铁卢之后，英国政府发行的不少债券取得了成效，这使得投资者对英国债券垂涎三尺。它们不少是属于统一公债或“长期债务”，后者没有赎回日期，换言之，债务是永久性的。美国债券更加明了，少了些冒险性，有特定的赎回日期，还有息票。联邦政府、州政府和市政府都发行债券。不少还是卖给外国投资者的，尤其是欧洲投资者。债务渐渐成了一件光荣的事，不过反对债务的宗教道德批判依旧存在。

1853 年，据美国财政部长的估计，外国人持有波士顿和泽西市 60% 的债券以及纽约市 25% 的债券。这些数字超出了外国人持有的股票数。一些机构——尤其是银行——非常受海外人士的追捧，外国人不仅持有纽约银行大约10%的股票，而且还购买了不少大型人寿保险公司的股票。[1]企业债券相对较少，不过内战之后，铁路债券逐渐受到欧洲投资者的亲睐。不过让债券投资更加普遍的根源在于战争。

美国共和制初期的那几十年里，负债和超额贷款的争议依旧继续着。1812年战争以后，人们对合众国银行（Bank of the United States）的角色定位议论纷纷。对于银行家通过发行债券或帮助财政部组织债券发行从而获利，绝大多数公众持负面态度。借钱并支付利息是标准做法，可人们无法接受为一个过程而付钱给银行。但是，务实最重要。华盛顿为了打仗发行了巨额债券，吸引了不少储户和投资者。他们投资这些支付最高利息的债券，一方面是为了显示自己的爱国情操，一方面是出于金融的考虑，而且，这一利息也是《重利法》允许的。对大规模债券的成功管理无疑彰显了财政部的实力，他们不但控制了不断增加的国家债务，而且避开了历史上各种战争融资逃不掉的谴责和谩骂。

对于银行家在债务环节中的角色，人们依旧满腹狐疑。一位银行家为墨西哥战争融资所发挥的作用，凸显了人们对政府债务和推动这一过程的个体所抱有的矛盾心理。19世纪20年代，美国首批证券公司之一的S.M.埃伦公司（S. and M. Allen and Co.）建成，主营彩票和证券。埃诺齐·克拉克（Enoch Clark）到该公司费城分部就职时才十几岁。几年后，他被派去罗得岛普罗维登斯开设分部。1837年经济恐慌，公司倒闭，克拉克回到费城，在其妻舅爱德华·道奇（Edward Dodge）的协助下，创办了自己的公司。后来的一百年里，这家公司一

[1] 美国参议院，《1853年6月30日，美国财政部长应对参议院呼吁在欧洲和其他国家持有的美国证券数量决议的报告》，第四十二号行政文件，第三十三次国会第一环节，1854年。

直以克拉克的名字命名。

除了股票、债券、商业汇票和商品交易之外，克拉克和道奇赚钱最多的业务是纸币和金条。当时美国有各式各样的纸币，新公司的一大特色是意识到不同纸币的价值差，因此，为客户办理纸币业务尤其挣钱。这个技能融合了信用分析、辨别真伪以及商业常识，是克拉克在为埃伦公司工作时学会的。绝大多数声誉较好的私人银行都能办理纸币和黄金综合业务。如果银行机构要发行自己的纸币作为货币，就必须维持一定量的黄金供应，才能稳住自己的纸币。

克拉克和道奇开始在其他城市拓展业务，短短两年时间，就在圣路易斯、新奥尔良、纽约、波士顿、斯普林菲尔德、伊利诺伊、伯灵顿和爱荷华设立了分支。这家公司在美国中西部非常成功，以至于其分支自己发行的汇票都成了该地区的主要货币之一。唯一的阴影在于美国吞并得克萨斯[1]，与墨西哥的战争一触即发，这使得人们更加忧心忡忡。如果战争真的爆发，克拉克 & 道奇公司（Clark, Dodge and Co.）将处在战争融资的风口浪尖上。18 世纪 90 年代以及后来的 1812 年战争期间，融资者靠着帮助美国筹集资金而打响了名号。同理，美墨战争无疑能帮助克拉克 & 道奇公司巩固其融资地位，而且还能从后来所谓的“捂得最紧的”银行业机密中大赚一笔。

尽管这场战争持续时间不到两年，但财政部仍需要私营行业的资金。华盛顿哥伦比亚特区非常知名的科克兰 & 里格斯（Corcoran & Riggs）银行机构与克拉克 & 道奇公司共同为政府筹资。政府通过债券共筹集 6000 万美元，为公众提供的利率为 6%，这是当时绝大多数州通行的利率上限。不过两家机构销售债券的动机并不单纯是为了获取手

[1] 译者注：在历史上，这块区域曾分别属于法国、墨西哥，还曾独立成共和国，直至 1845 年才加入美国并成为美国第 28 个州。

续费，他们通过各自分支的“浮动”资金赚到的钱远远超过手续费。这种做法让不少人颇有微词，因为这是在利用捉襟见肘的财政部。

埃诺齐·克拉克意识到，分支网络有自己的优势，尤其是在处理和清算资金方面。各分支之间的浮动资金能为公司带来持续的现金，不过不容易操作。依照法律规定，财政部必须将销售债券所获的收入存进财政部在各地的特设分局——合众国第二银行倒闭后，为了确保财政部分散管理资金，特别设立了财政部分局。克拉克在圣路易斯的分支接受墨西哥运动的存款，然后邮寄给纽约分支并从总金额中收取利息。由于邮递速度缓慢，汇票需要几周才能送到。然后，从纽约分支取出的资金又被送回圣路易斯。此地的克拉克 & 道奇公司的分支其实就扮演了财政部特设分局的角色。

当完成整个交易过程，公司赚的钱已经是起初销售债券所获的手续费的两倍之多了，整个行为就是后世所称的对自己有利的“浮动”资金（行为）。由于美国财政部鞭长莫及，所有这一切都是绝对合法的。一位名叫杰克·库克（Jack Cooke，昵称杰·库克）的年轻雇员曾在这些交易中发挥了重要作用，他在回忆录中写道：“我们公司在圣路易斯设有分支，而且我们在费城和纽约还以非常可观的利率兑换货币，大概是 2.5%~3%……邮件往来时常要花十到十五天，除了利息方面的好处，我们还能从兑换费用上大赚一笔，甚至会超过贷款盈利。”[1]

尽管当时社会不乏批评声音，杰克·库克的职业生涯可能仍然是 19 世纪银行业和爱国情怀的最佳写照。库克于 1821 年 8 月 10 日出生在俄亥俄州的桑达斯基（Sandusky）。1839 年，他开始在克拉克 & 道奇公司工作。一年之内，他就成为优秀员工，被称为“伪币专员”。

---

[1] 援引自艾利斯·帕克斯顿·奥博霍尔茨：《杰·库克：内战的金融家》（费城：乔治·W. 雅各布斯出版社，1907 年版），81。

就像之前的克拉克一样，他在辨别伪造纸币上很有一套，眼光犀利，因此自一开始，他就是克拉克 & 道奇公司不可或缺的人物。

南卡罗来纳州从美国十三州联盟退出时，库克当机立断，决定成立自己的公司，而且主营他最擅长的业务——为政府机构发行债券。39 岁时，他建立了杰·库克公司（Jay Cooke and Co.），并在华尔街有了一席之地。不过，他在整个职业生涯中一直都保持着费城银行家的身份。他在融资方面的天赋以及强烈的爱国主义让他生来就注定要在艰难年代筹募资金。战争吓跑了很多原来的海外投资者，库克意识到此时的集资来源主要是国内投资者。

战争打响了，宾夕法尼亚州急需资金。机会来了。合众国第二银行倒闭时，市场出现了波动，包括宾夕法尼亚州在内的很多州在市债券危机中欠债不还，从而引发了 1837 年的恐慌。在此期间，宾夕法尼亚州名声扫地。

内战之前，一位英国学者充满嘲讽地写道："我们都知道美国人特别能打。他们的勇气毋庸置疑。我脑海里不禁浮现出浩瀚的宾夕法尼亚平原，一群群人整装待发，密密麻麻的'破产轻步兵'、若干个团的'债台高筑骑兵'、数个营的'死不认账抵赖者'，还有几个旅的破产者，他们都高举着写有'死不还钱'的横幅。"[1] 很显然，英国不是美国十三州联盟开战的资金来源国。伦敦很多银行家和政治家都觉得美国佬说白了就是赖账的骗子。

宾夕法尼亚州为了防守南部边界线免受攻击，委托库克筹集 300 万美元的资金，这对于一个已经欠债 4000 万美元的州来说实在艰难。宾夕法尼亚州任命当地颇有声望的银行机构德雷塞尔公司（Drexel

[1] "要么不付钱，要么死。"艾利斯·帕克斯顿·奥博霍尔茨：《杰·库克：内战的金融家》，104。

and Co.）与库克共同担任此次债券发行的代理。库克使尽浑身解数，最终成功地推动了债券销售。

林肯执政期间，财政部长萨蒙·蔡斯（Salmon Chase）负责为这次全国性的战役筹集资金。库克希望能为融资做些贡献，于是到了华盛顿。兄长将他引荐给了蔡斯。库克牢牢把握住了这次拜见部长的机会。1861 年，库克参与了财政部一个小型债券的销售活动。该债券原本销路不好，但库克最终成功将其售出。这无疑为将来的合作铺平了道路。当然，这绝非天上掉馅儿饼似的巧合。库克亲力亲为，将财政部债券凭据收集起来交给萨蒙·蔡斯。这位部长不禁惊叹这位费城银行家居然能够在债券销售方面如此游刃有余。战争不止，债券发行量越来越大，于是蔡斯委托库克销售债券。蔡斯原本想把库克招入财政部担任副部长，但库克婉拒了。显然，在库克看来，效忠国家的最佳渠道不是成为政府官员，而是多多销售债券。他继续卖债券。第一次布尔朗战役（Battle of Bull Run）之后，财政部的不靠谱越发明显，库克的重要性也与日俱增。美国十三州联盟溃不成军，这突如其来的消息让整个城市大为震惊。库克担心美国南部联邦（Confederate）会在不久之后推翻这座城市，因此更加呕心沥血地四处筹钱，因为要想压住叛乱，政府急需资金。

在这种背景下，蔡斯必须发行巨额债券。十三州联盟的财政如一盘散沙，必须统一起来。然而，在战争爆发之初，就已经禁止了硬币支付，所以投资者对政府债券不感兴趣，他们更希望钱的背后有硬资产，而不是单单是政府的誓言。发行巨额债券以及确定价格绝非轻而易举之事。但是蔡斯无所畏惧，他希望能通过销售“5-20s”债券筹集 5 亿美元。这些债券的实际利率为 6%，二十年后到期支付，不过五年之后就可赎回。这符合当时州《重利法》的普遍水平，即规定 6% 为利率上限。蔡斯原本计划在 1862 年按照票面价格售出，可是不尽如人意。他不愿折扣销售，因为这会提高实际利率，于是叫来已经成功销售过宾夕法尼亚州及财政部各类债券的库克。

1862 年秋天，应蔡斯的要求，库克开始销售这些债券。银行家和商人不愿意投钱，库克只能转而吸引小投资者购买债券。这是美国历史上规模最大的一次债券销售，必须全力以赴。库克一如既往地不遗余力，而他的努力最终为华盛顿打赢战斗增加了砝码。

库克从商界各层级招募代理，人数最多时超过 2500 人。这些代理人绝大多数来自几个大的北方城市和州。虽然他的销售团队里没有大银行家，不过从来不缺小镇银行家、保险销售员和房地产经纪人。战争爆发之前，他在华盛顿设立了办公室，通过电报协调覆盖整个国家的销售。这让杰·库克公司成为首家“电讯化证券公司”，也就是通过电报在全国范围内销售证券并确认买卖情况，从而从某个中心点协调销售，而不是像以前那般杂乱无章。

《费城报业》（*Philadelphia Press*）这样评价库克：“他成功推销了金额庞大的“5-20s”债券，如今人家对债券趋之若鹜，争着抢着要将货币换成债券。他现在的烦恼反而是如何满足突然激增的需求。”[1] 不过按照库克自己的计算，他并未从“5-20s”债券的销售中获得暴利，他最终拿到的薪酬约为 20 万美元，这点钱还无法弥补他所面临的风险。不过这次成功让他成为美国最知名的商业银行家。

当然，并非所有人都认为库克是在为美国十三州联盟做无私的奉献。他从销售“5-20s”债券所拿到的薪酬是委托金额的 1%，虽然比以前低，但鉴于发行总金额十分可观，薪酬也不是一笔小钱。债券最初的日销售额就达到了 200 万美元，而整个销售完成后总金额达到了 5 亿美元，换言之，除去成本，总薪酬为 350 万美元。但库克却说自己

[1] 《费城报业》，1863 年 4 月 8 日。

净收入只有20万美元，这个数字令人生疑。1863年，纽约《世界》(*World*)毫不留情地指责库克："然而，假设杰·库克公司按照1%的一半从政府所有债券那儿收取回报，我们就能看到为何这家公司如此不遗余力帮助销售尽可能多的债券。"这家报纸没有帮读者来做这道算术题，不过金额着实巨大。如果是5亿美元的0.5%，那么库克的净收入就达到了250万美元。不论成本有多少，公众肯定会怨气冲天。《世界》还提到："本国人民似乎乐意被欺骗玩弄。我们军队虚报胜况，大家安之若素……财政部那欠债不还的伎俩让人不得不信，遭人欺骗这份福气，恐怕只有含冤入狱、战火蹂躏、苛捐杂税以至于民不聊生才可媲美。"[1]

参议院对库克做出了类似的抨击，斥责他从财政部的经费中赚取了上百万美元。萨蒙·蔡斯是个光明磊落的人，有些抨击让他坐立不安。他坚信库克所做的一切全是为了祖国，于是站出来为自己的代理人辩护，这才终止了"5-20s"债券引起的纷争。库克是民族英雄，最后只是积累了小小的一笔财富。后来有些愤世嫉俗的人说，战争一结束，库克就开始打造他梦寐以求的豪宅，这个奢侈工程预计耗资100万美元。不过，融资尚未结束，还有更多债券在等着库克。

有人指控库克的行为，这和数十年前针对罗伯特·莫里斯的批评如出一辙。蔡斯也遭到了非议，说他居然聘请一个名不见经传的费城银行家为财政部做代理人。库克的成功让很多人红了眼，由此也招来不少诋毁。众议院和参议院都研究分析了库克和财政部的关系，希望能找到幕后诈骗或贪污的罪证。但他们最终的调查结果是，库克承受着巨大的风险，而真正的补偿实在很低，于是调查马上终止了。显然，库克表里如一，是位地地道道的爱国汉子，国会觉得起诉他不是明智

[1] 《世界》，1863年5月20日。

之举。

尽管库克是清白的，但在下一轮债券发行中，蔡斯没有再雇用他。结果，这轮发行以惨败收场。蔡斯意识到自己的失误，赶紧把库克叫来销售“7-30s”债券。这支期限为三年的债券按7.3%的利率支付利息。该债券在纽约发行，而纽约的《重利法》允许的利率上限是7%，而非6%，从而使得额外利率成为可能。蔡斯给库克的报酬比之前的“5-20s”债券更加丰厚。但是，为了保护自己以及财政部的利益，蔡斯提出了两个要求：第一个是除非收到支付，否则没有票据；第二个是在整个发行过程中，他可以在任意时间中止库克的代理人合同。后者是为了防止库克在发行过程中搞浮动管理，埃诺齐·克拉克就是通过这一手法在墨西哥战争的债券销售中大赚了一笔。读了蔡斯的条件后，库克评价道：“这封信的一些段落似乎更适合蠢钝或狡诈的代理人，而不是那些值得相信、艰苦努力、能够托付数百万美元的代理人。”[1] 但是，1865年1月，他还是开始组织此次债券的销售了。

库克在销售“7-30s”债券时保持了一贯的水准。他在全国开设了“上班族的存款银行”，其实就是夜间销售办公室，方便上班族在下班以后购买债券。购买人可以按照最低50美元的票面价值购买债券。代理人依照库克的吩咐，只在士兵发军饷那天才向他们销售债券。任何潜在目标都逃不过库克的法眼，他眼中也没有小投资者。这种新型的营销策略让“7-30s”债券的发行量远远超过了“5-20s”债券。

1865年4月，战争结束了，可还是缺钱，而且比起战争时期有过之而无不及。库克原计划卖出超过5亿美元的债券，而最终的销售总额高达8亿美元，这成为美国有史以来金额最大的债券。在销售过程

[1] 援引自亨利塔·拉森：《杰·库克，私人银行家》（剑桥，马萨诸塞州：哈佛大学出版社，1936年版），165。

中，有些代理人为了卖快些，将债券打折出售，这让蔡斯和库克勃然大怒。于是，库克提出申请并获批成立了平准基金（stabilisation fund），通过该基金，库克将那些按折扣出售的债券全部买回来，从而维持债券价格的稳定。

有人批评美国财政部无力承受过高的债务压力，库克根据自己对国家债务的解读，赞助出版了一本小册子，以支持债券的销售。这本标题为《国家债务如何变成国家福音》（*How Our National Debt May Be a National Blessing*）的小册子发行于1865年，其中提到：增加国家财富的最佳方法是保持债务的永久性；以英国为例，只要支付利息，本金就能充实国家财政，因为这可算是一笔财富；还清债务毫不现实。“保留债务本金，只支付利息，此举能防止这一代人逃避自身义务，这将利于国家千秋万代。世上没有彻底还清国家债务的万全之策，只能是一代又一代人永无止境地分摊利息。”[1]这部册子认为债券安全可靠，是最无懈可击的“寡妇和孤儿”投资产业。

虽然库克本人颇有声望，但他关于国家债务的观点并没有多少说服力。一家俄亥俄州的报纸评论说：“费城显然已经将本杰明·富兰克林的记忆抛到九霄云外。我们不再依靠勤劳的工作致富，而是靠陷入债务发家。”[2]出现这种批评的其中一个原因是，库克提出国家不应该完全偿还债务，他销售债券时抱的就是这种态度，但是在赎回债券时却不愿意这样做了。评论员们意识到，这种做法的收益很有限。

售出金额如此庞大的债券无疑为瓦解美国南部联邦提供了帮助，但也间接摧毁了杰克·库克。库克总和这么多钱打交道，而且往往是

[1] 萨缪尔·维尔克森；《国家债务如何变成国家福音》（费城：M. 劳克林兄弟出版社，1865年版），10。

[2] 《无视民主党》，1865年7月22日。这家报纸将小册子的实际作者萨缪尔·维尔克森称为库克花钱雇来的“波西米亚艺术家”。

在短时间里受委托销售巨额债券，这让他觉得做生意一帆风顺且立竿见影。然而，战争一结束，如此庞大的金额不再是常态，生活也开始恢复正常。不过，“7-30s”和“5-20s”债券的未支付金额依旧很庞大，库克可以说自己是首个融资超过 10 亿美元的金融家，这对当时的金融界来说是个相对新潮的标准。

战争结束后，库克和他的搭档们有时间算算自己在战争中赚了多少钱。不过好景不长，成功让库克斗志昂扬，后来他去搞铁路融资，结果 1873 年北太平洋铁路公司（Northern Pacific Railway）倒闭了，库克变得一无所有。

1873 年的经济恐慌是必然的。库克的银行以及其他数家银行都被迫关门歇业了。库克淡出了公众视野，但他的故事仍在传颂。在推行债券投资和支持永久性国家债务方面，库克的贡献无可替代。尽管他的观点都是出于个人利益的考虑，但即便是在铁路投资失败之后，他的形象也没有受损。在未来的数十年里，最流行的就是用他的名字“杰”来给新生男婴起名；到 20 世纪两次世界大战期间，他的销售方式还将被人们所效仿。

《重利法》再起波澜

战争结束，反对《重利法》的运动重新开始。

在马萨诸塞州，有人提议推行新法律，取消利率上限，如果能够证明利息过多，则将利率还原至补偿损失的6%的官方水平。之所以要求取消6%的官方利率，其中一个原因是，纽约的利率为7%，这无疑会造成资金竞争。投资者和商人能够在华尔街或波士顿证券交易所（Boston Stock Exchange）轻易地找到更高的回报率，如果能将利率上调一个百分点，将有望吸引更多的资金，按揭借贷也不至于干涸。从长远来看，这个理由非常成功。

要求废除旧法律的其中一位支持者是小理查德·亨利·达纳（Richard Henry Dana Jr.），他是一位律师、社会运动家、马萨诸塞州立法机构成员。1867年，他在立法机构的一番发言有力地支撑了他所称的“自然利息”，或者说市场利率，同时抨击了古老的重利上限，这成为捍卫市场利率最著名的演讲之一。达纳援引了大量前朝文献，其中包括亚里士多德和边沁，他在演讲中特别将矛头对准约翰·维普。

达纳在演讲中说维普是借用前人观点的前人：“毫无疑问，在维普看来，只要罗得岛州照搬查理二世宪章的政治体制和安妮女王法律的财政体系，这个州一定能成为美国联邦的榜样。”[1] 可是这些古老的辩词已经失效，时代进步，罗得岛州原来的《重利法》被更加仁慈宽容的后来者取而代之，这在达纳看来恰好说明《重利法》的落伍。立法辩论之后，马萨诸塞州采用了类似的法律。官方上限被取消了，不过如果借贷双方出现法律争执，则仍采用 6% 的利率，这和罗得岛州的情况如出一辙。在罗得岛州，除非借贷双方有合同约定另一利率，否则一律采用 6% 的利率。

废除之后，《金融纪事报》（*Financial Chronicle*）就其影响问题采访了波士顿贸易委员会（Boston Board of Trade）主席。当被问及废除之后利率是否会上涨这个普遍关注的问题时，主席回答说：“我不认为会上涨，而且等长时间执行过后，人们几乎不会意识到其影响。不过最终的结局是用 7% 替换了原来按揭和银行贷款 6% 的利率。”[2] 与纽约保持一致性至关重要，因为这能让投资者和贷方轻松调动可放贷资金。贸易委员会还努力让其他已经将《重利法》纳入立法讨论的州能够了解其观点，尤其是俄亥俄州和康涅狄格州。

为了不让马萨诸塞州抢占先机，纽约人再次讨论废除《重利法》的可能性。1873 年 1 月，差不多在马萨诸塞州立法机构提出废除的同一时刻，纽约州州长约翰·亚当斯·迪克斯（John Adams Dix）在年度演讲中表示，鉴于周边好几个州都已经废除或正在考虑废除《重利法》，纽约州也必须考虑这一问题。这个现实问题的焦点就在华尔街。他说：“显而易见，在纽约市，那些遵守法纪、谨小慎微的资本家们

[1] 小理查德·亨利·达纳：《在马萨诸塞州众议院的演讲》，1867 年 2 月 14 日，《废除 < 重利法 >》（纽约：考恩，麦克卢尔出版社，1872 年版），20。

[2] 《世界》重印版，1873 年 3 月 4 日。

忐忑又害怕，他们不愿违法收利，金钱使用需求巨大，在这背景下的巨额利息恐怕一天都难维系。”[1]

要想彻底废除《重利法》恐怕有点异想天开。虽然每个州对待高利贷的态度不同，不过普遍都制定了利率上限，只有当借贷双方要求赔偿损失时才会采用该利率。贷款协议合同所规定的利率一般不涵盖在内，《重利法》只适用于未签合同、只有口头协议的情况。至于究竟判了多少起这类案子就是另外一个问题了，有人怀疑数量微乎其微，各州保持了高利贷犯罪条款，不过只有原告才有理由跑去法院要求赔偿。内战之后，美国的《重利法》体现了对高利贷各式各样的态度，可这些态度不一定会落到实处。例如，商界已经将《重利法》抛至一边数十年了，而且今后还我行我素。这和中世纪、文艺复兴和启蒙时期的英国和欧洲《重利法》不同，美国的这些法律充其量不过是民事准则，类似于招人厌的法规，而且是早就过时的玩意儿。不过它们的影响力还是广泛存在。没有哪个贷方想遭人指控为企图“以邻为壑”。这有损商业名声。

[1] 《纽约时报》，1873 年 1 月 8 日。

重新包装的唐提氏养老金

英国早在废除《重利法》之前，唐提式养老金就退出舞台了，但是美国在内战之后，这种养老金却繁荣起来，但不再叫唐提式养老金。它有一个更具技术性的名字，不过本质上换汤不换药。

美国内战让人寿保险异常火爆。1860 年共有 43 家公司推出人寿保险，未支付总金额约为 1.73 亿美元。1867 年，公司数量超过 100 家，总金额达到 11.68 亿美元。[1] 这一现象的部分原因是唐提式养老金的推出，这在当时的美国保险业还是一个较新的概念。这些计划的投机成分很是吸引这个刚刚经历手足相残之苦的国家。和英国一样，《重利法》潜伏在暗处。

1868 年，位于纽约市的公平人寿公司（Equitable Society）推出了唐提式养老金。公司总裁亨利·海德（Henry Hyde）希望把握人寿保险的风行浪潮，将自己的公司打造为美国头号保险商，他认为唐提

[1] 美国历史数据，表 CJ 713-722。

式养老金将有助于自己实现这一宏愿。但是，他并未采用“唐提式养老金”这个措词，而是采用了更加符合技术标准的“延期分红保单”。1870年，公平人寿公司至少开出了1.5万份保单。投保人并不直接获得分红，而是把所有的资金作为共同储金留到将来，这和两百年前的做法如出一辙。

让绝大多数投保人兴趣盎然的原因在于，这些唐提式养老金项目向投保人承诺，能在投保人有生之年为他们支付高出平均回报的利息。海德的保险销售员在向顾客推销保险时总携带小册子，上面给出了预期收益，这成为未来数十年保险推销员的标准做法。纽约其他一些知名的保险公司也决定推出类似的产品以抢占市场。1877年纽约对保险行业进行了一次调查，不过海德和他的养老金产品并没有受损。保单的内容复杂难懂，但在未来一个世纪，这类产品却源源不断，直至最后被法律禁止。

就像一百五十年前在英国一样，这些唐提式养老金在美国也十分火爆，原因在于各州的《重利法》。虽然这些法律没有彻底废除，但已经自由化了。不过，它们终究为零售消费者和小储户制定了上限，而市场利率则是面向富人和投资机构的。延期分红在没有利息的条件下从投保人那里借到资金，并承诺在未来的某个时间偿还。此举相当聪明地为保险公司占尽了现值优势，而身体依旧康健的投保人则可以获得潜在的高回报。由于小投资者不会在股票投机市场中有大作为，因此对于他们而言，唐提式养老金成了未来可能获得高回报的最便捷的方式。和以前英国的唐提式养老金不同的是，在美国还可以转为政府债券，而不只是依靠未来的税收进行支付。

内战之后的一段日子里，《重利法》只和小投资者或个人储户有关联，与华尔街及商界几乎毫不沾边。在零售领域，《重利法》依旧在保护个人免遭剥削性借贷的伤害；而在大宗领域，有些州已将这些法律自由化，以吸引大投资商给按揭和银行贷款带来流动资金，且不用担心被借方指控违法。平衡协调并非永远有效，漏洞仍切实存在，唐提式养老金就再次印证了这一点。然而现在越发明显的是，很多人认为，为了将来获得更高的回报，即便失去保险分红也是值得的。

金融服务业发展迅速，高利贷问题仍旧困扰着理论和现实，不过争议的焦点不再是高利贷的效率或公平问题，而是它在原本就不平等的社会中的根本作用。从根本来看，高利贷不再是被控有罪的行为，如今它在帮助资本家奴役工人阶级。从经济的角度来看，高利贷是最古老的金融做法。如果从更加根本的社会主义角度出发，它是压迫的象征。

马克思的高利贷观点

从文艺复兴到工业革命，绝大多数对《重利法》的批评核心是出于现实，鲜有例外。人们认为法律难于执行、监管不力或落伍过时。如果从历史角度进行批评，那么往往就挑挑拣拣了。和其他学者一样，亚当·斯密用过去描述现在，不过语气没那么犀利恶毒。然而，当卡尔·马克思撰写《资本论》（*Capital*）的时候，高利贷终于进入了历史语境，如果这位作者是诸如边沁或李嘉图这样的主流学者，恐怕高利贷很快就会被打入地狱。

马克思将高利贷置于一个宏大的历史背景中，从他所称的社会“前资本主义关系”开始算起。通过历史辩证视角，他认为，社会经济财富的掌控者压迫农民阶级，而高利贷在其中扮演了核心角色。受压迫的农民和士兵最终导致了奴隶制，古罗马尤甚。压迫的主要工具就是高利贷。这个循环对查理大帝是如此，对罗马人也是如此。最浅显说来：“单是死了一头牛就足以让小农民无力恢复先前的再生产规模。于是他便落入放高利贷者之手，一旦陷入如斯境地，他就休想再度脱身。”[1]

这一论断的根基是显而易见的悲观态度，认定了农民无力面对将来。一朝为奴，终生为奴。

高利贷在前资本主义时期施展妖术的方法到了资本主义时期依旧延续，部分要归咎于利息的收取。收取利息的资本和放高利贷者的资本是有分别的。前者需要资本，而且是用于资本主义生产模式，而后者则更为传统一些——放高利贷者从下层阶级那儿以租金或支付等方式收取利息，放高利贷者的唯一目标就是要维持现状，从而确保这种收取能源源不断。马克思提出，这两种资本后来融为一体，并肩同行。收取利息的资本按照资本主义生产模式使用，而放高利贷者的资本则保持着消费贷款的传统。“在资本主义生产模式相对发达的国家，这一类的高利贷不仅继续存在，而且摆脱了先前的法律约束，更加肆无忌惮了。在人类或阶级关系上，收取利息的资本保持了高利贷者资本的形式……富裕的败家子借钱奢侈，生产者是诸如小农民或手工业者这样的非资本主义生产者。”[2] 亚当·斯密和弗兰西斯·培根估计一听就能明白言外之意。

从很大程度上来说，马克思的高利贷观点与亚里士多德非常吻合。亚里士多德的金钱不可自我繁衍的观点到了马克思这儿就是小偷观，然而两人均认为收取利息不合道德及实际。马克思意识到，通过高利贷，金融资本家就能筹集大笔资金，继而用作投资及剥削，这是无产阶级永远办不到的。这个经验到了 19 世纪，仍被不少实业家和金融家铭记在心。

---

[1] 卡尔·马克思及弗里德里希·恩格斯，萨缪尔·莫尔及爱德华·阿夫林翻译（莫斯科：进步出版人出版社，1971），3:599。

[2] 卡尔·马克思及弗里德里希·恩格斯，《资本论》，3:600。

作为武器的债务

19 世纪和历代最显著的差异在于对债务的创造性利用，尤其是在美国内战之后。就企业或大宗层面而言，人们不再像以前那样对债务退避三舍，而是将其视为获得盈利的另一利器。基于制造业和海外贸易的资本主义朝着金融资本主义的方向迅速发展，较之以前，它更加依赖债务。

19 世纪的华尔街清楚地显示了个人债务和大宗贸易债务之间的巨大差异。尤其是内战之后，抢占和争夺股票市场的竞争越发激烈，绝大多数情况下，在金钱市场中获得资金是成败的关键。控制信贷机制是将债务变成武器的重要措施。

自证券交易诞生之日起，保证金交易制度就制定了，赊账购买证券已是通行做法。投机者按照实际价格的很小比例支付保证金，即可购买某公司的股份。贷方非常乐意支付现金，因为他们获得的利息将远远超过日常放贷。有些中西部州发现，由于无法将资本从纽约的金钱市场中吸引过来，因此要想吸引纽约的贷方和投资者异常困难。

从 1830 年到内战爆发之前的这段时间，美国金钱市场利率经常会超过绝大多数州制定的重利上限，往往会达到 5%~18% 的额度，最常见的是低于 10%。高额利率能够吸引贷方放贷给股票市场的投机商。这让《重利法》的反对者有了更加充分的理由，他们宣称人为操纵的低利率将使资金转入风险更高的放贷领域。这种观点先前就有，然而潜在回报还是让不少贷方不顾一切冲进了 19 世纪的牛市和熊市。除此之外，很多股票市场的操作者都是名声在外的投机者，而在那个年代，名声对放贷至关重要。

其中一种股市操作盈利颇丰，那就是将股票出借给看跌的市场操作者，他们会将股票卖空，再借钱以更低的价格支付（购买）股票。另外，出借者也会出借给看涨的人，他们赊账购买，等待股票价格上涨。不过对于不精此道的观察者而言，股价看跌还是看涨很难把握。成功完成一只或多只股价看跌的操作，唯一的障碍就是能借来多少钱以支付空头。如果现金不足，导致无法支付空头，市场将会出现混乱。

伦敦《泰晤士报》解读了其中一种操作，以此来警告英国投资者远离纽约证券市场。文中提到：“上周纽约大陪审团起诉各类华尔街经纪人和放贷者，他们违反《重利法》，收取利率高于法定 7% 的上限。放贷者已被逮捕，还被告上了法庭，众人无不感慨，纽约大陪审团突然奇迹般说起伦理道德来。”可是伦理道德是无踪无影的。这次逮捕的起因是股市看涨一方指控看跌一方，认为后者为空头头寸以高额利率借钱，虽然保住了自己，但也付出了高昂的代价。报道总结道：“因此，大陪审团哪里可算是法治，同理，华尔街的投机商和操作也算不上是高效。”[1]

华尔街对《重利法》的存在视若无睹，因为这些法律压根儿是在

[1] 《泰晤士报》，1869 年 8 月 4 日。

妨碍他们赚钱。华尔街的老油条亨利·克鲁斯（Henry Clews）早在1888年就说过："原因很简单，这些法律在现实中一无是处，不过上有政策下有对策……避开这些法律的手段多如牛毛，现实社会中几乎没有什么能给利率一个限定，除了贷方的良心，可这玩意儿往往是变幻莫测的。"[1]

银行家们掌控着金钱市场，很大程度上也控制着股票市场的操作。如果股票看涨派能抢夺股票看跌派的保证金，那么空头交易就会流产，股票看跌派就一败涂地。只要看涨派控制资金不流入金钱市场，他们就能得偿所愿。显然，时机一变就是另一番截然不同的景象，因为这一过程的关键是拆款。19世纪看涨看跌之争充斥着这样的故事，而借入资金则是市场操作的核心。未来一个世纪还会看到更多对借入资金的创造性使用。

高额市场利率将钱从小额借方那里吸走了。美国内战之后，小额借方没有多余的可贷款资金。那些需要低于50美元消费贷款的人能找到其他渠道，不过利率普遍偏高。美、英两国皆是如此。消费贷款能让人安度一段日子，直至下一个还款日。至于个人购买大量商品和服务从而通过消费刺激经济的现代观念，在当时尚未进入经济理论。那一时期，消费还是为了维持生计，而不是出于享受。

[1] 亨利·克鲁斯：《在华尔街28年》（纽约：欧文出版社，1888），99~100。

“贷款鲨鱼”的崛起

美国内战之后，随着国家银行体系的发展和信贷的诞生，对待高利贷的传统观念似乎与现实脱节了，但这一术语并未消失，因为高利贷依旧在公开进行着，就像数个世纪以来一样。问题的根源并没有改变——面向个人的消费贷款虽然金额不大，利率却奇高。市场利率是为公司和政府而存在的，它会根据供应变化进行正常的调整，从而使利率保持在合理的水平。

和古代或中世纪的欧洲一样，美国也有大量人口无力承担日常生活开支，有时不得不求助于小额贷款。在19世纪，该问题越发严重，因为不论是欧洲还是美国，城市发展往往是以农村为代价的。大量农村人口涌入城市找工作，这就需要更多的现金支付开销。农民变成了贫困的工人阶级，但从经济角度出发，数年以来，他们的窘境并未出现实质性的变化。农民以前是依靠地主贷款，现在是从城市某个匿名的贷方那里借钱。这些新型的城市贷方和马丁·路德笔下借给农民一只鹅的地主不同，和杰瑞米·欧加拉汉管辖下借给穷苦农民种子的教区居民也不同——如果对方拖欠还款，他们可不会那么宽容仁慈，更不会懊悔不已，而是严格地按照高额利息贷款的条款办事。通过社区或氏族血脉结成的关系已经让位给更加冷漠的放贷业了。

在英国和美国，一部分放贷问题可以通过双边协会或合作社得以解决。这些机构将成员的存款借给其他需要资金的成员，这能保证借方有强大的动力准时还钱。这类组织绝不剥削和伤害本组织成员，从某种程度上来说，是城市版的氏族部落。因为是地方机构，内部成员之间彼此都比较了解。这类为特定目的而存在的组织中，典型代表有英国的建筑协会和美国储蓄放贷协会，其主要目的是提供消费贷款和住宅购买贷款。它们不属于商业贷方，因为它们不提供资本投资或企业运营资本贷款。但是，这些组织不足以满足消费贷款的需求，于是希望通过向工人阶级放贷私人资金或股东资本的贷方来填充不足。这些私人贷方包括贷款社和臭名昭著的“贷款鲨鱼”[1]。私人贷方的做法和双边协会及合作社颇为类似，不过有一点非常不同——他们的主要目的是通过高额费用和高额利率实现“以邻为壑”，一千年来，他们的形象从未有过实质性的改变。

从表面来看，信贷已为消费贷款所用，但是代价极高。英、美两国的各家报纸上刊登着放贷者的广告宣传。英国废除《重利法》之后，贷款似乎变得唾手可得，不过小额贷款业务不断曝出剥削丑闻。小额贷款合同要求三个月之内还钱，却在排版时留下空白，这样贷方就可轻易更改有效利率，例如将一个先令（shilling）改成多个先令（shillings），英镑也能如法炮制。一位律师写信给《泰晤士报》批

[1] 译者注：这个词专指美国19世纪80年代游离于各州《重利法》限制之外的放贷者。

评这种做法：“如果约定利率……是每年 75%，那么不用动脑子就能想出三个月更新之后会变成多少。”[1] 尽管有人提出相反的理论，即利率会自我调整到自然合理水平，但高利贷依旧存在，高额利率依旧我行我素。

“贷款鲨鱼”往往和有组织犯罪密不可分，不过在 19 世纪，这不过是另一个藏在合理放贷暗处的商业行为。放贷业务繁忙，尤其是对于工人阶层（但绝不仅限于此）而言，他们经常因为急缺钱而遭人剥削。“贷款鲨鱼”们为穷人和时运不济者提供贷款，他们入不了商界的眼，不过也没有遭到社会的排斥。毕竟他们发挥的作用勉强可以接受，大家也就睁只眼闭只眼。说白了，他们就是有着数百年历史的放高利贷者。不过在美国，这类人不隶属于任何宗教或种族。他们是一群没有种族归属、违背公正的投机贷方。

“贷款鲨鱼”的存在是一个严重的社会问题，他们剥削贫困的工人阶级和那些深陷财务困境的人。但社会并未形成统一认识，很多中产阶级对“贷款鲨鱼”造成的问题知之甚少。底特律某家信用联盟的创始人之一曾说：“绝大多数生活小康的人对‘贷款鲨鱼’的罪行几乎一无所知。”大多数口碑良好的放贷协会创始人都认为，每月收取 1% 或 2% 的利息肯定要好过收取更高利息的、没心没肺的放贷机构。那位创始人继续说：“可当我们来到（密歇根）立法机构，提出每月收取 1%、1.5% 或 2% 的利息时，为了让立法机构的成员相信这再怎么往坏了算都不是高利贷，我们真是费了九牛二虎之力。”[2]1907 年，提高利率上限的法案被否决，1909 年才终于通过批准。

有关“贷款鲨鱼”的消息随处可见，许多小型金融公司以贷方

[1] 《泰晤士报》，1868 年 10 月 15 日。

[2] 全国救助贷款协会联盟，《简讯》，1（1912）：20。

身份公开宣传自己。很多时候，在贷款给借方之前，他们要向潜在借方收取一定金额的贷款评估费，如果他们决定贷款给对方，还会附加更多的费用，最后叠加在约定利率之上。贷款必须要有抵押，而且其价值要超过贷款本身。分期付款一般以周为单位，漏付一次都会导致抵押物被没收，除非贷方同意对方延期偿还，而这将会加在利息清单上，增加借方的还款额度。在这些情况下，实际利率往往会超过 40%。

19 世纪诞生了一种油水丰厚的贷款，那就是提前工资贷款，也就是今天所说的发薪日贷款。某个工人在发薪水之前需要一笔贷款，贷方同意为他提供贷款，并获得其工资的一部分作为回报。到了约定还款日期，一般是周末，贷方会收到全额支付。这类业务的利率很高，平均大约为 25%。尽管左看右看这都属于高利贷，但是没发工资，这个工人没有其他选择，因此，贷方在无人干预的情况下大赚一笔。在 1909 年上调利率上限后的四十年，纽约市市长菲奥雷洛·拉瓜迪亚（Fiorello LaGuardia）还忍不住抱怨这些放贷者，可是“贷款鲨鱼”们依旧逍遥发展，因为源源不断涌入的劳动移民和贫困的工人阶级仍需要高利息的贷款。

尽管在 19 世纪，借钱变得越来越普遍，而且公众普遍反对《重利法》，但在地方，高利贷仍旧被视为公诉罪行，一旦有人报案，政府一定会追究其责任。1894 年，哈莱姆区（Harlem）一个老迈的男人向纽约市市长投诉，说自己是“贷款鲨鱼”的受害者。市长将案子交给当地检察官，检察官又转给助理。于是这位助理检察官控告放贷者违反《重利法》，并把此人传唤至办公室。这位遭指控的放贷者来了之后给助理留下一个装有 15 美元的信封，说自己愿意给老人一些补偿。但是，这位助理忘了把钱转交给老人，事情曝光之后，他只好辞职，以免玷污了上司的清誉，因为看起来，他就像收了一笔小贿赂。

尽管金额不高，但高利贷罪名和后续监管无疑反映了纽约“贷款鲨鱼”的新闻价值。

19 世纪末期，由于缺乏提供消费贷款的放贷机构，于是出现了很多非盈利团体进入放贷业，以帮助那些低收入工人。1895 年，纽约市圣巴多罗买教会（St. Bartholomew）的牧师在接到无数援助请求之后，推出了一个放贷给教区居民的项目，计划以合理的利率提供 50 美元及以下的贷款，但贷款的前提是非房地产抵押（动产抵押）。当时的平均年工资为 438 美元。[1] 贷款利率为每年 6%，按月分期还款。该项目大受欢迎，才推出九个月，给借方的贷款额度就高达 3 万美元。当教会决定长期推行该项目时，已经收回贷款 1.2 万美元。牧师表示：“来这里的很多人都深受放贷者之害，高利贷者和所谓的经纪人在放贷时总是收取高额利息，他们要求动产抵押为担保，小额贷款的年利率甚至高达 160%~200%。”[2]

该教会的放贷业务越做越大，而其收取的利息则越来越低。起初有抵押的贷款利率为每月 1.5%，后来降至 1%。早期的 6% 是借方支付的实际利率，不过不是约定的年利率，因为多数人会提前偿还贷款。该教会成立不过十年，年平均贷款额度约为 30 万美元，而拖欠率只有 0.625%。[3] 虽然有了这些进步，但对需要高额保证金放贷的现金供应而言，小额贷款仍旧供不应求。该教会和其他许多慈善性的贷款协会一样，将一些放高利贷者赶出了所在的城市。其他城市的不少类似机构都带来了相同效果。

19 世纪末，芝加哥也面临着“贷款鲨鱼”和发薪日贷款的问题。

---

[1] 非农业工人。美国历史数据，表 Ba 4280。

[2] 《世界》，1895 年 1 月 27 日。

[3] 亚瑟 •H. 汉姆：《动产借贷商业》（纽约：罗素 • 塞奇基金会出版社，1909 年版），37。

该市及其他城市的商人们意识到，如果手下雇员落入“贷款鲨鱼”之手，他们就会偷商人的东西，以维持收支平衡。《第蒙日报》（*Des Moines Daily News*）在一篇社论中批判道：“赚取他人血汗钱的‘贷款鲨鱼’最是恶贯满盈的。”于是，雇主们联合起来筹集资金，并以合理的利率为雇员提供贷款。同行的雇主为后世所谓的信用合作社创造了雏形。未来一百年里，信用合作社将不断发展，成为面向成员的主要消费贷款供应方。氏族观念后继有人了。

尽管绝大多数州还保留着利率上限，但是贷方通过对贷款的设计，可以避开各类限令。依照法律，房地产是不可侵犯的，因此动产抵押依旧保持了数世纪的生命力。一般而言，除非严重拖欠或根本无力偿还，否则那些不得不求助于“贷款鲨鱼”的借方是不会有怨言的。即便如此，仍旧难以估测究竟有多少起无力还债的事件是由这些贷方引起的，也难以估量他们对国家收入的影响。总之，这一直是个未知数。

虽然英、美两国试图废除《重利法》，但其定义仍旧是个棘手的问题。马萨诸塞州和罗得岛州等地区声称自己已经废除了《重利法》，可是在出现法律纠纷时，仍以 6% 为标准利率。英国的法院也意识到，虽然水平线是可变通的，而且取决于具体案件的实质，但利率一旦跨过某个门槛就会变成高利贷。高利贷争辩并未随着 1854 年英国废除《重利法》而结束。这个词语仍旧活跃在商业术语中，不过道德批判之声消停了。这个世纪后来出现的几件案子中，焦点在于双方谈不拢，因此要限制贷方合同或利率。有些地方的《重利法》已经寿终正寝，但法庭上还是会提起。尽管这些官方法律已经退出舞台，但关于《重利法》的争辩仍不休不止。

英国国会于 1900 年通过了《放债人法》（*Money-Lenders Act*），希望能够解决在《重利法》废除之后贷款的高额利息问题。新法律赋予法庭权力，可以处理贷方对借方的指控，从而将利率或与利息相关的赔偿按照原来5%的利率计算。法律通过之后，法院接到很多案子，无不声称对借方收取的利率“苛刻过分”。上议院接到一件案子便出现了高额利息的问题。詹姆斯勋爵（Lord James）评论道：“单是高额利率本身就足以说明交易的苛刻过分……至于何为高额利率则由具体经办的法庭决定……一旦被确认是高额利率，贷方要想辩驳高额利率本身并不足以证明合同的‘苛刻过分’，则必须给出证据。这是他的责任。”[1]

但是，如何定义高额利率是件麻烦事儿。这部法律规定相关的阐释交给法院自行解决，而这种阐释需视具体情况而定。在一个案件中，一位男子需要一笔贷款，贷方要收取每年75%的利息。借方是位年迈的老人，主管着一家每年收入1000英镑的公司。他出示的资产包括房屋、家具和艺术品，总价值为1万英镑，现在他需要一笔贷款支付给自己的债权人。法官接到案子后，裁定合同是公平、公正的，因此老人必须还钱。其他一些案件也面临着同样的境地。陷入这类案子的借方目瞪口呆，从此再也不能喊冤说自己被高利贷坑了。[2]由此可见，利率水平并不是绝对的，而是取决于借方的处境以及贷方的所作所为。

《放债人法》通过之后，一位法官在后来某个案子中提出：“这部法律的初衷是帮助那些陷入财务困境的人，他们为了摆脱财务窘境不得不去借钱……而不是去协助那些有能力和放债者公平地讨价还价

[1] 萨缪尔•V. 纽伯德案件，援引自乔瑟夫•布利奇斯•马休斯及乔治•弗雷德里克•斯皮尔：《放债者法案》，1900（伦敦：斯威特马克斯韦尔出版社，1908年版），4~5。

[2] 乔瑟夫•布利奇斯•马休斯及乔治•弗雷德里克•斯皮尔：《放债者法案》，1900，8~9。

的人。”[1] 市场利率虽然流行，但是如果借方能够证明自己被贷方剥削了，法院就会出手相救。《重利法》存活于世三千年，那些基本原则仍旧焕发着生机。高利贷被定义为处于优势地位的贷方通过收取高额利息占尽借方的便宜。不过，借贷双方的协议依旧以借方自愿签署为假设前提。

美国国会于 1800 年、1841 年和 1867 年通过的《破产法》迅速被全部废除，于是相关法律出现了真空。1898 年，国会再次努力出台新的《破产法》。美国的《破产法》遭遇和 1854 年之前英国废除《重利法》经历一样曲折跌宕。1898 年的《国家破产法》（*National Bankruptcy Act*）是该国首部涵盖个人和企业的长久法律，其中规定了自愿和非自愿破产，其条款执行了四十年之后才有了实质性修改。

根据这部法律：

> 除企业机构之外，凡是欠债者均有权依照本法律宣布自愿破产……除工薪族或主要依靠农活或耕地为生的人之外，凡是以制造、贸易、印刷、出版或商贸为主要从业领域的任何自然人、任何非公司制企业及任何社团，如果所欠债务达到 1000 美元或以上，在没有公平审判的前提下，可归为非自愿破产，将受本法律条文约束，并有权享受该法律规定权益。私人银行，不包括国有银行以及州或地区法律公司制银行，可归为非自愿破产。[2]

[1] L.J. 沃根 • 威廉姆斯法官，彭西翁 •V. 西金斯，援引自乔瑟夫 • 布利奇斯 • 马休斯：《过去、现在的金钱借贷史：英格兰高利贷简史》（伦敦：斯威特马克斯韦尔出版社，1906 年版），36。

[2] J. 阿德里安斯 • 布什：《1898 年全国银行破产法案》（纽约：银行法出版公司，1899 年版），63。

条文当中之所以要涵盖私人银行，是因为鉴于其私营性质，它们不受监管和公共会计约束。

《破产法》的通过可谓恰逢其时，下一个世纪将成为利息和债务历史的里程碑。虽然债务革命费了数十载才发展起来，但20世纪无疑是绚烂的一章，因为放贷中长久以来备受谴责的消费贷款一跃成为新时代繁荣发展的领路人，不过它不再以债务做伪装，而是有了另一件更加朦胧的外衣——信贷。

第 5 章
Chapter 05

新债务革命

近期的调查得出一个定论：凡是人口超过 30 万的城市，每 5000~10000 人中，就有一个是放高利贷的；而在那些制造业雇工量大的城市中，聚集的此类人物大幅增加。

——《纽约时报》，1911 年

本章导读

1899年，托斯丹·凡勃伦(Thorstein Veblen)[1]出版了一部名为《有闲阶级论》（*Theory of the Leisure Class*）的著作，完美地展现了19世纪之后人们对债务的新态度。在这本书里，托斯丹描述了在过去数十年中富裕起来的新消费阶级，评议了“镀金时代”创造出奢侈品需求的当代顾客。他这样写道，“高调消费昂贵物品是有闲绅士的身份象征”，他们的目标是模仿其他富人，追求社会地位和奢侈生活。在过去数世纪，《节约法》费了九牛二虎之力要使这种行为降到最低，不料到了“镀金时代”，人们非但不再谴责，反而大加鼓励对腰缠万贯的银行家和实业家的跟风效仿。不管怎么说，这对经济是有好处的。

英国废除了《重利法》，美国也在尝试废除，高额的放贷利率还是存在。绝大多数消费贷款并没有受到影响，还是保持了数百年以来的原貌。尽管商业贷款遵从了市场现实，但实际利率超过100%的消费

[1] 译者注：托斯丹·凡勃伦，1857~1929年，制度经济学派的创始人。

贷款仍然非常普遍，支付最高利息的还是贫苦和弱势的借款人。购房互助协会和友好协会的确为很多人提供了利率合理的贷款，可是大部分人不具备成为其成员的资格，结果还是要偿还高额的利息。

复利计算早就成了普遍行为，但人们对其潜在的破坏力仍心有戚戚。英国经济学家约翰•梅纳德•凯恩斯（John Maynard Keynes）认为，忽视社会发展和全民福祉已成为社会性问题。先前的达尔文的发现以及马尔萨斯发出的人口警告全被抛至一边，取而代之的是金融计算。但愿进化论的益处能和人口增加的可怕预测相互协调，从而带领社会走向幸福。不过在凯恩斯看来，现实与此愿望背道而驰，事实上人口增长率和科学利益早都分道扬镳。第一次世界大战结束后不久，他便写道：“……19 世纪在紧盯着复利那令人眩晕的好处时，遗忘了物种的繁衍能力。”[1] 金融注定了要对政治和经济施展魔法。

复利禁令早就不复存在，仅剩的争议围绕法律展开，关于是否以及何时应该收取复利的大多数讨论都与《合同法》有关。大西洋两岸都出现了大量文献，论述复利计算在合法合同中的作用，这和查士丁尼时代对受益权和高利贷的争论别无二致。收取复利将受到密切监督，尤其是合法监护人和法庭的监督，以确保借方或未成年人不被贷方或其他中间人剥削。

20 世纪为信贷和债务引入了很多新奇的观念。人口激增对金融机构造成了普遍压力，它们必须更快、更好地提供信贷。信用合作社、互助会、购房互助协会继续繁荣，不过还是赶不上人口增速，大部分人还是要依靠私人贷方解决借贷需求。提供高利率贷款的专业金融公司和发薪日放贷者业务繁忙，而且服务需求量越来越大，但面向中小

---

[1] 约翰•梅纳德•凯恩斯：《和平的经济后果》（波士顿：哈考特•布雷斯和豪尔出版社，1920 年版），第 21 页。

账户的工人阶级和普通公民的放贷机构却严重欠缺。“贷款鲨鱼”依旧是全国性的问题。利率为50%及以上的贷款资源非常充足，而低于该利率的则少得可怜。这些情况对经济造成的危害难以计算，因为在20世纪20年代之前，美国并没有对个人信贷进行任何统计。

“二战”之前，人们讨论的焦点是消费贷款或者我们今天所说的消费者贷款的合理利率究竟是多少。20世纪20年代，为工人阶级提供小额贷款的信贷机制的确有进步，但离所需的金额和低利率的目标仍然相去甚远。1903年，瑞典经济学家古斯塔夫·卡塞尔（Gustav Cassel）写道：“由于市场体制瑕疵的存在，或市场出现特殊情况，尤其是遭遇风险而难以存活时，贷方要求的剩余价格就是高利贷。”换言之，正是因为市场信贷存在结构性缺陷才导致了高利贷。他进一步提出，“高利贷只不过是利用市场体制缺陷的众多强盗行为中的一种”，并得出结论：

> 主要问题在于，如何保证每一笔合法贷款，既考虑了所有情况，又存在于理想的市场结构中，且能在利率上达成一致。不难得出结论，救治之法是以向所有人证明其信用度为目的的信贷组织。这不但关乎例如合作社或其他能为弱势农民与手工从业者提供贷款的组织的创建，而且，推广此类基础商业知识能预防借方稀里糊涂地签署合同，还能从一定程度上帮助借方理解市场条件。[1]

美国信贷市场似乎听到了现实的呼唤，银行体系开始出现更多的分支，将在接下来的四十年里提供消费者信贷。

---

[1] 古斯塔夫·卡塞尔，《利息的本质和必要性》（伦敦：麦克米伦出版社，1903年版），第181页。

工业国家，尤其是美国，在经历了早期基础设施及其他资本项目的建设之后，开始意识到消费对国内经济的价值。制造业和服务市场要想发展起来必须仰仗人口，只有今天我们所说的“消费者”购买各种新产品，才能维持工业革命之后的繁荣。这是和过去的一个分水岭——从罗马时代到伊丽莎白时代的各朝社会都推行《节约法》，要求民众量力而行，不要痴心妄想，忘了身份。现代工业社会要想蒸蒸日上，就必须用更民主的概念将这些腐朽的“位高权重”思想取而代之。因此，必须鼓励而不是遏制新时代的消费者。

消费者市场要想发展起来，并且使普通公民也能购买琳琅满目的商品，社会就必须改变原来的“量入为出”的基石，还要扩大消费者的消费支付空间。传统上，唯一可用的信贷是商人和消费者之间一对一的业务。如果消费者无法当场支付，商人往往会同意对方延迟一两周再支付。绝大多数情况下，消费者会当场给钱；如果某件商品无法立刻支付，那就是自己买不起。按揭购买房屋是例外的，储蓄和放贷机构一般会同意十年的支付期限。“一战”以前，商业银行极少从事此类业务，包括私人银行在内的大银行绝大多数只提供商业贷款，证券承销，专为富人服务。未成气候的零售银行也主要面向社会上最富裕的10%的人群。进入新世纪，贾尼尼（Amadeo Pietro Giannini）在加利福尼亚创立了意大利银行（Bank of Italy），后来更名为美国银行（Bank of America），自此，商业银行开始积极从事零售业务，消费者浪潮有了体制支撑。“一战”之后，大型银行开始服务普通百姓，因为显而易见，消费者这股快速崛起的力量能为贷方带来盈利。

1913年，美国首次推行永久性个人所得税，虽然对于普通工人阶层来说，税率绝不算高。受影响最大的是那些高收入人群。1909年，美国首次推行企业税，“一战”期间税率还会上调。自推行之日起，企业和个人的利息支付都可享受减税政策。个人在汽车和房屋的利息支付中还可获减免，这一做法一直延续到20世纪80年代。不过，在20世纪前十年，这类税还是新玩意儿，当时很多人认为它们阻碍了经济进步。

富人阶级总能享受高生活水平，因为他们有资产，要么是房地产，要么是诸如股票之类的无形资产。工人阶级就没这么好的命了，很多人都是月光族，很少有存款或财产。即使其年利率已经高达120%，发薪日贷款依旧是工人阶级的主要信贷来源。现代金融很快就冲垮了这些障碍。平头百姓希望能过上富人那样的生活，可是囊中羞涩，解决办法就是构思新方法，取代已经有几百年历史的当场支付的做法。这成为20世纪金融革命的第一波浪潮。结果是很激动人心的，1929年，消费占到美国国民生产总值的2/3。

战争、债券和赔款

就像过去一样，20 世纪，战争为固定收益类投资提供了一个名正言顺的理由。美国内战的借贷经验证实，政府债券是极佳的投资选择，因为拖延风险最小。

当美国财政部需要为“一战”筹集资金时，销售新债券可以说是顺风顺水地展开了。这使得人们不禁回想起了杰克·库克。购买战争债券是一种流行的投资方式，还能彰显爱国情怀。战争贷款的广告投向小额储户，这又唤醒了很多移民的记忆，他们为了人身安全漂泊到美国。最流行的一幅宣传海报上画着埃利斯岛（Ellis Island），自由女神的影子落在岛上。广告营销是必要的。从 1917 年到 1919 年，财政部推出了五批“自由贷款”（Liberty Loan）项目，高达 215 亿美元的总价值令人咋舌。这是截至当时为止，美国历史上金额最高的一次融资。

财政部把债券发给纽约联邦储备银行（Federal Reserve Bank of New York），该银行再分发给其他银行和经纪人，然后销售给客户。

财政部亲自负责监管销售，没有让以往经常参与债券销售的华尔街投资银行插手。此次债券仿效五十多年前杰克·库克用过的销售技巧，面额较小，平均约为 100 美元，起初进度缓慢，但后来供不应求。

各路投资人购买“自由贷款”都出于一个原因：此类债券免交联邦所得税。在所得税规定落实的数年里，税率居高不下，因此债券需求量大幅上涨。投资界可不会放过这次机会。上百万人都购买了债券。投资银行估测，战前购买债券的人数仅 35 万，1914 年之后激增。[1] 金融推销很快就专注于个体投资者了。一个个体的持有量不足为道，但加在一起，潜在市场不可小觑。国民城市银行（National City Bank）行长查尔斯·米切尔（Charles Mitchell）喜出望外：“本国出现了一支庞大的投资队伍，之前他们可能对何为息票债券一无所知，可未来他们将有望成为储户和债券购买者。”这无疑是“自由贷款”销售的终极犒赏。[2]

除了财政部债券之外，自治区、公司、外国政府和外资公司也推出了债券。铁路债券慢慢让位给工业公司发行的债券，不少自治区利用债券市场筹钱，以提供需求不断增加的城市服务。很多外国政府和公司也在利用债券市场找钱，陌生借方越来越多。借方国家既有东欧和西欧的，也有拉丁美洲的。

1915 年，J.P.摩根公司（J.P.Morgan and Co.）协助组织了截至当时规模最大的单只债券，该债券被戏称为“1915 盎格鲁－法兰西贷款”，其收益用于支持德国的敌对国。所有主要银行机构都受邀参与了发行，不过和“自由贷款”的做法不同，承销费被分给了各家银行。战争期间，摩根为美国财政部承担了大量金融工作，在凡尔赛

[1] 美国财政部，《年度报告》，1918 年，第 70 页。

[2] 《华尔街杂志》，1917 年 6 月 9 日。

宫会议之后的和平谈判中，摩根可以说发挥了最大影响。摩根的搭档们控制了全球政治银行界。其中一位名叫托马斯·拉蒙特（Thomas Lamont），会议期间（始于1919年），他成了美国总统伍德罗·威尔逊（Woodrow Wilson）最信赖的顾问。最终德国收到的赔款协议上的总金额超过350亿美元。曾担任威尔逊战争工业委员会（War Industries Board）主席的伯纳德·巴鲁克（Bernard Baruch）不无艳羡地说，会议上到处都是摩根的人，这里俨然成了他们的秀场。

约翰·梅纳德·凯恩斯在其出版于1919年的《和平的经济后果》（*Economic Consequences of the Peace*）一书中指责了这一做法。作为英国财政部金融代表，凯恩斯参加了凡尔赛宫会议，亲历了谈判。对于向德国提出的赔偿条款，他提出反对，可是反对无效。战争之后，战胜国人民报仇情绪高涨，提出的条件自然苛刻。凯恩斯在他的著作中阐述了复利对赔偿的影响。支付是在会议之后的一定时间内完成，他指出，支付计划不仅对德国是个沉重的负担，而且会威胁到未来和平。当时提出的赔偿总额是个概数，凯恩斯的计算结果比联盟的估算略微高一点儿。他写道：

> 根据我的计算，总债务为400亿美元……假设利率为5%，那么不算计提[1]，年支付额为21.5亿美元……按照5%的复利，本金总额将在十五年后增加一倍。假设德国在1936年之前无力完成每年7.5亿美元的支付……不算利息情况下的250亿美元将上涨到500亿美元，年利息达到25亿美元……如果德国某年年末支付未达到该金额，那么其欠款将超过最开始的额度。[2]

[1] 译者注：会计学名词，即计算和提取。

[2] 约翰·梅纳德·凯恩斯：《和平的经济后果》，165~166。

复利显然使赔偿问题恶化了。德国从未全部支付赔款，高通货膨胀和“二战”终于还是爆发了。赔偿债务中采用了复利，这让凯恩斯如坐针毡，同时也证明这是战后相对普遍的政治权宜之计。德国出现的问题恰好和理查德·普莱斯于 18 世纪末期在英国提出的观点截然相反。现在人们利用复利收取赔款，让德国国家债务更加雪上加霜。这时，最初的偿债基金构想完全被颠倒过来。

借钱消费的新浪潮

20 世纪 20 年代，基于战后的繁华和生活水平的提高，较之以前任何一个时期，这时的美国人更容易获得信贷，消费产品的种类也更为丰富。在这样的氛围下，人们都在借钱消费，而且越借越多。罗伯特·华莱士的早期乐观精神超越了托马斯·马尔萨斯的悲观主义。信贷开始民主化，以契合人口增长和改善生活的需求。

即便算上战前，借钱消费的浪潮也才盛行了几年而已，但人们对新诞生的消费主义观念已经觉得别扭。有人担心消费者支出太多，将导致储蓄太少甚至压根儿没有。与这种恐惧同时出现的还有对酗酒和烈酒消费的顾虑，尤其是在工人阶层中，这最终导致了禁酒令的出台。不过和长期存在的高利贷禁令一样，由于老是被违背，禁酒令形同虚设。

“一战”期间，各个阶层都在倡导“节约行动”（thrift movement），并督促美国人民尽最大可能存钱。政府希望公民能将资金用于政府战争债券。邮政储蓄银行成立了，其服务之便捷令很多储蓄银行和信用社望洋兴叹。伍德罗·威尔逊提出，为战争债券投入 1 美元就意味着政府筹款少了一点儿竞争。储蓄成了举国上下的爱国义务，也相当成功。这笔现金令贷方垂涎三尺。

美国和消费者信贷的长期存在的密切关系真正始于 20 世纪 20 年代。购买力的变化及其影响是显而易见的，于是信贷开启了蓬勃发展的势头，直到 1929 年股票市场崩溃才画上句号。自此，生活标准反过来永久性地改变了生活方式和人们未来对债务的态度。20 世纪 20 年代，消费者债务增加了一倍不止。在 1929 年市场崩溃之前，消费者人口约为 6000 万，而债务约为 64 亿美元，换句话说，每人负债 106 美元的债务，大概相当于年人均收入的 8%。[1] 第二抵押品开始变得普遍，因为只有一个房子已经无法满足某些房屋所有人日益膨胀的购买欲望和对消费品的渴求。人们曾经认为债务是负担，但在贷方积极的解读下，这一概念被抛至九霄云外。现在，债务是信贷的拓展，潜台词是积极正面的，而不再像数世纪前一样消极。《纽约时报》于 1923 年做出评论："实有必要在信贷和债务之间划分界限，可是要找到分界点着实困难。"

到了 1925 年，分期信贷公司的数量超过了 500 家。信贷机构发展起来了，商人和贷方为账户持有人提供手写账单。这些机构发现，顾客总是挑自己方便的时候偿还贷款，而不是严格遵守还款时间表。这一点特别重要，因为由于拖欠而再次占有抵押物品的情况时有发生。和过去一样，消费者贷款需要抵押。

即使这类新兴的购买活动大多是靠信贷提供的资金，但是还是和"二战"之后发展起来的信贷大有不同。当时虽然出现了信贷机构，

[1] 美国商务部:《美国的历史数据: 从殖民时代到 1957》(华盛顿,哥伦比亚特区: 政府印书局，1957 年版)，X 系列 415~422。

但是并未大面积普及，大部分人仍旧在必需时才购买商品和服务，绝大多数人并未接触银行机构。20 世纪 20 年代信贷现象中特别引人注意的是大约只有 10% 的人会使用信贷。1930 年，20 世纪基金会（Twentieth Century Fund）估测，大街上 90% 的人没有接触过信贷。零售银行统计数据显示，实际发生的消费，其资金来源主要是借钱。那些有银行账户的消费者（如果有账户）往往会去找储蓄债务协会、信用社或储蓄银行，而不是商业银行。因此，大萧条一开始，商业银行就削减了自己新建立的零售业务。

绝大多数商人贷方允许顾客定期存钱，以供他日消费。商人会将商品放在一边，直到收到全款才将商品交给顾客。换言之，放在从前，消费者要先储蓄后支出，而如今的做法则是先支出后储蓄偿还。从技术层面而言，这种“余款付清交货措施”（lay-away plans）是为将来消费准备资金，而不是偿还已有的消费债务。金融的马车以这样的方式滚滚前进，直到世纪末被颠覆。

这种余款付清交货做法还将盛行数十年，但后来被新型分期信贷抢了风头。后者的概念简洁明了，在当时颇有超前之感。消费者在购买时必须支付首次交款，之后按照等额分期支付余额。1911 年，西尔斯·洛布克公司（Sears, Roebuck and Co.）推出了消费者信贷业务，这是首批设立该业务的零售店。汽车是以这种方式购买的头号大件商品。1916 年，马克斯韦尔汽车公司（Maxwell Motor Car Company）成为首个允许信贷买车的制造商，要求首次支付 50%，余额则均分成 8 次支付。其他汽车公司纷纷效仿。大宗商品是分期信贷的头批对象，不过仅在十年之内，信贷就覆盖了所有商品。

抵押仍然是放贷的前提条件，只是不再那么直接。如果某位顾客想申请住宅按揭，正常情况下要去找有储蓄业务的购房互助协会。一般来说，申请按揭的顾客必须在小银行有储蓄账户，购买住房之后，账户必须保持使用，这样银行就能按照自己的最大利益计算，以确保客户能够承担得起按揭支付。从银行角度出发，顾客必须为贷款保有小额补偿性余额。当时的按揭条款可没有“二战”之后那么慷慨大方。在20世纪20年代中期，正常抵押贷款必须在三到五年之内还清，购房互助协会和储蓄银行提供的条款更慷慨一些，能延至十一年七个月。实际上，绝大多数抵押融资结合了初级抵押和二级抵押，从而延长了还款期限，不过当时清偿期很少会超过十五年。小型贷方显然比大型同行更有优势，因而占据了住房按揭市场的较大份额。

普通公民通过巧妙的融资获得了第二件大宗现金购买的消费品，于是人人有车开。战争一结束，制造商立即意识到必须加大对顾客的信贷。1919年，通用汽车公司（General Motor）创建了通用汽车金融服务公司（General Motors Acceptance Corporation，简称GMAC），为经销商和顾客提供贷款。该公司生意火爆，三年之内借出的消费贷款超过2.27亿美元，成为这一浪潮中最大的分期信贷公司。[1]之后，福特汽车公司（Ford）于1928年成立了自己的信贷分支，发誓要以尽可能低的成本让举国上下人人拥有一辆福特汽车。福特宣称此举绝不是为了谋利，而是要为购买者提供资金。福特旗开得胜，两年之内，福特为80万“分时”购买者提供了4.25亿美元的资金。当时，最廉价的汽车价格略微低于普通工薪族一年的总收入。接下来的十年里，工资从原来的1100美元上涨到1500美元。[2]

分期信贷非常普遍，很多主要放债人甚至在1926年联合起来成立

[1]《纽约时报》，1922年5月1日。

[2]《美国历史数据》：苏桑•卡特、司各特•盖特纳、迈克尔•海尼斯、埃伦•奥姆斯泰德及理查德•苏奇编辑（纽约：剑桥大学出版社，2006年版），D系列603~617。

了贴现公司[1]，这就像一种后盾，通过贴现购买它们的票据，从而保证流动性。结果显而易见。20 世纪 20 年代末期，分期信贷成了最流行的贷款模式。每年的贷款总额度约为 64 亿美元，大约一半属于分期信贷，[2] 紧跟其后的贷款来源是“未授权放债人”和当铺，年贷款额分别为 7.5 亿美元和 6 亿美元。这说明，虽然消费者放贷有了发展，但社会仍旧非常依赖过去更加普遍的贷款来源。“未授权放债人”包含着多种来源，而最知名的来源已经迫害美国社会数代之久，那就是“贷款鲨鱼”。

[1] 译者注：贴现公司向商人购进承兑汇票，又出售给银行，从中获取先利差。

[2] 美国商务部：《美国的历史数据：从航海时代到 1957》，X 系列 415~422。

向“贷款鲨鱼”宣战

“一战”之后，美国被两大严重的社会问题所困扰——酗酒和高利贷。两者可谓关联密切，不过人们显然认为酗酒更猖狂，所以才出台了禁酒令。禁止制造烈酒是美国制定的最像《节约法》的法规，但是严格来说，禁酒令认为罪魁祸首是制造商而非消费者。

战后，“贷款鲨鱼”和有组织的犯罪勾结起来，为那些有需要的人提供现金，利率之高绝对到了高利贷的程度。其中一个典型事件遭到了曝光。1933年，暴徒达基·舒尔兹（Dutch Schultz）饮弹而亡，《纽约时报》评论道：“自古以来的高利贷纷争，加上现代黑帮的打打杀杀，据说这是导致昨日枪杀案的主要因素。”舒尔兹是一个臭名昭著的“贷款鲨鱼”，纽约政府透露，不知内情的借方被他讹诈的利率每年高达1042%。显然，如此高昂的利息永远偿还不了。20世纪20年代末期和大萧条反而刺激了消费贷款需求，如果有人的贷款渠道不是银行，则会无奈地身陷悲惨境地。

20世纪20年代~30年代，有组织犯罪爬上了头版头条。20世纪

30 年代末期，暴徒犯罪由原来的禁酒令时期违法生产烈酒让位于“贷款鲨鱼”。“贷款鲨鱼”依旧有市场，主要是因为大型银行不愿为低收入的小储户办理业务。经济艰难刺激了贷款需求，很多小商人和个体如果需要贷款，都会去找“私人”放债者。“贷款鲨鱼”早在 20 世纪前几十年就是主要的社会经济问题了。高利率阻碍了这些倒霉的借款人享受真正的经济进步。但是还有其他收取高额利息的方式，例如在贷款之前就开始征收利息。并非所有的“贷款鲨鱼”都身穿黑色雨衣、躲在暗处做生意。绝大多数都是未授权的贷款公司，剥削缺现金的工薪人士。他们扬言，自己是在为传统银行机构没有服务到的那一部分人提供信贷。这番言论深得很多处理大规模金额业务的银行的欢心，它们可不愿意参与零售放贷业务。“贷款鲨鱼”无疑是对当时重利法律的嘲讽，也成为高利贷立法的靶心。

20 世纪 20 年代，消费者信贷因两股力量而蓬勃发展。鉴于“贷款鲨鱼”问题之严峻，人们开始为小额消费者贷款提供更多可能性。惯常而言，“小额消费贷款”是指个人贷款金额为 300 美元或以下，或不超过平均工资的 15% 的贷款。很多州计划修改利率上限，允许贷方从贷款中收取更多的利息，因为高利率能吸引更多的合法贷方，减少“贷款鲨鱼”。这一做法大受欢迎，尤其是几个大型放贷机构决定进入小额贷款市场之后。罗素·塞奇基金会（Russell Sage Foundation）成功游说了几个州的立法机构放开对小额贷款的利率上限监管，其结果是，除了美国银行，还有两家大型商业银行也进入了该市场。这两家机构都在纽约市，分别是国民城市银行和合众国银行。1928 年，两家银行均推出了小额贷款业务。国民城市银行首先宣布消息。该行行长查尔斯·米切尔表示，银行意识到曾遭大型银行忽视的小额顾客需要而且将会得到资助。他这番话折射了一个事实——该银行并不习惯与普通工薪顾客打交道，不过银行还是信誓旦旦，“通过与这一阶层的接触，我们坚信，他们每一个人都正直可信。我们绝不是去鼓励所有人都要借钱花，除非是情非得已，不过我们有信心，在崇尚节约精神的背景下，我们提供的贷款能得到偿还。”[1]

几个月之后，合众国银行进入市场，不过并未停留太久。1930 年，银行高层挪用顾客存款从事股票投机，事情败露后，银行被迫关门，成为到当时为止美国历史上最大的银行倒闭事件。1929 年市场崩溃后，银行遭受重创。很多储户都是新移民，他们的存款全部化为乌有，最终纽约州介入，恢复了部分存款。

1922 年，美国 58 个州中有 43 个州都制定了《重利法》，不过并不完全统一。有些州规定了贷方能向借方收取的最高利率，有些州则要宽泛一些，旨在遏制所谓的“道德高利贷”（moral usury），即向那些显然无力承担的人收取高额利息，而且没有书面贷款合同作为保障。换言之，贷方是在剥削身陷经济困境中的借方。这些条文听着完美无瑕，可是执行起来异常困难，尤其是道德高利贷。极具讽刺意味的是，道德高利贷和最早的“以邻为壑”观念颇为类似，但是很难定义。

很多州的法定利率在 6%~12%，具体视贷款类型而定，按揭利率属于这一范围的较低水平，而定期消费贷款的利率则属于较高水平。贷款合同上会注明法定利率。在 20 世纪，“民间”高利贷和“犯罪”高利贷的区别越发明显。这些术语比起“道德高利贷”来更加易懂，处理方式也大有不同，犯罪高利贷一旦被证明属实，放贷人就会受到严厉惩处。判断各州放贷是否合法的标准是宪法规定的最高利率（如果依旧存在的话），由于该利率绝大多数情况下都符合按揭利率，因此易于监管。如果贷款合同中没有注明具体利率（倘若果真有这样的合同），则使用法定利率；如果没有注明具体偿还计划，则要依此利率

[1] 援引自《纽约时报》，1922 年 5 月 1 日。

完成贷款贴现。该利率还适用于消费者贷款和定期贷款，但按揭除外。相比较于采用长期合同利率的贷款，法定利率适用的贷款类型质量较差。人们意识到，尽管存在《重利法》，但质量较差的贷款必须收取较高的利息，因为如果这类贷款没有一定额度的风险保证金，贷方一定会退避三舍。自 20 世纪 20 年代中期到末期，这些贷款的利率一般能高达 18%。

法定利率易于监管，而消费贷款的合法利率就更加棘手，往往还会导致“道德高利贷”的模棱两可问题。这类高利贷几乎无法评估，因为它取决于借方有理有据证实自己遭受不公平对待。如果是在和机构性贷方打交道，并且能证明贷款收取的利率超过法定额度，则这样的结果倒是可行的。但是，如果对方是私人贷方或“贷款鲨鱼”，这即使不是绝不可能，也绝对是难比登天。这种规定当然也适用于诸如达基·舒尔兹这样的放债人，然而麻烦在于，借方必须提出法律诉讼。“贷款鲨鱼”罪犯经常使用暴力手段，加之利率过高，导致很多雇主成立了共同协会，最初的目的就是要让手下雇员能以更加合理的利率借到钱，减少对自己和雇主的伤害。

1915 年，货币监理部门提出，两百多家全国性特许银行收取的利率等同于高利贷，此话一出，震惊了整个金融界。《重利法》已经执行了数年，为何相关讨论还是能引起人的公愤？一战时期争议的核心是一个长期性的政治问题，在下一个世纪仍将数次抬起头来。内战期间通过的《国家银行法》要求联邦特许银行必须遵守国家利率上限，出发点是州银行在遇到拖欠情况时可以采用该上限利率。然而，州银行并未对大型联邦特许银行马首是瞻。两支派系竞争不断，对司法管辖和可收取利率争执不休。监管部门抱怨自己管辖下的银行为所欲为。全国性银行还出台了更高的利率，州银行也乐得照葫芦画瓢儿。《重利法》和实际放贷之间由来已久的紧张局势再度进入大众视野。

美国除了有指向全国性银行的《重利法》之外，实际上还有一套存在了近五十年、诞生于大萧条时期的非官方《重利法》。1933 年，国会通过了《银行法》（*Glass-Steagall Act*，亦称《格拉斯－斯蒂格尔法》），规定美联储有权行使 Q 条例。为了保证各银行间公平且良性的竞争，该条例授权美联储为成员银行设定最高存款利率，这样大家就不会为了吸引存款而哄抬利率了。在接下来的四十七年里，最高存款利率绝大多数时候都没有超过 6%，有时甚至更低。这限制了银行主要的资金成本，并且有助于围绕存款率的特定范围制定放贷利率。这种差价银行业务易于维持，因为银行只为顾客提供了两种账户——储蓄账户和支票账户。银行为最佳顾客提供的贷款利率往往比存款利率高出几个百分点。消费者贷款利率自然更高一些，不过如果放贷利率过高，将会出现超过限额的问题。美联储一方面捍卫资金成本，一方面又对高额利率大为不满。Q 条例与各州利率上限完美契合，从而在存款利率和贷款利率之间划出了一个被广泛接受的范畴。

1928 年，罗素 • 塞奇基金会估测，商业银行收取的贷款利率约为 13%~35%，小型贷款公司为 42%，有授权的当铺为 60%，而无处不在的“贷款鲨鱼”居然高达 480%！该机构自 1912 年首次出版高额放贷利率调查结果以来，一直在跟踪研究。[1]20 世纪 20 年代，尽管当铺收取的实际利息奇高，但还是没有受到任何谴责。应当承认，工人阶层在这个消费社会里过度消费，当铺自然成了他们最后一丝希望。如果没有这类机构，要想穷人和手头拮据的工作者走进资本主义恐怕非常困难。[2]大萧条开始之后，“贷款鲨鱼”以及其收取的利率急剧增高。当时全

[1] 请参考亚瑟 • 汉姆：《反对“贷款鲨鱼”运动》（纽约：罗素 • 塞奇基金会出版社，1928 年版）。

[2] 请参考温迪 •A. 伍尔森：《在典当行：从独立时代到大萧条时期的美国典当业》（芝加哥：芝加哥大学出版社，2010 年版）。

国信贷紧缩，能借到的钱少之又少。消费贷款利率在无人煽风点火的情况下自己调整到了接近20%，于是乎，人们只好默认，由于经济和商业的普遍发展，出现高额利率是自然而然的事。

我们以从各州《重利法》的措词中找到一些对上述矛盾的解释。法律规定，书面贷款合同的利率不得高过规定的最高值。但凡有书面协议，任何人不得向他人收取高利率，但如果没有书面协议，那就是另外一回事了。人们普遍认为，合同有效期一般为一年或以上，例如按揭，协商的利率必须遵守《重利法》。但是，牵扯到个人目的或消费计划的短期贷款，利率则要根据这个较短时限（一般为几个月）来制定。此时，利率可以按月来制定，一般都低于年重利上限。如果月利率是1.5%，换算成年利率则为18%，当然，实际年利率并没有被明确提出，这一情况直到1968年《诚实借贷法》（*Truth in Lending Act*）出台才得以改变。如果借方能在三个月之内偿还贷款，则实际利率为4.5%；如果采用复利会略高一些。如果是长期债务，且又采用了法定利率上限，借方能否向法院申请减免则是未知数，除非实际利率高得离谱。

另一种逃避高利贷指控的常见办法是“工薪支付（salary buying）”，这是发薪日贷款的委婉说法。贷方会要求工人签字将一周的薪水转让给自己，然后再贷款给工人，这样就能逃过严苛的规定。他们声称这不属于贷款，只是提前服务，因此能逃过《重利法》。不管用什么名称，利率高是事实，最常见的情况是，工人将自己下一笔25美元的薪水移交给“贷款鲨鱼”，以获得20美元的贷款。

发薪日放债人收取极高的利息，但自19世纪以来，对它的打击成效可以说是微乎其微。纽约市市长菲奥雷洛·拉瓜迪亚发现，该市普通工人每周的平均收入为40美元，可他们为了提前拿到现金，甚至愿意支付10%的周薪，对此他勃然大怒，“我早就推行了政策，保护我市工人阶级免受‘贷款鲨鱼’和放高利贷者的剥削。”他这样说道。但是毫无效果。“一战”爆发以前，这个问题就已经无可救药了。1911 年，依照威廉·杰·盖诺（William Jay Gaynor）市长的吩咐，纽约市针对“贷款鲨鱼”做了一项调查。特派员雷蒙德·福斯迪克（Raymond Fosdick）发现，每 5 位本市雇员中，就有一位会时不时去找“贷款鲨鱼”。市长认为这一现象不可姑息，而在调查过程中，福斯迪克委员披露的不少事件让问题越发严峻。其中一件是关于某位城市消防员，他五个月之内死了 5 个孩子，于是借了 100 美元支付安葬费。他还了 10 美元，两年之后，他的欠款金额达到了 200 美元，他能够还上贷款的可能性微乎其微。当时纽约州通过了一部“贷款鲨鱼”法律，不过该法律唯一能做的，就是要求想从事私人财产贷款业务的贷方必须登记注册。[1]

极具讽刺意味的是，在 20 世纪 20 年代，即使分期信贷已经非常普遍了，最古老的一种放债者还是获得了不少尊重。当铺依旧是全国最大的贷方之一，仅次于分期公司和未授权放债人。它们的业务和普通放债人区别不大，贷款都需要抵押，如果当铺得到所在州的授权批准，则收取的利率理论上也受监管。不过，当铺主要还是地方事务。这些人从未联合组建成全国性的公司，一直保持小商人身份，其业务也是子承父业代代相传的形式。当普通公民达到信贷额度上限时，若急需现金，当铺就是最后的希望。1928 年，一家当铺老板表示，有时出现突发情况，普通居民甚至掏不出 100 美元的现金，只好向他求救。“一战”以前，据传法国只有一家此类机构，收取的年利率约为 8%。但在 20 世纪 20 年代的美国，此类机构比比皆是。

很多州都着手调查“贷款鲨鱼”的问题。1928 年，波士顿一位名

[1]《纽约时报》，1911 年 7 月 16 日。

叫爱德华•A.费伦（Edward A. Filene）的商人指出，诸如信用社这类信贷机构的增加是应对重利问题的最佳妙方，他在一次广播新闻中说道："纽约和本国其他地区对重利问题的调查是个强有力的挑战，我们必须根除这种社会不公正。"他还认为，很多信用社非常成功，它们甚至允许工人借钱，而利率和那些大型机构相比，也富有竞争力。[1]

纽约对高利贷的调查始于 1928 年，主要是针对"贷款鲨鱼"和发薪日贷款的，后者在纽约已然登堂入室，因此成为重点关注对象。购买者声称，他们提前支付的现金并非贷款，而是对某笔薪水的折现[2]购买。州立法机构提议制定小额贷款法案，这与全国性《重利法》的推崇者提出的模板如出一辙，要将小额、无保障贷款的最高利率限定为每月 2.5%，与那些已经采纳该观点的州保持一致。发薪日贷款将被视为一种放贷行为，并且必须纳入法律。

与此同时，纽约州检察长数次召开会议，讨论纽约州小额贷款的利率问题。调查发现，小额贷款的利率从 30%~1000% 不等，贷款几乎全是面向需要流动资金的工人阶层的。有人提议要逮捕有嫌疑的"贷款鲨鱼"，政府也搞了几次高调的逮捕行为，但这些案子并没有人积极跟进。检察长阿尔弗雷德•奥丁格（Alfred Ottinger）指出，纽约州每年损失 2600 万美元，全部落入"贷款鲨鱼"的口袋，而且绝大多数是出现在纽约市。这种"年度诈骗"金额逐年递增，督促了立法机关出台适用于各州的小额贷款法律。[3]

很多小额贷方迅速做出反应，卷起铺盖赶紧离开了纽约州。新泽西州意识到这一危险，赶在贷方人潮穿过哈德逊河（Hudson River）之前组织了"贷款鲨鱼"调查。但纽约州的问题可不好解决。活期贷

[1] 《纽约时报》，1928 年 4 月 2 日。

[2] 译者注：折现，又称贴现，指将未来收入折算成等价的现值。

[3] 《纽约时报》，1928 年 5 月 19 日。

款市场对小额借方能获得的金额数额也有重要影响。如果股票市场贷款（保证金）的借款利率偏低，贷方就会为更小额的借方提供更多信贷；如果活期贷款利率较高，情况则恰好相反。资金不过是为了更高的回报而从这一领域转到另一领域。活期贷款不受纽约州《重利法》的约束。活期贷款和定期贷款产生了竞争，如果活期贷款较高，定期贷款就必须提高利率。据《纽约时报》报道："这促使经纪人哄抬定期存款，以吸引那些甘愿冒面临高利贷指控的人。外币瞬间消失了，贷方面临着本金利息双损失的风险。"[1]

在 20 世纪 20 年代的进步派中，面向投机者的贷款也是波谲云诡，这在被东部贴上"草原民粹主义者"（Prairie Populists）标签的人身上表现得尤其明显。边际率[2]吸引贷方为股票投机者提供贷款，从而消耗了消费者可能的低利率资金，由此导致冲突不断。进步派认为美联储难辞其咎，因为它没有为储备金向成员银行支付利息。结果，银行借钱给市场，以获得更高的利息收入。进步派认为，总体而言利率偏高，可华尔街却享受着低利率，普罗大众则被迫接受高额利率。这番争论直到大萧条时期才算告终，因为在其他经济问题面前，这就显得无关紧要了。

但是，纽约州和新泽西州的措施并未缓解事态。家庭金融公司（Household Finance Corporation）是为商业和个人提供小额贷款的重要机构之一，其发言人说道："纽约州小额贷款法律规定，除额外费用之外，月利率固定为 2%，实际上月利率大约为 2.5%，这部法律毫无实际可操作性。去年，本州从事该业务的（放贷）授权机构只有 17 家。比起通过非法渠道收取高额利率的需求金额：未偿付贷款金额不值一

[1] 《纽约时报》，1928 年 4 月 28 日。

[2] 译者注：边际效率是以马歇尔为首的新古典经济学派的中心理论之一，又分为投资的边际效率和消费的边际效率，都具有递减性。

提。”河对岸也出现了类似问题：“在新泽西州，这个问题扯上政治了，去年执行的利率为每月 1.75%。最终的结果是，除了一家机构以外，其余授权公司都撤出了新泽西州。”[1] 虽然有些放贷会被贴上“高利贷”的标签，但小额借方能获得的资金越来越少，只有实质性地放松法律监管才能吸引有信誉的贷方进入市场，并保证利率能补偿他们的预测风险。

伦敦一部话剧就刻画了人们对放高利贷者和“贷款鲨鱼”的不满情绪，这出从伦敦西区引入的话剧于 1928 年夏季在纽约上演。观众看完《放债人》（*The Moneylender*）后的感觉可谓五味陈杂。这部戏讲述了一位名叫萨缪尔·列维（Samuel Levy）的犹太放债人和一位名叫莉莉安·鲁特莱尔（Lillian Luttrell）的非犹太英国淑女的复杂婚姻，这种连理枝在当时被视为异族通婚。新娘的父亲在伦敦设立了一家放债机构，不过她的家人对此一无所知。由于双方对宗教和金融的考虑，这场婚姻最终落空，两人分道扬镳。这部话剧的原名为《典当之恋》（*Love in Pawn*），微妙地涉及了典当商们的宗教信仰。

1928 年，在罗素·塞奇基金会和家庭金融公司（五十年前就已创立）的带头下，各州开始采用《统一小额贷款法》（*Uniform Small Loan Law*），以提高《重利法》的灵活性。国会无法废除面向全国性银行的《重利法》，因此各州开始引入这部法律。面向个人的居家物品贷款最高为 300 美元，担保就是这些物品本身。1928 年，共有 28 个州采用了小额贷款法律，基于所有的消费者贷款利率最终下降这一假设，《重利法》因提供更高利息而被抛开。很多州都接到意见，要求将贷方能收取的月利率由 1.5% 上调至 3.5%，换言之，年利率从 18% 上升到了 42%。人们普遍认为，利率虽高，但也是情非得已，因为必须借此来吸

[1] 威廉·J. 摩根，援引自《首府时报》（麦迪逊，威斯康星州），1931 年 5 月 28 日。

引合法放贷者提供消费贷款，尤其是面向工人阶层的贷款。利率为 40% 的贷款总好过利率为 200% 或更高的贷款。但是，并非所有人都认为市场力量最终会对利率进行干预。威斯康星州州长就曾断言道，《统一法》是在为高利贷煽风点火。可是局势已如脱缰之马。很多州相信了业务拓展全面就会让利率自行下降的说法，于是推出了各自的法律版本。结果这一年，家庭金融公司决定扩大其零售放贷业务，还跑到华尔街去融资，在所有的参与者当中，它是最大的赢家。

美国巨头的债务帝国

为消费者提供的信贷麻烦不断，相当费力，而在企业世界则恰好相反。即使股票市场备受关注——尤其是 1837 年之后经济崩溃或恐慌轮番上演，但债务还是整个 19 世纪美国最钟情的融资形式。没有人会担心企业欠债，相反，即便发行债券的企业财务状况令人堪忧，企业债券一直是投资者的心头好。

自 1870 年到 20 世纪 20 年代初，美国正值信用建设的巅峰时期，而随着人们对债务（这与证券相反）的认识渐渐增加，杠杆借贷[1]成了打造巨大工业帝国的最惯用手段。人们曾经对债务和利率避而远之，此时却为了获得市场主导地位而大肆利用杠杆借贷。从商品供应生产、铁路、制造业到公共事业，为了巩固地位、扩大市场，各行各业都是债台高筑。很多人发现，和消费债务一样，企业债务也是一把双刃剑，

[1] 译者注：杠杆借贷是指一些私募公司通过向某些金融机构贷款，用大额举债的方式去收购一些有着稳定资金流的公司。

既能帮助企业披荆斩棘拿下大片市场份额，也能让债务人死无全尸。

大型公共事业控股企业的发展无疑敲响了一记警钟，人们意识到，以大肆杠杆借贷实现企业掌控力，这种所谓的高效手段是存在风险的。“一战”期间及“一战”以后，基于地域的扩展，公共事业不断发展，尤其是在南部和西部，那里的长期债券收益低于6%。为数不多的几家企业为广阔地区发电，随着地位的巩固，渐渐形成了巨大的帝国。反垄断监管部门开始审查这些大型控股公司，看其是否违反了《谢尔曼反垄断法》（*Sherman Act*）或《克莱顿反托拉斯法》（*Clayton Act*）。绝大多数公共事业控股公司，其本质都是组织严密的、为自己的扩张提供资金的银行家团体。这些团体要么和摩根大通关联密切，要么毫无瓜葛，后者的一个代表是塞缪尔·英萨尔（Samuel Insull）执掌的位于芝加哥的公共事业公司。

英萨尔是中西部公共事业领域的巨头，控制着中西公共事业公司（Middle West Utilities）。1859年，塞缪尔·英萨尔出生于英国。他就读于私立学校，为了帮助养家糊口，他14岁就开始做办公室勤杂工。他还为《名利场》（*Vanity Fair*）杂志编辑担任兼职速记员，在这期间对政治和时局有了一定的认识。他的第二份工作让其结识了托马斯·爱迪生在伦敦的代理人。年轻时代的英萨尔非常崇拜爱迪生，他后来受邀前往美国为爱迪生担任私人秘书。1881年，他移民来到纽约并开始了漫长的商界生涯，未来，他将成为这一领域的巅峰人物。

英萨尔在纽约市担任爱迪生的秘书，从而进入金融界。爱迪生在纽约市的第一位商业客户是约翰·皮尔庞特·摩根（John Pierpont Morgan），摩根从爱迪生位于珍珠街的一家小发电站买电。通过人脉关系，摩根在不少领域都享受内部待遇，发电就是其中之一，头些年他充分利用这一机会。只要爱迪生这位发明人在电力公司占据主导地位，英萨尔的工作就是铁饭碗。然而，摩根最终吞并了爱迪生电力公司（Edison Electric），并创建了通用电气公司（General Electric Company）。英萨尔失业了，只能另谋出路。他相中了芝加哥，因为这里的公共事业领域不像纽约那么竞争激烈。1892 年，他成为芝加哥爱迪生公司（Chicago Edison Company）总裁。

英萨尔告别了爱迪生电气公司副总裁的职位，这次遭遇让他坚信华尔街的银行家都是乌合之众。他发誓，今后绝不找纽约的投资银行筹集资金，任何情况下都只信赖芝加哥本地的银行。起初，一些颇有地位的银行不愿和他打交道，于是他转而去找那些望穿秋水等待业务的小型债券商。给他投资的主要银行家后来组建了芝加哥哈塞•斯图尔特公司（Halsey Stuart Co. of Chicago），该公司领导哈罗德•斯图尔特（Harold Stuart）和英萨尔可谓英雄所见略同，他们都认为，中西部的公共事业就该由中西部人自己管理和集资。纽约的财团不屑与中西部这些中小型公共事业企业打交道，因此，拒绝纽约的银行业精英在当地既是一种自豪感的来源，也是一个盈利渠道

哈罗德•斯图尔特是 20 世纪 20 年代繁荣的领导者之一，他以令人咂舌的速度在芝加哥销售债券，这与查尔斯•米切尔（Charles Mitchell）及其国民城市银行在纽约的做法如出一辙。这些债券多数是为了英萨尔的企业。大萧条来临之时，很多芝加哥人对斯图尔特和他的公司怨声载道。这家公司除了其他一些营销策略之外，还雇用了芝加哥大学一位英文教授大力吹捧债务投资的好处，用极具感染力的语调左右听众。人们后来发现，这些营销文字的撰稿人其实是斯图尔特，那位教授对债券投资知之甚少，甚至可以说是一窍不通。[1]

帝国的崛起主要是通过两大控股公司——于 1907 年重组后的联邦

[1] 迈克尔•帕利诺，《华尔街恶魔》（纽约：企鹅出版社，2010 年版），124。

爱迪生公司（Commonwealth Edison Company），以及成立于 1912 年的中西公共事业公司，后者主要由英萨尔管理。英萨尔坚信，垄断集中是消除破坏性竞争的必然手段。他认为公共事业属于“自然而然的垄断”，这一行必须集中在几个人手中，以确保服务的高效性。他的口头禅是——“某一特定地区的所有电能生产必须出自一人之手”。他说到做到，成了美国中部大片区域的主要电力供应商。他通过控股公司聚拢旗下各公司，并兼并其他更小型的运营商。在一次闲聊中，他向某位哈佛大学教授透露自己手上管着别人 10 亿美元的资金。

英萨尔工作效率极高。他的发电厂的电力价格不到对手的一半，于是业务拓展非常迅速。他领导的控股公司没有多少普通股票，绝大多数都是控制在上层主管手上。其余资本的来源是借钱。因此，少数人就能通过不多的投资控制巨大的帝国。英萨尔曾购回股票，并分给雇员。这一慷慨之举确保公司依旧掌握在本地人手上，而不至于落入居心叵测的蚕食者之手。

然而，局势一变，帝国就迅速土崩瓦解了。英萨尔的中西公司、J.P. 摩根于 1928 年成立的联合公司（United Corporation）、覆盖全国各海岸长达三十年的电力债券股票公司（Electric Bond and Share Company），这三家公司几乎控制了全美国 50% 的电力生产。英萨尔的公司主要为绝大多数西部州和几个加拿大省份供应电力，他旗下公司的产量占到全国总电力的 12% 左右。电力的聚集被称为“电力垄断”。电力垄断快速形成，并且很有可能会演变成类似上世纪出现的铁路垄断问题。在短时间内，他们甚至比当年的铁路大亨还要强盛，不过 1930 年席卷而来的大萧条将为他们短暂的垄断繁荣画上句号。

作为一名从大不列颠而来的移民，英萨尔既因此受到尊重，也招来非议。富兰克林·罗斯福其中一位顾问哈罗德·伊科斯（Harold Ickes）曾将英萨尔描述为“美国舞台上伟大而多彩的一个人物……对我国经济发展和本国宪法都是一种威胁”。给出这番略带褒奖评论的人曾被英萨尔说成是“委身于金钱的失败报纸记者”。不过，英萨尔的企业名头响亮，效率又高，从而让某些人刮目相看。

由于英萨尔的存在，芝加哥常被戏称为“英萨尔之市”（Insullopolis）。20世纪20年代中期，公共事业行业备受诟病，因为它们通过竞选捐赠将自己的意愿强加于政客，从而左右政界。英萨尔既是企业头目又是外籍人士，尽管他为芝加哥劳心劳力，这样的双重身份还是招来了不少骂名。

芝加哥被英萨尔紧握在手中长达二十年有余，早就不能适应竞争了。英萨尔帝国的资本结构招来了企业狙击手塞勒斯·伊顿（Cyrus Eaton）的注意，他意识到，相对小额的未支付股票无疑让吞并更加容易。伊顿以迅雷不及掩耳之势通过其洲际股票公司（Continental Shares Corp.）为投资渠道购买股票，这令英萨尔大感意外。伊顿的主要目标是联邦爱迪生公司和中西公共事业公司，尽管要想彻底掌控这些公司看似白日做梦，但伊顿为了兼并还是投入了大量资源。

不出所料，英萨尔赶紧购买股票以抵御伊顿。他在这场对决中动用了不少个人财产，并通过筹集更多资金新组建了两家投资公司——英萨尔公共事业投资公司（Insull Utility Investment Inc.，简称IUI）和企业证券公司（Corporation Securities Company）。两家公司都为了筹集资金而大肆借钱。此时，伊顿通过洲际股票公司再次筹资予以反击，两人开始正面对决。英萨尔额外筹集了3亿美元的资金，使公司股票创下新高。购买战斗持续到1930年，伊顿亲自登门拜访英萨尔，主动提出退出这场战斗，不过有个条件，他要求以每股400美元的价格卖出自己的股份，这是针对当前市场价格的加价。英萨尔还价每股350美元。最后，在1930年6月，两人达成协议，伊顿以每股350美元的价格卖出持有的英萨尔公司16万份股票。这个价格高出当时市场价格600万美元。由于这笔交易来路不正，完成之后数月，联邦贸易委员会（Federal Trade Commission）便着手调查此事，但是最后没有什么结果。伊顿的投资公司在此次英萨尔投资事件中赚了1900万美元，在整个美国都陷入大萧条之际，这笔金额实在可观。[1]

英萨尔暂时安全了，然而更多的麻烦接踵而至。他创建的控股公司金字塔由于债台高筑，已经奄奄一息。1930年和1931年，他自掏腰包帮助芝加哥走出财政困境，这样芝加哥就不用宣告破产。股票市场崩溃之后，由于尚未波及他管理的公司，他还启动了其他几个资本项目，鉴于当时经济每况愈下，这些都是高风险行为。1929年市场崩溃之后，股票融资已经行不通了，英萨尔转而通过债务融资以获得所需资金。仅在1930年一年，他旗下公司的债务就增加了10%，债务总额逼近两亿美元。[2] 此时，英萨尔的两家信托机构不得不四处借钱以抵御伊顿。芝加哥的当地银行无力提供贷款，为了拯救自己的帝国，英萨尔只能破釜沉舟，从纽约州数家银行筹集了40%的资金，贷款的抵押物是他旗下几家大公司的股票。负责销售债务证券的是英萨尔的当地投资银行。

1930年5月，在芝加哥证券交易所（Chicago Stock Exchange）的一次发言中，英萨尔把纽约银行家骂得狗血淋头，他强烈谴责纽约一手遮天，呼吁发动“一场反对华尔街的金融解放战争”。[3] 当时他的帝国正面临缩水，这番言论显得格外尖锐刺耳。1932年，在赫伯特·胡佛（Herbert Hoover）的要求下，参议院着手调查英萨尔。当英萨

[1] 马库斯·格莱瑟：《塞勒斯·伊顿的世界》（纽约：A. S. 巴恩斯出版社，1965年版），43。

[2] 福斯特·迈克唐纳德，《英萨尔》（芝加哥：芝加哥大学出版社，1962年版），287。

[3] 福斯特·迈克唐纳德，《英萨尔》，287。

尔的儿子小塞缪尔（Samuel Jr.）被问及英萨尔公共事业投资公司和企业证券公司的本质时，他坦然承认，两家投资信托机构的目的就是要维持对公共事业帝国的掌控。发问者是调查委员会顾问费迪南德·佩科拉（Ferdinand Pecora），小塞缪尔还说："如果公众对经营管理有所认知，那么大家就能体会，这些投资公司不可或缺，需要足够多的股票用作防御墙，当然还有公众支持，从而抵制任何企图鸠占鹊巢的势力。"[1] 显而易见，两家投资信托机构是用于抵制伊顿的武器。

英萨尔通过借钱来防御伊顿的吞并，现在为了保持帝国运转还得借钱，手头实在吃紧，他从华尔街借来的钱中，有数百万来自国民城市银行和通用电气公司。当时通用电气公司的掌舵者是摩根的盟友欧文·杨（Owen Young）。后来，杨向佩科拉的委员会表示："我必须说，我相信塞缪尔·英萨尔先生是(一起)盘根错节计划的受害者，精明如他，却无法看透这个局。"[2] 英萨尔的支持者则表示反对，声称这不过是摩根派系杜撰的谣言，以此来诋毁英萨尔。

对于英萨尔而言，投资信托是抵抗恶意吞并的防御手段，而不是像许多投资银行家或证券商那样单纯为了累积资本、推高股价。不幸的是，20 世纪 20 年代创建的所有投资信托都难逃同一命数：价格狂跌，投资者损失动辄上百万。20 世纪 30 年代初期，由于杠杆借贷和连续投机的压力过重，英萨尔费了数十载心血建设起来的庞大帝国土崩瓦解，这是当时的头版头条。这位英国外乡人被指控伤害公众利益，芝加哥法院还给他定了一长串的重罪。在帝国崩溃的现实面前，帝国是怎样崩溃的就显得没那么重要了。中西公共事业公司的解体令芝加哥愁云

---

[1] 美国参议院，《股票交易实践报告》参议院报告 1455，参议院银行委员会，第七十三次国会第二环节（1934）：《小塞缪尔·英萨尔证词》，1933 年 2 月 16 日，第 362 页。

[2] 美国参议院，《股票交易实践报告》1515。

惨淡。

英萨尔为了抵抗伊顿而采取的融资行为可说是那根压死骆驼的稻草。纽约投资银行要求的抵押股票价值约等于英萨尔贷款的一半。1929 年经济崩溃，股票交易一落千丈。英萨尔的公司最终落入银行家之手。1932 年秋天，他仓皇逃往希腊。赫伯特 • 胡佛收到消息，英萨尔正在意大利中转，于是要求意大利当局扣留此人，但是并没有成功。英萨尔最终抵达希腊，并在那里待了三年半。这段时间里，美国政府数次企图将他引渡，但总是以失败告终。最后，富兰克林 • 罗斯福（Franklin Roosevelt）新民主党政权再度向希腊政府施压，希腊不得不驱逐英萨尔。1934 年，英萨尔决定返回美国。最终，联邦和州都宣告他无罪，他在暮年还希望在金融界重振雄风。在 1929 年崩溃之后爆发的债务危机中，他恐怕是最家喻户晓的受害者。

1929 年之后，许多债务问题纷纷显现，这在 20 世纪初的债务扩张时期几乎从来没有预料到。除了英萨尔危机之外，还有另外一桩事件，主人公是瑞典金融家伊法 • 克鲁格（Ivar Kreuger）。克鲁格是欧洲最响当当的金融家和工业帝国大佬之一。他的绝大多数控股公司都以生产火柴、硫磺和各类化学品为核心。他最著名的两家控股公司是瑞典火柴公司（Swedish Match Company）和克鲁格托尔公司（Kreuger and Toll）。前者是他的核心企业；后者主要是融资机构，先从纽约债券市场借钱，然后将收益转借给外国政府。1927 年的某笔债券收益就借给了法国政府来稳定法郎。这次交易让克鲁格成了摩根大通永远的眼中钉。摩根大通在德国赔偿中发挥了一定作用，于是往往被视为政府的头号顾问。此事不过是战后为发展欧洲金融业的数次融资事件之一。这些事件无疑让克鲁格成为很多欧洲政府的心头好，纷纷依赖他作为与美国资本市场打交道的中介。

为了回报克鲁格的贡献，很多政府授予他火柴生产垄断权。瑞典火柴公司是他的宝贝，也让他的名字在全球家喻户晓。克鲁格从不公开财务报表，而是依靠与政府往来的信誉记录让一切尽在不言中。1923 年，克鲁格创建国际火柴公司（International Match Corporation），在美国市场卖出价值 1.5 亿美元的股票。两年之后，该公司及其波兰分公司将2500万美元的收益转入了克鲁格的个人账户，这笔费用再未见过天日。他的美国银行家们似乎从未领悟他的业务本质，而且眼光也不够犀利，没能看出他是个骗子。他的做法不过是内战之后的老伎俩——以高利率借入大笔资金，然后用收益支付旗下公司普通股票的股利。股市繁荣，他就多卖，如此循环反复。1923 年崩溃之前，这种融资手法相当普遍。只要市场保持繁荣，没人会注意到所有缺失。然而，在大萧条早期，克鲁格旗下的国际火柴公司等数家企业纷纷倒闭，这导致借入拖延。人们这才发觉，克鲁格为美国债券发行承诺的抵押在销售完成之后已被偷梁换柱，换成了劣质抵押，后来变得一文不值。这类行径迫使美国国会于1939年通过了《信托契约法》（*Trust Indenture Act*），强制要求抵押物，以此来保护债券持有人。后人又称之为“克鲁格规定”。1932 年破产之后，克鲁格的不少腐败交易大白于天下，不久他便自杀身亡了。

大萧条和美国梦

在 1929 年的风暴中，股票并不是唯一的受害者，很多企业以及那些打着“安全投资”的名号销售给无知公众的外国债券，最后不仅风险巨大，而且一文不值，例如英萨尔和克鲁克的债券。这些债券承销人急匆匆地发行债务证券，以至于将新证券带入市场时，往往忽视了一些最基本的金融信息。这种疏忽为他日埋下了隐患，进而导致了市场崩溃。

销售给美国投资者的外国债券是这场崩溃的主要受害者之一。绝大多数所数买方都不是大型机构，而是小额投资者，不少人之前还购买过“自由债券”。很多拉美政府债券也都损失惨重。几乎所有拉美国家都陷入严重的金融困局。秘鲁债券是最广为人知的受害者。坊间盛传，纽约某家投资银行机构一位雄心勃勃的银行家贿赂了秘鲁总统的儿子，对秘鲁令人忧虑的财政状况熟视无睹，坚持发行债券。经济开始衰退，债券价值自然下跌，票面价值跌至名义价值的 5%。《纽约时报》的一则报道描绘了债券价格从神坛上一路狂跌下来的惨状。

国民城市银行的分支国民城市公司（National City Company）承销了另一支债券，经济崩溃之后也引起了轩然大波。1928年，该银行为巴西米纳斯吉拉斯州（Minas Gerais）组织发行了价值1600万美元的债券。安排好发行事宜之时，这个州已经难以为现有的债券持有人支付兑现。但这没能阻碍国民城市公司。这次债券发行，国民城市公司并未履行后世所称的“尽职调查”的责任，这或许可算是最知名案例。在销售营销文案中，该州被吹得天花乱坠，然后债券销售给了一无所知的投资者。

几乎在同一时期，财政部长安德鲁·梅隆（Andrew Mellon）苍白无力地试图劝说投资者不要在股票市场投入过多现金，他在1929年说道，投资者或许更应该专注于债券，推动整个债券市场，而不要去涉足标价过高的股票。国民城市公司很乐意尽可能多地在市场上发行新债券。这距离“一战”时发行战争债券不过十二年，公众对债务投资的热度并未发生实际性改变。真正的改变是所购买的债券，消费者从靠不住的借方手中购买债券，误以为投资银行已经对这类债券精挑细选过了，由此承担了更多风险。信用评级机构的业务仍旧局限于为对方风险提供公司及个人的评级，债券信用评级尚未成为标准做法，这一现实直到1933年出台《证券法》才得以改变。

20世纪20年代，固定收入研究也出现了明显的进步，之后成为投资的有机组成部分。经济学家欧文·费雪（Irving Fisher）揭开了实际利率的面纱，这是有关利率的讨论首次摆脱了宗教、伦理和意识形态束缚。数世纪以来，人们总是从名义或绝对视角描述利息，却忽视了如影随形的通货膨胀率。费雪将实际利率描述为名义利率减去通货膨胀率，换言之，名义利率是实际利率加上通货膨胀率。实际利率衡量经济体在某段时间的实际增长，是通过其经济购买力（而实现的），并非单凭未做调整的名义利率增长。这一概念对固定收入投资领域乃至整个企业金融界都带来了显著影响，同时也让人们的态度发生了实质性的改变。费雪提出："从 1923 年 8 月～9 月，德国处于高通货膨胀时期（魏玛共和国），实际利率下跌到令人咂舌的负 99.9%，这就意味着，贷方不但失去了所有利息，而且所有资本都血本无归；接着，价格突然下跌，实际利率飙升至正 100%。"[1] 这是换了种方式解释通货膨胀的破坏力，而不再是单纯地依靠通货膨胀率这个天文数字（这个数字每两小时就能让物价增加一倍）。

费雪的研究为后世另一个里程碑式的固定收入理论埋下了伏笔。1938 年，弗雷德里克•麦考利（Frederick Macaulay）出版了有关债券久期（bond duration）的研究成果。[2] 他指出，债券到期并不是衡量利率风险的最佳指标，但是，"久期"的概念可以反映债券对市场利率变化的敏感性。这种敏感性一般按年衡量。从根本上说，相较于票面利率较低的债券，票面利率较高的债券对利率变化不太敏感，价格变动的百分比也更小一些。那些希望能避开利率波动的投资者应该购买票面利率较高的债券，这使得一些人有了从风险更高的借方那里购买债券的信心，可以说是无心插柳柳成荫。这一基本研究为后来数十种固定收入分析方法的应用和变体扫清了道路。可是这项研究也常被用来夸大高息票债券的优势，那些口碑更好、利息较低的债券则遭人冷落。

广告营销也改变了消费者对债务的态度。20 世纪 30 年代，麦迪逊大道（Madison Avenue）受到动机研究专家的启发，开始为银行和其

---

[1] 欧文•费雪，《利息论》（纽约：麦克米伦出版社，1930 年版），第一部分，第二、第四章。

[2] 弗雷德里克•麦考利：《1856 年以来美国的利率运动、公债利息以及股票价格启发的一些理论问题》（华盛顿，哥伦比亚特区：国家经济研究局出版社，1938 年版）。

他放债人设计广告，强调信贷，忽视债务。银行与其他放债人对零售贷款[1]投入新目光。它们早期的一大成就是说服银行为支票账户提供透支服务，这样即便消费者没有足够的余额，也能继续消费。[2]潜台词不言而喻，而且令人心动。贷方通过提供信贷，其实是选择相信借方的还款能力，而且此举是在为借方的将来投资。“今朝购买他日支付”的观念慢慢渗入美国消费者的头脑。

同样是在20世纪30年代，一个可以说是最长生不老的营销术语诞生了。作家詹姆斯·特拉斯洛·亚当斯（James Truslow Adams）在杂志上发表文章并提出了“美国梦”这一术语，以此来描述在大萧条中失落的的田园牧歌式理想。美国人民的“房梦”、“车梦”，以及赶超父辈的“黄金梦”都因为大萧条而黯然无光。这个词之前没有被用过，但是在大萧条期间迅速风靡起来。人们大范围、高频率地提及这个词，表达出了渴望加入快速崛起的中产阶级行列的夙愿。失业率居高不下，消费者信贷来源紧缩，这个梦被暂时搁置起来。“二战”之后，经济复苏，这个梦才又重见天日。而背负消费者债务成了实现梦想的代名词，最终引发了第二轮债务革命。

[1] 译者注：零售贷款是指商业银行以个人为对象发放的贷款。

[2] 劳伦斯·R. 萨缪尔：《麦迪逊大街的弗洛伊德：美国的动机研究和潜意识广告业》（费城：宾夕法尼亚大学出版社，2010年版），36ff。

战争和繁荣的重现

美国有史以来最大的一次经济扩张始于“二战”之后。与1921年颇为相似，当时的环境有利于消费者信贷的复苏。被抑制的消费者需求再度瞄准了消费商品，起初不少支付是通过到期的财政部债券完成的。各领域的发展可谓齐头并进。消费者金融公司注定将获得创纪录的收益。意气风发的美国人民将欢庆战争结束，他们乐意为经济繁荣掏腰包，这为子孙后代做了榜样。

由于20世纪20年代和30年代很多债券损失惨重，“二战”期间，各路投资者再次涌向财政部债券。这次因战争而势在必行的大规模借贷由富兰克林·罗斯福政府的财政部长小亨利·摩根索（Henry Morgenthau, Jr.）组织。和“一战”时期一样，这次也安排了宣传，组织者使出了浑身解数，向储户和投资者销售债券。最终，销售总额达到了大约2000亿美元。这是有史以来最辉煌的一次战争营销。罗斯福政府和华尔街素来不睦，这可以追溯到1933年，不过摩根索成功地绕开了华尔街的银行和经纪人，他没有委托他们承销发行债券而是沿用了内战期间杰克•库克的做法，选择直销。银行和经纪人早已习惯从私人领域按照筹集金额百分比收钱，然而此时却不得不安于蝇头小利。

《重利法》依旧是消费者信贷最基本的绊脚石，如果金融要为经济发展提供不可或缺的需求，就必须避开《重利法》。贷方不愿意遵照《重利法》发放小额贷款，于是，很多消费者惨遭无处不在的“贷款鲨鱼”的摧残。不过，战后尽管“贷款鲨鱼”仍然存在，但随着中产阶级的崛起，消费者变得更加富裕，而且得益于贷方的增加，信贷变得容易一些了。很多人是被迫进入消费者贷款市场的，因为他们担心再不加快步伐就要落于人后了。和以前一样，逃避《重利法》并不是难事。针对“贷款鲨鱼”的大多数指控，都是关于他们通过赌注经纪人和收债代理人进行有组织犯罪的。信贷的便捷化最终迫使传统的“贷款鲨鱼”躲到了地下，未来他们将以更加合法的方式重出江湖。

较之20世纪20年代，20世纪50年代的银行业务更加精简，重点更加明确。在1929年大崩溃前后，受房地产市场和股票市场崩溃的影响，上百家银行纷纷倒闭。由于业务的单一化，在坏账和市场的双重压力下，它们一蹶不振。1927年的《麦克法登法》（*McFadden Act*）禁止银行跨州经营，因此，银行业务主要是地方性或区域性的事务。这部法律还引发了州特许银行与全国性特许银行之间的恶战，战火断断续续绵延到下个世纪。另外，它也间接增加了人们在解读现有《重利法》时的疑惑。唯一的全国统一《重利法》还是1864年的《国家银行法》。极具讽刺意味的是，该法律适用于全国性特许银行，但是它们的零售业务要少于州特许银行。企业贷方压根儿不把州《重利法》放在眼里，因为这些条款往往不适用于金额超过25万美元的企业贷款。

20 世纪 50 年代是住宅建设、汽车生产、普通制造业和美国外贸扩张的十年。各领域都需要大量信贷。住宅建设创下了历史新高，1954 年，美国新建住宅户数首次达到 100 万，这是 20 世纪 20 年代年平均数的两倍。诸如纽约长岛莱维敦（Levitton）等一些郊区得到了不错的发展，人们能够买得起住房了。很多退伍士兵通过按揭购买这些地方的住宅——这是一种补助性的贷款，是由美国退伍军人事务部（Veterans Affairs，简称 VA）支持的、为参战服役士兵提供的一种补偿。战后，事务部授权美国联邦国家抵押贷款协会（Federal Mortgage Association，亦称 Fannie Mae，“房利美”）购买按揭，以此保证了该项目的扩大。这成了“住房热”的基石。

战后十年的消费者信贷数字也反映了这股浪潮。从 1946 年到 1956 年，分期信贷持续膨胀，由 83 亿美元上涨到 452 亿美元，增幅超过 40%。同期，非分期信贷从 42 亿美元增加到 111 亿美元，这说明很多美国人都在购买耐用消费品。正如 20 世纪 20 年代那样，虽然快速还钱的做法仍旧很流行，不过消费者总需要时间来偿还贷款。汽车金融公司未支付额度居然飙升了 1500%，由原来的 9.81 亿美元上涨到 154 亿美元。汽车需求的猛增是这股浪潮的一个表征，而修缮高速公路、建设大型购物中心、汽油价格下跌则为这股浪潮推波助澜。[1]

战后，金融服务业快速扩张，保险和退休项目的需求也大幅提高，不过唐提式养老金早已是明日黄花。个人购买的人寿保险和养老金越来越多。分期信贷的火热度一如往日，不过人们偿还贷款的方式渐渐面临挑战。20 世纪 40 年代，旨在提高便捷性的新型营销概念问世。由于此概念简单明了，没有人想到，它会引发消费习惯的革命。1946 年，

[1] 《美国的历史数据：从航海时代到 1957》，Cd 系列 153~263。

一位名叫约翰•贝更斯（John Biggins）的布鲁克林区银行家推出了所谓的“记账”（Charg-It）业务，这是人类历史上首张信用卡的雏形。卡的持有人是当地商人，且必须是他的银行客户。创立于1950年的大来国际（Diner’s Club）[1]的服务范围更广一些。起初，这些卡只发给了纽约市数十人，持卡人可以在接受该卡的餐馆支付饭钱。但是很快，持卡人数就超过了两万。几年后，美国运通（American Express）进入市场，并提供了自家卡，按照条款，客户收到账单时必须支付所有的欠款。就信贷而言，这些卡是非常简单的支付方式。信贷再次延长之前，必须先还清所有欠款。如此看来，它们和企业还贷的做法大同小异，只是金额少了很多。

1952年，富兰克林国民银行（Franklin National Bank）发行了首张信用卡。它和其祖先一样，属于支付卡。1958年，美国银行推出了“银行美国卡”（BankAmericard）[2]，为该行业带来了新气象。银行允许客户延期支付欠款，但这段时间里要收取欠款部分的利息。很多州允许消费贷款收取更高额的利息，这是因为《统一小额贷款法》允许贷方为此类服务按照相对较高的利率收取利息，一般情况下接近18%。当时，这类卡是面向高收入人群的，既为他们提供便捷，也让他们觉得脸上有光。数十年来，很多发卡公司一直在推动这个营销策略。银行美国卡诞生的第一年，持卡人数达到6万，零售商达到300；一年之内，这两个数字分别上涨到200万和2.5万。[3]

尽管信贷公司推销循环信贷和分期信贷业务时宣称，这将为45岁以下的工薪族中产阶级家庭提供便利，然而自这两项业务诞生之日起，

[1] 译者注：主要提供签账卡服务。

[2] 译者注：1976年更名为VISA，常译作“维萨卡”。

[3] 罗伯特•曼宁，《信用卡国度：借款上瘾的后果》（纽约：基本图书出版社，2000年版），85。

就出现了不少问题。20 世纪 60 年代末期和 70 年代早期，拖欠率最高的就是信用卡最初的服务对象，即平均收入为 1 万 ~1.5 万美元之间的中产阶级家庭。那些使用分期信贷的家庭，平均欠款更多——税后收入的 17%。[1] 未来数十年里，这类数字会反复出现，从而折射出深陷债务的美国中等收入家庭的平均水平。在接下来的四十年里，类似的警钟将数度敲响，而后在 2007 年 ~2008 年，债务危机终于爆发。

[1] 请参考大卫•卡普洛维茨：《陷入麻烦的消费者：违约债务人研究》（纽约：自由出版社，1974 年版）。

债务革命的学术种子

数世纪以来，关于利息和债务的争辩，主要集中在消费贷款和利率水平上。只要贷方一直很顽固，利率就会一直居高不下，尤其是消费贷款，因而被谴责为高利贷。不过，在企业层面，争辩之声有所减弱，因为收取利息被视为做生意的基本风险之一。这一领域的论述主要围绕着公司负债和公司股票的相对关系展开，或者说杠杆借贷。比起需要支付的利息，债务股本比（debt/equity ratios）[1]和资产负债额更重要。此时，人们开始从理论和实证角度思考基本概念。

某学术期刊刊登了一篇文章，支持债务本身没有好坏之分的说法。这个时候，各公司已经开始舍弃古老的债务戒律，青睐大规模杠杆借贷，关键是应该如何应用的问题。文章作者弗兰科·莫迪利安尼（Franco

[1] 译者注：债务股本比，也称为负债股权比率，是衡量财务杠杆的指标，即显示公司建立资产的资金来源中股本与债务的比例。

Modigliani）[1] 和默顿 • 米勒（Merton Miller）[2] 指出，相比较于某企业的利润，其欠债额度并不重要；只要在维持债务的同时提高盈利，那么该公司的财务结构在盈利面前无足轻重。

这篇文章以及后来陆续发表的其他文章衍生出了为人们所熟知的“MM 定理”[3]。在他们的论文中，米勒和莫迪利安尼提出了资本结构对公司价值的影响。[4] 理论上讲，只要公司盈利超过资本成本，则其资本结构不会影响公司价值。换言之，如果盈利增加，债务也可增加。这一新提法非常吸引人，尤其是在 20 世纪 50 年代末和 60 年代初，股票持有人的股票和市场利息创历史新高，这一概念让人们认为，灵活运用债务可以使盈利增加。学术界很快就接纳了这种说法，并且立即传给下一代金融经理和首席财务官。

三十年后，莫迪利安尼被授予诺贝尔经济学奖，瑞典学院（Swedish Academy）如此评价他和米勒的研究：“20 世纪 50 年代末期之前，尚未出现有关投资、债务、税收等切实可行的企业融资理论，直到莫迪利安尼和米勒提出了他们的定理，该领域才迎来更为严密的理论思辨。”这些文章发表约三十年后，其对美国企业的贡献愈加显著。债务不再令人生畏。演变的下一阶段是将这一概念传播给消费者。

“MM 定理”通过商学院大面积传播开来，商学院在当时越发受到尊重和追捧。三十年间，相关概念已经深深扎根在数代金融经理的脑海里。古老的金融依赖的是空洞的概念和未经证实的理论，例如简单的投资组合多样性，而今，金融已经远离了原来的会计本质，变成了

[1] 译者注：经济学家，1985 年诺贝尔经济学奖得主。

[2] 译者注：经济学家，1990 年与另两位学者共获诺贝尔经济学奖。

[3] 译者注：取莫迪利安尼姓氏首字母 M 和米勒姓氏首字母 M。

[4] 弗兰科 • 莫迪利安尼和默顿 •H. 米勒：《资金成本、公司财政和投资理论》，载于《美国经济评论》，48（1958 年版）：261~297。

一门极其复杂的学科。多数 MBA 项目在教授“MM 定理”时运用了许多数学知识。“MM 定理”于是在硕士生中广为流传。这些概念推动了整个时代的进步，对青睐大企业发展的共和党政权尤其具有吸引力。“MM 理论”孕育出了芝加哥大学的芝加哥经济学派，该校以发展为导向的科研工作一直名列前茅。三十年后，米勒可以无比自豪地说：“就理论层面而言，我们是时代的赢家。”

在金融改革的道路上，莫迪利安尼和米勒并不孤独。芝加哥学派的其他金融研究者还有哈利·马可维兹（Harry Markowitz），他提出了投资组合选择性和多样性理论，这成为投资理论的基石，并为他赢得了1990年的诺贝尔奖。他的理论是基于传统的多样性投资原则的，“别把鸡蛋放在同一个篮子里”的古老谚语不仅得到了提炼，还有了实证研究的支撑。多种股票投资组合取代了单一股票投资，投资者应该根据自己能承受的风险和期望的回报，持有多种股票。

马可维兹认为，传统投资组合的股票选择依靠的是投资质量。他的基本观点是，本质上投资者会规避风险，相较于单只股票，多只股票构成的组合更能长时间保护投资者。他通过数学来验证自己的理论，并提议投资者对投资组合的选择应该基于整体的风险回报特性，而不是各个单只股票的简单堆积，因为每只股票都有其令人心动的风险回报特性。[1]

该理论的局限之一在于具体该如何衡量风险。1964 年，威廉·夏普（William Sharpe）提出了另一个广为人知的理论，即资本资产定价模型（简称 CAPM）。他的成就令其与马可维兹、米勒共同获得了诺贝尔奖。夏普以马可维兹的理论为出发点，将风险分为两种，即系统

[1] 哈利·马可维兹：《组合证券投资组合》，载于《金融杂志》，7（1952 年版）：77~91。

风险和非系统风险。系统风险是指持有“市场投资组合”的风险，市场变动，所有的资产都会受到影响，因此任何资产都躲不开系统风险。非系统风险是特别针对单个资产的风险，即股票投资中所称的特定风险，这是可分散的风险。而市场风险则无法分散。[1]

根据 CAPM，特定风险可以分散，市场风险无法逃避，但可以谨慎选择。如果投资者谨慎选择市场投资组合，组合中每个单独资产都有特定风险，但是通过合理分散，净敞口就变成了投资组合的系统风险。系统风险能够通过贝塔系数[2]进行衡量，该系数是用来判断单支股票与市场关系的。虽然该理论从本质上说是关于股票风险的，但是，将其转用在债务上也不是难事。正常情况下，习惯了持有高利率债券的投资者可以而且应该提高先前认为违约风险更高的债券的持有量，因为收益增加将提高回报边际率。

债务使用的增加还体现在另一个诞生于 1968 年、更具实用性的理论上。爱德华·阿特曼（Edward Altman）提出了“Z 得分”，这是对破产风险的预测。阿特曼通过一个多变量公式说明，将某企业的财务数据填入他的权重公式，就能计算出两年之内的破产概率。计算得出的“Z 得分”将让投资者了解该企业的偿付能力，鉴于债务融资应用的增加，该理论无疑做出了举足轻重的贡献。时间也证明，“Z 得分”实际准确率约为 75%。[3]

无论是“MM 理论”还是马可维兹和夏普提出的概念，都在其本人

[1] 威廉·F. 夏普：《资本资产定价：风险状况下的市场均衡理论》，载于《金融杂志》19（1964）：425~442。

[2] β 系数，是一种风险指数，用来衡量个别股票或股票基金相对于整个股市的价格波动情况。

[3] 爱德华·I. 阿特曼：《财务比率 / 差别分析以及对公司破产的预测》，载于《金融杂志》，24（1968）：589-609。

发表论文之后，经过了其他同事和以前的学生的改进。资产不再被孤立地对待，而是被纳入了投资组合，看重的不再是单个质量，而是组合质量，这是最早的思想种子。之后的三十年里，债务概念悄无声息转变成了信贷，深陷债务是负面形象，而手握信贷则有更为正面的意义。虽然信贷的概念在“一战”之后就出现了，但直到此时才变成金融理论与实践的标准要素。在这方面，将债务人视作信贷公司投资组合的一部分的思想绝对功不可没。

MM 定理以及马可维兹对多样性组合的强调，为债务革命打下了学术基础。夏普的 CAPM 理论也说明，股票市场越是动荡不安，越是发行债务的好时机，因为传统上，债务成本低于使用股票的成本，部分原因是利息的减税本质。这些理论无意中推动了将公司视为市场投资者而非单纯生产者的思想转变。即便是纯属生产者的制造商，也多少会选择多样化，更加类似于投资者，而不是古典意义上的供应者。通用汽车公司和福特汽车公司就是证明：它们一边制造汽车，一边通过设立信贷分支提供购买贷款服务，从而大获成功。

强势增长的信用卡

第一批信用卡迈出了走向无现金支付社会的第一步。它们和分期贷款一起，在新旧购买支付手段之间搭起了一座桥梁。新型支付方式使得消费者在决定支付金额和支付时间时有更多的选择权。然而在信贷历史上，信用卡真正的革命性本质是无抵押贷款，如果借方无力偿还，贷方的最终手段是从借方的资产总额中找钱，且在这种情况下，无需回购协议代理人。

人们很少谈及的是，信用卡也为银行创造了新空间。循环信用卡是美国对各类可调整利率的首次实验，成功是必然的。当时，只要市场条件有保障，这是唯一可以灵活调整放贷利率的银行工具。一旦意识到这种灵活性，循环信用卡的发展就健步如飞。银行大力向消费者宣传，生活将因信用卡而变得便捷，即便利率上涨，也可以获得信用卡。对于这一论调，尽管私下里对此顾虑重重，还是没有哪位监管者会反对，至少不会公开谴责。无论如何，谁都不希望自己被扣上阻碍这台推动国民生产总值 67% 的发动机运转的大帽子。“消费贷款”已经从金融词汇中消失了，取而代之的是“消费主义”。然而在新的信贷环境下，比起原来的抵押消费贷款，拖欠信用卡贷款的个人风险将会更大。如果未能支付信用卡贷款，法院将会出面判决，消费者的住房或其他资产可能会一去不返。信用卡带来具有讽刺意义的结果是，和数世纪以来的做法一脉相承，传统意义上的担保贷款成了穷人专用。那些潜在风险更高的无担保贷款则面向中高层收入人群。信用卡公司将有着数百年历史的放贷改头换面，贴上写着“便捷”、“安全”和“荣耀”的标签，向年轻一代消费者大力推销。

通过信用卡，利率有了循环基础，不过在这一做法盛行之前，美国国会于 1968 年制定《诚实借贷法》出面干预，该法隶属于更宽泛的《消费者保护法》（*Consumer Protection Act*，权利 I）。消费者第一次有了贷款支付知情权。通过 Z 条例（即《诚实借贷法》），美联储负责监督诚实借贷，要求贷方在消费者申请信用卡时，必须一字不漏地解释信贷业务的本质以及基于实际年利率的金融费用。这部法律的关键在于“消费者信贷”这个术语，它只适用于面向个体、出于“家庭目的”的分期贷款和循环信贷，不可用于企业信贷协议或其他相关按揭贷款。

这部新法律的制定耗费了数十年。很多贷方表面上故意给出较低的利率，但实际利率却高得出乎寻常。定期贷款和分期贷款都出现了这类情况，每当此时，新法的诞生就会多一股动力。而信用卡的出现，则让这一问题变得更为迫切。向参议院提出该法案的是威斯康星州民主党人威廉·普罗克斯迈尔（William Proxmire），他指出：“该法案的核心目标是让消费者在获得信贷时能像购买商品那样权衡利弊。”[1]

[1] 援引自《纽约时报》，1967 年 12 月 18 日。

《诚实借贷法》是当时通过的应对消费者利率（consumer interest）问题的唯一一部联邦法。从某种意义上说，这是继1864年的《国家银行法》之后，国会通过的最接近全国性《重利法》的法律。起初，法案将消费者利率限定在18%以内（这与更古老的20世纪20年代的重利上限一致），不过这一条并未进入最后投票环节。那段时间，流行的消费者口头禅是“借款人自己当心”，而法案就是在这样的背景下通过的。立法者自然意识到，各州的《重利法》各自为政，联邦法休想取而代之，因此干脆要求贷方清楚无误地说明各自的条款，至于最高利率是多少就交给各州自行决定，消费者至少可以自主选择贷方。不过，这其实充其量只是一部信息披露法，因为如果贷方收取的利息过高，消费者完全可以选择利率更低的贷方。

这部法律带来的最终结果是，贷方必须将利率以书面形式告知借方，包括名义利率和实际利率。早期的书面通知揭露了高利率，尤其当高达36%的利率被曝光之后，民众怨声载道。这些信息的披露令加利福尼亚州的一家报纸如此感叹：“‘诚实借贷’确实有用，因为它把狡猾的数学翻译成了简洁的英文。可是，知道自己合法地‘被收取利息’，这并没有降低向美国消费者收取的不合理利息，以及‘服务费’和‘金融费’。”[1] 尽管人们恍然大悟，并且义愤填膺，可在接下来的四十年里信用卡也会存在同样的问题，各种隐性利息费用已经深深植根于消费者信用卡之中。

十年后，国会在1968年的法律基础上新增了《公平债务催收作业法》（*Fair Debt Collection Practices Act*）。自推出信用卡之后，收债人变得越发无法无天，这部新法律旨在保护借款人免受收债人的伤害。依照法律，消费者有权举报收债人的过分行为，例如半夜骚扰

[1] 《奥克兰导报》，1969年8月3日。

债务人，或找诸如债务人上司的第三方收债。和《诚实借贷法》不同，负责监管这部法律的不是美联储，而是美国联邦贸易委员会（Federal Trade Commission），而且很快，这部法律成了后世所称的消费者权利法案不可或缺的一部分。

信用卡在诞生之后的三十年间因受到了消费者的热烈欢迎而发展神速。然而，当利率上涨到美国历史新高时，《重利法》的问题再度浮现出来。1980 年和 1981 年，由于保罗・沃尔克（Paul Volcker）[1] 领导的美联储推行限制性货币政策，导致利率上升至两位数。银行的收益曲线呈负面下滑趋势，短期利率收益高于长期利率。商业票据利率很快超过 15% 甚至 16%，已经高出纽约重利上限四个百分点。这并未影响到金钱市场的借贷，但对信用卡公司造成了不小的压力，尤其是纽约信用卡行业，因为该州最高放贷利率比市场利率要低。花旗集团（Citicorp）在罗得岛州设有信用卡分支，此时陷入了两难境地。银行利润缩水，吉米・卡特（Jimmy Carter）在 1980 年暮冬特意推行信贷管控，六个月后，即 1980 年 11 月，正值总统大选，吉米・卡特的举动让事态越发严重。

这次管控是卡特政府对高额市场利率和部分信贷模式监管空缺所做出的回应。保罗・沃尔克领导的美联储除了听之任之以外别无他法，因为它自身还陷在与通货膨胀的战斗之中。政府提高了对银行储备的要求，同时针对信用卡贷方（如果他们超出特定限额）也制定了更高的储备要求。此举是通过压制信用卡公司来遏制购物者使用信用卡。这次管控很快就被叫停。从 1980 年暮冬到一年之后，循环信贷 [2] 下滑，这是自 1968 年循环信贷诞生以来出现的首次下滑，接着平稳了一段时

[1] 译者注：曾担任美联储主席。

[2] 译者注：循环信贷，是指银行承诺提供不超过某一最高限额的贷款协定，这一承诺具有法律效力。在此限额内，客户可循环使用贷款资金。

间，而后再次上升。

1980年，国会制定了《存款机构解除管制与货币控制法案》（*Depository Institutions Deregulation and Monetary Control Act*，简称DIDMCA），解除了Q条例，规定银行有权制定市场储蓄存款利率，从而改变了自1933年以来必须遵守美联储上限的做法。各州的《重利法》暂时退出了舞台，以防止与新开展的大规模解除发生冲突。但是，很多州投票要求重新恢复《重利法》，以秉承其悠久的传统。里根（Reagan）政府上台不久，国会于1982年通过了《存款机构法》（*Depository Institutions Act*），存款利率和其他银行利率监管全部被解除。

《重利法》的暂时性中止促使很多银行提高了按揭利率，而利率的普遍高涨导致住宅按揭市场出现了衰退。银行宣称，只要《重利法》的“中止”变成永久“终止”，那么就会出现更多的按揭资金。花旗银行在纽约市宣布，如果取消利率上限，该行将为住宅所有人提供10亿美元的住宅按揭贷款。当地其他一些贷方纷纷效仿。某银行发言人表示：“只要我们有权掌管市场利率，花旗银行的资金就永远等着您。”[1]

在1968年《诚实借贷法》颁布之前，信用卡公司一直在寻找提高透支利率的方法，同时又要做到避人耳目。过往的经验证实，提高信用卡的费用有个名正言顺的理由，即行政管理成本增加，发卡公司提高费用是为了使消费者将来避免更多不良成本。除此之外，如果消费者每月及时还款，实际上是削减了发卡公司的收入，因为收不到透支利息，也就是说，信用卡透支得越多，发卡公司将来的收入就越多。可见，延长还款期限对利润大有好处。怀着这两个目的，年费和最低还款额由此诞生。

[1]《纽约时报》，1980年2月5日。

年费是加在客户欠款之上的，一般收取15~20美元，最直接的结果是提高了实际收取的利息，尤其是在当时，欠款和信贷额度都要比现在低。假设一张信用卡，1000美元的信贷额度收取客户18%的利息，如果再收取15美元的年费，那么利率就会增加1.5%，换言之实际利率变成了19.5%。如果该利率超过1980年之前的重利上限，公司一定会声称这不是利息，只是一次性收费。而且这是现值收费，信用卡公司不必坐等数月才收钱。

最低支付解决了一些信用卡还款时间相对较短的问题。信用卡欠款不再被看作要在三年之后偿还的分期贷款，最低还款额的设立，既能让客户保持信用良好，又能使客户的实际还款金额少于三年后的一次性还款金额。这样一来，欠款时间延长，实际利率变得更高。所有种种都是合法的，因为最低支付旨在“帮助”减轻客户每月偿还的重压。实际上，这一做法延长了客户的背债时间，但只要欠款还在，这对信用卡公司来说不算什么。因此，最低还款额的措施可谓一举多得。

利率和重利上限的结合促使花旗、大通（Chase）等大型银行构思新策略，以应对新局势。十多年来，花旗银行一直积极投身于零售银行业务。针对首次借贷的500美元，纽约的消费贷款最高利率为18%；贷款金额增加，利率就变为12%，这使得消费者能够享受短暂的欢愉。当时，花旗银行的企业客户基础利率超过17%。这就导致了套利问题，消费者用信用卡借钱，如果信贷额度足够高，他们的还款利率就能低于市场利率，因此，很多人就拿这笔钱去购买财政部债券，收益还能高出4%~5%。这是信用卡和循环信贷造成的出人意料的问题之一。

在高额利率的背景下，花旗银行声称，虽然《存款机构解除管制与货币控制法》暂时放松了《重利法》，但其信用卡业务还是损失了1亿美元。最后，该银行向持卡者征收了15美元的费用，相当于将利率上调到19.8%。此外，银行还要求，凡是有欠款的客户，如果欠款超过

720 美元，则最低还款额为欠款的 1/36，即 20 美元，而此前客户只需要支付 5 美元。对最低还款额的调整无疑折射出花旗银行之前的顾虑。

但是，各类费用的增加还是无法彻底弥补流失的收入。1978 年，美国高等法院接到一个案子，大大推动了信用卡运动。内布拉斯加州一家银行在货币监理部门注册后，成了国家性质的组织，其向明尼苏达州的客户收取的利息超过了该州的重利上限。因此，位于明尼阿波利斯市（Minneapolis）[1]的马奎特国家银行（Marquette National Bank）声称，“银行美国卡”供应商奥马哈第一服务公司（First of Omaha Service Corporation）[2]必须因为收取高额利率受到法律制裁，但遭到了最高法院的否决，理由是，1864 年的《国家银行法》只要求被指定为“国家性质”的银行遵守原籍州的《重利法》（如果有的话），和客户用卡的地点无关。[3]换言之，供应商受制于内布拉斯加州的《重利法》，无须服从明尼苏达州的《重利法》。

该案之后，花旗银行又为自己的信用卡业务找到了新空间。纽约自然也心知肚明，于是开始为帮助花旗银行拓展其在罗得岛州的信用卡业务绞尽脑汁。这将关系到两千多人的就业岗位。州长休•凯里（Hugh Carey）政府意识到这一问题，并表示：“（我们）时刻关切法律是否会失效。”然而，州立法的前景一片黯淡，议会成员也坦诚道，虽然有心拉银行一把，但废除《重利法》的进程不甚乐观。尽管实际行动来起来像是在反对花旗银行废除《重利法》的呼吁，但纽约州立法机构还是取消了消费者贷款的利率限制。严格地说，民事上的重利上限已经部分地废除了，但贷款利率超过 25% 时仍会被定为犯罪。花旗银

---

[1] 译者注：属于明尼苏达州。

[2] 译者注：隶属内布拉斯加州的奥马哈第一国民银行。

[3] 明尼阿波利斯市马奎特国家银行 V. 奥马哈第一服务公司案件，编号 77~1265，1978 年 12 月 18 日，439U.S.299。

行对依旧存在的刑法提出了反对，因为很有可能实际利率会继续上升，最终引发一系列刑事诉讼。

尽管纽约州的法律有所放宽，但花旗银行还是态度坚决地计划走人。最终，花旗和大通曼哈顿（均为全国性机构）等银行纷纷跑到环境更加友好的州去购置地产。银行以往的经验果然十分有用，信用卡不是银行的核心业务，金融和信用卡分支可以设在美国国内任何一个欢迎它们的地方。不久，这些银行就发现，很多州都表现出了殷勤的态度，即便这意味着会让那些州看起来是在向东部的金钱利益卑躬屈膝。

花旗银行在一个最不可能的地方找到了归宿。南达科他州虽然有重利上限，但该州表示，只要花旗银行愿意到这里投资，重利上限就可以废除。花旗银行觉得机不可失。于是，该州立法机构三下五除二就废除了所有的上限。1980 年，该州在一次立法会议上宣布采用新的银行法，允许其他州的银行控股公司获取当地银行特许权。1980 年年末花旗银行同意在该州苏瀑市（Sioux Falls）成立业务基地。这里的劳动力充足，没有企业或个人所得税，而且比起其他城市化的州，这里劳动力成本并不昂贵。

并不只有南达科他州在极力吸引银行机构。大通曼哈顿等其他几家银行不像花旗银行那样离家千万里，但也成功说服特拉华州废除了《重利法》。这倒也没有多少出乎意料之处，因为这个小州为了吸引大型企业，使出了浑身解数，它的破产法庭和自由化公司程序早已名声在外。1980 年，大通开始游说该州废除《重利法》，可是热脸贴了冷屁股，直到接触到该州好几位资深生意人，情况才有所改观。一年后，该州通过自己的银行自由化法律，允许其他州的银行在不得从事零售银行业务的情况下开展业务，以此来保护本地银行。作为交换，该州的税率极低，当信用卡分支收入超过 3000 万美元时，实际税率已经降至 2.7%。

其他消费者金融企业抓住机遇，沿着大通的足迹，开始寻找自己的信用卡业务基地。不少零售连锁店也创立了信用卡中心，从而加入了这一队伍。由此看来，废除《重利法》能够带来盈利，于是，一些小型银行也效仿花旗和大通，要求各自所在的州废止《重利法》。明尼苏达州的双城储蓄贷款公司（Twin City Savings and Loan）就要求该州废除《重利法》，这样自己才能在此地提供信用卡服务；同时，自己将不再需要向该州持卡人收取 25 美元的费用——这笔费用是用于补偿《重利法》的监管的。花旗集团的论调再度出现。

马萨诸塞州的情况略有不同。该州其中两家大型银行采用屡试不爽的老策略，威胁该州如果不撤销 18% 的利率上限，它们就要将自己的信用卡业务移到其他州去。该州本地银行所面对的问题很简单——尽管花旗集团等机构并未在马萨诸塞州设立中心基地，但却在该州积极推广信用卡，然后向客户收取 19.8% 的利息，充分利用州外分支规避了当地的《重利法》。该州本地银行也希望能照搬，却被较低的官方利率上限框住了。1985 年，马萨诸塞州修改了《重利法》，采用了极具灵活性的以市场为基础的公式，计算出的重利上限是 91 天国库券利率（当时是 8%）的两倍。

很多州的《重利法》最终被废止是因为其本身存在的漏洞。那些试图推翻这些过时法律的人将寻找漏洞当成家庭手工业般精工细作的活儿来干。花旗银行行长约翰·瑞德（John Reed）接了沃尔特·瑞斯顿（Walter Wriston）的班，他指出，钻漏洞让自己颇感不安，不过他又说："我们生活的世界，法律漏洞俯拾皆是。"他还暗示，当金融机构发现漏洞，很多时候监管者会鼓励他们充分利用。[1] 金融机构

[1]《纽约时报》，1989 年 4 月 2 日。

一马当先，监管部门默许鼓励，这股制度改革浪潮渐渐席卷美国，未来更是汹涌。

消费者信贷浪潮受到了几方势力的共同推动，其中包括《破产法》的修改。消费放贷者们铆足了劲儿要提供更多的无担保信贷，国会通过了比以前更加自由的《破产法》，从而大大推动了债务革命。以往宣告破产是为了保护贷方不要因为借方拖欠而受损，新法律的宗旨则是保护借方，直到他们拖延还款后恢复信贷。这将产生深远而显著的影响。

1978 年，美国国会一鼓作气修改了破产条规，旨在让现行法律更加灵活。原来的《钱德勒法》（*Chandler Act*）修改于 1938 年，被认为过于复杂而难以操作。1978 年的修改中，一个引人注目的部分是增加了“第十一章”，规定在某些特定情况下，经法院同意，公司可以重组，而不必为了让债权人顺心就让公司解体。从局部来看，此举是为了精简破产过程。按照以往的做法，将案子递交到法院，法院再出面解决所需时间过于漫长；而且，如果某人在上法院之前就宣告破产，那么案子的结果自然就是破产。

1978 年《破产法》的支持者认为，虽然略有瑕疵，不过在制度改革的道路上迈出了良好的第一步，然而反对者却不这么想。新法律为企业和个人都提供了类似的解决方案。法院可受理两类破产。企业参考“第七章”和“第十一章”，个人则参考“第七章”和“第十三章”。

依照“第七章”，法院免除的无担保债务，公司或个人可通过资产清算偿还。这无疑是一个崭新的开始。根据“第十一章”或“第十三章”，公司或个人的资产将被冻结，债权人不得迫害公司或个人，同时经法院同意，公司和个人可制订重组计划。这一般要求在规定年限内支付债务，然后从债务中正式减除。后两章让批评者很是不满。

1978 年之前，破产诉讼不断攀升，法院忙得焦头烂额。法院允许重组，其实是给有希望的企业或个人充足的时间，在保住资产的同时重整旗鼓。批评者提出质疑，法律过于自由化，有人会利用“第十三章”逃避其不愿偿还的债务。而在这些反对声的背后，美国的信贷越发唾手可得，因为破产者能够在很短的时间内恢复，而不用担心受罚判刑。

破产案中最常见的就是债务过多，对消费者而言，自然是指消费债务过重。仅 1986 年一年，个人破产案总数就超过 40 万件，是十年前的两倍。[1] 批评者认为，这是新出台的灵活法律造成的直接恶果，他们更加有理由相信，这是那些肆意挥霍的消费者们不愿面对债务所带来的后果。

1983 年之后，经济复苏，作为家庭可支配收入一部分的消费者债务开始增加。信用卡强势增长，大大刺激了复苏的步伐。为了提高收益，信用卡公司为那些高风险群体，例如大学生和低收入人群——提供有限额的信贷。乍看之下，新的《破产法》和便捷的信贷似乎没有明显增加信用卡的拖欠率，[2] 如果一直是这样，那么边缘群体将获得更多的信贷，只不过年利率更高。

这一趋势说明，消费者贷款行业已经采用的组合观念，推动了信贷的民主化。但是，随着信贷形式的丰富化，要想保持信贷增长，就得创新融资技巧。20 世纪 80 年代，银行的首要宗旨是尽可能保持资产负债表干净。1983 年，股票市场出现牛市，至于能否长久，银行对资本的需求是否会持续，在当时都难有定论。银行专注于减少债务，并探寻赚钱的新途径。银行需要更多创新。银行业务继续繁荣，直到所有的消费者贷款开始爬上它们的资产负债表。

[1] 特丽莎·苏利万、伊丽莎白·沃伦及杰·劳伦斯·维斯特布鲁克：《当我们原谅债务人：美国的破产和消费者信贷》（纽约：牛津大学出版社，1989 年版），76。

[2] 传统上，如果信用卡违约没有超过总欠款的 3%~4%，信用卡公司会认为其整体放贷风险为最低程度。

证券化：银行的新利器

随着债务工具[1]的投资组合概念被接受，投资者对作为贷款抵押的债券借贷的兴趣也变得显而易见。虽然这类借款在华尔街有传统，不过仍是相对新潮的东西。当组合概念应用于消费者贷款时，消费债务革命进入了成熟期。按照新做法，借方和贷方不再像数百年前那样需要知根知底。贷款很快就“汇集起来”。

这股新浪潮来自政府赞助企业（government-sponsored enterprises，简称GSEs）。政府国民抵押贷款协会（Government National Mortgage Association，亦称Ginnie Mae，即“吉利美”）主要提供住宅援助，之前（现在也是）隶属财政部，宗旨是帮助低收入人群获得城市住房。联邦国家抵押贷款协会（Fannie Mae，即“房利美”）则负责自己的借方援助项目，继续购买联邦住宅管理局（Federal Housing Administration）、美国退伍军人事务部等机构同意的按揭，

[1] 译者注：债务工具是金融工具中会形成债权债务的一类工具。

旨在帮助社会特定人群。联邦住房抵押贷款公司（Federal Home Loan Mortgage Corporation，亦称 Freddie Mac，即“房地美”）是联邦住房贷款银行委员会（Federal Home Loan Bank Board）的贷款分支，该委员会负责掌控全国所有联邦特许储蓄机构。这些机构的建立旨在帮助住宅融资。

自 20 世纪 70 年代早期，在尚未有私人公司尝试的情况下，这 3 家抵押贷款援助机构就已成功将住房抵押证券化。比起抵押品，机构本身是更好的信贷风险投资。如果抵押贷款无力支付，机构会出面干预，并补上短缺，这就是大家知道的必要时刻“补缺”债务，用债券“补缺”债券。如果机构也无力支付，财政部会出手相救。在此类机构将债务证券化的头十五年里，这种逻辑得到了验证。证券化将抵押贷款从贷方那里挪走，转到支撑债券的资金库中。[1]

抵押贷款援助机构和近三百年前的南海公司有着惊人的相似之处。大西洋两岸的这些组织都想通过培养自己的贷款实力，从而缓解各自政府的债务重担，它们都是和政府平起平坐的融资部门，有着各自独立的财务决算。从本质上说，它们是不同的历史时期的重商主义公司，都有相对短暂的企业命数，最后都惨淡收场。[2]

上述三家机构起初均隶属政府，但后来其中两家私有化了。因为它们的资产负债表上的数字越来越大，如果依旧保留政府身份，将直接导致政府债务上涨数倍。而走私有化和证券化道路，它们从原抵押贷款人那里购买的按揭债务将变成债券投资者的抵押，而不是机构资

---

[1] 证券化如今已成为一种模板，不论是何种资产的证券化，基本过程都一样。贷方将近期的债务聚拢，卖给某集资者，集资者以此作为债券抵押。源自贷款集合的现金流将支撑债券利息和本金支付。

[2] 最早提出这一观点的是托马斯 •H. 斯坦顿：《政府赞助企业：现代社会的重商主义公司》（华盛顿，哥伦比亚特区：AEI 出版社，2002 年版）。

产。它们的大获成功，让银行窥见了机遇。

商业银行将证券化视为摆脱财政困境的一大利器。20 世纪 80 年代初期，贷款利率偏高，银行的处境并不乐观，尽管也有部分优质贷款，资产负债表多数时候都显得黯淡无光。就在这个时候，机会自己现身了。投资者往往排斥银行债券本身，但如果将优质贷款证券化，他们就会购买以此为基础的债券。不过，在这一过程中，银行首先要将部分优质资产剥离出来，这是 20 世纪债务革命的另一新气象。

银行开始将信用卡应收账款和汽车贷款等短期资产证券化。只要投资者愿意将其视为抵押物，证券化适用于任何一种金融资产，资产担保证券（asset-backed security，简称 ABSs）只将金融资产作为抵押，例如飞机或机车的租赁权，或财产抵押权，而非真正的不动产。换言之，组合投资者对财产本身毫无兴趣，他们只关心贷款能否带来收入。

20 世纪 80 年代开始的这一过程后来被称为“资产证券化”（asset securitisation）。1987 年，首个信用卡资产担保证券问世。理论上说，新型资产担保证券是帮助银行消除债务的不二法门。然而，投资者将有何反应，新债券的市场表现如何，均是未知数。人们需要小心谨慎的理由之一就是银行投资者本身。很明显，银行是在提高流动性，清理资产负债表，以开展更多的业务。可是代价是什么呢？一位承销商言简意赅地总结道：“卖掉最佳资产，眼下持股人只能守着残羹冷炙，我们这么做或许是在剥夺现有股东的权利。”不幸的是，二十年后次贷危机爆发，权利丧失的不仅是持股人，还有一群愁眉苦脸的债券投资者。

起初的二十年间，信用卡资产担保证券以信贷资产为基石，而这些资产意在支撑债券。计划实行证券化的银行或金融公司会创建某种特定用途的工具，这就是信托，以发行债券并以应收账款为抵押。由于此时资产已经脱离了原贷方的资产负债表，信托被解读为“远离破产”，换言之，即便银行或金融公司破产，债券也将独立存在，由信托负责支付。

自信用卡诞生以来，证券化对信用卡市场的改变不同于其他任何一个创新设计。1989 年，在所有证券化消费者的债务中，约有 11% 是循环性的；截至 2009 年年末，该百分比上升到 43%。[1] 贷方不再是银行老标准下的传统贷方了，他们成了打包债务并将其从账面上清除的代理人。这些“债务打包人”和传统银行协同作业，成了影子银行[2]系统的一分子，这一系统不像受监管的银行那么透明。一旦传统银行参与影子业务，金融系统将发生改变，它将快速远离审慎的监管，以支撑高速发展的信贷产物。

证券化在银行中盛行起来，人们盛赞这是双赢局面。将原来的债务从账面清除之后，银行能够自由创建新的信用卡债务。投资银行家有了新的承销和一揽子费用来源，消费者也能够更加轻易地得到贷款。因此可以说，银行获利，华尔街承销商获利，消费者也获利。然而，缺陷也确实存在，主要是在银行体系埋下了风险的种子。不过，消费者正在享受轻松获得贷款带来的好处，因此多数风险都被抛诸脑后。

证券化将信用卡公司推入了信贷创建过程，而这一过程超出了美联储的监管范围，因为只要能获得廉价的资金来源，任何金融公司都可以开展信用卡业务。非银行机构现在也全身心地投入信贷业务中，而银行批发业务中也包括信贷。在短期商业贷款中，非银行机构和银行斗得你死我活。它们的资源不是储蓄，而是商业票据。这项业务虽不及信用卡盈利多，但是打理成本也低得多。银行业逐渐迎来了超出监管者能力范围的、新的行业成员。影子银行体系以债务证券为基石

[1] 美联储委员会，《统计报告》，G.19；www.federalreserve.gov/release。

[2] 译者注：影子银行是指处在银行监管体系之外，有可能引发系统性风险等问题的信用中介体系。

建立起来了。

证券化的最终效应是让银行在向客户提供信贷时能够更加从容。如果应收账款一直留在信用卡分支机构的账面上，销账将会成为信用卡业务的绊脚石，因为银行不得不重新评估对无担保贷款的政策。但是，如果银行能将它们和其他应收账款汇到一起，那么其投资组合特征比信贷质量更为重要。信用卡应收账款总计 1 亿美元，其中或许包括 1000 万美元面向学生或其他工薪穷人的信用卡欠款，这群人也许不是最值得信赖的支付者，不过值得一试，因为这笔资金的边际份额收益或许更高，从而有望提高整体收益。

《国家银行法》原有条款、Q 条例和 Z 条例，外加各州《重利法》，数支势力联合发力，控制了固定利率的住房抵押贷款利息，因为长期债务包含在长期合同里。与此类似，出现的其他贷款也受到保护，但是更新的金融工具，尤其是信用卡，看起来不太像定期贷款，倒更像是要收费或约定利率的贷方服务，而且，如果利率和收费加在一起，还会提高实际利率，极易突破《重利法》上限。20 世纪 60~70 年代，这只是瞬息变幻的金融业的一部分，这一时期，理论和实际交相辉映，迎来了 17 世纪 90 年代英格兰银行成立之后最惹人瞩目的金融革命。然而即便背景更迭，消费者贷款仍旧和按揭债务脱节。住宅要遵守法定低利率，而家具装修等其他消费的代价明显更高。在接下来的数十载光阴里，这个方程式将发生实质性的变化。

第6章
Chapter 06

老古董和新玩意儿

小债务引出个借方，大债务招来个敌方。

——阿拉伯谚语

本章导读

1970 年，新版《钦定版圣经》出版，这是《圣经》英文译本在 1611 年问世之后的首次修订。新版英文译本是众多知名行内专家通力合作的结晶，汇集了当时最先进的知识。这一版使用了当代语言，从而让文本更加符合潮流。然而对《旧约》某篇关于高利贷的文字，该译本可绝非是在复述原文，而是具备明显的时代解读痕迹。

《利未记》（25:36）中有一段关于高利贷的文字，新译本折射出 17 世纪初期之后对这一概念的新思想，其中也包含了当时已知的信息，不过原文并未体现。《钦定版〈圣经〉》的初版英译本对该段文字的翻译是："不可收其高利贷，亦不可增。需持敬畏上苍之心。兄弟姐妹与你同在。"然而在新版中，这段文字改头换面："你不能向他收取债务利息，既不能预先从资金总额中扣除，也不能在应付信贷资本的偿款中增加。"其他几篇提及高利贷的原文本（《申命记》（23:19），以及《诗篇》（15:5））则没有实质性改变。

显而易见，新版本篡改了原文的概念，新添了扣除以及欠债到期时增加利息的做法。利滚利再次抬头，不过对《圣经》训诫的初版译文并未以任何形式提及复利或贴现利息。而新版《圣经》却明显反映出，最早的高利贷浅显概念仍旧与后世的实际应用难以区分，从而折射出延续数世纪的学术难题。事实证明，新版《圣经》的出版时间纯属偶然，原因不一而足。西塞罗古老的反对复利的训斥在20世纪仍旧历历在耳。这不久将再度变成一个重要经济议题，然而随着现代成分的添油加醋，人们最终将其抛至九霄云外，沉浸在现代经济辩论中。

对金融市场最为深远的影响之一出现在1971年。那年夏末，理查德·尼克松（Richard Nixon）中止了美元与黄金的直接兑换，这与二十五年前的布雷顿森林会议的规定背道而驰，于是，与美元和黄金挂钩的货币瞬间崩溃。主要货币汇率相继浮动，互相对抗，这又给整个金融市场带来了新的波动。《布雷顿森林协定》最初的目的是防止20世纪30年代让大萧条雪上加霜的单边贬值，主要签署国都是工业化国家。挂钩制度让每个主要货币能够紧盯着美元，从而保持固定价值。没有了这一制度，各国得以自由制定贸易政策，但是不久，这些政策就被批判为沿袭重商主义时代的、“以邻为壑”的做法。

布雷顿森林体系的崩溃让美元大幅贬值，许多石油出口国的国际购买力受到重创。1973年，以色列和埃及爆发赎罪日战争（Yom Kippur War）[1]，中东石油生产国将每桶油的价格由原来的5.5美元上涨到11美元。涨价的部分原因是，石油生产国的购买力因美元贬值而受损，新价格既能帮助自己，也能拯救世界其他地区的生产商。石油生产国和商品生产国一跃成为世界贸易中的新贵，现金流加快，甚至迎来了繁华盛景。

这些国家中有不少都是发展中国家，一夜暴富让它们一时不知所

[1] 译者注：又称第四次中东战争，战争起源是争夺的西奈半岛和戈兰高地。

措。同样的，它们中的一些借方也不知所措，因为它们不习惯从银行借钱，面对信贷市场一筹莫展。“二战”之后，流入发展中国家的资金，绝大多数是发达国家政府的海外援助或者国际组织的贷款，条款一般都很优惠。由于此前并未曝光过欠债不还的事情，于是很多银行家信心满满地宣称，主权实体是绝对不会欠钱不还的。他们意识到，主权实体拖欠的几率微乎其微，因为如果某个国家因无力偿还贷款而违约，今后的信贷市场生涯就结束了。它的海外资产可能会被债权人据为己有，虽然不太现实，但从法律上来说是有可能的。这论断听起来相当自大，却为20世纪前所未有的放贷膨胀奠定了基础。

贷方除了能削减债务国未来的信用限额，还能采用其他措施保护自己避免主权实体拖欠，但是做法过于繁杂，几乎从未被采用。最有名的例子是没收一国的海外资产，尤其是在港口的船只或正等着卸货的出口商品。不过以这种方式霸占资产容易燃起政治火焰，绝大多数时候，这只是对借方的一种震慑。

现金流入许多发展中国家，由此提高了这些国家的基础设施开支，并刺激了其国内需求。往来账余额的增多让不少国家减少了对世界银行以及其他地区发展银行的依赖，同时也将它们引向了商业银行家，而这些银行家正翘首期待要把钱借给这些收入增多的主权实体。外部市场成了这些发展中国家中期资金的主要来源。借贷货币只能是主要贸易货币，最常用的还是美元。银行向第三世界国家借出大笔资金，从而形成了一个重要的放贷市场。这个市场是新产物，最早的也要追溯到20世纪60年代末。

利息差价和现值游戏

随着现代银行的发展，传统贷方的行为成了主流做法。银行家按照一定利率接受储蓄，然后以更高的利率放贷给借方，两者之差就是所谓的差价。借方的可信度决定了差价程度，相较于信誉好的借方，风险高的借方需要还的钱更多。因此，比起高信誉借方，高风险借方能为银行带来更多的盈利，但是出于谨慎的考虑，大家更偏爱前者。银行家也会在债务中采用组合概念，这是沿用了“二战”之后的分散模型。

在20世纪90年代之前，美国的银行业极大部分都属于各州事务，银行家创建组合时，混合了不同经济领域和地理区域的贷款。商业贷款以零售贷款（信用卡和个人贷款）和抵押贷款作为补充，有时还有面向其他国家的主权贷款。主权贷款是唯一跨越国界的贷款，它们源自银行的海外分支，而非本土部门。换言之，一家银行可以向外国提供贷款或参与贷款业务，但是不能跨越国界从事零售贷款或小型商业银行业务。信用卡贷款是避开各州银行约束的办法之一，在20世纪70

年代，主权贷款也加入了这支队伍。但是，真正点石成金的魔法更关心如何利用利息差价创造收益。

自 19 世纪起，美国各家银行就披上了商业银行的外衣。它们大多向企业提供短期贷款，资金成本差价不大，盈利不算丰厚，风险也低。不过银行觉得，自己能够在较短时间里获得收益。20 世纪 20 年代初期，银行家们开始试探性地开展零售业务，贷款时限被拉长，收益也要等贷款时限结束时才能收回。17~18 世纪的英国银行家非常熟悉，如果向客户提供的一笔五年贷款可以在未来年限中计算年收入，那么收益会增加五倍。简而言之，如果贷款最初是按照固定利率提供的，在贷款时限内利率提高，那么，坚决不从事传统商业放贷业务的银行家们就要面临时间风险和可能的机会损失。

20 世纪 70 年代，这类银行模式饱受压力。利率上涨，外汇汇率波动，这不仅对当期利润造成了更大的压力，也削弱了长期固定利率贷款作为行业标准的地位，因而使得金融服务公司陷入了更加不利的商业环境。银行开始寻求传统贷款的替代品，希望能收获更多盈利。起初，它们找到两种替代品——银团贷款（辛迪加贷款）[1] 和收费银行业务，银团贷款更像是某种投资性银行业务，而收费银行业务则如同某个投资银行概念——从当下获得盈利，而不用等到将来收钱。

投资银行业务比商业银行业务有更多的盈利，其中一个原因在于，投资银行选择的是现值，对未来的现金流动关注较少。投资银行家收取一定的劳务费，但本身不持有所承销的证券或债务。鉴于其资本面临风险的时间较短，这笔费用极易到手。如果某位投资银行家承销了价值 1 亿美元的五年期贷款，从中收取 2% 的费用，那么 200 万美元的

---

[1] 银团贷款，又称为辛迪加贷款，是由获准经营贷款业务的一家或数家银行牵头，多家银行与非银行金融机构参加而组成的银行集团采用同一协议，按商定的期限和条件向同一借款人提供融资的贷款方式。

费用在当前会计期内就能获得。相反，如果某家商业银行承销了1亿美元的贷款，其盈利是来自资金成本差价的。如果差价是2.75%，那么未来五年的年收益为275万美元，不过若按照现值（折现），这一结果就不那么明显了。[1] 商业银行的收益来源自然要好过投资银行的收费，但贷方面临的风险也是显而易见的。如果利率上涨，固定利率贷款就要面临机会损失，而且借方本身也有拖欠的风险。投资银行家一年可以承销五笔这类贷款，而不必遭受相关损失。商业银行自然眼红地打量着投资银行。

这种羡慕妒忌，加上绝大多数货币中心银行（主要城市的最大银行）对进入美国投资银行界的渴望，促使一些机构在海外开展业务。它们在等待时机，一旦国内取消监管，就赶紧把业务挪回来。1933年的《格拉斯-斯蒂格尔法》严禁企业从事投资银行活动，不过，通过银团贷款市场和欧洲债券市场的承销，很多银行帮助企业发挥了部分功能。这些业务不会直接触犯《重利法》，银行也期待着有一天可变利率贷款能成为美国零售市场的标准做法。银团贷款市场基于伦敦银行同业拆放率[2]（London Interbank Offered Rate，简称LIBOR）。这将在下文提及。人们认为，等美国国内市场足够灵活时，银团贷款将成为绝佳做法。

[1] 出于比较目的，相比较于高利率，以低利率将未来的现金流折现将会带来更高的现值。

[2] 译者注：LIBOR是伦敦银行同业拆出利率，相当于交易商愿意卖出的利率。

欧洲美元的“春天”

20 世纪末，高额利率的问题依然困扰着银行和零售贷方。花旗银行为了避开纽约州的《重利法》，故意将信用卡业务搬到南达科他州，这充分说明，如果当地对《重利法》太过较真，即便是放贷大佬也会觉得芒刺在背。南达科他州和特拉华州能够成为后起之秀，多亏了其他州严苛的《重利法》，可见，相较于吹毛求疵、过时落伍的思想观念，就业岗位和地方投资才是王道。信用卡放贷以令人越发眼花缭乱的方式向未付欠款收取复利。不过，自 1970 年到 20 世纪 80 年代初期，银行的最大利润来源不是采用复利模式的贷款。事实上，贷款看似采用了单利模式，实则与快速攀升的利率交相辉映，从而为银行创收，同时也把很多借方逼得濒临破产。古代“以邻为壑”的诡计再度亮相，相关银行却声称，这只不过是特殊背景下另一起放贷脱轨事件。

始于 20 世纪 70 年代的放贷膨胀诞生于离岸市场，也就是后来所称的“欧洲美元”（Eurodollars），即存放在美国境外的各国银行，主要是欧洲和美国银行分行的美元。这些存款不在美国银行监管者的管辖之内。十年间，欧洲美元就成了独树一帜、不可小觑的放贷力量。离岸市场的源头是政治。20 世纪 60 年代末期，俄罗斯想存储一笔美元，可是出于冷战因素的考虑，俄罗斯希望能避开美国银行。一家法国银行同意接受这笔储蓄，于是形成了首个欧洲美元存款。为了从这笔存款中盈利，就必须弄出一个美元贷款，于是很快，欧洲美元业务问世了。

“二战”之后，美元是主要的储备货币，由此保住了市场的繁荣。银行顾不上自己本国的货币，只要监管部门一允许它们在正常的国内业务之外开展这种对外业务，它们就义无反顾地开始接受美元存款。美国的银行正忙着逃避庞杂的重利上限，这会子又新加入一大群外国银行，于是它们联起手来，在全球范围内开展美元借贷业务。客户都是企业和政府级别的组织机构。这股浪潮中还有不少国际机构和跨国公司，它们都想从中捞点儿好处，或试图抵销始于 20 世纪 70 年代的国际石油危机造成的不良影响。

新的放贷模式以主要国际银行在伦敦报出的利率为基础。一系列短期储蓄利率和放贷利率分别被称为伦敦银行同业借入息率（London Interbank Bid Rate，简称 LIBID）[1] 和伦敦银行同业拆放率（London Interbank Offered Rate，简称 LIBOR），银行将此作为基础利率。机构储户遵照拆进利率[2]，机构借方则遵照拆出利率[3]。另外还有体现信贷风险的差价——差价越少，预测风险越低，反之亦然。这些利率完全取决于每天的美元供应。[4]

---

[1] 译者注：LIBID 是伦敦银行同业拆入利率，相当于交易商愿意买入的利率。

[2] 译者注：拆进利率表示银行或金融机构愿意借款的利率。

[3] 译者注：表示银行愿意贷款的利率。

[4] 利息以拆进和拆出为基石，按分钟发生变化，伦敦各家银行的储蓄交易商报价。这类利率属于货币市场利率，而非诸如美国优惠利率这样的银行放贷设定利率。

银行占据了优势地位，这种利率结构——亦称欧洲美元利率——不受任何美国国内监管部门的控制，自然也不受限于《重利法》，更重要的是，也不受美联储的监管，因为这些银行不在美国国内。除此之外，这些利率也不受所报国的国内地方法限制，因为它们不用当地货币报价。新诞生的LIBOR借贷模式大受欢迎，不久就成为美元标准放贷利率。

要将LIBOR作为基准，银行首先必须从某个海外分支——一般设在伦敦——拿到贷款。借方是企业和政府，其中包括美国企业。《重利法》只适用于某个州自身，而很少被提起的国家《重利法》则适用于官方指定的全国性机构，且只针对按揭利率。这些全国性机构涵盖了美国大多数最大型的银行，不难预测，这一队伍后来成了最大的欧洲美元贷方。离岸操作让银行彻底获得了自由，不必再受制于《重利法》的残余势力，尤其是避免了被气急败坏的借方成功指控为高利贷犯罪的情况。离岸储蓄和放贷将银行业成功带入了无人监管的领域，不过对于绝大多数牵涉其中的银行而言，结局并没有这么喜人。

更重要的一点是，以LIBOR为基础的贷款是可变利率贷款的雏形。一笔利率超出LIBOR1%、时限为六个月的贷款，意味着每六个月要调整一次利率，使其高出当前拆出利率1%。银行喜欢这种调整方法，因为它们的资金成本（拆进利率）总是低于拆出利率，而它们向借方收取的差价高于拆出利率。不管利率怎么变化，都能赚钱。而遵守重利上限的地方银行可就没这福分了。可变利率贷款出现之后，LIBOR的重要性越发明显。

这些银行贷款和债券有颇多类似之处。由于金额巨大，很多时候，贷方不愿把全额记在账上。就像债券一样，贷款被汇聚起来；初始贷方把贷款分为数块，邀请其他银行拿走一部分放在各自账上。有些贷款收费，需要预先支付，大约是所借金额的2%。如果贷款金额为1亿美元，期限五年，那么放贷银行在贷款正式支付时能分到200万美元的费用。

借入的金额往往没有担保，尤其是当借方是主权实体或隶属于主权实体时。银行迫不及待地提供尽可能多的贷款，因为在当时，国际债券市场上鲜少出现主权债务违约事件。第一轮石油价格冲击之后，银行业务源源不断。

随着石油价格的飙升，不少非石油生产的发展中国家出现了贸易逆差，因为它们的主要出口产品价格尚未上涨，至少没有立刻上涨。并非所有的石油生产国都隶属石油生产国卡特尔联盟，即石油输出国组织（Organization of Petroleum Exporting Countries，简称OPEC）。20世纪70年代，诸如墨西哥等国家生产和出口的石油增加，但仍被OPEC排斥在外，绝大多数西方银行将其视为欠发达国家（LDCs）。结果，LDCs联合起来，涵盖了石油生产国和产品出口国。而在另一端，诸如波兰、南斯拉夫和朝鲜等发展中国家则没有任何实质性的商品交易。

源源不断地放贷被委婉地称为国际收支差额放贷，为逆差国家提供资金。资金来源是石油生产国在伦敦以及其他欧洲市场银行中心的储蓄。大型银行成了这一过程的中间人。放贷浪潮的出现时间尤其利于美国的银行。信贷市场的新进步对传统业务造成冲击。尤其是20世纪60年代末和70年代初发展起来的商业票据市场直接吸引了很多企业客户进入货币市场，这一过程完全没有银行的插足之地。信用卡业务发展欠佳，银行积极探寻新的利润中心。离岸放贷业务应时而生，它潜力巨大，大多是借钱给主权借方，而且不受国内监管。

20世纪70年代出现了亘古未有的放贷浪潮。很多欠发达国家借方如履薄冰，因为面对国际收支逆差，它们不得不通过借钱来捍卫汇率。在这个脆弱的方程式中，石油是关键的定价指标。石油价格上涨会推高商品价格，不过各种价格不会同时变化。商品价格变动往往滞后于石油价格变动，两者的时间差对于很多国家的金融状态至关重要。石油价格上涨之后，商品价格如果缓慢上涨，就意味着当许多欠发达国家意识到商品收入增加时，它们的状况已经变得很糟糕。而在另一头，商品价格下跌后，石油价格最终也会下降，这将会导致相同的结局。同样的一先一后现象也出现在石油价格和短期利率的关系上。石油价格和商品价格是利率上涨的首要根源，但真正的问题是，当通货膨胀周期结束，利率是否会随之降低？

20 世纪 70 年代，借贷膨胀成了全球性事件。工业化国家在银团贷款市场的借入金额从 1970 年的 42.5 亿美元上涨到 1977 年的 172 亿美元。非石油输出国组织的欠发达国家的借入金额由 1970 年的 4.46 亿美元上升到 1977 年的 208.5 亿美元，而同一时期，石油输出国组织成员国的借款从 1.46 亿美元增加到 74 亿美元。苏联及其卫星国的借入金额从 3800 万美元上升到 34 亿美元。国际债券市场也出现了类似的膨胀，所有实体的借入总额度增加超过了 800%[1]。不过最显而易见的是，欠发达国家的增加额度是 1970 年的四十五倍，它们的银团借入创造了最大收益，远超伦敦银行同业拆放率和最高收费。银行找到了新的收入来源，但是很快便成为 20 世纪最大亏损的根源。

[1] 摩根信用担保公司：《世界金融市场》1978~1979；世界银行：《世界债务表汇编》，1980~1981。

飙升的巨额债务

从 1970 年到 1982 年，欧洲市场缺乏监管，加上为了超越传统的商业银行模式，银行家费尽心机，由此创造了放贷热潮。这让监管者和政治家忧心忡忡，因为自布雷顿森林体系崩溃之后，国际金融体系已然发生变化，原本互不相干的市场如今正以出人意料的方式联系在一起。

欠发达国家的高额借入行为让不少政策制定者焦虑不安。1977 年，美联储主席阿瑟·伯恩斯（Arthur Burns）批评商业银行在放贷给第三世界时承担了太多风险，他指出："商业银行和投资银行必须慎重监督海外放贷，银行监管者必须保持高度警惕，不要为某个国家提供太多贷款。"[1]

20 世纪 80 年代初期，能源价格和利率的上升，使两家因放贷给

[1] 援引自美国联邦存款保险公司：《20 世纪 80 年代和 90 年代早期银行业危机检查》（华盛顿，哥伦比亚特区：美国联邦存款保险公司，1997 年版），26。

石油和天然气开采公司的银行受到了影响。这些小型石油和天然气开采公司的主要业务都在美国，商品价格的上涨使得它们也水涨船高。这两家银行，一家是位于俄克拉何马州的中型地区银行佩恩广场银行（Penn Square Bank），另一家是位于芝加哥的伊利诺伊大陆国民银行（Continental Illinois National Bank and Trust）——这也是全美第七大银行。前者的失败撼动了整个金融市场，后者的崩塌则直接殃及整个银行体系。

1982 年，由于贷款收不回，佩恩广场银行倒闭了，要命的是，它还让其他银行花钱参股，其中包括伊利诺伊大陆国民银行。当这些银行身陷困境，美国联邦存款保险公司（Federal Deposit Insurance Company，简称 FDIC）不得不出面，向佩恩广场银行的储户伸出援手。这次失败对伊利诺伊大陆国民银行是一次重创，亏损导致该银行财政和名声两失。比起同行，伊利诺伊大陆国民银行极少从事面向公众的零售业务，因此，它能够为机构客户提供高利率的贷款以及高额的储蓄利率，例如，当最优惠利率为 20% 时，该银行为机构客户提供利率为 16% 的优惠固定利率贷款，这令不少竞争者目瞪口呆——它们可不敢冒类似的风险。[1] 然而，1981 年夏天，石油价格下跌，由于该银行与石油和天然气行业牵连甚广，所以受创最重。一年之内，它开始严重依赖欧洲美元储蓄作为资金来源，这一策略的风险极高，因为伦敦银行同业拆放率波动极大。不仅如此，该银行不少机构客户都已经对该银行的问题和信用评级问题有所觉察。谣言四起，人们开始质疑其继续经营的能力，很多机构储户要求取出现金，不愿续存即将到期的存款。银行储蓄流失，陷入流动资金危机。财政部不得不出面救助，

[1] 美国联邦存款保险公司，《20 世纪 80 年代和 90 年代早期银行业危机检查》，240。

于是这就成了截至当时“大而不倒”的最佳案例。该银行一旦崩溃，对经济的影响难以估量，因此绝不能倒。

1980 年，石油价格和美元利率开始上涨，欠发达国家的最大惨剧也拉开了序幕。原油价格从 1979 年的每桶 25 美元一跃涨到 1980 年的 37 美元，1981 年保持 36 美元的高位。1982 年，价格下滑到每桶 32 美元，1983 年再度下跌至 29 美元。这次价格下跌让进口国多少松了口气，可制造国却在忧心如焚。同一时期，期限为六个月的欧洲美元利率由 1979 年（年末）的 14.28% 上涨到 1980 年的 17.82%，1981 年下滑至 14%，1982 年继续降至 9.72%，1983 年（年末）稳定维持在 10.26%。[1] 两组数据变化趋势大同小异，不过石油现货价格先是抬高利率，后来又压低利率。但是，石油价格的百分比变化明显超过拆进利率和拆出利率的百分比变化。从 1979 年到 1980 年，石油价格上涨约 50%，利率只上浮 25%，这让石油生产借方能够轻松支付利息。从 1980 年到 1981 年，石油价格下滑约 3%，利率下滑 21%。然而，从 1981 年到 1982 年，石油价格下跌 9%，利率保持平稳水平。两个数据最后一次的滞后表征为两家银行和欠发达国家带来经济难题。

银团借方的问题在于，单单是基础利率无法完全说明经济困境。它们与拆出利率的价差 [2] 让借入成本增加近 150~175 个基点（1.5%~1.75%）。1981 年 7 月和 8 月，欧洲美元利率达到最高点，这就意味着，只要重新调整贷款，必然会导致年利率涨幅超过 20%。绝大多数借方，包括石油生产者在内，都无力承担如此高昂的利率。

1981 年，波兰实在无力支付海外债务的利息，不得不进行重组，

---

[1] 《美联储统计数据报告》，六个月伦敦银行同业拆放率；www.federalreserve.gov/release。

[2] 译者注：价差是指交易者新买入或新卖出一定数量的期货合约时，价格高的合约价格减去价格较低的合约价格。

这揭开了未来难题的冰山一角。起初数年中，银行曾坚信，波兰等其他几个共产主义国家不会出现违约情况。大卫·洛克菲勒（David Rockefeller）指挥大通曼哈顿银行贷款给波兰，并表示："从直接信用风险而言，我们推测，比起非社会主义国家，有些社会主义国家的政府延续性更为牢靠。"洛克菲勒还提到，20 世纪 70 年代末期，银行对波兰颇有顾虑，可"依旧迫不及待要放贷给这些社会主义国家"。[1] 这或许是让波兰向市场经济靠拢的宏大战略的一部分，然而计划蓝图中的稳定性令人大失所望，就连那笔经济账也大错特错。

一年之后，高额利率终于发挥破坏力了。欠发达国家的危机始于 1982 年 8 月，墨西哥财政部长告知美国政府及国际货币基金组织（International Monetary Fund，简称 IMF），该国无力支付 8 月份的利息，这笔债务高达 800 亿美元。其他国家也一样。1983 年 10 月，27 个国家的欠债总数达到 2390 亿美元，要么已经与银行重新安排还债时间，要么正在商量之中。16 个借方国家来自拉美，最大的 4 个分别为墨西哥、巴西、委内瑞拉和阿根廷，它们欠了多家商业银行近 1760 亿美元，约占欠发达国家未偿还欠款总额的 74%。其中，370 亿美元是借自美国最大的 8 家银行，约为它们当时资金和储备的 147%。[2] 最后，数家全球最大银行，包括几家大的美国银行，例如伊利诺伊大陆国民银行，均面临严重贷款拖欠、资本流失和关门倒闭的危险。

不少国家和放贷银行协商重组，但从长远来看，这并不一定有利。墨西哥和巴西是欠发达国家中最大的两个借方，1982 年未偿还债务约为 2000 亿美元。银行一开始都拒绝承认自己在放贷时考虑欠

[1] 安东尼·桑普森，"哪里信贷到期，哪里发放贷款。"《纽约时报》，1982 年 1 月 10 日。

[2] 美国联邦存款保险公司，《20 世纪 80 年代和 90 年代早期银行业危机检查》，246。

妥。美国和经济合作与发展组织（Organisation for Economic and Development，简称OECD）的主要成员国向借方国家施压，于是它们只好从银行再次贷款，以支付所欠利息。此举让很多国家再度背负债务，早已超出了经济可维系水平。此时，这种解决办法被称为“创可贴式救助（band-aid）”，因为大家心知肚明，这种方法治标不治本。很多欠发达国家坚信，自己没有被告知银团贷款存在的风险，只是预感到形势不妙。有些国家可没这么平心静气接受债务难题。很多国家反对强加给自己的条款和条件，并提出了自己的救治方案。秘鲁总统阿兰·加西亚（Alan Garcia）提议秘鲁把债务偿还限制在国家出口的10%。他的提议非常具有开拓性，本质上是将还债能力与实际收入挂钩，很多银行都忽视了这一点。他的外交辞令也有着举足轻重的地位。加西亚于1985年表示：“我们诚实可信，因此愿意还钱，即便我们深知债务中的不公平，可是我们的人民敢于承担责任，勇敢承认自己的错误。”[1]

银行界对秘鲁的做法颇为不满。秘鲁政府意识到这种不悦情绪，于是当债权人企图霸占其海外资产或要将这些资产陷入漫长的法律程序时，秘鲁立即将本国价值七亿美元的海外储备和资产调回国内。在接下来的数年里，银行通过减少对秘鲁的总信贷额度来反击。秘鲁的应对与众不同，银行认为没有多少国家会效仿秘鲁，这次它们猜对了。信贷市场的资源太诱人了，实在难以撒手。

国际货币基金组织在债务问题上发挥了关键作用。在银行延长新贷款并协商条件的问题上，这个国际组织扮演了重要角色。银行及其本国政府都要求国际货币基金组织出面干预，这样借方国家就必须施

[1] 阿兰·加西亚对秘鲁国会的演说，1985年7月28日，援引自杰奇·罗迪克《百万之舞：拉丁美洲和债务危机》（伦敦：拉丁美洲出版局，1988年版），169。

行合理的经济紧缩措施，从而保住国内资源。该组织向欠款借方提出数个条件，其中包括控制工资、价格自由化、货币贬值以及让本地利率上升到“自然的”市场水平。[1]

这类条件被称为国际货币基金组织的“制约性”，组合应用就能显现出条件的高、中、低层次。绝大多数情况下，条件极高。从宏观角度来看，虽然结果令该组织和银行喜出望外，但是在国内引起了广泛的反响，有时甚至反应暴烈。控制工资和价格自由化往往会导致原本就处在社会边缘的贫困工人丧失所剩无几的购买能力，由此出现街头抗议。国际货币基金组织成了管制主权政府的外部力量，这种情形被很多欠发达国家比作 20 世纪初期的炮舰外交[2]。这次危机促使很多欠发达国家借方联合起来，远离美国，这在拉美地区尤其明显。厄瓜多尔总统奥斯瓦尔多·乌尔塔多（Osvaldo Hurtado）于 1983 年表示：“（相关）国家的社会政治和平以及民主体系的稳定才是重中之重。”[3]

换言之，这一威胁可绝非仅针对欠发达国家。20 世纪 80 年代初期，先前欠发达国家的约 7000 亿美元债务岌岌可危，对银行和工业化国家都是一个近在咫尺的威胁。美联储主席保罗·沃尔克指出：“如果管理不善，化解不了这些压力，那么对美国和世界经济的复苏都将是一次严重的打击。”[4] 管理之难在于，包括他在内的所有监管者必须要确保债务人继续和银行谈判，以保证无人违约；一旦有人违约，那么银行的反应或许会让其他债务人也同样违约，以期获得利于自身的条件，减少负债。

[1] 杰奇·罗迪克：《百万之舞：拉丁美洲和债务危机》，46。

[2] 译者注：炮舰外交，是指帝国主义列强凭借武力推行殖民侵略的一种外交活动。在当今社会，其核心是霸权主义。

[3] 援引自杰奇·罗迪克：《百万之舞：拉丁美洲和债务危机》，48。

[4] 《纽约时报》，1983 年 7 月 5 日。

20世纪最严重的国际债务危机似乎不是起源于复利。绝大多数银团贷款都是以拆出利率模式为基石，这一模式均以单利为基础。如果定价是六个月期限采用10%的年利率，则在下一次调整之前，该时限的实际利率为5%。利息的计算是基于原本借出的金额，本金和最后的利息支付都是定在到期时间的。自然而然，实际利率就高出所定的名义利率，因为中间并不需要分期付款。换句话说，不存在余额减少之说，从而也就无法降低应付利息。不过对于期限为3~5年的中期贷款，中途偿还本金也不太现实。

按照市场利率收取单利，这便说明，由于没有任何形式的利率上限，叠加就显得毫无必要。整个20世纪70年代，利率不断上涨，并在20世纪80年代初期达到顶峰。很多更加微妙的伎俩例如信用卡公司的惯用手段——每月不止一次频繁收取利息——被对一大笔借贷金额赚取净收益所取代。[1] 这些高额贷款以主权贷款为主，它们是银行梦寐以求的事。这些银行往往能获得超过拆出利率基准的高额收益，它们觉得自己从事的业务风险相对较小，因为借方是不可能违约的主权实体。这些收益无法帮助欠发达国家偿还债务。它们代表了另一套收费，银行可以立即入账，有时甚至占到借贷金额的2%。不仅如此，还有其他费用开支，都要由借方掏腰包。在某次墨西哥贷款签字仪式上，该国财政部长抱怨，就连签署文件用的金笔，以及签字完成之后银行提供的庆祝大功告成的昂贵香烟，银行统统要收钱。

虽然是单利，可是20世纪80年代的贷款本金不断飙升，欠发达国家面临的情况恰好是两千年前西塞罗愤愤不平的问题。尽管人们对利息有了更深的认识，可贷方还是做到了“翻倍”，收取的利息直接

[1] 持续利息是指根据计算器或电脑的计算能力，以尽可能最频繁基础收取利息。一般说来，这意味着利息每日叠加。

导致欠款增加一倍。这一情形下，贷款不仅是为了高额利率放贷，更是出于一种强烈欲望，要在未来短期之内获得收入，而且要避免一系列纠缠不清的拖欠。从 1980 年到 1986 年，拉美地区的欠款总额增加一倍，新贷款的叠加彻底让借方无力偿还。[1] 进入 20 世纪 80 年代末期，新的本金欠款成了一大难题。要想力挽狂澜，必须贯彻更加激进的措施。

从美国 8 家主要货币中心银行就能看出债务拖欠和贷款增加对金融状况的影响。从 1982 年到 1988 年，所有银行的信用评级全部下跌，有些时候连跌三级甚至更多，有的几乎濒临垃圾债券级别。它们的财务比率、监管资本和储备全部都严重受创。一般而言，此类情形会引发银行监管者立即采取行动，然而 20 世纪 80 年代的监管者却故意放慢速度。于是便出现一个流行语——“监管宽容”，主要是针对大型银行的当下困境以及过期的欠发达国家贷款。某监管部门表示，鉴于美国前十大银行中，有七到八家恐怕会被视为濒临破产，而这将会引发经济政治危机，所以这种宽容实有必要。[2] 人们认为伊利诺伊大陆国民银行简直是“异类”，不过实际上，那一年代，任何一家美国银行都有可能会陷入类似的浩劫。

20 世纪 80 年代，公众几乎紧盯欠发达国家的债务问题不放，但是整体来说，资产负债表上的债务还是在巨幅飙升。20 世纪 80 年代初期苟延残喘的股票市场在借方和投资者依旧热衷债务的情况下推动了新一轮股权融资。债务累积额度让很多华尔街的分析师都如坐针毡，他们的谋生手段就是分析整个信贷市场。其中一位名叫亨利·考夫曼（Henry Kaufman）的华尔街分析师发觉，美国所有债务总和已经由 1974 年的 2.4 万亿美元上涨到 1984 年的 7.2 万亿美元，他认为传

[1] 世界银行：《世界债务表汇编》，1990~1991。

[2] 美国联邦存款保险公司，《20 世纪 80 年代和 90 年代早期银行业危机检查》，207。

统债务的激增会带来危险，这还不包括一些遮遮掩掩的债务，由于掉期[1]、期权等各类债务衍生品的存在，不少债务并未纳入总计。前所未有的债务水平让华尔街和银行面对很多过去从未考虑的难题。鉴于消费对美国经济的作用，美国家庭的私人债务尤其棘手。“为了保住信贷的整体性，我们不得不牺牲很多既得利益”，考夫曼表示，并强调，“为保住民主经济社会，别无他法”。[2]

从 1977 年到 1986 年，所欠债务的增加彰显了这一要点。经济各领域的债务年增长率均在两位数。在家庭领域，住房按揭和信用卡债务增加，市政府借入也在增加。由于预算赤字，联邦政府的借入也在上涨。然而值得一提的是，金融领域的借入增加额度尤其令人瞩目，其年度百分比增长创下最高纪录，从 1977 年的 18.9% 上升到 1986 年的 26.2%。“二战”以后，美国对债务金融的依赖性越来越大。个人（消费者）利息的扣除一直存在，此举沿袭了“一战”后的做法，直到 1986 年《税收改革法》（*Tax Reform Act*）将其废除。但是，1987 年之后，消费者债务的增长率开始放缓，这和 20 世纪 90 年代初期的衰退同步上演。虽然 20 世纪 90 年代中期才开始复苏，但是进入新世纪，国内金融业仍旧是债务发行的领头羊。[3]

[1] 译者注：掉期是指在一笔业务中将借贷业务合在一起做。

[2]《纽约时报》，1985 年 1 月 18 日。

[3] 美联储委员会：《资金流程表》，表 D.1，Z.1.，2010 年 12 月 9 日。

墨西哥废止契约

1979 年以后，美联储推行新政策，随之而来的高利率问题让定息产品市场头疼不已。美国遭遇了前所未有的通货膨胀，这使得长短期利率上涨到空前水平。通货膨胀和中短期利率问题让财政规划举步维艰，尤其是对于养老基金和保险公司来说，由于市场的不确定因素，二者都感到难以应对未来的财务支付。市场愁云惨淡，于是，投资银行推出了新的金融产品，以期彻底改变定息产品市场，并为潜在的金融危机提供解决方案。

这次创新打响了所谓“金融工程”的第一炮，后世称之为“结构融资”。债券交易商意识到，很多机构投资者仍需要从债券投资中获得现金，不过鉴于不断上涨的利率，他们对债券价值狐疑满腹。这一上涨会降低债券本金的价值。最后，几位交易商实验性地将息票[1]从

[1] 译者注：息票是“债券利息票券”的简称，是附息债券定期支付固定利息的凭据。

债务本金中拆分，从而创造出所谓的“零息票债券”。说白了，这一新工具无非是一系列年金支付，只不过是在未来某个时间一次性支付完成。零息票债券不支付利息，通常在到期日按面值支付给债券持有人，主要销售给希望能在未来某个时间一次性获得资金的投资者。

这类新产品特别受投资者青睐。很快，美国财政部意识到，这一创新之举能帮助传统债券在艰难的市场环境中生存，于是正式批准拆分自己的债项。[1] 这是自两百年前理查德·普莱斯在英国推广偿债基金之后，对债务工具的最具开拓性的使用。但是，受益者是投资者，而非美国财政部。投资者能够明确地计算投资的现值和终值，这是其他任何一种金融产品都难以做到的，也因此，财政规划得到了很大的推动。这种确定性也将帮助解决第三世界的债务危机，部分原因是二者所处的市场环境相同。

寻找危机之法解决的关键，并不在于陷入困境的欠发达国家，而在于举步维艰的银行。贷款造成的损失，以及随处存在的风险，让国际性货币中心银行的资产负债表不容乐观。由于债务巨大，这些银行的资本比率急剧下滑。美国银行就因为与墨西哥牵连太深，而处于岌岌可危的境地。1986 年，墨西哥再次几乎完全违约。墨西哥自己也在思量：究竟谁的困境更重要——自己、美国银行还是其他美国放贷机构？要想控制银行的损失，各方必须相互妥协，并重新规划欠发达国家的债务，换言之，要延长债务期限、减少年度偿还额，同时减少债务利率。然而，这并不好执行，因为债券市场愿意放贷给那些投资级别高的借方，而不是这些濒临拖欠的欠发达国家。

---

[1] 1984 年，国会正式通过一部名为《注册证券本金和利息分离交易项目（简称 STRIP）》的法案，之后，财政部允许债券拆分。不过，财政部不可新发行零息票债券。国家债务的资金仍然源自传统息票债券，此时可以通过美联储认可的官方主要证券商将其拆分。

1988 年，布雷迪债券（Brady Bonds）发行。该债券以美国财政部长尼古拉斯·布雷迪（Nicholas Brady）的名字命名，旨在帮助重组墨西哥债务。该债券借用了数年前才发展起来的零息票债券，具体包括调整了偿还时间和利率，并要求银行扣减（折扣），银行必须接受自己的损失。墨西哥已有的债务用新债券交换，后来还发展到其他欠债国家。这类新债券被戏称为“阿兹台克债券”（Aztec bonds）[1]。它们是以支付利息的资产来替换总是被拖欠的贷款。银行要想参加这个项目，就必须免除某国 30% 的债务，以此换取债券。这种债券是以美国财政部零息票债券为抵押的，这是为了让贷方放宽心，因为期限一到，本金是有保障的。就本质而言，免除 30% 的债务后，相关国家可以用这笔钱大幅折价购买零息票债券，而在未来偿还时，按照新债券的面值将其抵押，或者说“作废”（defeasing）。

这种用墨西哥新债券抵押本金的做法，是新型金融工程中的一个典型，在法律上有个术语，叫“作废”。不过这算不上新潮，因为这个词在英国法律中已经存在了数百年，如今只是被成功地运用到美国市级债券市场当中来了。这个词的定义是：未偿还债券或债务的预先再融资。有人也将其理解为某种营销手段，即让有抵押的债务看起来更加诱人。两种观点都对。在美国市级债券市场中，很多小型债券发行被称为“再融资发行”，换言之，借方必须购买一定量的美国财政部债券，根据记入拨出，以保证本金和（或）利息在未来能按时支付。托管抵押让墨西哥能以较低的利率借到钱，如果没有美国财政部的干预，单靠墨西哥本身，恐怕会出现相反的结局。

“作废”一词由来已久，但几乎在金融界绝迹，直至布雷迪债券出现，这个词才得以重生，不过人们很少提起。这一概念可追溯到都

---

[1] 译者注：阿兹台克是一个存在于 14~16 世纪的墨西哥古文明。

铎王朝。在亨利八世制定的法令中，“作废”是和《重利法》同时出现的。很显然，在此，新的债务问题通过更古老的法律手段解决了。

在当代语境中，“作废”曾经是（现在也是）表外融资[1]的一部分。如果债务证券作废，就不会以负债形式记录在借方的资产负债表上。房利美、房地美和吉利美发行的、以按揭为支撑的证券都是同样的道理。它们的证券化债项从资产负债表上消失了，因为为它们做担保的按揭是债券持有人的资产，尽管这类抵押的安全性赶不上美国财政部的债项。第三世界债务危机前夕所推出的很多衍生品都属于此类。尽管操作上存在差异，但都有共同性，即难以在财务报表中发现它们。总之，作废，就意味着彻底难觅踪影。

把优质偿还债项当作抵押，以收回低质量的债券，这不禁让人回想起20世纪20年代的伊法•克鲁格（Ivar Kreuger），当时，支撑其债券的抵押品出现了状况。而现在，欠发达国家同样以这种方式发行债券，并且布雷迪债券成功地解决了危机。不过，彻底完成这项工程花了近十五年的时间。另一种债务市场手段——证券化——也强势抬头，而且被称赞为“改变市场的另一债务创新”，但是，在2007年之后爆发的信贷市场危机中，它将饱受争议。

墨西哥采用了布雷迪债券以后，另有十几个国家纷纷效仿，其中包括阿根廷、保加利亚、巴西、尼日利亚、菲律宾和委内瑞拉。发行这类债券的其中一个条件是，债务国必须遵守由国际货币基金组织和世界银行牵头的债务重组。国际货币基金组织的制约性在不同地方再度彰显出来，很多债务国对强加给自己的条条框框颇有不满，可是为了减轻之前的债务负担，除了默默忍受别无他法。但是，作废并不能解决所有欠发达国家的债务问题。20世纪80年代末期，很多欠发达国

[1] 译者注：表外融资，是指不需列入资产负债表的融资。

家债务的标价均大大低于票面。这些价格的计算是以新市场为背景，银行处心积虑要将问题债务从账簿销掉，于是弄出了不良债权[1]。结果，很多债务的销售价格不及原始贷款价值的50%。市场很活跃，很多是以折扣价买入，因为银行必须用损失将其销掉。市场有利于贷方，然而真正的问题在于，谁才是这些不良债权的真正买家？

投资者的本质受到政界质疑，欠发达国家更是经常对他们指指点点。很多企业买入债务，然后以此换来欠发达国家当地业务的普通股，绝大多数时候所在国是感激涕零的。所在国偿还债务，鼓励外国到本国直接投资，并希望能因此创造更多就业机会。从经济角度出发，新市场带来了一些看得见的好处，同时或多或少缓解了债务问题。然而，评论员对新的不良债权市场牢骚满腹，因为他们认为这是为了外国商业利益出卖自己，显然是在助纣为虐，剥削本地居民。

[1] 译者注：指公司企业的资金、技术等借与或租借到其他公司，但是面临无法收回或收回少量局面的现象。

债务的新面貌

20 世纪 80 年代初期，除了零息票债券和证券化之外，债务市场还见证了其他显著的发展。在欠发达国家危机爆发之前，它们当中就有好几个因其货币和债券市场的高利率而引人注目。20 世纪 80 年代的危机不过是让它们在银行和投资商中更加响当当而已。

欠发达国家的危机为发展债务衍生品和其他各类表外融资工具创造了推动力。十年危机过后，位于瑞士巴塞尔的国际清算银行（Bank for International Settlement，简称 BIS）是发达国家商业银行的国家性监管组织，它强制要求银行必须维持较高的资本标准，将资本适足要求定在 8%。[1] 当时不少银行经营不善，有些只能将预防资本维持在 3%。此规定迫使不少银行要么通过销售新股票，要么通过减少资产提高资产负债表上额外的资本。证券化简直与第二种手法完美契合——以债券借入为贷款抵押，进而从贷方的资产负债表上清掉，以达到强

[1] 这一要求是按照银行账目上资本占贷款百分比进行计算。

制的资本要求。如果银行不能减少账面上的贷款（资产）额度，它们就要去探索无须放贷的新业务了。

银行推出各种类型的掉期合约[1]，然后积极交易，从而在账上无贷款的前提下创造收入。互换协议被归入或有负债（表外融资），并在所有者权益之后的附注中披露。因此，倘若某位客户与银行协商利率支付或货币掉期，在协议完结之前，掉期的名义金额将成为双方的或有负债。结果，银行乐得从掉期当中获得收入和费用，而且不必维持贷款所必须的8%资金要求。起初，这看上去就是另一种银行产品，然而随着掉期越发普遍，它们开始改变传统商业银行体制的本质。二十年间，商业银行更类似于投资银行或对冲基金，反而离传统贷方渐行渐远，它们与企业客户自由互换，而承担的风险对于银行机构来说相对陌生。

银行家坚称，这些新举措非但没有风险，相反属于对冲工具，可以帮助机构客户管理各类风险。然而多数情况下，银行承担了客户竭力缓解的风险。于是乎，原本该通过掉期抵消的风险全都冲向银行，并且随着掉期越来越普及，这类风险也与日俱增。20世纪80年代以前，银行要面对利率风险、货币风险、同行风险以及客户的信用风险。进入20世纪90年代末期，风险数量翻倍，其中还包括非客户的信用风险、股票市场风险、商品风险以及突发事件风险。[2]银行不再是单纯的银行了，它们很快就成为半保险公司式的机构，只要有人出价，它们就很乐意为任何已知金融风险签字担保。

即便是在一些华尔街分析师和监管者的眼中，未来也都是凶多吉

[1] 译者注：掉期合约，是当事人之间签订的在未来某一时间段内相互交换他们认为具有相等经济价值的某种资产的合约。

[2] 事件风险是指某一次性事件对债券借方的信用评级构成负面影响从而引发的风险，例如接管计划、不可预见的法律诉讼或其他各种超出预期的负债。

少。很多人意识到，掉期不过是种伪装，其实质是加大对公司或其他机构客户的信贷，而且银行的放贷标准必须坚决执行。纽约联邦储备银行行长E. 杰拉德·科里根（E. Gerald Corrigan）于1985年表示，掉期令他“有一丝不安”，它们过于复杂，而且可能会遭人滥用。另一位联邦官员也认为：“任何时代，如果银行发展如此迅猛，又没有接受逆境考验，没有系统性监管或评估其各种做法，这一切着实堪忧。”[1]

欠发达国家危机之后，新型期货市场似乎正中银行下怀。贷款不再是银行唯一的收入来源，通过与对方达成掉期协议，银行不必将贷款记账，但仍旧能获得收入，从而能在资产负债表上留出空间，并且能在当下季度赚取收入。它们提供的服务似乎比借钱给欠发达国家更加可靠。掉期的设计是作为对冲工具，因此银行声称，它们帮助客户避免了利率或货币风险。它们此举所承担的风险原本将会依次光临其他银行和客户。

在期货市场的发展初期，绝大多数交易要么是货币，要么就是利率掉期[2]。到了后期，机构客户和银行同意按照时间就某笔名义金额交换现金流。一般而言，一个利率固定，另一个则根据伦敦银行同业拆放率有所浮动。假设期限为三年，固定利率支付方给另一方支付固定金额，而浮动利率支付方则根据掉期合同每三个月或六个月支付重新调整的金额，其中差价双方分摊。作为支付基础的名义金额无关紧要，除非一方或双方出现拖欠行为。支付浮动额度的一方将面临这类协议[亦即普通掉期交易（plain vanilla swap）]的最大风险。如果利率

[1]《纽约时报》，1985年2月7日。

[2] 译者注：利率掉期就是两个主体签订协议约定双方在规定时间内按照事先敲定的规则交换一笔本金相同的借款。一方提供浮动利率，另一方提供固定利率。

上涨，支付金额也会增加。相反，如果掉期是安排谨慎的对冲[1]，风险将降至最低。

掉期市场的发展与欠发达国家危机同期进行。20 世纪 80 年代中期，美国和英国的利率波动剧烈，掉期很快就风靡起来。然而在任何一个出于对冲目标的市场当中，投机永远阴魂不散。如果市场崩溃出现端倪，肯定是投机在暗中捣乱，它是对冲的天敌。

1987 年首次公开披露了掉期丑闻，当时，某位审计员在伦敦哈默斯密－富勒姆区（Borough of Hammersmith and Fulham）发现数额超乎寻常的掉期合同。该自治区当时的预算为 8500 万英镑，掉期总计 1.1 亿英镑。两年之内，未支付总额飙升至 60 亿英镑。[2] 显而易见，这个地区并没有管好自己的运作预算。后来发现，它主要是基于伦敦银行同业拆放率的浮动利率支付方，20 世纪 80 年代末期，英国利率上涨，因此遭受损失。更令人目瞪口呆的是，它的主要角色是银行和其他自治地区（或当地委员会）的中间人，后者的市场信用和口碑一塌糊涂。该地区除了为自己的腰包搞利率投机，还一马当先帮其他地区和银行打交道。当地有些委员会是臭名昭著的左翼机构，不招银行待见，被数家美国银行拒之门外。

审计员将该地区告上法庭，这件案子便在法院里层层递进。下级法院的判决让银行大为不满，因为法院认为掉期不是对冲，纯属投机，于是在 1989 年宣布其无效。上议院对此案非常关切，并于 1991 年支持初级法院的判决。最后，法院宣布，掉期超出了委员会范畴（越权行为），因此彻底无效。掉期的损失全部推给了银行，银行只得打落

[1] 译者注：指专门减低另一项投资的风险的投资。

[2] 出于上报目的，账目上的掉期名义额度被列为或有负债。虽然名义额度只能体现被用作假设性本金额度的实际现金流，但是这是上报掉期本身最终风险的唯一可靠途径。

牙齿和血吞。四家涉案银行的损失估测为700万~5000万美元不等，这些金额对银行而言不过是小数字。然而，这件案子造成了广泛影响，因为市场中受牵连的当地委员会多达八十几家，损失将因此飙升。

上议院的判决令相关的数家美国银行牢骚满腹，因为按照美国的做法，客户出现交易失误必须自己承担损失，而不是为他们提供服务的中间人或金融服务公司。几年之后，第二次掉期丑闻在美国爆发，这种差异越发明显。

当哈默斯密－富勒姆区的问题首次曝光时，人们的估测是名义掉期达到1万亿美元。尽管声名狼藉，可是鉴于掉期的复杂性，公众讨论不起来。掉期深奥的特质令其备受银行和公司的欢迎，于是越发欣欣向荣，这些机构希望借此作为对冲。十年之内，1万亿美元将增加一百倍，二十年之内，这个数字再度翻两番。反正对于银行而言，掉期不是债务，也不是企业负债的一部分。然而，仅仅是未支付的额度就足以证明，即便形势一片大好，要想支付这笔数字绝对是任重道远。

英文童谣《橘子和柠檬》

与掉期市场牵扯不清的绝非只有哈默斯密－富勒姆区。很多美国自治市也在借用该市场提高现金流，主要是通过浮动利率掉期中的固定方。较大的自治市同意小自治市参与到它们的掉期组合当中。小实体可以购买一小部分组合，并承担相应风险，而较大的自治市就收取服务费。当时出现了好几个大型衍生品集合。最大的一支是由加利福尼亚州的橙县（Orange County，又译“奥兰治县”）[1] 自治政府管理，并命名为橘县投资组合（Orange County Investment Pool）。

20 世纪 80 年代末期，各类公司和自治政府都在利用衍生品，很多还因此出现损失，这已经是人尽皆知。橘县对外宣布，自己累积数年之久的巨额衍生品组合出现巨大损失，举世皆惊，很多人预言的定时炸弹终于在美国的土地上爆炸了，威力即刻撼动整个国家。

这个县的经济横看竖看都坚不可摧。1993 年，其年度国内生产总

[1] 译者注：在美国，县是州以下最大的行政区。

值达到740亿美元，超出葡萄牙、以色列和新加坡。如果单独拿出来，它是全球排名第三十位的最大经济实体。[1] 该县主要是共和党当道。1978年，加利福尼亚州立法机构通过《第十三号提案》（*Proposition 13*）。人们普遍认为，这是全国抗议高额赋税的一部分，这一提案主要针对高额的财产税。法律限制提高财产税，那么就要依靠其他手段弥补收入短缺，而诸如橘县投资组合这样的投资项目初看上去应时而生，一开始自然大获成功。媒体多次重复报道，因为橘县投资组合的后援力量来自地方对强势政府的不信任，可偏偏又自相矛盾要求政府提供高质量的服务。

橘县同时还为其他州的小地区打理财务，因此受损失的不单单只是加利福尼亚州。由于头几年盈利颇丰，这让其他一些自治政府赞叹不已，于是也投入了一定资金。可是当地纳税人可没有做好准备接受橘县公布的这些损失。橘县通过当地债券市场的借入金额超过10亿美元，这是其正常融资需求的一部分。掉期基金是独立且平等的，如果掉期与该县预期相违背，则必须还钱。一旦掉期组合出现损失，债券的利息支付立刻变得岌岌可危了。

衍生品资金总额约为80亿美元。据估计，损失金额约为15亿美元。麻烦事很快就露出端倪，因为连该县请来的专家以及法庭派来的监督员都被这组合搞得云里雾里。部分是投资在紧盯外国利率而非美国利率的衍生品，此举要想从对冲的角度解释着实困难。20世纪90年代初期，该县开始了一系列激进的投资行为，钱都是通过债券借来的。该县购买了为期五年、数额达上百万的政府机构债券。在某笔交易中，该地的投资银行为学生贷款保障机构沙利美（Sallie Mae）新发行6

[1] 菲利佩•乔伦：《失策的豪赌：金融衍生品和奥兰治县的破产》（圣地亚哥：学术出版社，1995年版），2。

亿美元的债券。橘县以略低于票面价格的售价全部买进。债券发行这一天，据某家金融服务公司计算，其市场价格低于该县支付价格整整4个点。银行在这笔交易中赚了数百万美元。[1] 掉期市场新诞生的现金流已经让该县对市场价格视若无睹了。

投资策略远没有结束，这才刚刚开始。接着，该县以债券保证金借入，再用收益聚拢衍生品组合。借此，它控制的未支付投资额度增加三倍。此举着实高明，因为单是投资在衍生品上是不允许的，但是如果和债券相呼应，这种做法就有理有据了。不幸的是，这种技巧没有多少投资成分，纯属赌博。说白了，该县所面临的利率变化风险增加了三倍。

组合（名义）中的衍生品份额如果和债券加在一起，价值将高达200亿美元。这个组合还牵扯到其他投资部门。实际上，其自身的投资仅占总数约37%。其他投资实体还包括全国各类学校、交通、卫生和供水部门。参与的地方机构就超过两百家。从表面上看，这似乎非常合理地分散了所有权。但问题在于，对于不少小型机构而言，这一资金是它们唯一的投资。任何损失都有可能会让它们无力翻身。

该组合严格遵循的利率模式是基于伦敦银行同业拆放率。这是为浮动利率票据和债券定价的标准参考。伦敦银行同业拆放率是作为一个参考利率，而定期利率则是按照相对较高的特定百分比，这和银团贷款大同小异。由于伦敦银行同业拆放率存在波动，以此为公式的利息支付对借方而言无疑风险重重，因为在贷款期限中，利息一般是一年重置两次。橘县受短期浮动利率的影响，然而负债情况却复杂得多。该县还多迈出一步，以至于还要面对今天所谓的“消极浮动”（negative floaters）。

[1] 菲利佩·乔伦：《失策的豪赌：金融衍生品和奥兰治县的破产》，102。

橘县投资组合绝大多数是基于15-LIBOR或10-LIBOR公式。所谓10-LIBOR是指风险敞口[1]等于10%减去欧洲美元利率，15-LIBOR则是等于15%减去两倍欧洲美元利率。不论属于哪种情况，投资者都将面对短期利率上涨惯常结果的对立面。不管采用何种公式，欧洲美元利率上涨都将导致对外支付的利率下降，反之亦然。

利率较低，则橘县投资组合收益较高，当市场利率仅为4%~5%的时候，有时收益就能达到8%。然而，1994年，美联储上调利率，此举完全与市场预期背道而驰，于是情况发生翻天覆地的逆转。当时，投资组合的收款多数是基于使用负LIBOR公式，因此，收到的款项有减无增。1994年冬天，短期利率上浮，削减了组合收益，曾几何时能享受高回报的橘县，最终惨淡收场。早在其宣告破产之前，收益就已经一落千丈。如果它能一直采用传统浮动式的伦敦银行同业拆放率，其回报或许能不出意外一直增加。

大家对橘县投资组合的状况知之甚少，但是那些对其了如指掌的人看到它暴露在上涨的利率之下时，顿时感到沮丧绝望。该县财政领导的竞争对手在1994年的地方选举中表示，这个组合是“在熊市押了牛市的宝……在任者对该组合的构建……是基于利率会继续下跌的假设”。[2]鉴于此人对如此复杂的风险的认知，说得好听点，也就是略知皮毛，这评议或许有些夸大其词。然而，加利福尼亚州创造形势为那些不谙此道、财力有限的自治区大赚一笔，使一切都显得像上苍恩赐。

[1] 译者注：风险敞口，指未加保护的风险。

[2] 菲利佩·乔伦：《失策的豪赌：金融衍生品和奥兰治县的破产》，9。

现代炼金术

债务衍生品的发展将债务和负债的传统定义彻底改变。债务的一个基本特征是，债务人承认自己欠债，如果未能偿还之前所欠的债款，则不得再次负债。简而言之，欠债必还，如果做不到这一点，就本质而言是有违规矩的。相反，债务衍生品让合同方支付利息，却无法要求其立即偿还，简而言之，这是真正的债务。这时出现了新的债务形式，即或有负债[1]，它完全受制于在衍生品合同有效期内会或不会出现的各类因素。

债务衍生品合同让人们忽略了对合同利息的关注，如今眼里只有掉期双方的净现金流。掉期合同的复杂特质模糊了债务人、债权人以及债务本质之间的关系。如今，倘若在掉期合同有效期内，利率发生改变，付款方都能变成收款方。到了下一阶段，这一情况可能再次逆转，也许在合同终止以前，又会摇摇摆摆继续下去。债务的确定性和紧迫

[1] 译者注：或有负债，是指因过去的交易或事项可能导致未来所发生的事件而产生的潜在负债。

性现在沦为某种概率，很多风险管理者自信自己能够准确预言。

早在掉期市场高度发展起来之前，哈默斯密－富勒姆区和橘县就已经显露出掉期带来的棘手问题：这和债台高筑、借方无力偿还的窘境别无二致。掉期的出现是为了对冲，然而妇孺皆知的失败已经证实，很多时候掉期被用作投机。早期，掉期各方看到的是积极净现金流，如此诱人而难以抗拒。该市场的辩护者坚称，任何对冲市场都需要投机者提供流动资金。只有对冲的市场就别想高枕无忧。与此同时，如果对风险缺乏认知，流动现金问题和市场滥用将不可避免。掉期市场成功将掉期的本金或名义金额赶出了债务争论，从而将债务纳入偏爱净现金流的背景之下。

欠发达国家的危机席卷而来，银行对浮动伦敦银行同业拆放率的优势越发深有体会。利率对掉期市场而言已经是至关重要，很快，银行希望在国内使用银行同业利率的梦想将成为现实。就在债务危机拉开序幕之时，美国住宅按揭对浮动利率的使用日益广泛。自 1980 年《存款机构解除管制与货币控制法》出台以来，可变利率的抵押贷款首次出现。美国希望按揭利率随利率变动，这是国内企图避开《重利法》最明目张胆的一个案例。这一创新之举为抵押贷款的《重利法》敲响丧钟。

此举循序渐进，要将控制银行利率上限的 Q 条例彻底废除，计划要在六年之内将其连根拔起。两年之后通过的《存款机构法》[1] 允许银行和储蓄机构提供有竞争力的存款利率，从而加快了根除步伐。各州对抵押贷款的高利贷上限也被废除，同时银行等各类机构的支付利息上限也遭废除。不过也有例外。新的高利贷条款计划于 1983 年失效，除非各州在这之前重新恢复法律。结果，很多州废除《重利法》只是暂时之举。法律允许体制解除管制，然而最终，各州对最高利率的关

[1] 译者注：亦称《甘恩－圣哲曼法》（*Garn-St Germain Act*）。

注仍旧是重中之重。

《存款机构解除管制与货币控制法》的通过是因为美国长久以来、居高不下的实际利率，这已经对金融体系构成了消极影响。它也是国会有史以来批准过的最庞杂法律之一。1983 年之后，按揭可调整利率发展道路的障碍已经被扫清。可是，收益曲线还免不了积极下滑，因为如果可调整利率高于长期利率，恐怕无人愿意以基于货币市场利率的可调整利率借入资金。除此以外，可调整按揭利率不得违背所在州的高利贷上限。这些潜在问题的解决之道非常简单：可调整按揭必须明文规定上限（最高利率），从而为承押人提供一些可能的减免。如果可调整市场利率出现新情况，有可能超过该上限，则按揭持有人有权不支付超出上限利率的费用。这类上限令很多欠发达国家的财政部长相当不快。如果过去基于伦敦银行同业拆放率的定期贷款也用这一套就好了！美联储、国际货币基金组织和世界银行对主权债务的上限讨论已有数年之久，绝大多数银行家持反对意见。或许，如果各方当时谈妥了，遂了欠发达国家的心愿，没准儿债务危机就能避免了。

几年之内，可变利率抵押贷款（ARMs）将在住宅持有人当中变得异常火爆，因为它们能够取代极高的固定利率抵押贷款，有的逼近 15%。虽然早期的可变利率抵押贷款大约为 12%，然而和所有抵押贷款一样，利率有望重新下调。一旦诸如房利美和房地美这样的按揭援助机构开始购买，市场由此打开，可变利率抵押贷款就将占到自 20 世纪 80 年代之后所有按揭的 50%，更何况此时利率仍然居高不下。一经推出，可变利率抵押贷款将有助于按揭和住房业减少惨不忍睹的损失。20 世纪 70 年代末期和 80 年代初期，高额利率最终在 1981 年引发储蓄贷款业的首次危机，大量有限业务银行要么倒闭，要么被大型银行机构吞并。

可变利率抵押贷款将风险从银行转到业主身上。如果短期利率上涨，那么抵押贷款应付金额也会增加。利息的增加将由业主承担。如果利率超过上限，风险又转回到银行。相反，如果低于下限，业主要承担风险，所支付的利率甚至高出市场利率。下限和上限的差价就是所谓的“两头封”（亦称利率上下限），相较于证券化和可变放贷利率出现之前银行要承受可能会低于现行市场利率的按揭，这种“两头封”对银行而言更加易于管理。

可变利率抵押贷款的普及推广也为很多州的《重利法》敲响了丧钟。传统上，法律的制定是为了保护财产所有人免受高额利率的迫害，但是可变利率的措词和条款将这些保护击得粉碎。就高额短期利率而言，即便强制规定了上限，可变利率还是极易违背绝大多数州古老的高利贷上限。20 世纪 80 年代，很多州撤销了《重利法》，虽然只是个别现象——过去也都是这样。但是，绝大多数情况下，人们并不认为可变利率抵押贷款违反了延续至今的那些法律，理由是，利率每年都会重新调整。此时，业主不再受制于某个高额利率，因此也说不上是高利贷。

话虽如此，可变利率抵押贷款的出现就是为了将不断飙升的利率风险从贷方转移给业主。这违反了原来的《重利法》精神，然而评论员们却争辩道，这些法律落伍了，跟不上现代金融的步伐。但是，重新调整的期限以及利率上下限均表明，可变利率抵押贷款的设计初衷就是为了大范围逃避《重利法》。没有了这些东西，很多业主将要暴露在浮动利率的风险下，无从抵御可能的损失。

“二战”之后，英国就出现了基于可调整模式的抵押贷款利率，并以英国各家银行的基础利率为基石，这与美国的优惠利率大同小异。这样的话，可变利率并未直接与市场利率而是同公布利率挂钩，因此贷方也不必将其与极高的市场利率扯上关联。但是，理论上说，由于缺乏特定的市场上限，英国利率在可比较抵押贷款上会超过美国利率。但是，根据英美两国的案例，20 世纪 80 年代之前，在不远的过去，利率从未上浮太高，以至于令基于两种类似银行利率的贷款饱受争议。

堕落天使·垃圾债券·杠杆收购

美国和其他发达国家的债券市场特别欢迎那些信用度高的借方，评级机构将他们列入投资级别。低于这一标准的公司往往要通过股票或银行贷款才能筹到资金。这和以前借钱给高级别借方、避开低级别借方或通过银行收取他们更高额利率的传统做法大体相同，过去的银行一般只做短期或中期放贷。公司要想获得低利率资金，财务业绩才是关键。对于绝大多数投资者而言，放贷给评级较低的公司有违传统策略。

与此同时，有些公司曾经达到投资级别，可是财富东流，最后降级。很多时候，机构投资方愿意销售这一类的债券，因为它们不属于投资级别领域。[1] 价格下跌，收益上涨，它们难以获得新的信贷。部分投机性投资者开始在二级市场 [2] 进行此类债券的交易，希望能重现价格

[1] 信用评级为 BBB 或更高。低于这一水平的债券则被认为是“高收益”或垃圾债券。

[2] 译者注：指在证券发行后各种证券在不同的投资者之间买卖流通所形成的市场。

上升的景象，已经拖欠很久的古巴债券曾推动过价格和收益。这类情形下，机会更大，市场将会迎来被美其名曰的“堕落天使”，即摔了跟头的债券。信贷市场识别出了这些公司所陷入的困境。

“二战”之后，债务革命缓解了对待负债累累的态度。虽然理论和实践都有了发展，但是直到20世纪70年代才出现了针对低于投资级别债务的独立初级市场[1]概念。“堕落天使”市场仍旧是二级市场，不过在经济衰退时期，曾经口碑好的借方遭遇收入减少，他们偿还现有债务的能力减弱，信用评级也因此受影响，于是乎该市场新添了不少新成员。当面向这类低级别债券的初级市场真正出现，从而与二级市场互补，严格意义上的革命才正式开始。

如果做到这一点，任何一个新“堕落天使”债券市场都需要体制支持。鉴于其有违正统的本质，“堕落天使”二级市场几乎仅限于华尔街的二级投资银行。名声赫赫的大型银行只专注于传统的投资银行业务，换言之，承销企业证券以及兼并交易。新市场要求银行敢于接受未经证实的理念。结果，一家已成立的公司和华尔街的新成员结为连理，最后孕育出高收益的市场，或可称为垃圾债券市场。德雷塞尔&费尔斯通公司（Drexel, Firestone and Company）和本汉姆公司（Burnham and Company）于1971年联合成立德雷塞尔&本汉姆公司，这一结合迎来了一百年间债券市场最大胆激进的创新之举。

德雷塞尔&本汉姆公司进入所谓的垃圾债券市场的主要动力是源自刚刚从商学院毕业的迈克尔·密尔肯（Michael Milken）。该公司绞尽脑汁要让这次兼并发挥效力，密尔肯有关不良债券的办法似乎颇有希望。换做是某家历史久远的老派作风公司可不会像20世纪70年代这些公司那样，能够如此干脆接受这一提议。1977年，雷曼兄弟

[1] 译者注：指资本需求者将证券首次出售给公众时形成的市场。

（Lehman Brothers）为颇有名气却陷入困境的企业向市场发行四支高收益债券。垃圾债券从此诞生，不过雷曼兄弟进得快出得也快，从而为德雷塞尔 & 本汉姆公司和密尔肯扫清道路。

德雷塞尔 & 本汉姆公司承销的首支垃圾债券是属于得克萨斯国际公司（Texas International），这是一家急需新融资的小型石油和天然气公司。由于该公司在投资者中间没多少名气，所以密尔肯为此次债券发行设计了能快速引来关注的利息支付。该债券息率为 11.5%，比起优质债券高出数百个基点，而原定债券总额为 3000 万美元。[1] 此次发行是与其他六十家企业联手，德雷塞尔 & 本汉姆公司自己的承销额度为 750 万美元。该公司从此次交易中获利近 100 万美元，而其中 35% 落入密尔肯的私人腰包。有了这次成功经验，该公司于 1977 年又进行了 6 次交易，承销费用占到发行额的 3%~4%。自从雷曼兄弟退出之后，华尔街那些知名企业几乎没有参与市场竞争。

20 世纪 70 年代末期和 80 年代初期，对垃圾债券的需求大大超出众人预期。知名银行终于醒悟过来，而德雷塞尔 & 本汉姆公司这个后起之秀已经成为该市场最响当当的机构。密尔肯还推出了主要以高收益债券为基础的共同资金，通过分散从而减少投资者风险，于是市场又向前迈了一步。这类基金能带来的收益远远超过投资级别的债务。密尔肯通过垃圾债券发起、销售、交易并创建基金，从而垄断市场，为德雷塞尔 & 本汉姆公司带来巨大盈利。

这些丰功伟绩让德雷塞尔 & 费尔斯通公司开始进入华尔街更为传统的业务领域。不过，这家公司在外名声远播，能吸引被大型投资银行忽视的外部客户。密尔肯的一位亲密搭档一语道破该公司的理念，

---

[1] 得克萨斯国际公司的债券在十年之后出现违约，当时公司宣告破产，债券跌至原发行价格的 20%。

他认为，德雷塞尔 & 本汉姆公司公然宣称要找出未来的“强盗资本家”，并为他们提供资金后盾。早在 75 年前，德雷塞尔公司就和 J.P. 摩根有千丝万缕的关联，因此过去就有资助总被称为“强盗资本家”的实业家的历史。他们所施展的手段在于，如果其中某人失势，让德雷塞尔的未来蒙上阴影，那就一定要避而远之。最终，该公司在这上面栽了跟头。

20 世纪 80 年代初期，德雷塞尔 & 本汉姆公司将赌场、石油天然气公司和其他周期性公司列为重点客户。高收益市场吸引了很多传统投资银行不愿为其提供融资的公司。20 世纪 80 年代早期的股票市场陷入困局，债务在企业融资上越发重要，而德雷塞尔 & 本汉姆公司的崛起出人意料。新型债券成了公司融资的首选之道。1983 年，股票市场复苏，顿时掀起一股兼并热潮，垃圾债券融资继续繁荣，一度成为时代热点，对于那些代表企业狙击手从事高额负债交易的人来说尤其如此，他们推出了新型债务融资方法，即杠杆收购。

垃圾债券市场诞生几年之后，便成为华尔街近来所经历过的最火爆的市场。1983 年，新型垃圾债券市场的增加达到了当时已有债券总量的 50%，票面价值总额约为 400 亿美元。两笔大型交易进入市场：一个是米高梅 / 联美娱乐公司，另一个是世通公司（MCI Communications）。世通公司当时正与美国电话电报公司（AT&T）就长途电话服务权背水一战，此举将打破后者的垄断。两家都不是评级高的公司，很快就被德雷塞尔 & 本汉姆公司所吸引。德雷塞尔 & 本汉姆公司承销的两次债券都非常成功，令其大出风头，成了华尔街新贵。巨额美元交易相对来说是一种新事物，而在当时，能够大功告成的交易全部都是由知名投资银行为高评级公司展开的。德雷塞尔 & 本汉姆公司在承销成绩榜单的排名证明它是后起之秀。1983 年，它已成为华尔街第六大承销商，利润高达 1.5 亿美元。而在四年前，它的盈利才

600万美元。

1982年，国会通过《存款机构法》，亦即《甘恩－圣哲曼法》，从而允许储蓄机构（储蓄所）购买企业债券，以此提高资产收益。[1]这部法律为德雷塞尔＆本汉姆公司和密尔肯提供了巨大推动力。如果没有这部法律的撑腰，垃圾债券市场能否在20世纪80年代迈入新阶段难有定论。自1933年《格拉斯－斯蒂格尔法》出台以来，严禁非银行机构购买企业证券。新法律无疑是银行史上的一座里程碑。当时，绝大多数观察员认为，该法将有助于储蓄业重焕生机。1981年之后，储蓄业经历了为期数年的跌落，这绝大部分要归咎于利率上涨以及Q条例对存款机构的限制。里根总统宣布新法律的签署，而此时财政部长唐纳德·里甘（Donald Regan）站在旁边，总统认为这部意义重大的放松监管的法律将改变银行业。极具讽刺意味的是，五年之内，这部法律差点断送了它要去拯救的行业。

《甘恩－圣哲曼法》成为垃圾债券市场中最重要的政治因素。储蓄机构能够调用自己部分资产用于企业债券，密尔肯很快就凑上前来向它们推销高收益证券的好处。投资级别债券的收益固然高，然而垃圾债券的收益也十分诱人，因为后者不仅赶超前者，甚至连住房抵押贷款的回报——储蓄机构的常见资产——都难以匹敌。不过开始时有一点并不明显，那就是这类债券和普通股票在一个重要方面如出一辙。鉴于其脆弱的信用评级，经济只要略有放缓都将是一记重击，它将成为经济衰退的首个潜在受害者。

20世纪80年代，兼并如火如荼，同时也让华尔街出现了数十载未见的现象。德雷塞尔＆本汉姆公司的不少客户都需要资金才能参与到

[1]《存款机构法》是对两年前通过的《存款机构解除管制与货币控制法》的修订，大大加快了放宽利率监管的步伐，对于储蓄机构尤其如此。

这股浪潮中。一般来说，投资银行为兼并提供资金。但是，在20世纪80年代，德雷塞尔＆本汉姆公司拿不出资助企业狙击手所需要的资本。它没有蓝筹企业客户，也没有大笔资金。但是，为了从兼并热潮中分杯羹，该公司扬言自己为兼并投入10亿美元。它和其客户将进入的兼并领域是恶意收购招标。惯常做法是宣布某个目标公司，接着拿出足够自己将该公司全部或部分买下的现金，然而新型收购策略是先宣布对目标公司的意图，之后再去找必不可少的融资现金。潜在买方往往自一开始就与该公司有利益牵连，消息一出就会推高股票价格。潜在投标人实际上并不想买这家公司，只是希望之后能以更高价格将所持股票卖出去，这一个过程被称为“绿票讹诈（greenmail，亦称溢价回购）”。套利者伊万·博斯基（Ivan Boesky）轻描淡写地表示：“有的时候，即便没有其他投标方，管理层也会买下所有恶意股票。如果超出面值价格，这就是绿票讹诈。”[1]

密尔肯的很多客户都进入该领域，因为德雷塞尔＆本汉姆公司承诺要为大家提供资金，可它只是弄虚作假，实际上并没有所需资金。那几十年里，德雷塞尔＆本汉姆公司代表了绝大多数名声赫赫，或者说臭名远扬的企业狙击手。自一开始，该公司的厚颜无耻就已经令人震惊。该公司宣称为兼并业务筹集了资金，于是这笔完全虚构的资金后来被戏称为“空气资金”。据该公司某位执行官回忆，“我们向世人宣布已经为恶意收购筹集了10亿美元。可压根没这笔钱，这只不过是虚张声势。收购必须要有资金充足的客户，而空气资金恰恰说明我们没有这样的客户。它代替着那些不存在的客户。”[2]

1987年10月，股票市场巨幅下跌，这再次证明，高额债务和股票

---

[1] 伊万·F. 博斯基：《合并热》（纽约：霍尔特、莱因哈特和温斯顿出版社，1985年版），90。

[2] 伊万·F. 博斯基：《合并热》，102。

之间的勾结无益市场，经济和垃圾债券市场都面临巨大压力。紧接着，很多垃圾债券发行人面临的问题越发棘手，二级垃圾债券市场如一潭死水，而此时，不少储蓄机构绞尽脑汁要卖掉手中的烫手山芋。1988年年末，储蓄危机开始初现端倪，由于垃圾债券和房地产贷款的减少，很多储蓄机构因此赔钱。危机升级，很多人开始将矛头指向密尔肯和德雷塞尔 & 本汉姆公司，认为他们是该市场的罪魁祸首。密尔肯的好几位搭档和同事被指控从事内幕交易，利用对可能性兼并的消息中饱私囊，此时，事态进一步复杂恶化。除了担上陷储蓄机构于水火的谴责之外，德雷塞尔 & 本汉姆公司也因为受内幕交易牵连而处于不利境地。事态一经触动，密尔肯被法律制裁不过是时间早晚的问题了。1988 年 9 月，长达两百页的指控书将矛头对准密尔肯，美国证券交易委员会（Securities & Exchange Commission，简称 SEC）指控他犯了内幕交易罪和贿赂罪。

起初，密尔肯拒不承认，并声称自己最终将无罪释放。然而此事牵连甚广。除了证券违法罪名之外，密尔肯和德雷塞尔 & 本汉姆公司可能还要面临违背《反诈骗法》的指控，对这家华尔街企业的处理办法和对待有组织犯罪别无二致，后者企图左右负责跨州贸易的机构。另外，德雷塞尔 & 本汉姆公司自身还有单独的罪名。公司不愿接受起诉，于是同意罚款，金额为 6.5 亿美元，创下历史新高。不幸的是，这笔钱来自公司资本，实际上是断送了公司的未来。密尔肯践踏欺诈法的罪名多达百条，被判处十年监禁，罚款约 10 亿美元。部分罚款是源自 20 世纪 80 年代他在德雷塞尔工作时所挣的钱。据传，从 1983 年到 1987 年，他从德雷塞尔获得 11 亿美元的收入，仅 1987 年一年就多达 5.5 亿美元。他在监狱里关了三年。有关密尔肯的罪名和最终判决被传得沸沸扬扬，他因为自己在垃圾债券市场、储蓄和贷款危机中的行为背上罪名，除此之外，还有实际存在的阴谋罪和诈骗罪。

尽管这些起诉最终让密尔肯和德雷塞尔 & 本汉姆公司摔得粉身碎骨，但是垃圾债券的概念说明了所谓“堕落天使”中的投机成分还是能进入新的债务市场的。不过，这绝非是 20 世纪 80 年代唯一的杠杆收购工具或技巧。大型食品公司比阿特丽斯（Beatrice Foods）的收购事件开启了兼并历史上几桩赫赫有名的交易。科尔伯格 - 克拉维斯 - 罗伯茨公司（Kohlberg Kravis Roberts，简称 KKR）精心安排了这次交易，这家专业收购公司通过频繁高额杠杆收购，购买企业，接着将其推入私人领域。混合并购浪潮大约源自二十年前，该公司三位主要负责人是首批参与者。在比阿特丽斯食品公司收购中，他们以德雷塞尔 & 本汉姆公司为投资银行。这家食品公司规模大、业务多，除食品之外，还在其他领域开展业务。KKR 公司计划将该公司管理队伍取而代之。此次策略的出发点是，较之于现在的模式，该公司分解后能带来更多潜在价值。依照该策略，1985 年，KKR 公司计划以每股 50 美元竞标比阿特丽斯公司的股票，但是德雷塞尔 & 本汉姆公司提醒，这个价格太高，垃圾债券的投资者没准会顾虑重重。重新考虑之后，价格最终下调至 40 美元。交易完成，KKR 公司的成本为 56 亿美元，成功兼并这家食品公司，而德雷塞尔 & 本汉姆公司从这笔交易中也拿到不少承销费。

这家收购公司如野火燎原般接连收购了数家知名公司。当它开始竞标收购纳贝斯克集团公司（RJR Nabisco）时——“二战”之后最广为人知的收购事件——它已经收购了包括比阿特丽斯在内的数家全国知名零售企业。不过，要说那十年以及历史上最大的收购事件，自然要数纳贝斯克集团公司。这次事件始于 1988 年，1990 年落下帷幕。起初，两家企业兼并是为了帮助纳贝斯克集团公司在销售烟草之外走上多元化道路。KKR 公司发觉，这家公司最终有望重组。纳贝斯克集团公司给出的购买价格已经创下 230 亿美元新高。融资金额巨大，华尔街不少企业和银行都参与其中。当德雷塞尔 & 本汉姆公司的法律纠纷首次公开宣布时，它正在为此次交易忙碌。

公司的管理层自己也会搞杠杆收购，从而购买实发股本，此类管理收购也时常会用到垃圾债券。KKR 公司兼并纳贝斯克集团公司就是实实在在的收购，具体说来，属于杠杆收购。所有借入的钱均被用于购买股票，将公司私有化。收购目标的债务与产权比率逼近 100% 债务。很多建设于 20 世纪六七十年代的大型集团开始将部分兼并放出，而购买这些公司的就是他们自己的管理层。借入资金成为将公司私有化的一种手段。资金来源是银行和垃圾债券市场。借入金额如此高昂，偿还债务完全是不可行的，或者说有心无力。另外，交易完成之后所必须的重组一定要带来足够多的现金，以销售多余资产，偿还出现的债务和利息。

收购一旦完成，对新兼并公司的经理和员工的管制将非常严厉。要想策略能够发挥长期作用，必须实现各项目标，只有如此才能提高公司效率并实现精简。某家新被兼并公司的首席执行官表示，如果预期目标没有达成，他在 KKR 公司的新领导绝不手软。他如此描述他们的态度：“如果你没有达到目标，任何借口，美元、天气或经济全都没用……只要我们没实现这些目标，一定没有好果子吃。”[1] 尽管公司手段激进，可它还是要依赖源自银行的便捷信贷。垃圾债券市场本身无法提供所有所需资金。20 世纪 80 年代见证了收购浪潮，美联储开始注意到这将对所有银行构成危险。1989 年，美联储要求为收购公司提供贷款的各家银行每季度向持股人汇报净头寸[2]。早在几年前，就有人指责放松信贷导致收购货币化。

借入的大笔金额再度证实，如果债务是用于所谓前景明朗的企业

[1] 乔治·安德斯：《债务商人：美国商业的 KKR 和抵押》（纽约：基本图书出版社，1992 年版），179。

[2] 译者注：净头寸是指所持的多头与空头头寸的差额。

收购和重组策略，借方对债务根本毫无惧意。他们的终极目标是将私人企业重新卖给投资者，希望最终能获得盈利。杠杆收购趋势尚在襁褓之中，不过时间证明，早期交易比后期的利润更高。比起后来的公司，那些在20世纪80年代初期，也就是在爆发严重通货膨胀之前就获得大量资产的公司更易成为收购目标，而且价格更高。通货膨胀之后，能为这些老资产找到新的购买者的话，资产负债表上的那些廉价资产就能卖个好价钱，盈利更多。这一策略在20世纪80年代末期和90年代的纳贝斯克集团公司等收购中将出现喜忧参半的结局。

杠杆收购是对“MM定理”最具实战性的考验。过去认为，只要公司能够盈利，那么杠杆借贷不算什么，可对于纳贝斯克集团公司这类规模的收购，这种想法将面临严峻考验。这次事件不仅折射出交易主角的坚忍不拔，同时也体现了投资参与方在巨额债务压力下的信心满满。只要能达成心愿，或者说保证盈利，并且管理有方，那么破产的风险不足挂齿。资产重组成为美国企业的标准，而杠杆收购又对这趋势推波助澜。但是，同时期不少欠发达国家遭受的厄运可就不是同一回事儿了。与企业难友不同，欠发达国家除了通过商品收入偿还债务之外别无他法。如果这些收入减少，主权实体离破产不过一步之遥。

主权债务违约

虽然银行扬言，国际银行中，主权债务违约的概率微乎其微，可是在欠发达国家危机爆发前后，就已经出了好几个令人侧目的案例。实际上，主权债务违约可追溯到19世纪90年代，南美债务危机差点儿将巴林银行拖垮。但是到了现代，只有古巴和几个边际借款方，例如也门、尼加拉瓜和伊朗，由于它们的违约纪录，常被认为是“异类”。

1959年，菲德尔·卡斯特罗(Fidel Castro)推翻了当时的古巴政府，新政权否认古巴的所有外债。卡斯特罗还将本国的美国企业全部驱逐出境，当时价值约为10亿美元。债务尚未偿还，可古巴再度借钱，主要源头是那些迫不及待要和古巴做生意的企业或国家。然而，最早的债券此时还欠着。数年以来，它们零零星星地对债券市场的海外债务进行交易。虽然不少债券早已到期，可是还有些交易价值，即使这种情况并不多见。它们的假定价值胜过于零，这种位置让传统投资者难以理解。然而古巴债务留给众人的教训是，投机势力会无中生有创造价值。这一前提为这些债券赋予了最低价值，同时也为数十年之后美国迎来新的低于投资级别的债务市场打开大门。

不良债务由于能吸引一群特殊投资者，因此并不是一文不值。债券价格体现出一种灵活性，进而大大超乎预料出现严重折现价格。不论古今，整个局几乎都离不开政治。假设古巴重新恢复市场导向，它要想再次借钱，就必须先偿还自己拒绝承认的欠债。它的后盾俄罗斯在 1918 年也拒不承认俄罗斯帝国（Tsarist Russia）的债务，可是在 20 世纪 80 年代末期，俄罗斯重新进入国际债务市场，它不得不象征性地还上一笔钱。[1] 这类情形下，债务所有人没准儿可以意外获利，他们放出廉价债券，希望在达成某种解决办法之后，能从票面价格中大赚一笔。结果，貌似一文不值的债务显现出价格灵活性，而其前提是对未来事件的预测。

20 世纪 80 年代之后，最严重的主权危机发生在 1998 年，俄罗斯官方宣布拒绝偿还外部债务。较之其他任何一次国际违约，此次事件影响更大，因为其债务持有人是为数众多的对冲基金，这是国际债务市场上相对年轻的贸易和投资参与方。鉴于俄罗斯在国际舞台上的地位，没人会想到，俄罗斯会像过去那些“异类”国家以及拉美国家那样违约欠债。

导致此次违约的因素其实早几年就已显露端倪，当时俄罗斯正费尽心力应对苏联的剩余债务问题。1997 年，环太平洋各国遭受经济重创，接着就迎来经济复苏和外资流入，进而爆发“亚洲金融风暴”，这次危机破坏了地区经济和口碑，历时数年才重焕生机。不少组合投资曾经很快就找到颇有吸引力的回报，此时却赶紧抽身而退，而当地市场和经济则愁云密布。

[1] 卡门•M. 莱恩哈特及凯尼斯•S. 罗格夫：《这次不同：八个世纪的金融讽刺剧》（普林斯顿，新泽西：普林斯顿大学出版社，2009 年版），61。

苏联共和国解体之后，俄罗斯遭遇居高不下的通货膨胀和利率。1995 年，通货膨胀逼近 250%，短期利率更是超过 100%。该国工资水平骤降，甚至有超过 60% 的工人薪水不能准时下发。[1] 随着俄罗斯货币卢布（ruble）在外汇市场中贬值，有关国内物价飙升的传闻不绝于耳。莫斯科快餐店的一个汉堡价格已经超过一个月的平均工资。当时，石油是俄罗斯主要外汇来源，石油价格在每桶 25 美元上下徘徊，到了 1998 年，再度下滑，这让卢布危机雪上加霜。最后，1998 年 8 月，卢比贬值，国内银行不再向外国债权人还钱，对外国外部债务的偿还也停止了。国际货币基金组织出手援助，提供 230 亿美元帮助该国重组。

俄罗斯违约的某个特殊事件掩盖了整件事情本身的光芒，至少在美国是如此。外部债务中止之后，一家名叫长期资本管理公司（Long-Term Capital Management）的对冲基金崩溃，向银行请求援助，美联储积极斡旋，此事让美国财政危机愈演愈烈，同时也让人看到金融市场素来阴暗的一角——套利债券（bond arbitrage）[2]，进而揭露出原本遭人忽视或觉得无关紧要的金融关联。

长期资本管理公司通过高杠杆做法，利用大笔借入资金从事贸易和套利债券。在这一特殊事件中，套利是针对美国财政部证券和俄罗斯财政部证券。两者的收益差额相去甚远，而套利就是要充分利用这一点，出发点在于差价会缩小。人们依旧认为，主权违约不会出现，而跨市场套利不会像外部看起来那么风险重重。然而，俄罗斯违约，债券价格一落千丈，投资者蜂拥跑去购买美国财政部证券，并认为这是安全投资。但是，该对冲基金买进俄国债券，沽出美国国债，如果

---

[1] 阿比盖尔•奇铎及迈克尔•欧杨：《货币危机的案例研究：1998 俄罗斯违约事件》（圣路易斯美联储银行，《报告》，2002 年 11 月 /12 月），11。

[2] 译者注：套利债券是市政机构发行的一种债券。其发行目的是募集资金用于偿还已发债券。用以新换旧的方法降低资金成本，因此被称为套利债券。

反过来，没准儿能从交易中大赚一笔。结果，多头和空头头寸全部失败，对冲基金的资本瞬间岌岌可危。

对冲基金采用的似是而非投资理论让问题再生枝节。公司宣称，多头和空头相对安全，因为据称这是借鉴了两位诺贝尔奖得主迈伦·舒尔斯（Myron Scholes）和罗伯特·默顿（Robert Merton）的风险管理技巧，两位都倡导对冲基金。舒尔斯是布莱克－舒尔斯期权模型（Black-Scholes Model，简称BS模型）的创始人之一，该模式的问世恰值布雷顿森林体系崩溃。自那时起，最早的股票期权模式已经拓展到其他金融工具。默顿因其对效率市场假说的实证研究而声名远扬，这是分析股票市场在信息不对称的背景如何运作的主导性理论。

美联储组织了数家银行（主要是长期资本管理公司的贷方）提供资金以稳定对冲基金，以此确保不会向同家银行违约债务。此次救助之后，对冲基金苟延残喘，大不如前，套利债券秘而不宣的世界揭开一角，不过为期短暂。曾几何时，人们认定，主权国家不会违约拖欠，而这次崩溃让这种想法蒙上了一层阴影，不同于20世纪80年代的欠发达国家，俄罗斯没有遵循危机前所制定的规矩，而是冒着破坏自己在国际信贷市场中口碑的风险，用舍车保帅的策略，等待日后东方再起。

1918年，俄罗斯多少算是创下先例，政权更迭往往意味着债务违约，2001年阿根廷拖欠外部债务则说来话长。虽然20世纪七八十年代的银行自信满满，但是其实自19世纪起，很多主权国家就已经拖欠债券，尤其是拉美国家。[1]在绝大多数经济体陷入衰落周期期间，一些国家，比如阿根廷就时常违约拖欠，成了债务重新谈判的常客。但是，基于欧洲美元的跨国放贷国际市场相对算个新事物，绝大多数贷方都经历

---

[1] 卡门·M. 莱恩哈特及凯尼斯·S. 罗格夫认为，从1970年到2008年，拉美主权违约的数量，以及其他一些中等收入国家，远远超乎预期。请参考卡门·M. 莱恩哈特及凯尼斯·S. 罗格夫：《这次不同：八个世纪的金融讽刺剧》，23。

过这段历史。如此看来，在新的国际舞台上，主权国家不至于愚钝无知刻意拖欠。那些“异类”小国家已经没其他东西可损失，大不了意识形态上越发偏激，矢口否认欠债事实。

欠发达国家危机正盛，阿根廷等国家通过布雷迪债券重组债务。[1]1991年，阿根廷设立货币委员会（currency board），此举旨在将本国货币直接与美元挂钩。新举措实现了一定的稳定性和繁荣发展，然而亚洲金融危机波及拉美地区，除了其他各类街头巷尾皆知的事件之外，巴西货币贬值，由于阿根廷公共领域债台高筑，引发了新的货币危机。十年之后，阿根廷必须支付给美国财政部债券、以美元计价的债务差价金额巨大。2001年，该金额已经逼近1000基点（10%）。虽然该国习惯了高额差价，这仍旧是历史新高，当年在这之后爆发数起事件，此事是直接根源。

阿根廷自1990年货币和债务危机伊始，便陷入高额利率困局，国内国外均如此。国内比索（阿根廷货币单位）体现了该国的货币政策，而该国债务的美元伦敦银行同业拆放率则反映了其劣迹斑斑的信贷历史和经济问题。高额利率引发社会问题，让本国经济雪上加霜。该国某知名实业家抱怨，高额的比索利率导致“有的省份所有居民全部失业……如此下去，国将不国”，并发问道：“无所事事就可以富可敌国，试问这样的文明国家能有几个？”[2]他所指的就是很多人无须工作或创造价值，单凭银行存款就可坐享高额利息。

相比较于其他更贫困国家支付的利息，阿根廷支付的美元利率充满矛盾性。国际贷方和国际货币基金组织将阿根廷、巴西和墨西哥定位成中等收入国家，它们支付的债务平均市场利率相对更高。贫困国

---

[1] 2010年，阿根廷部分布雷迪债券进行重组，当时政府试图重组本国部分即将到期债务，发行新债券，取代旧债券，以此将期限延长十年。

[2]《纽约时报》，1990年2月13日。

家往往能从世界银行等其他区域性发展银行那里以补贴利率借到期限更长的贷款，这主要是出于对其国家收入较低和基础设施欠缺等因素的考虑。如此看来，相较于富裕国家，贫困国家支付金额较低，那些依靠国际银行贷款的人对这一事实铭记于心。不过，贫困国家无法长久获得银行资金。

2001 年，比索面临前所未有的压力，很多阿根廷人将手中的比索换成美元。即将崩溃的比索让很多人一贫如洗，失业率急剧上涨。银行业压力重重，政府只好在 12 月时宣布全国放假，以预防银行崩溃。圣诞前夜，阿根廷债务违约，因为它的确无力偿还贷款。拖欠金额约为 820 亿美元，由此创下拉美国家主权债务违约纪录。阿根廷相当聪明地没有拖欠国际组织的欠款，诸如世界银行，因为要是走投无路，这类机构可是救星。

比索贬值，中止偿还利息，这让阿根廷经济在未来几年得以喘气复苏。2005 年，阿根廷总统内斯托尔·基什内尔（Nestor Kirchner）提出以新债券替换旧债务。这次替换导致投资者损失近 75% 的本金，因为新债券仅为原来的 25%。这是一次“不容商量”的交易，当时绝大多数持股人只好接受。有些评论员认为，2005 年的违约解决办法并没有对该国行径造成惩罚，这次违约和复苏的发生都没有多少国际先例。

对于国际金融而言，主权国家濒临违约早不算新奇，然而此类事件的频繁上演以及潜在违约的危害却使得对待债务的普遍观念开始改变。20 世纪 80 年代，欠发达国家债务导致重组，这无疑帮助国际银行避免了崩溃倒闭的命运，也保住了绝大多数相关国家的信用额度，不过其中代价不菲。在布雷迪债券尚未支付的那段时期，很多国家借此经历了一定程度的经济发展，以收入来偿还重组后的债务。这种安排自然让银行心满意足，可拉美国家却牢骚满腹，很多领导人私下里非常认同菲德尔·卡斯特罗的看法，不论经济形势如何变化，自己总处于不利地位。

鉴于普遍的政治问题和欠发达国家困境，20 世纪 90 年代，申请国际破产的观念越发普遍。如果个人和企业可以在美国通过申请破产保护从而避免债权人的伤害，国家为什么不能享受同等权利？这种想法颇为新奇，不过人们认为，此举有助于有序解决国家的经济事务。在多起重组事件中，债权人对债务的最佳解决方案各执一词，有人同意减少，有人坚持照旧。接下来的谈判漫长无望，令人心灰意冷。美国经济学家杰佛瑞·萨克斯（Jeffrey Sachs）曾在俄罗斯违约之后为俄罗斯提供建议，他坚持，“彻底放手——市场主导一切，这种做法行不通”。[1] 但是，国际社会就债务问题解决的权威性所达成的一致意见让很多贷方颇为不满，他们担心，较之已经采用数十载的应急式古老体系，任何结构化制度都将遭人滥用。

20 世纪的债务革命证明，对待债务的态度持续改变。债务不断增加，很多债务人无所畏惧地以违约拖欠作为要挟，这让债台高筑的传统观念彻底落伍。附着在破产身上的道德烙印早已不见踪影。此时，债务不过是走投无路之后的另一个选择而已。这是美国人的看法，但绝非人人赞同。

[1] 《纽约时报》，2002 年 1 月 6 日。

第7章
Chapter 07

伊斯兰、利率和小额贷款

小额贷款的时代已然来临。

——科菲·安南，2003年

本章导读

“二战”之后，金融发展多以纽约和伦敦为中心。自 20 世纪 50 年代起，新的利率、产品和实践层出不穷，到了 21 世纪，它们被绝大多数发达国家以这样或那样的方式采纳。然而，对于发展中国家，尤其是伊斯兰世界，数百年来一如往昔。依照西方标准，这些地区的银行业相对处于原始状态，和数世纪前一样，宗教禁令严重左右了金融实践。

到了 20 世纪 70 年代末期，重利禁令问题在美国仍然悬而未决，不过通过监管性套利倒也能避免。如果某司法机构严禁高额利率，贷方只需另觅他处从事放贷。人们对《重利法》众说纷纭，有些地区严肃对待，有些地区则认为这不过是落伍过气的绊脚石，必须废除。新的金融产品让《重利法》成了纸老虎，在庞杂的金融创新面前，这些法律早已无力张牙舞爪。

在更为传统的社会中，情况截然相反，人们对《重利法》毕恭毕敬。很多伊斯兰社会的宗教法——教法（sharia），可以为此佐证。《古兰经》以及穆斯林其他圣典严禁重利，时间并未改变人们对待重利的态度。颇有讽刺意味的是，西方世界的银行收取利息，而一旦借贷双方发生争执，宗教法庭一般站在借方这一边。在八百年前的西方社会，有关重利的争辩朝学术乃至诡辩的方向进行。伊斯兰的重利观念很大程度上要归因于伊斯兰之前的阿拉伯人、苏格拉底、查士丁尼和经院派做法，它保留了不少古代和中世纪的观念，以至于难以被现代社会所理解。严禁利息是基于社会平等。商业做法必须为相关各方带来好处，大家也必须风险均担。因此，有关利息的只字片语都要接受宗教检验。《古兰经》和圣典彻底反对利息，这对现代伊斯兰银行家而言无疑是个巨大的障碍。随着伊斯兰国家对 riba[1] 的讨论渐深，各类金融产品层出不穷。现代伊斯兰金融试图折中处理，但是并非所有人都认为可以事到功成。

伊斯兰严禁利息并不代表着绝大多数阿拉伯国家没人收取或支付利息，只不过，宗教教义和银行实践的对立构成了一个长达数百年的道德鸿沟。伊斯兰和阿拉伯世界很多区域毫无经济发展可言，这让冲突越发激烈。利息之争的结论是：凡收取或支付利息，即践踏违背圣典。换言之，经济发展是违背真主圣谕的。只要这种态度独占鳌头，资本投资和固定投资收益都将笼罩在亚里士多德的精神阴影中，亚当·斯密的思想只能从旁观望。

20 世纪 70 年代初期，现代金融最终渗入了伊斯兰世界。20 世纪七八十年代，经济动荡不安，由此导致了各方经济势力的均衡。很多石油生产国发现，不可计量的财富涌入了本国，可自己的银行制度无力应对汹涌袭来的庞大资金。与此同时，伊斯兰世界以及其他一些不生产石油的欠发达国家仍一贫如洗，无法参与石油价格上涨所引发的新一轮淘金热，起初，它们也都采用了西方银行体制作为贫富之间的

[1] 译者注：指伊斯兰视野下的利息。

中介资金，但20世纪80年代，变幻莫测的利率使欠发达国家更加穷困潦倒，结局显然令人不满。

这一经济问题让欠发达国家和欧美银行连连受挫，也导致商业实践和宗教法律之间的冲突愈演愈烈。很多商人坚守着伊斯兰宗教观念，但在日常商业事务中，他们不得不与国际银行打交道，也不得不对重利视而不见。

石油收入在很多传统社会中引发了冲突。20世纪70年代初期，石油输出国组织的石油价格开始提升，这对伊斯兰的利息禁令构成了有史以来最大的挑战。很多成员国的中央银行外汇储备都用于以美元计价的国际债券，对于那些忠于伊斯兰的投资者而言，无疑陷入了道德上的两难境地；而对于成员国的商人而言，由于要为将来的利益投资，他们则陷入了宗教上的两难境地。尽管购买债券是相对安全的，但终究让人颇感为难，因此，其他选择出现了，这也意味着出现了更多的对立性、偶然性或信用风险，但不包括利率风险。伊斯兰法律不会禁止盈利本身。自古以来，通过贸易获得合理收益一直是物物交易以及（后来的）货币交易的一部分，只是数百年之后，重利成了核心问题。在奥斯曼帝国（Ottoman Empire）当权的19世纪，在阿拉伯国家看来，西方银行模式是陌生的，从外国银行借钱是件稀罕事儿。但是，经历了20世纪70年代的石油价格风波，阿拉伯和伊斯兰银行体制推陈出新。正如数百年前的西方国家一样，金钱必须有回报，而利息是最具安全性和预测性的一种模式。宗教和商业之间显然出现了亟待解决的冲突。

石油价格上涨也包含着政治和报复因素。根据国际货币基金组织的纲领，任何一个希望通过货币贬值解决贸易不平衡问题的国家，都必须向该组织提出申请，通过与主要贸易伙伴协商，从而对其货币执行有序改革。当美国单边贬值美元，无视国际货币基金组织的存在，导致布雷顿森林体系土崩瓦解时，此举让很多以美元为主要收入的海外国家购买力骤降，下跌约 20%。结果，很多美元资产持有国出现动荡，即所谓的“尼克松冲击（Nixon shock）”。[1] 石油价格紧跟其后出现上涨再自然不过。石油生产国似乎一心想提高石油价格，从而弥补自己的损失。这一步完成之后，伊斯兰金融的发展出现了重大变革。

差不多三十年后，又一次打击发生了，并对伊斯兰金融体制和市场造成了深远影响。2001 年 9 月 11 日发生恐怖袭击，伊斯兰国家的储户和投资者在欧美的大笔资金被调回国内，因为人们普遍担心，当权者也许会一口咬定货币转账是为恐怖分子提供资金，从而从中作梗，进而妨碍未来现金和投资的转移。这大大有利于伊斯兰金融业。前期发展外加新资金的流入，使得伊斯兰市场的规模和重要性大为增强，还出现了新型国际机构，巩固了以教法为基础的投资，同时还贯彻了市场自由化和中性税收政策，刺激了跨国投资，鼓励了外国投资者。其结果是，尽管必须遵守基本的宗教原则，但伊斯兰市场依然以独特的姿态发展迅速。

[1] 有关导致尼克松宣布美元与黄金挂钩关系脱离的事件，请参考罗伯特•所罗门：《国际货币系统》，1945~1976（纽约：哈珀罗出版社，1977），180ff。

利息在伊斯兰的处境

20 世纪 70 年代，随着收入的提高，很多伊斯兰国家都经历了激烈的民族主义运动，银行意识到，一方面必须遵守宗教法，另一方面要把握因大笔资金流入而出现的盈利机遇。伊斯兰传统和西方银行传统交汇，这让欧洲数百年前有关利息的争辩死灰复燃。结构化金融有助于传统和现代的融合，这与二十五年前美国住房金融的情况如出一辙。

《古兰经》的禁令毫不含糊：“信徒，不可贪图高利贷，不可两倍或四倍增加（借出金额）。履行对真主的诺言，辉煌指日可待。”[1]和基督教传统不同，在《古兰经》中，“利息”等同于“高利贷”，这两个术语是通用的，因而避免了对复利的困惑。宗教法的禁令不容修改，更不容违背。然而，在伊斯兰教传入阿拉伯之前，复利对于阿

[1] 《古兰经》3:130，援引自安沃•伊奎巴尔•古里西：《伊斯兰和利息理论》（拉合尔，巴基斯坦：穆罕默德•阿什拉夫出版社，1967 年版），42。同一段文字的牛津译本由 A.J. 阿伯利翻译，“哦，信徒，不可贪图高利贷，不可两倍或四倍增加，敬畏真主”。

拉伯人而言，简直就是家常便饭，只不过，他们沿袭的是最原始的“翻倍”做法。

两个案例可以充分说明在对待利息一事上，基督教传统和伊斯兰传统的对立。圣伯纳德（Bernard of Clairvaux）初次看到巴黎正在兴建巴黎圣母院，他惊叹道：“财富招来财富……金钱吸引金钱。”巴黎大主教把放高利贷者捐赠的钱用于教堂建设。在 7 世纪伊斯兰教传入之前，沙特阿拉伯最神圣的庙宇克尔白[1]就曾修缮，但却规定，不得接受任何以高利贷为基础的收入捐赠，并明确，只能用“干净的财富”。换言之，阿拉伯人一早就认为高利贷收入是肮脏污秽的，那些从事高利贷的人常被称为“阿拉伯异端分子”。[2]当伊斯兰教站稳脚跟后，高利贷就被彻底禁止了。

20 世纪 70 年代爆发了石油危机，此后，人们一方面谴责利息，一方面又试图以更合理的渠道为银行储户支付固定收益。这一矛盾背景拉开了伊斯兰运动的序幕，其目的是探索和采用一种不同于西方模式的金融模式。土生土长的银行出现了，但绝大多数沿用了西方传统银行模式，其中包括支付存款利息和收取贷款利息，只有一小部分银行把教法牢记在心。造成这种悖论的部分原因是金融专业技能的缺失，而这是组建并推广伊斯兰银行产品的关键。较之以盈利而非利息为基础的储蓄，支付传统利息更为便捷。贷款的收入往往用于支付储蓄利息，因此，如果方程式的一边变化，另一边也必须随之改变。当大多数伊斯兰世界的银行尚处在襁褓中的时候，如果没有现代金融伸出援手，这类改变恐怕是白日做梦。

并非所有伊斯兰地区都认为一定要严禁银行固定储蓄回报率。在

[1] 译者注：Ka‘bah，一座位于伊斯兰教圣城麦加禁寺内的立方体建筑物。

[2] 安沃·伊奎巴尔·古里西：《伊斯兰和利息理论》，xix。

过去的一百五十年间，很多伊斯兰学者和法学家都对此议题发表声明（或者说 fatwas）[1]，针对储蓄的银行固定收益，有人赞成，有人反对。有人表示，这种固定收益率就是伊斯兰禁止的利息，有人则认为，支付固定收益（不过从来不使用“利息”这个词）是一种合作伙伴形式，也可说是分享盈利（用伊斯兰术语就是 mudarabah），鉴于对方要承担的风险，交易是合情合理的。伊斯兰法庭和巴基斯坦法学家尤其喜欢谴责任何与利息有瓜葛的行为。不过，2002 年，位于埃及的爱兹哈尔伊斯兰教研究所（Al-Azhar Islamic Research Institute）发表声明，支持固定收益，从而扭转了局势。由于该机构的学术和宗教威望，这次声明开始让一些质疑者相信，支付储蓄固定收益没有违背伊斯兰法。

这道特别声明的发表，缘由是阿拉伯银行（Arab Banking Corporation）行长向爱兹哈尔所长穆罕默德·赛义德（Muhammad Syyid）寄去一封信件。行长在信中描述了普通储蓄交易，并咨询赛义德的意见：“国际阿拉伯银行公司的客户将其资金和存款交给银行，用于合理合法业务的投资，因此获得预先确定的盈利分发，与此类似，分发时间事先也和客户达成约定。我们想向您请教这种业务的合法性。”[2] 这个咨询的争议之处在于“预先确定”。交易之前各方就已协商一致的盈利往往等同于利息。赛义德站在了银行这边。他回复道，“这种形式的交易是允许的，不存在任何不受允许的可能性。这类预先就将盈利或收益细化的交易，《古兰经》或其他先知教规的经典文本都未曾禁止，但前提条件是双方一致同意这类交易。”[3] 这一观点

[1] 译者注：该词是指对伊斯兰法相关问题的法律解读。

[2] 援引自哈默德·A. 艾 - 盖玛：《伊斯兰金融：法律、经济和惯例》（剑桥：剑桥大学出版社，2006 年版），140。

[3] 援引自哈默德·A. 艾 - 盖玛：《伊斯兰金融：法律、经济和惯例》（剑桥：剑桥大学出版社，2006 年版），141。

让人们觉得，这份声明包容了利息支付。但是，有人认为这是为利息大开方便之门的伎俩，于是继续对统治阶级口诛笔伐，然而有些人却将此视为伊斯兰银行实践精细化发展的新成果。

更具体地说，利息有两种形式——盈余利息（surplus riba）和信贷利息（credit riba），都属于销售交易。前者是指交易中的资本资产增加的一种销售，交换物是同类；后者则是立即支付，销售某物，替换为另一种或截然不同之物，额度超过延期支付。[1]“销售”这个词就暗示了某种盈利。不过在伊斯兰的思想中，利息和盈利的关系虽不至于对立，但也各站一边。为什么可以鼓励盈利，却要禁止利息？数百年来，银行认为，利息就是放贷的盈利。单这一点，就成了伊斯兰宗教思想的争议源头。按照伊斯兰的思想，之所以要禁止利息，是因为贷方没有为这种回报承担相应的风险，而贸易双方满足了承担风险的标准，合作伙伴关系也是如此。

这种双边性是伊斯兰金融产品的发展基石，其中不少仿照了西方产品，但保留了其独有本色。随着更多新产品的问世，其他技术和理论问题开始涌现，这对伊斯兰产品的独特性构成挑战，有的甚至质疑其产品不过是其他地区耳熟能详的金融服务的变体。这些产品的技术大都照搬了西方既定的金融工具，但对自己的道德伦理原则却坚守不移，因此免不了争议扰攘。

[1] 瓦巴•埃•佐哈伊，《利息的法律意义》，出自阿布杜卡德•托马斯，《伊斯兰经济中的利息：理解利息》（伦敦：劳特里奇出版社，2006 年版），28~29。

伊斯兰金融业的发展

中世纪时，海洋运输的合作伙伴关系催生了第一类财产和伤亡保险合同，借此也避开了重利的罪名。数世纪后，出现了唐提式养老金，之后，人寿保险发展起来。伊斯兰金融业也在全力对付欧美国家所说的人寿保险，因为绝大多数情况下，这被认为是掩人耳目的利息，所以必须禁止。这道禁令和债券禁令等各种因素联合发力，一方面阻碍了财富的代代相传，另一方面也导致伊斯兰风险管理越发落后。

保险禁令的另一核心要素在于对待gharar的态度，这个词是指“不确定性”或“风险”。没有共同承担风险就等于赤裸裸的投机，因此教法是一定要严格禁止的。对分类信贷和分类风险的禁止能够最简明扼要地阐释利息和风险禁令背后的理论。[1] 利息的构建并非为了让信贷交易双方共享，相应的风险没有定数，只能让一方占便宜。起初，同样的禁令延伸到了其他金融产品，例如被视为属于风险形式的期货

[1] 哈默德·A. 艾-盖玛：《伊斯兰金融：法律、经济和惯例》，62。

合约。任何涉及零和博弈[1]的金融产品均被归为赌博。

对人寿保险的偏见在于，保险合同的支付大大超过收取的保险金总额，因此也属于赌博。由于（理论上）严禁赌博，人寿保险尤其不可姑息。算计一个人的寿命本身就令人不齿，这与伊斯兰精神背道而驰。除此以外，传统的保险公司很大程度上依赖债券作为投资收益，因此要想遵守教法不切实际，除非某个伊斯兰产品能为承保人支付收益，又不牵扯利息。

伊斯兰对待保险的核心思想涉及 takaful 观念，即双边保障。早在伊斯兰教传入阿拉伯世界之前，这一观念就已付诸实践，人们普遍认为这是属于伊斯兰本土的保险。提供保险的双边保障公司沿用了合作伙伴关系，投保人和公司属于伙伴关系，分享盈利，共担损失。[2]这与美国或英国的双边保险公司较为类似，不过资本所有权和盈亏共享的概念只盛行于伊斯兰世界。依照传统的西方保险模式，投保人支付的保险金是对保险公司的投资，其盈利将分给持股人。但在伊斯兰语境下，这意味着双方的不公平：根据双边保障，投保人同时也是持股人，因此投保人必须分享任何可能的盈利，他们也是保险资金的所有人。另一个基石是古代责任观念，伊斯兰教传入阿拉伯之前，大家筹集资金，给那些被氏族成员杀害的人的子孙后代提供补偿。这一观念后来延伸到其他的活动中，例如海上冒险，如果有人有所损失，必须给予补偿。这倒与西方海洋保险遗风大同小异，在初始阶段，这被视为海外探索和贸易不可或缺的一部分。

伊斯兰银行业逐渐发展起来，人们开始改变对保险的态度，尤其是人寿保险。保险渐渐被视为某种有助于商业的风险管理技巧，而不是对生命、死亡或厄运的打赌押注。但是，双边保障观念如影随形。

[1] 译者注：博弈论的一个概念。一方的收益意味着另一方的损失，博弈各方的收益和损失相加总和永远为“零”，双方不存在合作的可能。

[2] 埃布拉希姆•瓦德：《全球经济中的伊斯兰金融》（爱丁堡：爱丁堡大学出版社，2000 年版），148。

投保人要分担保险基金的盈亏，为了避免利息，没人保证固定收益。一旦机制确立下来，人寿和健康保单就有了市场。任何情况下，都必须遵守共同赔偿和共担责任的原则。

其他伊斯兰投资模式也极力确保不和利息扯上关系，也不走旁门左道。对于那些遵守教法的银行而言，诸如储蓄等普遍存在利息的传统银行工具，都要设计成共同基金或单位信托，以基本投资回报的形式为客户提供储蓄收益。这也许比传统利息储蓄账户风险更高，因为基金经理必须为储蓄找到合适的投资，而且不能涉及利息。除此之外，根据教法，基金投资不能参与有违伦常的投资活动，严禁向从事赌博或存在不良行为或产品的公司投资，包括从事传统利息业务的银行。20 世纪 90 年代到 21 世纪，沙特的投资者在金融危机时期对美国不同银行进行巨额投资，其投资面向的是优先股而非债券。这种优先股属于固定收入投资，支付股利，但没有利息，从而避开了利息禁令。

有违伦常的投资活动还包括投资给从事收取利息、酿酒、猪肉制品、赌博等业务的公司，以及任何一家被华尔街或伦敦金融城认为从事“罪恶”产业的公司。即使在决定某只股票是否适合投资的时候，仍然要谨慎对待利息问题。除了基本业务外，一家公司的资产负债表也要接受审查，以判断该公司的盈利是否存在利息成分。当然，银行和金融服务公司不在此列，非金融公司则要严加审核。审查的最常见分析工具包括将公司的应收款项和市场资本化或总资产进行比照。一般而言，比率超过 49%（应收款项与市场资本化之比）就意味着，至少有部分收入是源自向他人提供信贷。如果是与总资产对比，该比率不得超过 70%。[1]

[1] 在判断是否能将某股票纳入伊斯兰股票索引时，遵守者往往在这两种办法中择其一。《金融时报》使用应收款项与总资产比率，道•琼斯则采用市场资本化。伊斯兰金融机构会计和审计组织在其计算中使用应收款项与总资产比率。

1983年之后，石油价格下跌导致石油输出国组织及非该组织的石油生产国收入下降。自1980年到1985年，沙特阿拉伯收入减少75%。鉴于国家开支依旧，进口保持强劲，但这对沙特不少国内企业还是带来了负面影响。不少个人和企业纷纷出现债务违约，沙特的银行业遭受重创。有些银行含有部分外资成分，因此向借方收取利息。价格下滑所造成的结果大大超出银行预期。借贷双方上法庭以解决债务争端，传统上，哪怕银行胜出，伊斯兰法庭在金融事务总偏向借方。应付利息从借方的欠款中扣除，以此捍卫教法。结果，银行更加不愿意提供贷款。某位银行家表示："法院基本上就是在偏袒沙特借方。"[1]

伊斯兰神职人员和法学家组成委员会，以确保新型金融产品遵守教法，他们负责监管投资纲领和实践。这些委员会同时还要协助推广这些新产品，真正做产品设计和包装的是投资银行，委员会则是这些银行的专家顾问。进入21世纪，伊斯兰产品的市场炸开了锅，有人批评这类产品名不副实，或压根儿没有遵守教法。伊斯兰金融机构会计和审计组织（Accounting and Auditing Organization for Islamic Financial Institutions，简称AAOIFI）是负责制定全球产业标准的监管机构，该组织领导穆罕默德·塔奇·乌斯马尼（Muhammad Taqi Usmani）表示，尽管有人提出反对意见，但85%的sukuk（伊斯兰投资凭证，常被误解为债券）[2]都没有遵从教法。英国国家广播公司BBC报道："乌斯马尼是伊斯兰现代金融的大老爷，他的此番言论就相当于亚当·斯密在说自由市场缺乏效率。"[3]

让遵守教法的问题更加复杂的还有推出的伊斯兰产品总量和有资

[1]《纽约时报》，1986年1月28日。

[2] 译者注：有时译为"伊斯兰债券"。

[3] 约翰·福斯特，英国国家广播公司新闻，2009年12月11日。

历能掌控其合理性的教法学者人数之对比。为了确保遵守教法，银行（多数是在伦敦）不得不大费周章，人们纷纷抱怨，因为发行伊斯兰债券要多付成本，而且不能从事其他传统的金融业务。一位伊斯兰金融专家一针见血地指出："主要的受益人就是律师、跨国银行以及自诩能为新型金融产品验证伊斯兰正统性的宗教学者。"[1] 某新闻机构将这些专家戏称为"百万美元学者"，因为坊间盛传，这些伊斯兰顶尖学者提供咨询顾问要收取高额费用。不仅如此，每个结构化的产品都需要附有声明，有人指责，声明的数量之多已普遍拉低了声明的价值。

伊斯兰世界以外有很多赫赫有名的金融产品，然而鉴于利息的禁令，它们无法进入多数伊斯兰国家，由此也阻碍了这些国家的经济发展，因为资金的传统来源，即私人放贷或无息放贷都非常有限。20 世纪 90 年代末期，欧洲开始出现伊斯兰银行准则，以此来服务当地不断增多的穆斯林社区。1997 年，英国一家阿拉伯银行开始提供符合教法的抵押贷款。伊斯兰将这一类产品称为 Murabaha 抵押贷款。伊斯兰金融产品保留了阿拉伯文名称，并未翻译成英文。这个术语是指成本加涨价交易[2]。抵押贷款的构成绕开了利息，而偏向盈利。打算卖出住宅的卖方没有直接将房屋卖给潜在买方，而是把房屋卖给银行，银行以更高价格卖给买方。买方按照分期支付多出的金额，这一过程小心地避开了利息，金融家则将价差记作盈利。为了避开繁杂的文书工作，房产购买者被视为交易过程中金融家的代理，事实上，买卖房产都是他本人。[3]

如今大多数遵守教法的产品都以 Murabaha 为基石。这一概念运

[1] 援引自《每日邮报》，2008 年 2 月 17 日。

[2] 译者注：常被解释为"成本加成融资"。

[3] 哈默德 •A. 艾 - 盖玛：《伊斯兰金融：法律、经济和惯例》，14。

用如此广泛，以至于有评论员将其称为“穆拉巴哈综合征（Murabaha syndrome）[1]”。[2] 这种主要用于融资的框架属于债务工具，严格遵守宗教观念意味着，将采用股票合作投资（伊斯兰称为Musharakah），从而体现共担责任、有福同享和有难同当的精神。这对非常依赖“穆拉巴哈”融资模式的实体的资本结构造成了长远的影响，资产负债表上的债务增加，往往取代了股权，让那些扬言忠于伊斯兰金融原则的人自相矛盾。至少从理论说来，债务应该臣服在股权之下，可往往在伊斯兰金融中，债务却占据主导地位。

21 世纪初期，据估计，基于教法的金融服务市场价值约为 2000 亿美元。虽然行业发展迅速，但是伊斯兰银行业在绝大多数伊斯兰国家不成气候。伊斯兰银行在创立之后的二十年间，不断提高银行储蓄额度，不过增长速度较慢，没有突破性进展。科威特、约旦和沙特阿拉伯是伊斯兰最古老、最庞大的银行中心，分别从 1977 年、1978 年和 1988 年开始从事遵守教法的储蓄业务。发展情况差强人意。遵循伊斯兰原则之后，约旦起初的 7% 储蓄份额开始下滑，2000 年百分比维持不变。大约同一时期，科威特从原来的 18% 下跌到 15.5%，而沙特阿拉伯则从 11% 增加到 13%。苏丹没有石油收入，到 20 世纪 90 年代末期，达到最高百分比，逼近 30%。[3] 在穆斯林人口最多的马来西亚，遵守教法的储蓄可说是微不足道，但围绕伊斯兰产品的争辩却不止不休。尽管反对利息，但相关的争议仍延续到了 21 世纪。2010 年，马来西亚某地方报

---

[1] 译者注：此处为音译。

[2] 塔利克•M. 尤赛夫：《伊斯兰金融中的穆拉巴哈综合征：法律、机构和政治》，出自《伊斯兰金融的政治》，克莱蒙特•M. 亨利及罗德尼•威尔森编辑（卡拉奇，巴基斯坦：牛津大学出版社，2005 年版），63ff。作者认为，20 世纪 90 年代，伊斯兰银行中的“穆拉巴哈”约占 50%，而包括“穆拉巴哈”在内的所有涨价工具约占 75%。

[3] 克莱蒙特•M. 亨利及罗德尼•威尔森，《伊斯兰金融的政治》，7。

纸表示，“……由于缺乏符合教法的标准，伊斯兰金融产品的定价仍旧采用惯用利率，例如伦敦银行同业拆放率”。[1] 没有合理的参照标准阻碍了伊斯兰银行业的发展，对于那些数代以来早就习惯英美银行模式和服务的伊斯兰商人尤其如此。

从表面上看，在所有的伊斯兰新型金融产品中，最具争议性的要数伊斯兰投资凭证（sakk，复数形式为上文提及的 sukuk），它一般是指伊斯兰世界以外的债券，不过这个术语本身就有问题。就本质而言，债券属于一种债务工具，附带定期利息支付。伊斯兰投资凭证也是如此，但是其支付是以盈利形式，而非利息。这得益于吸纳西方成熟的金融工具，然后将其调整以符合教法要求。其外部结构是特别目的投资机构（special purpose vehicle，简称 SPV）[2]，这与华尔街和伦敦金融城采用的证券化工具别无二致。在伊斯兰背景下，它还为投资者持有独立资产。很多早期的伊斯兰投资凭证依靠一系列的聚拢租契（亦即 ijara）支付收入，这也被纳入伊斯兰投资凭证结构。

事实上，SPV 购买能带来收入的资产，接着将收入转给债券持有人，以此取代利息支付。当债券到期，SPV 管理人将卖出资产，停止交易，将本金还给债券持有人。这种一揽子过程，与美国债券市场的资产担保证券存在部分相似，与自治地区债券市场的一揽子收入债券做法亦有类似。自治地区的债券市场是基于特定的当地收入，从而偿还本金和利息。较之于单纯普遍的债权（同等）债券，对于收入债券而言，借入过程更加复杂，债券质量风险更大。批评者们认为，最终产品不过就是“羊”债券披着“狼”外衣，以此讨好教法。不过，包装和营销非常成功。伊斯兰投资凭证开始急剧增加。

[1] Allroya，2010 年 6 月 2 日。

[2] 译者注：SPV，指向国外投资者融资的特殊目的投资机构，发行资产化证券。

在罗马和早期基督教思想中，人们对用益权[1]各执一词，而在伊斯兰金融中，得益于其盈利成分，它倒是如鱼得水。在特定条件下，伊斯兰投资凭证可以发行，以获得某项资产的用益权。租契（ijara）就是其中之一。如果经出租人同意，某项资产的承租人可以依法将资产转租他人，承租人就能合法提供伊斯兰投资凭证，将收入转给债券持有人，该持有人将被视为用益权（投资性质）的所有者。这与穆拉巴哈式的伊斯兰投资凭证不同，后者收集资金自行购买资产，而且可以将资产卖掉。不论哪种情况，资产所有权清楚无误，也顺应了宗教法。查士丁尼《法学阶梯》对用益权的古老定义得以延续。即使投资者不拥有能带来收入的资产，他仍旧能从投资成果中获利。

伊斯兰金融产品属于周期性质，随着原油价格起起落落。投资银行业务绝大部分是在伦敦或中东金融中心完成。2004 年，伊斯兰投资凭证共发行 70 亿美元；2006 年，石油价格上涨，飙升至 270 亿美元；2010 年，新发行金额上涨至 510 亿美元。[2]从 20 世纪 90 年代末期到 21 世纪初，发行机构数量持续增加。借方涵盖了企业、主权国家以及伊斯兰国际金融组织，例如伊斯兰发展银行（Islamic Development Bank）。该银行成立于 1975 年，旨在推动伊斯兰金融和伊斯兰资本市场。许多非伊斯兰借方也利用该市场作为资金来源，借方包括某个德国州、日本人、中国人以及英国豪车生产商。

德国萨克森－安哈尔特州（Saxony Anhalt）的债券发行就属于用益权，或者说租契式伊斯兰投资凭证。该凭证于 2004 年销售给投资者，以欧元计价，是特别设计的荷兰信托债项。通过一次性支付，该

[1] 译者注：用益权是对他人所有之物享有的使用和收益的权利，源于罗马法，后为大陆法系民法所承受。

[2]《国际货币基金组织调查报告》（IMF Survey），2007 年 9 月；《金融时报》，2010 年 12 月 12 日。

信托长期租下属于萨克森－安哈尔特州财政局的地产。换言之，债券持有人在债券有效期内拥有该地产的用益权。麦加（Mecca）和麦地那（Medina）等沙特城市也在房地产项目中采用类似的用益权，从而确保土地所有权掌握在官方政府手中。[1]

不过，非伊斯兰借方发行伊斯兰投资凭证也招来不少非议。2007年，英国宣布，将通过发行伊斯兰投资凭证，巩固其在伊斯兰金融界的主要金融中心地位。这让英国成为首个有此计划的西方国家。此次借入将以租契式伊斯兰投资凭证为结构，将某些政府特定资产租给某家特别目的投资机构，从而创造收入，并支付给该凭证持有人。凭证到期时，政府将回购资产，偿还债务。但是，该计划面临诸多阻挠，很多人认为这是对阿拉伯富裕投资商的卑躬屈膝，要将本国利益拱手卖给外人。某家伦敦报纸认为，这将导致“如今属于英国纳税人的政府建筑物等各种资产转手给那些富得流油的中东商人和银行”。[2] 这个饱受争议的融资计划最后被永久性搁浅。

[1] 哈默德•A. 艾－盖玛：《伊斯兰金融：法律、经济和惯例》，113~114。

[2] 《每日邮报》，2008年2月17日。如果“转手”指代所有权的转移，这一论述或许是指“穆拉巴哈式的伊斯兰投资凭证”，而非“租契”。

迪拜主权债务违约危机

2007 年金融危机后，伊斯兰投资凭证的一些本质风险首次浮出水面。地产热和后来的崩溃导致英美两国经济衰退，也对阿拉伯世界造成了相当程度的冲击。阿联酋地价飙升，迪拜尤甚，其源头就在于高额借债和地产投机不堪自身重负，分崩离析，进而导致伊斯兰金融界首次出现严重违约风险。

进入 21 世纪，由于没有石油收入，迪拜火力全开地搞地产开发，力图成为旅游胜地。大批奢华住宅落地，沿海岸还建造了大量人工岛。为了给项目融资，阿联酋采取了雄心勃勃的借入项目，一揽子银行贷款和伊斯兰投资凭证总额超过 500 亿美元。2007 年，信贷市场爆发危机后，全球房地产价格下滑，波斯湾受到牵连，地产价值一落千丈。2009 年 11 月，迪拜政府宣布，计划对迪拜世界（Dubai World）约 260 亿美元的债务进行重组。这是阿联酋最大的国有集团之一，该集团旗下的纳卡赫公司（Nakheel）是一家房地产公司。另一家名为迪拜海湾管理局（Dubai Ports Authority），负责全球超过 24 个港口的运行。

此次重组提案的核心在于，迪拜世界申请延期偿还纳卡赫公司的租契式伊斯兰投资凭证，金额为35亿美元，原定偿还时间为2009年年底。

纳卡赫公司属于迪拜世界麾下的房地产分支，发行了三只伊斯兰投资凭证。其中一只为租契式，该公司将位于迪拜滨水城（Dubai Waterfront）发展区的地产租给某家SPV发行商，最后又回租，成为纳卡赫公司的实体。这个纳卡赫公司的实体所支付的租金将被该投资发行机构用来支付凭证持有人。通过这一结构，凭证持有人将享有该凭证资产的受益所有权权益。如果宣布这类凭证等同于传统债券，债权人自然受益，另外，只要证明这一做法符合教法，属于盈利分享，那么发行人也会受益。纳卡赫公司的这次投资凭证将固定收益定为每年6.35%。2006年，凭证发行，土地评估价值为42.5亿美元。当房地产价格下跌超过50%，资产价值跟着一落千丈，由此导致违约。尽管这种工具结构缜密，然而这次事件证明，如果完全依赖基础收入，则会面临违约风险。

为了解决问题，迪拜世界向法院申请债务中止协议，并提交重组提案。这次凭证所代表的债务重担程度让法院不得不面对很多棘手的问题。其中一位信贷分析师评论："整个结构的初衷在于，投资者将收到一部分盈利，而非债务的利息——这是两个截然不同的款项。人们大可说，发行人不会创造盈利，所以不必支付凭证投资人。"但是，绝大多数银行都采取了对立面，理由是，必须采取标准债券市场程序。有人提出："这是信贷问题，不是伊斯兰问题。伊斯兰投资凭证就是债券，发行人必须有借有还。"[1]

迪拜某个友好城市表示赞同。在投资凭证违约之前，阿布扎比政府提供资金，以保证最后一次偿还能准时完成。这说明，投资凭证在

[1] 援引自 sukuk.me，2009年12月15日。

债务结构中占主导地位。投资者的部分难题以及两个政府面临的最大窘境在于，这些债项似乎以政府为担保，是迪拜世界集团的一部分，虽然不是直接债项，但如果没有支付，违约就有可能浇灭未来的融资激情。

法律问题也让事情变得越发复杂。虽然这些债项遵循了教法，但与其他海湾债务一样，它是在英国背景下发行的。阿布扎比出面干预，防止了宗教法庭对此次投资凭证指手画脚，因为一旦宗教法庭插足，极有可能会让事态更加令人困惑。迪拜危机期间，某位伊斯兰银行家指出："即便有资产做后盾，或者销售真实存在，抑或有什么框架，这类资产的目的是促进发行人的金融交易，而非为投资者提供保障。"[1]

迪拜债项并不是首个濒临违约的伊斯兰投资凭证。20 世纪 90 年代末期，亚洲金融危机之后，数个马来西亚借方违约，不过迪拜世界是截至当时最引人瞩目的一次。这类债项是在 2007 年信贷市场危机之后才出现的，而这次事件揭开了一些本质问题。为了遵守教法，必须调整债务结构，投资银行和借方费了九牛二虎之力寻找合适的资产，并获得用益权。这就意味着，债项取决于支撑它们的资产集合，这与美国按揭证券颇为类似。随着信贷危机愈演愈烈，此时首批违约的显然是按揭证券，尤其是银行包装的私营证券，因为其根本的次贷存在本质问题。纳卡赫公司的投资凭证也是大同小异，因为在迪拜房地产热潮中，基础性按揭出现通货膨胀。但是，鉴于投资凭证的结构，其中不涉及金融资产，只有教法规定的有形资产。就本质而言，投资凭证只能将有形资产进行证券化，而美国按揭债券可以将按揭而非其所代表的不动产证券化。很多从事伊斯兰金融工作的人指出，伊斯兰金融从不存在次级债项。

[1] 约翰•费利：《被伊斯兰债券打击》，《风险》，23（2010）：90。

对投资者而言，遵守教法的投资业务的主要诱人之处在于，它们自称是民族投资，为希望绕开西方金融和债务投资的穆斯林等各类人士提供另一种选择。然而，通过特别目的投资机构，以及捆绑资产从而支付收益，伊斯兰投资凭证的推广者所造成的这些债项，和英美两国自 20 世纪 80 年代就已创建的以资产为根基的债券大同小异。尽管资产担保证券和伊斯兰投资凭证的结构和技术差异显而易见，然而在金融危机背景下，最终的命运别无二致，各类信贷和对手问题接踵而至。

伊斯兰银行和金融的快速发展显示，借贷双方之间的资金流转能够依赖伊斯兰原则得以实现，而不是必须仰仗西方做法。并非所有伊斯兰投资凭证的投资者都是穆斯林，亚洲和中东地区之外的很多机构投资商非常偏爱这种遵守教法的投资业务本质，因为它们能与欧美民族投资热潮交相辉映。鉴于该因素，伦敦成为中东以外的伊斯兰金融中心，采用众所周知的结构性金融方法，推广循规蹈矩的投资工具。

借钱给穷人

20 世纪 70 年代风云突变之后，采用伊斯兰原则进行债券融资是自然而然的结果，这与西方结构性金融同步发展。虽然有些批评人士坚称，这类结构性交易其实掩盖了其利息支付的事实，但是伊斯兰金融中有一个领域，却不存在任何宗教争议，那就是面向穷人的贷款，亦称微型放贷或小额贷款。先前银行对该领域视若无睹，但随着它的发展，很快就被吸纳为银行和宗教原则中最基础性的一部分。

自 19 世纪以来，西方银行的基本放贷原则便有了定规。高评级的借方能够获得低利率贷款，而低评级借方则要支付高额利息，因为贷方所面临的违约风险增加，必须要有所补偿。一旦跨过某个门槛，鉴于违约风险过高，有些借方就会被拒之门外。人们理所当然地认为，被归为此类的潜在借方和数世纪之前一样，是出于消费目的才申请贷款的。更为重要的是，此类借方无权申请生产性借贷。穷人要想创业或从事企业活动，鉴于他们地位太低，虽然不至于毫无可能，但也堪比登天。

华尔街和伦敦金融城的金融发展越发成熟，“二战”之后，领域略有拓展，一些新的边缘行业逐渐萌芽，不过从范围上来说还谈不上革命。高收益（垃圾债券）市场允许非投资级别的借方进入债券市场。一些不甚知名的行业，例如失效票据市场，就允许此前毫无办法的低评级借方进入短期商业票据领域。曾经未被金融触及的行业将迎来真正的革命，把信贷提供给没有信贷记录，甚至没有多少前景的人群——简而言之——穷人。

在债务漫长而充满争议的历史上，曾有一个源自欧洲启蒙时代的基本主题。如果贷方认为借方事业成功的概率较高，能够偿还贷款，那么信贷机构可以为其提供生产性（非消费性）贷款。社会逐渐发展，盈利性放贷的机会增多，资本主义开始萌芽。一旦时机成熟，金融的独创性和创新性将为其成为发达世界最庞大的产业之一扮演重要的角色。

但发展中国家的情况则迥然不同。在西方之外的绝大多数世界里，包括部分亚洲地区，金融的魔力鲜有人知。这一事实令人吃惊。21世纪，世界一半人口对银行和正规借贷程序一无所知。金融进入伊斯兰世界已经为时较晚，不过1972年之后却经历了迅猛增长，这就说明，西方金融做法能够与伊斯兰教义融合，从而为那些传统上“未享银行服务”的人群创建出新市场。与此同时，贫富差距拉大。发达国家从金融创新中获利匪浅，而贫困国家还要费尽心力解决温饱，因此只能望洋兴叹。2010年，美国人均收入约为4.6万美元，英国为4.1万美元，而肯尼亚与孟加拉国分别为760美元和600美元。[1]可能有人会说，低收入的发展中国家不需要高度发达的银行服务，但是这些国家同时也缺乏信贷机构，因为零售银行业务被视为零盈利且高风险。它们的

[1] 人均国民收入。

境遇与罗马衰落之后的欧洲大同小异——当时，生产和贸易一落千丈，信贷机构无影无踪。没有利率合理的信贷机构，发展受阻，除非道德和经济环境脱胎换骨。

值得一提的是，中世纪末期，公共放贷机构获得批准，可以在意大利北部从事信贷业务，欧洲从此出现了转机。天主教会意识到，低利率贷款能鼓励穷人，他们将成为这类机构的最佳客户，于是，教会一方面为大众提供一些基础性的经济刺激，另一方面又维持重利禁令。这些贷款多数是消费贷款，放贷业务也属于当铺性质。商业活动和最终的资本构成都发展缓慢，因为放贷不是基于能够带来盈利的创业理念，而是单纯为贷方提供合理抵押物。

石油输出国组织的石油热潮之后，人们对发展中国家放贷市场潜力的认知终于付诸实践。在此背景下，将理论落到实处的不是银行或其他传统意义上的贷方，而是一位曾经的大学讲师，他亲眼目睹了祖国的贫困。孟加拉国乡村银行（Grameen Bank in Bangladesh）创始人穆罕默德·尤纳斯（Muhammad Yunus）于2001年表示："今天，如果看看全球的金融体系，超过一半的世界人口——超过30亿——不具备从银行申请贷款的资格。这真是憾事！"当时，他的银行已经大范围放贷给亚洲和非洲的穷人。这一行为的道德和经济问题不言而喻，同时又是历史遗留问题。这类小额贷款是否存在市场？如果有，它与消费贷款有何不同？

尤纳斯于1976年创建了孟加拉国乡村银行，该银行为非营利性机构，其宗旨是向贫困人口提供贷款。这与传统金融理论相矛盾。这类贷款提供小额运作资本，从而点燃借方的创业精神。金额从50~500美元不等，期限较短。这类贷款却遵循了伊斯兰原则，而没有对传统金融言听计从。孟加拉国乡村银行成为发展中国家的小额贷款楷模，从亚洲走向非洲和加勒比，最后抵达美国。该银行的理念独树一帜，在传统银行界可谓闻所未闻。“孟加拉国乡村银行的初衷在于，信贷必须成为人权的一部分。为此，银行将建立一种体系，让那些身无长物的人获得最优先的贷款权。银行采用的方法不是基于对某人物质财富的衡量，而是对其潜能的评估。银行坚信，芸芸众生，包括最贫困的人，也都有无穷无尽的潜能。”[1] 贫穷的借方还持有该银行的股权。

尤纳斯讲述了自己在祖国孟加拉国的一段体验，这是促使他帮助穷人避开高利贷的动力。他遇到一位卖竹椅的妇人，这位妇人不得不向放贷者借钱去购买所需的原材料。即便成功卖出竹椅，每天的收入是 22 分，而盈利只有 2 分，日复一日，她的生活状况没有任何改观，她永远摆脱不了放贷者。尤纳斯从这位妇人的村子里收集数据，发现 42 位村民欠当地放贷者的总金额约为 27 美元。[2] 他自掏腰包，让他们不再受制于放贷者。这次经历让尤纳斯认识到放高利贷者会阻碍经济的发展，并启发他思考直接借钱给穷人。这次事件让人回想起 18 世纪的伦敦，当时的仁慈博爱之士帮人还债，让借方及其家庭能够从债务人监狱中释放出来。

孟加拉国乡村银行的绝大多数客户都是女性，而且当银行业务在整个发展中世界普遍盛行之后，女性依旧是其主要客户。孟加拉国乡村银行主要是从人类学视角——而非政治立场——思考女性在多数发展中经济体中的地位。人们认为，较之男性，女性对自己现实生活的金融处境更加坦诚，改善生活的渴望更加强烈。另外还有一种得到验证的推测，即女性按时还钱的可能性更高，拖欠违约的可能性更低。很多女性在本族社会中遭受严重的压迫，理所当然地成为该银行的客户，因为该银行一直积极寻找社会最贫困人士作为自己的客户。孟加

[1] Grameenfo.org。

[2] 穆罕默德•尤纳斯：《穷人们的银行家：小额贷款和与世界贫困作战》（纽约：公共事务出版社，1999 年版），49~50。

拉国乡村银行如此定位自己："传统银行是富人的天下，而且以男性为主。孟加拉国乡村银行则由贫穷的妇女说了算。"

1976 年，孟加拉国乡村银行通过其他银行开始放贷；1983 年，开始独立完成业务；1976 年，提供贷款约为 7300 万美元；2009 年，年度总额已增加到 87.2 亿美元，在发展中国家的供应分支超过 2500 家，覆盖村庄数超过 8.1 万个。2009 年年底，未偿还数额仅为 7.92 亿美元，换言之，绝大多数贷款属于短期，都能及时偿还。另外，同年年底，银行储蓄额达到 6.5 亿美元。除了提供生产性贷款之外，该银行还从事住房建设项目，1984 年首次运作，建设房屋 317 间，到 2009 年，已超过 68 万间。女性客户人数从 1984 年的 56% 增加到 2009 年的 97%，代表了 835 万位借方。[1]

2009 年，孟加拉国乡村银行的贷款违约率约为 3.5%。该比率相对较低，而其成功的关键在于要求借方出席每周借方例会，还款时必须本人将钱还给放贷官员，放贷官员会在全村来回访问。互助观念让借方成为银行的所有人，借方准时偿还债务，银行为他们提供持续性利息。最重要的是，根据银行的职业纲领，除非借方已经将上一笔贷款还清，否则禁止放贷官员提供下一笔贷款。

如果有人未能及时还钱，较之传统银行，惩处措施相对较轻。《古兰经》的"翻倍"禁令在该银行有关债务偿还的声明中清楚明了："针对某笔违约贷款，除非有特殊情况，否则传统银行不会停止收取利息。根据贷款期限，某笔贷款的利息可能是本金的数倍之多。但是，不管贷款拖欠多久，孟加拉国乡村银行的贷款利息总额永远不会超过贷款金额。如果利息金额与本金持平，则不再收取更多的利息。"[2]

---

[1] 年度报告，孟加拉国乡村银行，2011。

[2] Grameen-info.org。

这种伊斯兰做法是基于类似于自然法声明的一种商业模式，不论是传统或其他意义上的银行，这都是前所未有的。自然，如果借方过世，债务负担不会留给后代，因为在债务的“生命”里，它们有张“人寿保单”，这是对债务人监狱和将未支付债务转给家人的反击。不幸的是，在其他一些从事小额信贷的机构里，保险观念却引发了一些令人生厌的做法。

尤纳斯的贡献为他以及他的银行赢得了2006年诺贝尔和平奖，他“为经济和社会由下至上的发展做出贡献”。事后，诺贝尔委员会坦诚，在颁发奖项之前，委员会曾仔细调查孟加拉国乡村银行和尤纳斯，以确保银行及其原则如外界所传那么干净透明、蒸蒸日上。颁奖之时，贫困国家数百家贷方机构已经引入小额贷款的做法，但大家并不是都抱着帮助穷人摆脱贫困的心愿。更令人好奇的是，美国也引入了该做法，这个国家一贯以来与极度贫困毫不沾边。小额贷款进入发达国家，其本质发生了改变，以适应更加精密、复杂的银行体制。

小额贷款引发的危机与变体

不论非营利性质的小额贷款模式秉持多高的目标、取得多大的成就，其他一些小额贷款贷方显然是冲着盈利而来的。在发展中国家遍地开花。有了成功楷模，亚洲和拉丁美洲开始跟风效仿。目标崇高的贷方有了大批追随者，可惜后者是为了收取高额利息。

从表面上看，营利性的放贷机构与孟加拉国乡村银行的结构颇为相似，都有小组会议、按周偿还贷款、借方保险等。放贷官员在指派的社区来回寻访，每周与借方开会收取还款，在更加发达的银行市场，这些意味着额外成本，而且要由借方承担。这一想法使得小额贷款颇具诱惑力。在投资者看来，小额贷款既做到了大爱无私的利他主义，又能收取高额利息。然而，这种两全的结合并没有那么容易。

小额贷款诞生不久，贷款滥用便出现了。这类滥用问题已有数百年历史，而其在印度引发的穷人贷款问题成了首次出现的全国性危机之一。营利动机被认为是这类问题的罪魁祸首。21 世纪的头五年，私人投资者瞄准了小额放贷，对高收益的渴求很快就破坏了放贷程序。

2010 年，一家大型放贷机构在孟买证券交易所上市，筹集资金总额约为 3.5 亿美元。以传统银行的标准来看，总额可谓少之又少，但由于平均贷款额度约为 200 美元，因而能分解成大批量的贷款。

早些年这股浪潮的势头就已经不小了。很多主要的国际发展银行进入小额贷款领域，在自己已经开展业务的国家提供小额贷款。它们也是属于非营利性质的，但是，私人贷方却成了其竞争势力。对此感兴趣的欧美对冲基金为数有限，而小额贷方手上有充足的贷款资金。印度贫困人口众多，因而成了最佳市场。安得拉邦（Andhra Pradesh）是印度最贫穷地区之一，吸引了近 75% 的贷方。数量巨大的穷人是贷方的潜在客户，自然，最穷的地区也是最具吸引力的目标市场。不论依照哪种银行标准，小额贷方的增速都令人眼前一亮。2006 年，小额贷方在印度的分支达到 80 家；2009 年，分支超过 1350 家。其中，SKS 金融公司（上市公司）在同一时期的年增长率为 90%。[1] 收益之高令花旗银行眼馋，于是 2005 年，它也进入该市场。

贷方的惯常做法是收取 30% 的利息，这完全不是伊斯兰做法，而是传统意义上的收取利息的贷款。某印度小额贷款贸易组织的主席表示："绝大多数人认为，这一利率对作为接受者的穷人不会带来什么帮助。"[2] 很多小额贷方还向那些尚未偿还别家小额贷款的妇女提供贷款，也不管她们是否有能力偿还。这就导致很多年收入约为 200 美元的妇女，背负的债务却是该数字的 5~6 倍，因此，她们几乎没有偿还债务的可能性。有关借方自杀身亡的报道层出不穷，这些人中，有的是贷方的投保人。很多时候，贷方会暗示她们，自杀是摆脱困境的出路。若某位妇女被逼得走投无路，只好自我了结，那么，贷方就能

[1] 《印度商业在线》，2011 年 1 月 15 日。SKS 公司从美国更大的一家对冲基金红杉资本吸引了 1200 万美元的投资。

[2] 全国公共广播电台，2010 年 12 月 31 日。

领到人寿保险金。安得拉邦的立法机构不得不出台法令，以监管小额贷方。法令一出，立即有人抱怨这将阻碍穷人的经济发展。20 世纪 20 年代，美国提高重利上限时，也曾出现过类似的言论。

尤纳斯如此评价印度的小额贷款：“（印度）问题的症结之一在于，部分小额金融项目方向有误。它们将小额信贷视为谋利工具，完全出于一己之私。这破坏了那些对此事业坚信不疑的人的信任感。”[1] 但是，营利性贷方依旧大量出现，因为绝大多数潜在借方并不了解小额贷款机制。而且，这一现象也不局限于发展中国家。21 世纪头十年末期，在美国开展业务的小额贷方约有 250 家，其中包括孟加拉国乡村银行美国分部（Grameen Bank America），该分部在纽约设有数个办事处，在内布拉斯加州奥马哈也有一个办事处。该银行在美国的贷款总量超过了其在发展中国家的额度，这也让美国银行家们注意到一个自己长期忽略的事实：本国部分人口很难甚至压根儿无法获得信贷。

2009 年，美国联邦存款保险公司发布的一份报告揭露了这一现象。该报告指出，据估计，美国有 7.7%（900 万）的家庭“无银行账户”；17.9%（2100 万）的家庭“未享银行服务”，人数约为 4300 万；总体算来，约有 25.6%（大约 6000 万）的成年人属于这两类，占总人口约 20%。[2] 在那些认为美国拥有全球最发达的银行市场的人看来，这些数字高得离谱，显然超出了预期。这组数据的出炉与早期小额贷款的成功几乎是同步的，前者正好可以为后者提供佐证，因为小额贷款正是面向那些被传统贷方忽视的人群的。

被归为“未享银行服务”的家庭使用了其他金融服务，包括发薪日贷款、当铺、支票兑现服务和退税预期贷款。其中，81% 采用了汇票

[1] 《经济时报（印度）》，2011 年 3 月 17 日。

[2] 美国联邦存款保险公司，《未享银行服务和无银行账户成员调查》（华盛顿，哥伦比亚特区：美国联邦存款保险公司，2009），10~11。

而非支票，16%使用了发薪日贷款和当铺，30%使用了支票兑现服务。他们多数是低收入人群，来自少数民族或移民社区，很多是有老有小的单身女性。[1]很多小额贷方都有过往经验，妇女是小额商业贷款的最大人群，是美国“无银行账户”和“未享银行服务”人群的重要组成部分。

美国联邦存款保险公司的报告中并未提及这类替代性银行服务究竟收取多高的利息。发薪日贷款数十年来总是处于风口浪尖上，即便按照“二战”之后愈加自由化的标准，其利率依旧高得离谱，可是却能在绝大多数州的监管之下安然无恙。“未享银行服务”的群体偏爱发薪日贷款，每年约有11.4%的人使用该服务。“无银行账户”群体则最偏爱当铺，其中14.3%的人一年之中至少会光顾当铺一次，[2]该群体认为发薪日贷款不切实际，当铺才是穷人最后的救命稻草，这和几百年前别无二致。

在1999年美国放松金融监管的影响下，21世纪之初，证券化和结构性融资发展起来，进而在传统商业银行体系之外催生了一个影子银行体系。信贷市场危机之后，该体系日渐式微，然而小额贷款却逆流而上，从而彰显出体制性市场不具备的复苏能力。信贷紧缩影响了传统信贷市场，很多银行小型企业客户急需信贷，而鉴于时局惨淡，银行又不愿放贷给高风险借方，因此，小额贷款在落后的金融环境中反而朝气蓬勃。小额贷款市场似乎无所顾忌，因为较之传统企业所有者，其客户的需求是根本性的，并且借钱金额不足以吓跑潜在贷方。

尽管按照其他商业银行标准（信用卡贷款或许是个例外），美国的小额贷款利率偏高，但是比起当铺和发薪日放贷者收取的利息，这

[1] 美国联邦存款保险公司，《未享银行服务和无银行账户成员调查》，15~45。

[2] 美国联邦存款保险公司，《未享银行服务和无银行账户成员调查》，30。

完全是小巫见大巫。单是这一点就吸引了那些渴望获得运营资本的小企业创业者。2007 年年末，信贷市场危机袭来，美国小额贷款利率仍旧低于信用卡利率。信用卡往往是小企业的资本源泉，危机升级后，信用卡公司开始提高利率，很多小企业受创，只好关门歇业。

美国的小额贷款很快就演变成了小型企业贷款，具体说来，这是指金融机构面向小型企业提供的低于 10 万美元的贷款。很多贷方都提供此类贷款，但最热衷于此的是信用社和储蓄机构。与亚洲小额贷款的激增相比的话，其增长只能算是差强人意。2008 年年中，美国的小型企业贷款总额为 1705 亿美元，增加了 6.8%（约 108 亿美元），但是截至 2007 年年中，其增长率为 9.4%。总量增加也是多亏了信用卡发卡机构不断推广小型企业信用卡。[1]

替代性贷方的普遍性也反映出此类服务的需求量。其支持者提出，降低替代性贷方的实际利率会迫使他们退出市场，因为他们无法为放贷风险获得补偿，这将导致“未享银行服务”和“无银行账户”的人群遭遇巨大的服务空缺。贷方及其支持者们总是将人数众多的发薪日贷款客户搬出来，以此说明自己对于这一群体的重要性——没有他们，贫困的工人阶级压根无法获得信贷。不过，绝大多数发薪日贷方不承认自己的放贷行为，唯恐违反了各州的《重利法》。发薪日贷款首次面向贫苦工人放贷早已经是一百年前的事了，但此番论述依旧很有分量，而且他们几乎不提及另一个事实，那就是其高额的利息让穷人改善困境几乎是痴人说梦！穷人不可能借此加入享受传统金融机构银行服务的广大群体中，正因此，小额贷款在美国银行业有了立足之地，但是唱主角的仍然是消费贷款。

[1] 美国小企业管理局：《美国的小微商业贷款》，数据年限 2007~2008（华盛顿，哥伦比亚特区：小企业管理局，2009 年版）。

美国的小额贷方提供给借方的贷款额度普遍为500~30000美元之间，期限为六个月到五年不等。利率区间从个位数跨越到约15%，但是有关放贷率的数据收集却零散不一。多数贷款发生在2007年之后的信贷危机时期，而且并非全部面向低收入群体。很多贷款是针对那些失业人员的，他们下决心要开拓出一方事业，可是由于小型企业信贷的普遍缺乏，他们无法从银行那里申请贷款。除了私人贷方之外，美国小型企业管理局（Small Business Administration，简称SBA）也居中协调小额放贷机构，为选定的贷方提供资金，然后再由这些贷方贷款给借方。

美国的小额贷款与最初的小额贷款原型存在质与量的差异。该国600家小额贷方中，尽管很多出于非营利目的，但有不少与银行挂钩的大型机构明显是为了盈利。美国小额放贷历史不长，然而比起发展中国家，其违约率更高，自然，贷款额度也更大。那些被认定为小企业家的人群中，只有不到1%是其真正客户。美国小额贷方也舍弃了银行与客户之间的每周私人会议，而这种会议在发展中国家已经非常成功。[1] 在美国的绝大多数机构性小额贷方看来，四处奔波的贷款官员只会增加业务成本，需竭力避免。

发达工业化社会的小额贷款观念折射出很多潜在借方在申请信贷时所面临的困境。那些信用历史不足或不甚理想的创业人士需要信贷，起先这有助于推广小额贷款理念，同时也让银行发觉小企业贷款大有可为。但是，小额贷款的不少原始做法却在美国一路碰壁。孟加拉国乡村银行等组织所采用的亲手实践式做法对于美国贷方而言过于蠢笨，成本太高，后者早就习惯了高速交易，同时要和客户保持一定距离。

[1] M. 理查德森：《美国增加的小额贷款潜力从战略路径到规制改革》，来自《公司法杂志》，34（2009）：929ff。

原始模型在面对渴望贷款的单个穷人时大获成功，然而面对利润为先、借方在后（如果还考虑借方的话）的其他机构性贷方，该模式就黯然失色了。

小额贷款原型和其后续变体还存在许多本质性差异。对前者而言，历史是一面镜子，借钱额度一定要务实，要考虑到这笔资金究竟能带来多少收益。借钱偿还其他债务不受鼓励，但难以执行，因为很多发展中国家的过往记录实在糟糕。通过人寿保险，债务不会留给下一代，如果原借方去世，债务将会终止。这是因为，债务人监狱以及把债务留给子孙后代的漫长历史让小额贷款的推动者意识到，要想帮助贫困国家实现经济现代化并提高生产力，就必须杜绝此类行为。

根据西方银行模式，历史无足轻重，现值才是王道。于是，小额贷款及其体制性同行，即伊斯兰金融，都对西方金融做出了回应。银行在欧洲已成长了三千年（在美国则相对短暂），然而其悠久的历史却往往被扭曲变形，无法回答放贷和利率所提出的许多基础问题。发达国家已经有了成熟的信贷，大大改善了人们的生活水平，但也造成了令人目瞪口呆的周期性盛衰变化，经常将先前的经济进步打回原形。小额贷款的创立者和伊斯兰金融的创建者们竭力通过以伦理道德为基石的放贷体系来规避这些问题，从而共担企业风险，同时对宗教原则循规蹈矩。而在西方社会，早在两百年前，面对当时不断增长的人口，经济发展不可或缺，金融业就已经在和伦理道德的战斗中大获全胜。

第8章
Chapter 08

消费债务革命

偿债能力应该是个简单明了的金融概念：资产大于负债，则具备偿债能力；反之，有破产危险。

——金融危机调查委员会，2011年

本章导读

美国各州《重利法》日渐式微，这折射出自 20 世纪 70 年代以来人们对债务的态度变迁。人们不再对债务避而远之，消费文化已经用“信贷”将其取而代之。借方能从贷方那里获得多少信用贷款，体现出的是借方的地位。借钱不再被认为是颠倒借方生活方式和未来前景的潜在破坏工具。债务快速积累，这意味着，消费者要么在借钱时对自己将来的收入前景胜券在握，要么就是购买了自己一无所知的金融产品。

金融理论和政治意识形态协力合作数十载，人们对绝对利率水平的担忧已经退居二线，因为实际利率远比绝对水平重要。根据投资组合理论，低评级债务也能提高固定收益组合的回报，这一开始就让低评级债务的登台变得名正言顺。证券化让信贷一路畅行，尤其是对于传统银行界之外的机构——这类机构被统称为“影子银行体系”。通过理论模型预测机构破产已经有了极高的准确度。债务不再是金融原始丛林里的怪兽，而是另一种金融工具。

20 世纪末期和 21 世纪初期，贷款利率不再像过去那样充满争议。在美国，信贷可以说是遍地开花，以至于所有人都有信贷额度，当然代价不菲。诸如次级信用卡、发薪日贷款和当铺贷款这类普遍信贷产品，高额利率在所难免，人们的预设是借方对收取利息的缘由心知肚明。人们不认为高利率会造成任何伤害，而是因为信用评级低于标准水平，业务成本增加了。高利率对企业融资而言是理所应当的，但对不确定性更加常见、潜在波动性更高的个人融资而言，则另当别论。

发展中国家对古老的“以邻为壑”策略一清二楚，美国却视而不见。“美国梦”以及“释放住宅股权”等营销术语在消费者、政府和企业层面引爆了借贷浪潮。基于对未来收入的预期而借钱成为流行做法，大家前仆后继。20 世纪 20 年代，贴现未来预期收入首次亮相，之后就成为企业惯例，在消费者中也越发盛行。问题不言而喻——对于很多公司而言，预期未来收入会激增或许可行，但对于个人而言，往往会过于乐观，出现不切实际的高预期。这是因为，绝大多数公司必须将其负债对资本、盈利对利息的比率维持在合理水平，以保持良好的信用评级，而那些将便捷信贷视为某种仪式性过程的消费者则是另外一番景象了。政治对这种思维起到了不可估量的推波助澜的作用。

20 世纪 90 年代开始出现债务泡沫，英、美两国都未能幸免。传统上，这两个国家对负债态度大为不同，这主要是因为人均收入和财产价值存在天壤之别。英国参与信贷博弈的时间晚于美国，在 20 世纪 80 年代，英国只出现了信用卡以及高额的按揭杠杆借贷。数据显示，为了按揭购买房屋，普通英国人的贷款金额是其薪水的 3.5 倍，这与 2001 年之后普通美国人的按揭负债相去不远。[1] 英、美两国对于信贷的自由化

[1] 英国抵押贷款协会；cml.org.uk。

态度有着共同的根源，几乎可以追溯到近三十年前，不过那个时候，贷款金额是其年薪的2.5倍，换言之，两国人民把两年的全部收入都投进了按揭债务。

“二战”之后，较之于美国普通家庭，英国普通家庭的储蓄率增加，居民债务率下降。到了20世纪80年代中期，美国的繁荣变得更加难以捉摸，消费信贷难以申请，按揭比往日下降了20%，支出不再是全民的乐趣。英国的态度有所改变，美国的态度则更加固化，其缘由在于20世纪80年代初期和中期的撒切尔（Thatcher）革命。这一政治意识形态方面的重大改变成为大西洋两岸政策制定者采取温和策略的根源。结果，消费、借钱和投机出现了自20世纪20年代之后的最大涨幅。

20世纪70年代末和80年代初，英国陷入了劳动和政治困境，玛格丽特·撒切尔积极应对。她言简意赅地描述了自己的经济和政治理念，号召“人人有自愿工作的权利、有花自己收入的权利以及财产权；国家服务人民而非主宰人民，这是英国的遗产”。这些目标与罗纳德·里根（Ronald Reagan）总统所倡导的美国理想大同小异。里根及其支持者们坚持重新推行部分新政改革措施，政府干预经济和私人事务。保守党认为，撒切尔所面临的经济窘境，是多年来工党政府一味迎合贸易工会的恶果，而里根必须面对的，是与上届民主党政府的意识形态差异——共和党坚称，民主党政府是利率和滞胀一路飙升的罪魁祸首。

里根总统背后的顾问是米尔顿·弗里德曼（Milton Friedman）[1]，他是总统经济政策顾问委员会（President's Economic Policy Advisory Board）成员。1981年，该委员会由一群政府外部专家组成。

[1] 译者注：美国经济学家，1976年获得诺贝尔经济学奖。

弗里德曼推崇自由市场经济，号召以市场自我监管和个人倡议取代强势的中央政府，颇有名望。这种理念与其他自由市场经济学家和金融专家的观点完美契合，他们不少人的学术思想对债务革命起到了推动作用。20 世纪 80 年代中期，放任型的经济政策已经大行其道，进而刺激了影响深远的股票和债券市场竞争，也左右了未来二十五年的社会经济政策方向。自由市场脱颖而出，监管市场黯然退场。

中世纪以来，利息所遭受的恶言恶语绝大多数可归咎于消费或消费者贷款。商业贷款往往不受《重利法》的限制，在 19 世纪以前鲜少被论及。因此，殖民时期《重利法》强制执行，19 世纪人们对此议论得热火朝天，冲突在所难免。这类限制是指向个人还是商业贷款？两者是否采用同样的标准？企业增长，变成股份有限公司，这些自然但棘手的问题变得越发紧迫，可是绝大多数都悬而未决，因为很多地方政府要么觉得它们不足挂齿，要么只是对消费者利率说得天花乱坠。

从 19 世纪开始，负债和资产市场密不可分，对美国而言尤其如此，但大家对此漠不关心。股票市场一落千丈，但由于企业收入的流失，或无法维系的市场泡沫等因素，其与债务的关联被置若罔闻。但是，从威廉•杜尔那个时代开始，每一次市场恐慌都证明，负债潜伏在暗处。投资者认为，比起股权，债务工具更加保守，因此，如果连更保守的工具都开始陨落，投机也就为期不远了。

2007 年金融危机前前后后数年间，较之先前数十载，监管相对宽松。金融理论的发展与后里根时代的自由市场意识形态完美契合，为生机勃勃的股票牛市以及强劲的债券市场奠定了基石。但是，以往的市场证明，低收益债券资金成本较低，导致很多借方欠债增加。政府、企业和消费者层面的杠杆借贷越发严重，这将对资产负债表构成威胁，但由于利率一直处于历史低点，掩盖了杠杆借贷的危险。

自《格拉斯－斯蒂格尔法》[1] 之后，美国的商业银行和投资银行各行其道，为金融市场创造了相对平静的时期。伊利诺伊大陆国民银行和佩恩广场银行这类银行危机虽有发生，但是控制之下并未殃及池鱼。20 世纪 80 年代发展中国家所遭遇的危机充分暴露了银行监管的缺点，但大型放贷机构安然无恙。它们当前面临的最紧迫问题是，采用哪些手段让自己远离商业银行、更靠近投资银行，绕过《格拉斯－斯蒂格尔法》的规定，探索盈利更多的非银行业务？这一趋势所体现的不是危机，而是银行的灵活性，它们懂得适应不断变化的市场条件。在这方面，监管部门没少出力。

1987 年，艾伦 • 格林斯潘（Alan Greenspan）担任美联储主席，自此，投资银行和商业银行彼此隔离的状态渐渐改变。接下来的十年里，商业银行只要依照某种程序，就可以收购投资银行，银行控股公司从投资银行业务中获得的收入不得超过总收入的特定百分比。银行控股公司吞并小型证券商号，这让《格拉斯－斯蒂格尔法》承受的压力与日俱增。虽然企业证券和控股公司的银行业务没有瓜葛，但随着它对总体盈利的贡献越来越大，更多的人希望废除《格拉斯－斯蒂格尔法》。

到了 20 世纪 90 年代中期，法律构建起来的分隔墙几乎荡然无存，这已经是不言而喻的事实。但那些翘首期盼废除监管的人恨不得将其彻底连根拔起，以提高银行本质的共同性。这一情况与 20 世纪 20 年代崩溃爆发前的情形如出一辙。

1997 年，有人提议兼并旅游者保险公司（Travellers Insurance）和花旗银行，此事对《格拉斯－斯蒂格尔法》是一大考验。

[1] 译者注：《格拉斯－斯蒂格尔法》（*Glass-Steagall Act*），也称作《1933 年银行法》。该法案禁止银行包销和经营公司证券，只能购买由美联储批准的债券。

格林斯潘领导下的美联储批准该提案，这是20世纪30年代初期以来，保险、证券和商业银行业务首次聚首。即便是在两次世界大战之间，保险都还不属于此列，因为各州在20世纪头十年要求保险和银行互不干涉。这有效地把投资银行家拒之门外，无法插足人寿保险公司的投资组合，而这类公司是企业债券的主要买方。但是，在撤销管制的年代里，人们认为，如果通过业务融合能提高收益，并成功控制风险，那么泾渭分明的隔离毫无必要。

美联储给兼并合作各方两年时间，好让其联合业务能够成功运作起来。1999年年底，美国国会伸出援手，通过了《金融服务法现代化法案》（*Financial Services Modernisation Act*），让银行“新世界”变得名正言顺。该法承认了新型金融控股公司，从而取代了原来的银行控股公司。新型控股公司可以涵盖任何一种金融服务公司，将过时的限制一扫而光。新型扩大版银行可独自从事传统商业银行业务、证券承销和交易、保险以及自营交易。新型银行将接受多方监管，这取决于它的业务组合。

和以前一样，新局势下的风险依旧显而易见，但此时它们聚集同一屋檐下。银行除了要面临自己一贯以来的放贷难题，还要顾及股票市场的反复无常。衍生品又额外增加了一层风险，因为很多衍生品是基于信贷、固定收益、股权和商品的。二十年前，在第三世界债务危机期间，银行必须控制对某一国家的风险，避免短期放贷重复，这严重破坏了其资产负债表。此时，过度贷款风险再度现身，且将以任何形式出现，而不是仅限于贷款的信用风险。

20世纪90年代，人们对风险概念的讨论较之以往更加热烈。脱胎换骨的银行面临更多的风险，但人们也越发坚信，银行内部的风险管理人员能高效地控制风险。这种想法如此普遍，以至于很多银行和市场业内人士都深信金融体系本身的灾难性风险微乎其微。这就是统计学上所说的“肥尾（fat tail）效应[1]”。人们认为，尽管任何事情都会以这样或那样的方式上演，但如果超出正常分布——即肥尾，或者更常见的说法是“黑天鹅事件”——那就压根儿无法预测了。“二战”之后，在官方放宽对金融体系监管之前，“黑天鹅事件”鲜少出现，而1987年股票市场崩溃之后却频频上演。那次市场崩溃就是其中一例，几年前的伊利诺伊大陆国民银行陨落也是一例。知名对冲基金长期资本管理公司所遭遇的困境，以及21世纪初期安然公司（Enron）和世通公司（WorldCom）的窘境，都是发生在放松监管之后，这就证明，曾经的稀罕事变得越来越频繁了。从大萧条到1980年之间，这类事件并不多见。

最严重的金融危机要数20世纪80年代第三世界债务危机。欧美银行资产负债表一蹶不振，国际清算银行制定了更加严格的资本适足要求[2]，也就是巴塞尔资本协定（Basel 1）。根据该协议的要求，银行资本在其贷款组合所占百分比必须维持在8%。股票和优先债务是基础资本的主要部分。接下来的十五年间，很多银行都进行了游说，希望采用另一种根据风险进行调整的资本计算方法，即风险价值法（value at risk，简称为VAR）。资本适足要求将按照银行某时间段的平均市场风险设定百分比。银行向监管部门上报各自的负债情况，监管部门则将监控银行的资金头寸。较之原来的巴塞尔资本协定，该方法在规定资本程度上更加公平合理，因而得到了绝大多数监管者的认可。这套制度被称为新巴塞尔资本协定（Basel 2）。

新巴塞尔资本协定将多家银行的资本程度降低至旧协定的一半或以下。银行采用风险管理技术，让监管者认为，正常情形（正常分布）

[1] 译者注：肥尾效应是指极端行情发生的概率增加。

[2] 译者注：资本适足要求规范了银行或存款机构如何处理资本。

下，市场发生“黑天鹅事件”的概率微乎其微，大约只有1%。结果资本要求变得更低了。

理论上，1999年之后，“黑天鹅事件”不太可能在宽松的新金融环境中发生。但是，美国银行界先前并未经历过的一种体制因素将带来阴影，撼动上述“1%的理论”。类型众多的银行和金融服务全部聚在同一屋檐下，“黑天鹅事件”的可能性百分比将会增加。按揭市场的各类事件不再孤立，由于掉期和证券化，衍生品市场和债务市场的风云都将与按揭市场相互关联。任何一个市场都存在1%的发生“黑天鹅事件”的可能性，而随着市场界限越发模糊，可能性是否会增加呢？

银行家的“浮动管理”艺术

针对重利禁令的一个主要批评是，如果这类禁令依旧重要，监管者自然会重新贯彻。然而真正的问题在于，美联储管理着货币的供应，名义利率无人在意，人们认为这种管理比绝对利率水平更重要。这种疏忽使得利率上升到曾被认为是重利的水平。

数百年来，关于利率的争辩往往以政治或道德为中心。曾几何时，人们认为必须给利率扣上条条框框，而18世纪出现的早期货币量化理论给这一观点带来了冲击，并提出决定利率的应该是流通的货币额度，而非关于公平公正的道德论调。进入19~20世纪，重利上限面临着挑战，相关争辩趋于实际化。有关经济效率、资本获取以及自由市场理论都将与高利贷相关的争论打入了冷宫。金融机构挣了太多的钱，这被那些义正言辞地说利率争辩大有用处的人看作是利息收入。当中央银行和监管者决定刺激或压缩信贷时，他们更依赖的是流通货币金额，而非借入利率。如果他们在意供应，那么需求问题将迎刃而解。较之信贷供应和总体经济条件，利率水平退居二线。名义利率的重要性终究赶不上实际利率，即便信用卡贷方收取的实际利率超过 25%。

此番言论部分内容是以市场为导向的。监管者顾虑的是货币市场的利率，而非金融机构向散户客户收取的利率。只要合理公布利率，客户就能选择最适合自己的利率。信贷申请以及消费者生活方式都有成本，这与试图执行任意最高利率的监管者毫无关系。除非涉及到高利贷犯罪，否则市场效率才是重中之重。就连“贷款鲨鱼”这个术语都与先前的“利滚利”和“翻倍”一样，渐渐淡出人们的视野。银行和金融服务公司采用信息科学和电脑遮掩了实际利率，从而给自己赚取的收入蒙上了面纱，非金融服务行业人士对这些技巧几乎一无所知。

“浮动(期)”就是其中之一，这个专业术语几乎只有银行家才知道。早在数百年前，这套做法就为人所知，在墨西哥战争的干交易契约中就成功使用过，近来又被用于解决国际金融交易。浮动期是指支票签署和支付两者之前的时间差。一般而言，浮动期利于支付方，有损于收款方。19 世纪末期，美国运通成功运用了浮动期。当时，该公司推出旅游者支票，结果成了很多金融服务公司效仿的楷模。如果管理得当，浮动期可用于货币市场并赚取收入，直至提交支付汇票并最终结算。20 世纪末期，支付和结算愈加发达，浮动期缩短，但它仍旧有钱可赚。如果某笔支付结算延后，哪怕只是滞后一两天，仍然可以从中获得利息。

就更高层面而言，美联储和其他中央银行政策制定者的一大议题是“联邦储备浮动”。联邦储备浮动是指，在支票结算之前，浮动金额对货币供应造成的影响会一直体现在双方银行机构的资产负债表上。此类双重计算会模糊流动的货币金额，从而阻碍货币政策的贯彻执行。降低浮动成了一个政策目标，并在不同阶段得到落实。

现代社会对浮动的管理反映了负债和还债之间的传统冲突。假设承租人每月的租金要在当月第一天支付，而这天恰逢周六，那么即使他的支票账户上没有充足的资金，他也可以安排当天支付，因为支票存入房东账户所在的银行最早也要等到下周一，结算恐怕还需要（至少）两天的时间。这就意味着，这笔资金不必在周三前存入现金账户中，换言之，支付方有五天的浮动期。从双方对持角度而言，承租人希望延长浮动期，而房东则希望尽可能缩短浮动期。

对这一过程的掌控能力取决于银行的体制结构。如果支付方和房东的账户在同一家银行，结算时间将变成零；而如果是两家银行，且均为美联储成员，这一过程要花上好几天；如果一家是美联储成员，另一家是州特许银行，所需的时间将更长。浮动管理成了一门艺术，在华尔街尤其如此。证券公司不少散户客户从账户中提取现金，他们往往会发现支票来自远在东海岸的一些小型银行，一般是是中西部或西部地区（采用“交通浮动”）。刻意错开结算是为了尽最大可能延长证券公司的资金浮动期。

企业财务部门对浮动期了如指掌，但如果个人想利用浮动期来支付账单，则将提到一个老问题——债务人是否被允许推迟还钱，即便时间极短？有一种称为“空头支票”的非法模式，出票人明知没有充足的资金，但还是借助某个暂时性的交易而签署支票。简单来说，支撑支票的只有空气。

在各项措施中，电子银行和电子支付降低了美联储每年要结算的支票数量，对未支付浮动额度的影响最大。直接存款和网上银行一经推出，就大大降低了浮动，但银行的某一高利息领域一如往昔，即发薪日贷款依然取决于转手的传统支票。这再次显示，面向边缘公民的金融服务仍存在高额利率，且还被伪装成了某种费用。二百三十年前，大卫·休谟就表示，高利率是社会不公平的产物，亚当·斯密认为，低利率是经济健康的果实。“无银行账户”和“未享银行服务”的群体从广泛层面证实了这一假设仍旧成立。

为了减少浮动，美国国会于2003年通过了《21世纪支票交换法》

（*Check Clearing Act for the Twenty First Century*）。在刚开始的几年里，浮动增加，利率作为潜在浮动数字居高不下，个人和机构都企图延长支票结算从而赚取机会收益。这部法律遵循了近期的银行浪潮，但是，公众使用支票的情况急剧减少，而信用卡和网上银行的使用却与日俱增。付款机制快速进入个人操控阶段，美联储的结算开始减少，更多是在私人领域完成。

不过，单凭经济理念不足以解释 20 世纪 90 年代和 21 世纪初期的债务现象。21 世纪债务危机爆发之前，贷方将房地产贷款和消费者贷款混在一起，跨越了两者之间自古以来的界限。接踵而来的问题，为自古以来沸沸扬扬的利息和重利之争，填上了最后一章。就多个层面而言，两者的结合让争辩回到了原地。有关负债的古老思想历经三千年沧海桑田，依然被证明是言之有理的。传统战胜了现代金融，不管如何包装或推销债务，使其听起来不是负担而是荣耀，但事实证明，债务就是债务。

疯狂的房屋买卖

在一个传统债务的衍生品中，我们就可以为上述真理找到一个最佳案例。新型债务产品包括房屋净值贷款（home equity loans，简称HEL）[1]和房屋净值信贷额度（home equity lines of credit，简称HELOC）。再加上不断增加的信用卡债务，引发了前所未有的消费热潮。从2004年到2005年，消费对美国国内生产总值的刺激上升到78%以上，换言之，很多钱都用在了消费支出上，以及支付信用卡欠款。根据美联储一篇有着艾伦·格林斯潘共同署名的报告称，从1996年到2006年，近8亿美元的房屋净值贷款用于支付消费者债务，包括支付信用卡、分期信贷等各类贷款，以及住宅修缮和教育开支。很难计算单支付信用卡债务的总额，但是，2006年年末，美国总债务额为30500亿美元，信用卡债务在整个欠债总额中的百分比有所减少，略微低于3%。[2]此时，

[1] 译者注：即房屋抵押的信用额度。

[2] 艾伦·格林斯潘及詹姆斯·肯尼迪：《房屋股权的来源和用途》，来自《金融和经济讨论系列20》，美联储委员会（2007）：23。

谨慎消费将转变为“食人消费”——利用房屋净值偿还无担保的信用卡债务。[1] 简言之，用不动产为消费埋单。

得益于火爆的住房市场，消费者充分利用不断上涨的房屋净值“兑现房屋资产”（按揭银行家总是这么说）。但是，房子的实际净值百分比并没有因为这些二次贷款而增加，反而在不断下滑，被更多的债务取代。本来，只要住房市场的交易一直上涨，这种策略倒也勉强说得过去。但是，绝大多数房屋净值贷款所依赖的基础是可调整的，如果贷款利率保持涨势，或者房地产市场裹足不前，这种策略就有可能适得其反。次贷危机爆发时，房屋价格猛跌，很多房主借钱所依赖的增加净值就这样遭到了侵蚀。

房屋净值贷款和美国自 20 世纪 20 年代就开始采用的二次抵押贷款颇为类似。起初，二次抵押贷款是为了增加传统住宅抵押，它离成熟还有几年的路要走。原来的二次抵押贷款只用于特殊开支，而且和作为抵押品的房屋有着明显的关联。房屋净值信贷额度也是如此。不过，房屋净值信贷额度不是用于一次性的特殊开支，而是只要房主缺钱花，就可以从中反复支取，金额或大或小，每用一次，房屋净值就相应减少。高频率几乎是毋庸置疑的，因为绝大多数房屋净值信贷额度都牵扯到信用卡或支票签发。

这些看似简单的信贷渠道造成了广泛的影响。房地产贷款与无担保的消费贷款混在一起。讽刺的是，高利息、无担保的债务以更低的利率再次融资，而在实际利息支付中省下的钱掩盖了一个更严重的问题——债务增加，净值减少，这就意味着，一旦房主的抵押贷款违约，房屋就会陷入危险。消费贷款和房地产贷款的直接关联已经建立起来。

[1] “食人消费”首见于查尔斯•R. 盖斯特：《间接伤害：让客户为美国负债的营销》（纽约：彭博出版社，2009 年版）。

交易产生在乐观主义和实际的利息费用之间：房主坚信抵押贷款能维持良好的状态，同时支付高额的消费贷款利息又招致额外的债务。

这一现象标志着消费者信贷产品首次跨越了不动产投资的界限。个人能获得本人资产负债表上的净值，而且还将其作为现金来源。只有当房地产价值不断增加或保持平稳时，这种平衡关系才得以维持；一旦房地产价值下滑，就会威胁到很多房主的资产负债表，也会改变储蓄和投资的动态关系。

20 世纪末和 21 世纪初的一段时间里，房屋所有权稳定增加。1900 年，大约 47% 的美国人拥有住房，1950 年增加到 55%，2000 年约为 67%。[1]2000 年之后，税收优惠让不少人购买新住房，尤其是免除资本增值税之后，很多房主购买房屋是希望快速卖出。这引发了 20 世纪 20 年代之后前所未有的房地产投机。纳税法起到了不可估量的推波助澜作用。房屋抵押贷款一直保持了所得税减免政策，这也包括房屋净值贷款利息减免。如果考虑所有因素，那么房地产是“二战”之后最有利于个人的投资。尽管在同一时期，房地产和股票的对比无处不在。但是，绝大多数个体在经纪人那里没有账户，对股票市场只能是浅尝辄止，房地产成了他们主要、而且往往是唯一的投资。数十年来，房价稳如泰山：它们象征着一种能带来住房、享受免税，甚至使资本升值的投资活动。

传统上，房地产借贷是基于成熟的银行实践。潜在房主必须储蓄 20% 的房屋首付，按揭为年收入的 2.5 倍。这得到了政府赞助企业的大力支持，它们对可能从贷方那里购买的按揭类型制定了自己的标准，对于大多数潜在房主而言，这是惯常的、正统的按揭——十五年或

[1]《美国的历史数据》，苏桑•卡特、司各特•盖特纳、迈克尔•海尼斯、埃伦•奥姆斯泰德及理查德•苏奇编辑（纽约：剑桥大学出版社，2006 年版），表格 Dc653-669——住房单位，按居住率和所有权。

三十年的债务，外加固定收益支付。另一个选择是可调整利率抵押贷款（ARM），它涉及控制利率最高额度和最低额度的上限和下限。这类标准的贯彻说明，很多没有达到标准的潜在房主在金融工具的选择上极其受限。

1990~1991 年经济衰退之后，按揭市场重整旗鼓。1993 年，按揭多达 1 万亿美元。1994 年，该数字下滑至 7500 亿美元左右，1995 年跌至 5000 亿美元左右。[1] 到了 20 世纪 90 年代中期，部分银行能提供 20 种不同类型的按揭，而就在十年前，它们的按揭服务只有 3 种。除了十五年和三十年的惯常按揭之外，还有可变抵押贷款、小额分期抵押贷款以及混合抵押贷款。负摊销贷款往往和小额分期抵押贷款密不可分，或许五年后，根据某个较低的优惠利率，按揭就能再融资或全部付清；但是，宽限期内增加的利息都要算进未偿还的额度中，从而加重了房主的债务负担。

房主不得不面对的最棘手问题是可调整利率。20 世纪 90 年代末期，可变利率按揭贷款听起来简单，但却掩盖了很多将来会招惹麻烦的特点。周期性调整所依赖的基准利率令人云里雾里。那二十年间，按揭持有人的债务要根据期限不同的伦敦银行同业拆放率、财政部票据利率、商业票据、基于优惠利率的公式等进行调整。最高利率和最低利率让消费者能够预测风险区间。如果按揭利率的上限是 8%，下限是 4%，那么房主就能知道风险范围，也能估算出支付的美元价值。[2] 贷方一如往日地固守着相对严格的标准，要求借方支付超过 10% 的定金，并

[1] MortgageDaily.com。

[2] 屋主支付按揭有一个最高利率（或上限）以及最低利率（或下限）。这一界限与债券和期权所谓的“两头封”，即两者差额或息差不同。两头封是利率之间的不确定性范围，按揭贷方不受这些利率的影响。相反，同一时期，按揭支付方将面对这一范围的风险。

且要对其收入进行核实。按揭援助机构和贷方强制执行的这些标准为房地产市场带来了一定的平稳性，可惜只持续了短短数年。20 世纪 90 年代末期，这些标准开始放松，附带了各种新奇特征的可变利率再度成为棘手难题。出于政治压力，潜在借方越聚越多。

1990 年，数家波士顿地区银行开始为每户收入低于 25000 美元的低收入家庭提供按揭贷款，由此掀起了一股新浪潮。这些按揭贷款是以固定和可调整利率为基础的。此举是在向社区激进团体俯首称臣，这类团体为了使低收入居民获得更多的住房信贷而摇旗呐喊。另外，部分压力源自被抱怨数年之久的一种按揭放贷行为，即“红线”，这主要是在贫困的少数民族社区实行，鉴于这类人群的种族构成或低收入情况，银行普遍将整个社区划分到红线之外，拒绝为他们提供按揭贷款。但此时，贷方臣服于重压之下，开始为这些低收入家庭提供按揭贷款，同时也为自己增加利润打开了一扇新大门，因为较之传统的按揭贷款，这类按揭贷款的利率显然更高。

政治层面，联邦政府向银行施压，必须为所在地区的中低收入家庭提供更有效的银行服务。1977 年通过的《社区再投资法》（*Community Reinvestment Act*）要求联邦银行监管者按照固定时间评估银行对社区的服务质量。这催生了 1994 年的《瑞格尔社区发展和监管改进法案》（*Riegle Community Development and Regulatory Improvement Act*）。两部法律要求贷方尽最大所能鼓励少数民族购买住房，同时要求银行向联邦监管机构上报成效。只要放贷者能从各自监管机构获得高分，至于提供的住房贷款实际质量如何，那是无关紧要的。可以说，这两部法律为 2007 年的次贷危机铺平了道路。

2001 年，两家按揭机构——房利美和房地美——开始购买次级按揭贷款，并将其证券化，在这之后，证券化发生了出人意料的转变。前三十年，这两家机构出于证券化目的购买抵押贷款时，一直遵循着相对保守的模式。但是，1999 年末，由于《格雷姆－里奇－比利雷法案》（*Gramm-Leach-Bliley Act*）[1] 的管制放松，国会和游说团体对这两家机构不断施压，尤其是按揭行业，纷纷要求提供中低收入按揭贷款。两家机构的政治压力越发巨大，决定顺从大势，而这将对该行业以及市场带来巨大的灾难。

税收法规也对按揭热潮发挥了不可小觑的助长作用。1998 年的《纳税人减税法》（*Taxpayer Relief Act*）规定，购买房屋时，如果单个纳税人花费的金额达到 25 万美元，一对夫妻花费的金额达到 50 万美元，则资本收益减免额度将有所提高。这是有史以来主要居所获得的最高免税额度，但有规定，前五年中必须有两年将其作为主要居所。对老法律进行的改动为不少个体在纳税上带来了好处，很多人在卖房之前就已经长期拥有该房子。而对于那些想着两年后就能赶紧卖掉房子从而大赚一笔的人而言，这也是一个难以抵抗的诱惑。[2]

万事俱备，按揭热潮随之诞生，直到 2007 年爆发信贷危机才偃旗息鼓。纳税优惠、宽松的放贷标准以及欣欣向荣的股票市场联合作用，为美国房地产价格迎来了亘古未有的最高涨幅。2000 年之后，按揭贷款成倍数增长，人们买卖房屋几近疯狂。与此同时，信用卡债务也在增加。截至当时，证券化为住宅型房地产市场带来了巨大盈利，让泡沫两头不断膨胀。

政府赞助企业为按揭贷方创造了源源不断的资金流动，进而将循环信贷概念引入了按揭市场。私营证券化接踵而来，为流动资金注入新血液。传统上，银行提供按揭并记在账上，直到债务还清为止。而此时，银行通过证券化换来现金，而且能提供更多的按揭贷款。唯

[1] 译者注：亦称《金融服务法现代化法案》。

[2] 在 1998 年出台《纳税人减税法》之前，从住宅销售的资本盈利中申请减免的唯一方法是将收益转入与原住宅价值等额或更高的新住宅。

一能预防银行在提供按揭贷款时放宽标准的，是住房援助机构的要求——它们只购买依照自身机构准则所提供的按揭，这些准则涉及到定金、按揭保险等。如果这类机构不参与其中，或者放宽标准，整个过程将面临巨大的压力。

一旦“面向人人的抵押贷款”概念变成一种体制，循环按揭信贷就会对市场造成灾难性影响。这种传染病以借方令人质疑的可信度为源头，直接殃及援助机构和证券商，它们将有抵押债券销售给债券持有人。很多外国投资者，包括欧洲各家银行、主权财富基金和对冲基金，它们都持有这些有抵押债券，因为较之普通债券收益，这类债券收益之高令人难以抵抗。违约之风席卷而来，所有行业无一幸免。由于可变利率抵押贷款的重置跨越时间段，取决于按揭最初的提供时间，因此，这阵风越刮越猛。这就决定了次贷危机光穿透整个体系就花了数年时间。

2003 年之后开始出现的一个主要问题是替代按揭产品（alternate mortgage product，简称 AMP）的广泛使用。这类按揭极为诱人，首次利息支付偏低，本金偿还往往也会推后几年。替代按揭产品让按揭持有人认为，自己占了低利率便宜，而用不着在之后某个日子重新计算按揭，后者往往会出现令人不愉快的事情。美国政府责任署（Government Accountability Office，简称 GAO）分析了这一趋势并得出结论，“根据按揭统计数据，相比以前，贷方为信用度和财力更低的借方提供替代按揭产品。新诞生的这些借方中，有人为了避开每月更高额的支付，在再融资或销售住宅上将面临更大困难。尤其是如果利率不断上涨，或者，由于他们每月仅支付最低还款或住宅没有增值，从而导致其住房股本开始下滑的时候，难度更大”。[1] 警钟虽然敲响了，但是无人行动。

[1] 美国政府责任署：《抵押产品替代：违约的影响尚不清楚，但是借方的风险披露情况应当有所改观》，2006 年 9 月 20 日。

2007年8月，次贷危机爆发，而在此之前，住宅按揭市场就困难重重。2007年年中，超过一百万的按揭出现违约，该数字还在不断上涨。政府责任署指出，利率上涨是主要根源。绝大多数受害者是申请某类可变利率按揭贷款的屋主。2004年和2005年，短期利率的边际增长对可变利率按揭贷款造成压力，而之后的重调利率随之上浮。利率上涨和违约增加也让人们留意到素来被忽视的很多业内做法。政府责任署表示，放贷行为不当、收入审核欠妥或压根儿没有审核以及贷款文件不齐全均是问题根源。[1]责任署还指出，利率问题将在2007年年末和2008年引发更多的止赎权问题，结果一语成谶。

证券化影响了信贷市场危机以及随之而来的金融崩溃，这一作用不可小觑。人们公认，一开始，很多次级按揭就不应该出现，然而证券化却为它们打开大门。穷人没有收入，仅靠福利支票糊口，他们是如何获得按揭的？为何放贷标准如此宽松？对于信用卡，住宅贷款一旦申请下来立即就证券化了。原始贷方不会将它们留在账上，因此各种利息什么好了说不过是转瞬即逝。由于贷方不必将其记入账上，他们也犯不着遵守严格的放贷标准。贷款是债券持有人的问题，不是贷方的问题。体系漏洞俯拾皆是，次级按揭在市场上先只是站稳脚跟，不久便稳稳扎根下来。十五年前，所有新按揭总规模为3000亿美元，信贷质量绝大多数有保障。然而此时，这个数字只代表市场不良部分。[2]

一旦按揭聚拢一处以支撑债券，评级机构便开始以抵押为基础进行评级。很多债券都能得到高评级，可实际上，它们主要依靠次级贷款作为支撑。2007年夏末爆发信贷市场危机，很多债券的价值一落千丈，或是被严重降级，换言之，投资者出现亏损或证券流动性不足。有人

[1] 美国政府责任署：《关于最近违约和取消抵押品赎回权的趋势对于房屋抵押和相关经济以及市场发展影响的消息》，2007年10月24日。

[2] MortgageDaily.com。

质问，为何一开始这类债券能获得高信用评级，但是看起来那些评级机构和审核按揭贷款的公司一样，在证券化过程中面临压力。交易太多，逼得大家走捷径，以此跟上膨胀的业务，但这些捷径却忽视了原本会降低新债券评级的重要信息。大家火急火燎推出尽可能多的新债券，最后，监管不力成了信贷市场危机的重要根源。

更令人担忧的事情在于，2001 年，次级发放在按揭中不足 5%，2007 年，超过 13%。最大的涨幅出现在 2003~2004 年，该数字增加两倍不止。次优级抵押贷款发放（中等级别按揭，又称为等同 A 级按揭）也出现类似增长。从 2003 年到 2005 年，其数量几乎翻了两番。同时出现的还有与按揭相关的债券发行数量，刷新纪录。机构债券之外，还有担保抵押贷款债券（collateralised mortgage obligations，简称 CMOs）和担保债务债券（collateralised debt obligations，简称 CDOs），后者是指由次级和次优级抵押贷款按揭所构成的结构性工具，采用和担保抵押贷款债券类似的方式，分解成不同分档。许多投资者都购买此类产品，包括银行自己以及外国银行，纷纷希望能获得债券带来的更高边际收益。诸如储蓄所等机构之所以购买，恰好是因为它们与按揭相关。这些银行认为自己在分散风险，但其实它们并未摆脱按揭危机，而只是远离了对手风险。

证券化的整个过程是问题核心所在。政府责任署表示：“根据私营证券化债务的统计数据，从 2000 年到 2006 年，贷款与估值比率增加（住宅价值除以贷款额度）、利率可变、借方收入或资产记录不足或完全没有、本金或利息延期支付等类别的按揭百分比大幅增加[1]。”但是，并非所有次级按揭发行者都用私营债券清理各自资产负债表。

---

[1] 美国政府责任署：《关于最近违约和取消抵押品赎回权的趋势对于房屋抵押和相关经济以及市场发展影响的消息》，26。

美国国家金融服务公司（Countrywide Financial）是次级按揭的大型销售商之一，将大量次级按揭转给房利美，然而，购买此类按揭显然超出房利美的正规业务。

英国的住宅按揭数据则揭露出与美国类似的模式。但是，时间框架存在差异。英国的按揭膨胀始于 1996 年，并延续到 2007 年。1997 年，新按揭贷款增加到每年超过一百万，截止 2007 年，一直处于该水平。2002 年达到巅峰，新贷款多达 139.6 万。贷款总价值也在上涨，1997 年为 606 亿英镑，2006 年超过 1570 亿英镑。这与美国比照就相形见绌了，2000 年年初，美国就已经达到了 20 万亿美元，截止 2008 年年中，保持上涨趋势。同期，英国总计略高于 1 万英镑。[1]

在这些按揭当中，到当时为止，固定利率属于少数。传统而言，英国的放贷是以可变利率为基石，固定利率按揭是例外而非常态。虽然英国的企业债券市场在浪潮开始之前的二十年里就已经是一潭死水，但是，证券化仍旧对英国按揭融资发挥了巨大作用。1996 年，只有 19% 的按揭采用固定模式，但到了 2007 年，已经增加到 75%。这与美国不同，很多住宅按揭贷款的供应方是传统意义上的购房互助协会，而非商业银行。在所有贷方当中，购房互助协会在前 10 位贷方中占据六个位置。信贷市场危机也对它们构成重创。2008 年年底，其中 3 家协会被迫要么与更强大的合作方兼并，要么向英国财政部申请救助。这一模式倒与美国颇为类似，2008 年，美国前 3 位按揭贷方向监管者请求援助，其中两家属于储蓄机构，它们与购房互助协会属于同类性质。[2]

---

[1] 英国抵押贷款协会，cml.org.uk。

[2] 次贷危机中，英国诺森罗克银行成为大西洋其中一边首个严格意义上的受害者，英国财政部不得不出面援助，几个月之后，美国财政部和美联储也为其美国同行提供资助。

英美两国市场的相似性更多是体现在大致轮廓，而非功能或规模。较之英国，美国建设新住宅的空间更大。美国的平均住房单位更大，每平方英尺价格更低。英国每十五年就要遭遇一次房地产盛衰周期，相比较而言，自“二战”之后，美国没有经历多次衰退，不过20世纪90年代初期是一个例外。英国按揭借入急剧飙升，这倒与美国有了一个共同特征。英国贷方发现证券化的魅力，于是以报复心理大加利用。英国按揭贷方充分利用证券化市场，其程度赶超其他所有国家，仅美国是个例外。[1]从2000年到2007年，欧洲各类资产的证券化总额达到2.44万亿欧元。在所有住房性抵押贷款证券（简称MBS）当中，英国约占75%。欧洲和英国并未出现诸如房利美和房地美这样的政府机构，因此，证券化市场属于私营性质。但是，很多债券都涵盖其中。

相比较于欧洲其他地区，以信用卡为支撑的资产担保证券在英国更为普遍。超过30%的此类证券都是在英国发行，信用卡在这个国家变得越发流行。在利用证券化方面，西班牙和德国紧随英国之后，分别排名第二和第三，但是在这段时间里，两国总额加在一起都赶不上英国。[2]值得注意的是，其中涵盖欧洲模式，换言之，与美国私营证券化不同，这类债券对原始借方有追索权。

金融管制放松，这对按揭热潮带来了直接的积极影响。2007年夏末，危机袭来，高利率绝不是主要原因，但是它却起到了间接作用，因为利率上涨的同时，风险增加；另外，由于证券化，债券投资者舍弃传统抵押贷款证券，而去选择收益更高的担保抵押贷款债券。这让他们钟情于次级和次优级抵押贷款支撑的担保抵押贷款债券，即便从历史看来，这样做收益相对较低。

---

[1] 欧洲金融市场协会（简称AFME），afme.eu。

[2] Afme.eu。

在英美两国之外，人们也意识到，证券化对住宅按揭能带来不少好处。21 世纪头五年，所有欧洲发达国家的企业均涌入证券化市场。除了欧盟主要成员国，俄罗斯、土耳其、捷克共和国、乌克兰和哈萨克斯坦的借方纷纷以不同程度发行证券化债券。[1] 俄罗斯是这支队伍中最大的发行方。欧洲及非欧洲国家的主要证券化借入领域是住宅性房地产。在部分欧洲和亚洲地区，信用卡影响较弱，发展较慢。

有些还包括欧洲模式，换言之，债券对原始借方有追索权，这是与美国私营证券化的不同之处。它们仿照了 18 世纪德国推出的潘德布雷夫债券（pfandbrief），它是以按揭为担保，但是一直留在借方的资产负债表上，一旦按揭支付方出现问题，借方必须补上所有亏空。尽管潘德布雷夫债券属于私人债项，它们却为政府赞助企业提供了参考模型。[2] 不过，非美国地区对抵押贷款证券的使用并未出现美国所遭遇的消费和住房债务冲突。

信贷市场爆发危机，比起信用卡违约，住房违约率对经济的影响更为显著，而疯狂消费也显露出一个令人痛心的特征。为何屋主宁愿拖欠住房贷款，丢下房子不管，可还要继续保持信用卡还债？这明显是对过往行为的颠覆，放在以前，房子是第一要务，决不会退居最末。消费者似乎对利率上涨的后果一头雾水，但对如何应对极端逆境倒是心中有谱。一般认为，如果按揭出现违约拖欠，贷方对房子有合法的追索权，但对借方其他资产则无能为力。信用卡就不同。如果信用卡出现违约拖欠，信用卡公司对其他资产有追索权。火烧眉毛之时，消费者显然知道哪种资源一定要死守，哪种资源可以撒手不管。但是，这种大众认知不一定总是正确无误。各州情况略有不同，多数情形下，

[1] 亚洲证券化论坛，asian-securitization.com。

[2] 与潘德布雷夫债券不同，政府赞助企业的借入不计入资产负债表。

政府为贷方提供补救措施，其中包括差额裁定（亦称欠款余额判决），从而获得借方其他资产以及扣押薪水；换言之，将住宅贷款拖欠和信用卡欠款拖欠一视同仁。住宅曾被认为是家庭城堡，可免不了成为信用卡的另一个受害者，不过与信用卡相比，相对而言，借方对住宅有些不够重视。这一现象经久不衰地证明了消费者信贷的强大魅力。

火爆的信用卡市场

从 20 世纪 90 年代到 21 世纪头十年，高额利率并未在按揭市场盛行开来，也不是 2007 年开始的金融危机的导火线。按揭利率遵循着财政部证券的收益曲线，因此利率一直偏低，劣质按揭除外。尽管根据低到不切实际的替代按揭产品或外国可变模式进行调整，但其利率在历史上素来不高。可变按揭也许加快了《重利法》的消亡，可并不一定就会导致利率居高不下，贻害人间。但是，信用卡就不是这么回事了。

1975 年之后，信用卡越发普遍，信用提供方意识到，消费者对信用卡小心谨慎，除非走投无路，否则绝不拖欠。只要客户每月还钱，贷方也乐得接受，但在可预测的将来，债务最好无法彻底还清。信用卡首次亮相时，人们原本指望，下一轮支付周期时能全额偿还，于是便推出了三年分期偿还欠款的信贷条件。每月结算按照三年偿还计算所需支付额度，如果客户严格遵守偿还计划，没准支付时间还要略微低于三年。但是，证券化的要求很快就让问题蒙上阴影。信用卡公司开始向证券商销售信用卡应收款，长期限比短期限更受喜爱。如果某债券以三年信用卡应收款为基础，且客户略微提前还清欠款，那么收取这些支付的债券持有人将面临提前还款风险。这一风险对于按揭援助机构债项的投资者而言，素来是个棘手问题。购买的债券在最后支付到期之前提前还清，有些时候甚至更早，屋主就已还完按揭。

为了确保信用卡资产担保证券尽量长久，至少要延续至到期日，信用卡公司鼓励客户采用每月最低还款额，该金额比三年分期计划的每月额度要低。减少最低额度能大大延长贷款寿命。例如，假设某位客户信用卡欠款 5000 美元，年利率为 14%，按照三年分期计划，每月需还款 179 美元（依照年利率 14% 计算，三十六个月还款额相同）；但是，信用卡公司也许会对该金额设置 2% 的最低额度，或 100 美元。这是贷方为保持账户良好所要求的最低额度。如果三年利率，那么该卡欠款的利息为每月 58.33 美元。然而，如果选择最低还款额，那么只有 41.67 美元用于偿还本金，换言之，将需要更长时间才能还清贷款。利息往往取决于未还金额，因此，客户只偿还最低额度将大大有利于信用卡公司。

如果采用最低还款额，借方要花三百五十一个月才能还清债务，账单上的利息增加了 6555 美元。如果利率发生变动，那么还款时间将会更长。按照 16% 计算，还款期限将变成四百二十八个月，利息变成 9328 美元。尽管消费者深知支付最低还款额的后果，可令人惊奇的是，除了警告他们欠债未还，对此做法只有寥寥数语的谈论。联邦政府除了要求贷方必须在账单上向客户说明年利率（实际利率）的百分比数字，再没有出台其他规定控制利率。自从最高法院针对马奎特（Marquettee）国家银行案件做出判决之后，州《重利法》愈加奄奄一息，因为贷方有权选择地域，而不必遵守州高利贷上限。

自信用卡诞生以来，美国消费者信贷飞速增长。2008 年年末，未支付消费者信贷高达 1.45 万亿美元，其中信用卡占到 8920 亿美元。

四十年前，未支付金额为850亿美元，而循环信用卡的未支付额度仅为21亿美元。[1]2008年，大约75%的信用卡债务被证券化，而1968年则完全空白。信用卡贷方的资金成本（商业票据利率）和向持卡人收取的费用之间，存在巨大的差价，这使得证券商在销售以信用卡应收款为抵押的资产担保证券时更为得心应手。未支付信用卡的违约利率相对而言要低于其他消费者贷款（约为3%），贷方往往将这些结余卖给收债员，又能赚上一笔。

信用卡公司在放贷业务中所表现出的自相矛盾不言而喻。它们一方面让信贷更加便捷，同时自然希望法律严格，以此避免掉入自掘的坟墓。信用卡放贷者特别害怕客户宣告破产，欠债不还。1999年，针对1978年《破产法》的改革，贷方不遗余力积极游说。贷方希望减少有资格宣告破产的个人数量，最终得偿所愿，阻止国会拓宽现行法律或让法律更自由化。

2004年，信用卡冲销中有30%采用了《破产法》的“第七章”和“第十三章”。消费者破产从2003年的162.5万起下降到2004年的156万起。2005年，国会对《破产法》进行改革，距离上次改革已经过去二十七年了。一开始对1978年法律的批评果然不假。法律是用来避免高额信用卡债务的。新法律于2005年10月正式生效，而在这头几个月里，个人破产申请暴增，随之而来的是信用卡违约。法律生效之前，破产申请数量平均每年约为160万起。法律生效之后，下滑了100万起。[2]也许有人认为，2005年10月之前，新法律推高了这个数字，然而，新法律生效，还没消停多久，这个数字再度攀升。此现象的部分原因在于宣传造势。纸媒和电视广播媒体上到处都是新法律的身影，所有的

[1] 美联储委员会：《统计报告》各期，各类来源和贷方类型，federalreserve.gov/release。

[2] MortgageDaily.com。

主要广播电视和杂志报纸纷纷对其“最终登场”疯狂报道，于是很多债务人意识到了潜在的后果，而且时间有限，必须立即行动起来。

2005年的《防止破产滥用及消费者保护法》（*Bankruptcy Abuse Protection and Consumer Protection Law*）要求申请人找破产顾问，同时也增加了法庭费用。《尼尔森报告》（*Nilson Report*）分析了该法律生效前后的破产数量，该数字验证了评论员最大的顾虑。1978年的法律被信用卡持卡人滥用，借此申请破产，逃避还债。新法律问世之前，根据“第七章”申请的破产数量每年约为114万起，每起金额约为4.1万美元，导致贷方损失235亿美元。新法律执行之后，2006年，该数字下滑到34.9万起，平均每起金额为5.8万美元，总损失达102.6亿美元。[1]

“第十三章”的破产情况大同小异。新法律问世之前，破产平均数为42.8万起，2006年立即跌至24.8万起。破产平均额度从3万美元增至7.8万美元，债权人损失分别为84亿美元和126亿美元。法律为根据“第七章”的破产申请制定了经济状况审查制度，因此按照“第十三章”的破产申请出现增加也属情理之中。之前对破产的不少推测也得到事实验证。

根据“第七章”申请破产的绝大多数人都没有多少资产可供清算，因此一笔购销债务也不会对自己造成多大损失。有的人则更加精明，把资产藏起来，这让法庭上的债权人觉得没什么便宜可占。拖欠信用卡的人似乎对收债机构采取的一套流程心知肚明。收债员不会去猛追那些失业的拖欠者。如果这类拖欠者有些已经找到工作，他们往往就按照“第十三章”提出申请，赶紧保住自己的资产，以免被那些卷土重来的收债员拿走。

---

[1] 《尼尔森报告》，各期，2006，Nilsonreport.com。

首次亮相的四十年之后，信用卡及其“兄弟姐妹”（例如预付卡和借记卡）成了美国历史上最成功的金融创新。它们产生的数字令人震惊。2007 年年末，全球各地客户使用银行信用卡的购买金额为 4.34 万亿美元，其中欧美国家占到 75%。这一结果是以 645 亿次交易为基础，美国几乎占了一半。信用卡数量超过 23.8 亿张，其中美国占到 10 亿多一点。不论实际上是否每个美国人都有信用卡，平均算来，每个美国人都持有三张信用卡。2008 年年中，美国未支付循环消费者信贷达到 9540 亿美元，非循环信贷为 1.6 万亿美元，总额度为 2.55 万亿美元。这还不包括住宅股权贷款。据统计，在循环信贷中，当第一张账单寄达的时候，余额循环计算下来，大约 60% 的信用卡账单没有完全支付。[1]

---

[1] 《尼尔森报告》，各期。

栽跟头的息差交易

“二战”以来，华尔街和伦敦金融城就对所谓“息差交易（carry trade）”了如指掌，并付诸实践。这一过程非常简单：它是指低利率借入和购买高收益资产。21 世纪初期，很多中央银行低利率现象普遍，使得此类投资易如反掌。这套手法一般用于国内，然而，当市场变得更加全球化，它也登上国际舞台。只要资金能在国际上畅行无阻快速流动，这种做法就能盈利。

借入资金和资产收益的差价越大，套利盈利就越多。同种货币的借入和投资往往是息差交易的惯常做法，然而，21 世纪初期，对冲基金登台亮相，这场博弈相时而变。如果能借入、销售某个低利率货币，然后对另一货币进行再投资，而后者又能带来高回报，那么息差交易就能轻轻松松漂洋过海。21 世纪早期，冰岛债券收益几乎达到 9%，而其他主要货币能以 1% 到 3% 借入。日元的借入成本最低。这能让息差达到 8%（800 基点）。

唯一的风险就是货币风险。虽然这种差价令人垂涎三尺，但是如果货币价值发生变化，一切都是镜花水月。然而，倘若回报是财政部债券平均收益的两倍，那么这种贸易风险自然值得。对冲基金开始借入日元，以期通过卖出日元购买冰岛克朗 krona[1]，它们将以克朗购买冰岛政府债券。如果金额巨大，就能赚个盆满钵满。日本政府不会出面干预，因为这些日元是在日本之外借入，所以政府没有多少干涉动力。

这种策略风光了一阵子，然而次贷危机时期，它开始摇摇欲坠。2008 年，对冲基金的息差交易让冰岛摔了个财政大跟头，国家濒临破产边缘。日元升值，克朗贬值，货币迅速撤出冰岛，其速度和之前进入冰岛时大可媲美。息差交易的关键因素在于，借入货币一定要维持在同一个汇率水平上，或者贬值。但是，信贷市场危机推高了日元对其他主要货币以及克朗的汇率，创下历史新高。一旦货币风险将明显威胁到息差交易的盈利，资金就会立马逃之夭夭。政府债券价格一落千丈，对冰岛银行与工业的投资也不例外，随着息差交易资金逃离冰岛，它们全都处在破产边缘。某家冰岛银行的存款人批评政府对英美经济政策亦步亦趋，从而助长了严重依赖债务的消费者生活方式：“由于种种事件，社会上如今民怨沸腾，我们亲眼看到里根主义和撒切尔主义的陨落灭亡。我们必须回到以前的价值观。自由市场没有发挥应有的作用。”

[1] 译者注：冰岛的货币单位。

信贷市场的崩溃

继南海泡沫和 1929 年经济崩溃之后，2007 年的信贷市场危机很快就成为最热门的市场陨落话题。这次危机常被认为是资产价值膨胀和过度杠杆借贷导致的泡沫，实际上，它是大量债务工具相互叠加出来的一座金字塔，自从 20 世纪 30 年代初期英萨尔帝国陨落之后，类似情况再未出现，而此时，其规模更庞大也更复杂。这座金字塔的关键部分轰然倒塌，整个结构注定一败涂地。如此看来，它和南海泡沫颇为类似，与 1929 年事件的类似之处更是令人惊异。

金字塔最低端是住宅按揭。在这之上是消费者贷款，两者之上是金融市场工具，这些工具通过证券化和套利充分利用住宅按揭和消费者贷款。再往上一级是创造这些工具并从中获利的金融机构。不少银行推出了其中一些工具，并且让监管者认为，由于它们属于对冲工具，因此不会对金融体系造成威胁。一旦银行开始使用自己孕育的高额杠杆借贷工具，并以此作为监管资本，人们很快就会发觉，新的泡沫已经出现，而其根基就是低评级的债务和信贷风险套利。

自1999年放松金融监管之后，其他非银行监管部门对银行机构也能施加影响，从而彰显出影子银行体系的重要性，另外也显露出监管者能对其产生局部却显著的影响。在放宽以前确立的标准方面，银行监管者可绝非孤身一人。美国证券交易委员会也在鼓励放松管制，它站在自己旗下的证券商号这一边，做出了其历史上最为关键的决定之一。2004年，四家主要投资银行行长说服美国证券交易委员会，要求将资本要求降低50%，此举让四家银行的杠杆借贷增加两倍。实际上，四家银行能借此将杠杆率从40:1变为20:1，边际资本将大幅提升。这将有助于投资银行承销更多与按揭相关的证券。根据国际清算银行的纲领，美联储计划放宽资本适足要求，而此举无意之中就与之相呼应，结果证明，它也是信贷市场土崩瓦解的幕后主要推手。

危机伊始，有一种工具成为通货紧缩泡沫的首个受害者，不过非金融业内人士对它知之甚少。金融工程师早在几年前就推出了特别投资工具（special investment vehicles，简称SIVs，又译“特别投资载体”），以此创建能作为筹资源泉的息差交易模式。这类汇集性投资工具的资金源头是商业票据，收益将用于中期债项（例如担保债务债券）投资和其他资产担保证券。平均看来，这类负债属于短期，而其资产属于中期。资产购买是根据保证金，提高了汇集工具的收入。这类混搭的工具在2004~2007年大行其道，资产规模增加三倍。危机爆发以前，特别投资工具机构共有36家，持有资产约4000亿美元。只有小部分资产用于次级按揭，2007年，价值下跌，投资者开始清算，导致数家机构要么清算要么重组，其中还包括贝尔斯登公司（Bear Stearns）[1]打理的对冲基金。[2]影响迅速波及开来。资产贬值，一时

[1] 译者注：美国大型投资银行及证券交易公司。

[2] 金融危机调查委员会：《金融危机质询报告》（纽约：公共事务出版社，2011年版），252~253。

无法满足现金需求，多个公共养老金基金和雇员基金都面临清算问题，这与二十年前加利福尼亚州橘县导致的危机大同小异。

特别投资工具引发的问题对金融危机火上浇油，同时也揭露出一些基本问题。这类工具筹集资金，从商业票据市场购买与按揭相关的资产以及其他固定收益资产，依赖该市场作为长久的资金来源。尽管这个市场已经在美国存在了一百五十年，但是从20世纪70年代开始，作为一个资金源泉，它更加普遍。这个时候，信用卡发卡机构开始以此为源头，从商人那里购买信用卡应收款。面向消费者的信用卡贷款，外加商业票据市场，两者联合构成了“二战”之后影子银行体系的首个组成部分。这类业务绝大多数不归联邦银行监管机构负责。当特别投资机构发展起来，它们要依赖影子体系所创造的工具，其中包括担保债务债券和私营按揭证券。部分担保债务债券还包括诸如信贷违约掉期这样的衍生品，整个特别投资工具的稳定性要仰仗正常的金融环境，它只能应对极少甚至无法应对任何外部冲击。如果该体系的稳定性遭到重创，这类工具将首当其冲受到负面影响。

然而在当时，有关影子体系孕育出的工具究竟多大程度摆弄着银行机构，人们还云里雾里。2008年冬天，投资银行贝尔斯登公司身陷困境，此时问题明朗起来。正常说来，在1999年放松管制之前，遭遇金融困境的投资银行会在某种程度上从整个银行体系孤立出来。然而，在中间的这九年里，与其他证券公司一样，贝尔斯登公司投身多种批发性商业银行业务，同时还包装营销私营按揭证券。除此之外，该公司还打理着数家对冲基金，将参与权卖给投资者。2007年夏天，这些对冲基金一败涂地，它们从回购市场获取不少短期融资，而此时其回购市场成本开始增加。银行不得不申请援助，美联储出面干预，这令人回想起长期资本管理公司。中央银行一直支撑着证券交易商，直到找到买家，这在历史上还是首例。在这场仓皇匆忙的接管中，摩根大通出手购买这家岌岌可危的银行的股票，这一举动也得到美联储同意。美联储主席本·伯南克（Ben Bernanke）后来表示："我们的观点是，它（贝尔斯登公司）的陨落将拖垮（回购）市场，这将波及其他企业，所以我们必须采取行动。"[1]这自然是举足轻重，美联储将该公司视为财政部证券的头号交易商；美联储通过数家公司从而在货币市场中贯彻其货币政策，贝尔斯登公司就是其中之一。

贝尔斯登公司的轰然倒塌是由于按揭市场的风险敞口。资产负债表上，该公司杠杆借贷严重，绝大多数资金都属于短期性质，导致其深受短期资金需求的影响。金融界对救助方案莫衷一是。有人认为，这家投资银行就该倒闭，唯有这样的冲击才能治愈金融体系的疑难杂症；其他人则要求美联储宽容对待。极少人数认为所贯彻的措施有理有据。财政部长亨利·保尔森（Henry Paulson）负责指挥应对金融危机，他将银行的这场浩劫根源推给"黑天鹅事件"。他认为，"对于百年等一回或两回的事件，我们没有应对教材"，相反，他的重点是财政部有义务解决问题。[2]美联储前任主席艾伦·格林斯潘也曾做过类似评论。人们忽视了危机四伏的市场关联。

次级按揭违约增多，起初提供贷款的银行以及证券商纷纷感受到压力重重。随着危机升级，先前遭人忽视的一个事实渐渐明朗。人们往往认为，证券化债券债项，尤其是按揭，倘若整个抵押失效，那么最早的放贷机构能提供保障。这是联邦政府为房地美和房利美债项所提供的隐性保障。数十年来一直顺风顺水。人们还另有一个心照不宣的观念——所有证券化债券处于同一法律地位。然而，对于私营住宅担保抵押贷款债券而言，完全不是一回事。投资者对原贷方没有追索权。

[1] 金融危机调查委员会：《金融危机质询报告》，291。

[2]《亨利·保尔森在罗纳德·里根总统图书馆的演讲》，美联邦新闻服务，华盛顿，哥伦比亚特区，2008 年 11 月 20 日。

如果整个组合全部或部分违约，损失浪潮打到投资者身上便停下脚步。贷方没有责任拔刀相助。

华尔街数年来一直在销售私营住宅按揭证券，并扬言此类担保债权“破产不侵”。这强调了投资者风险的一面，即试图让投资者放宽心，如果发行人破产，投资者还有担保做保障。如果原放贷银行申请破产，由于证券化担保属于投资者，不属于破产机构的普遍债项，因此投资者可以全身而退。但是，此番言论的另一面却没有被讨论清楚：如果组合一败涂地，原贷方没有责任出手援助，因为按揭已经不属于其资产。结构化金融的初衷是通过证券化帮助金融机构剥离资产。这种手段将缓解风险。一旦资产消失，贷方宁愿无所作为，听之任之。要是有所行动，无疑违背了证券化的初衷。美国政府对政府赞助企业的隐性保障是个例外：但是没有这种保障，此类机构将永远没有出头之日。美国财政部从来没有碰到必须救助按揭援助机构的时刻。“二战”之后，住房市场的复原力强大到令人震惊。

一旦此类机构开始脱离证券化模式，其资产负债表和收益表就会面临巨大压力。金融危机爆发数年前，此类机构就从贷方手上购买次级按揭。止赎权发挥效力，这类机构和投资者都受到危机重创，因为这类机构不得不弥补未支付债券组合中的利息亏损。它们一直从大型放贷机构那里购买此类按揭，这些贷方是以次级和次优级按揭为专长。国家金融服务公司和华盛顿互惠公司（Washington Mutual）这两家放贷机构在危机当中轰然倒塌。当华尔街议论数年之久的政府隐性保障不再遮遮掩掩，房地美和房利美也将难逃同一浩劫。

2008 年夏天，很多金融机构的股票，其中包括房地美和房利美，都遭受巨大压力，急剧下滑。两家机构的绝大部分市场资本率付诸东流，只好由财政部接管，直到财政问题得到解决。二十年前，一场农业危机导致必须重组农业信贷体系，而这次事件成为战后第三次政府援助企业出现违约。几乎与农业问题同期出现的储蓄和贷款危机迫使联邦住房贷款银行委员会进行重组。但是，按揭机构运营规模创下联邦机构百年历史的最高纪录。

这类机构的本质也遭人质疑，当人们更清楚意识到亏损程度之时，重商主义者的类比再度搬上台面。两家机构虽然已被接管，不过仍旧正常运作，继续支持住宅房屋市场。它们的借入成本依旧偏低，财政部暗中撑腰保证其能继续借入，尽管此时它们的股权资本早已灰飞烟灭。财政部的保障也要付出代价，换言之，如果其他机构陷入金融困境，就再没有多余资金了。

贝尔斯登公司的问题仓促解决，人们认为，美联储和财政部应该不会让主要金融机构在危机当中土崩瓦解。那一时期，“大而不倒”成了口头禅，绝大多数市场参与者坚信，资产庞大的机构从技术层面而言不会轰然倒地，因为它们对于经济举足轻重。批评之声越发激烈，因为这无疑是在暗示，不管是否合情合理，纳税者将要为机构的放贷政策埋单。自 1933 年创建联邦存款保险公司以来，美国便一直对道德风险争论不休，而这是对此概念最新的运用。这一事件中，道德风险大大超过了储蓄保值，还包括大型机构的整个资产基石。

贝尔斯登公司崩溃之后，坊间盛传，雷曼兄弟陷入金融困境，它是华尔街历史最悠久、名气最响亮的投资银行之一。雷曼兄弟是货币市场的积极参与者，也是头号交易商，另外，它还从事担保抵押贷款债券的包装，在掉期市场中地位显赫。除了承销业务之外，雷曼兄弟的房地产市场业务份额极大。虽然雷曼兄弟努力改善资产负债表，然而，2008 年 9 月，各种难题达到顶峰，它向美联储申请援助，以期继续运营。中央银行延续了之前危机的应对方法：它在银行界为雷曼兄弟寻找买方。

1999 年放松监管之后，雷曼兄弟越发规模庞大，资产持有量超过

6000亿美元。没有哪家银行愿意收购，结果数日之后，雷曼申请破产。这是美国历史上最大的破产事件，市场不知所措，因为大家原指望着有人救助，或多少能够成功解决问题。掉期市场也难逃一劫，尤其是信贷违约掉期（credit default swaps，简称CDSs），对体系内的其他银行造成了间接影响，因为银行资本中含有信贷违约掉期，一旦其价值下滑，很多银行机构会在生死攸关之时立即遭殃。

财政部想替雷曼兄弟出头，可是没能成功，之后财政部同意救助保险机构美国国际集团（AIG），此时，固定收益衍生品市场遭遇更为严重的冲击。这家全球最大的保险机构眼瞅着要分崩离析，而主要原因便在于它的掉期市场业务，这并不属于该公司的传统保险业务。很多银行大范围从事掉期业务，从这个后门进入了保险业，而美国国际集团也通过掉期不断拓展业务。两类金融机构都已涉足不需要运营许可的领域。[1] 金融危机调查委员会的成立目的就是分析危机根源，该委员会总结道："联邦政府先是出手救助贝尔斯登公司和政府援助企业，面对雷曼兄弟却撒手不管，可之后立即对美国国际集团拔刀相助，政府决策的阴晴不定让金融市场的不确定性和恐慌雪上加霜。"[2]

危机导致住宅按揭信贷一落千丈。消费者信贷略有下降，从2007年的2.55万亿美元降至2009年的2.477万亿美元。那一时期，信用卡的使用继续攀升，而非循环信贷略有减少。[3] 新住宅按揭发行数量从2006年的2.7万亿美元降至2008年的1.5万亿美元，2009年恢复

[1] 从事掉期业务的银行是在效仿保险公司，但是却不需要具备保险许可证。从事掉期业务的传统保险公司也存在相同的无审批业务拓展，借此，它们将进入一般而言与保险毫不沾边的领域，从而使业务多样化。

[2] 金融危机调查委员会：《金融危机质询报告》，343。

[3] 美联储委员会：《统计报告》，2008年12月及2010年。

至 2 万亿美元。[1] 这一趋势影响了新发行的企业债券数量，因为在这一时期，多数在美国证券交易委员会登记注册的属于资产担保证券。该变化也揭露出与按揭相关的证券在资本市场中的泛滥程度。2007 年，美国公司新发行的企业债券价值高达 2.2 万亿美元，2008 年降至 8610 亿美元，2009 年变成 9470 亿美元。[2] 同期，私营住宅按揭证券化一败涂地，绝大部分市场留给了政府赞助企业的新产品。由于资本市场到处充斥着按揭，随着市场缩小，泡沫从经济中消失不见，经济活力大幅缩减。

消费者信贷和住宅按揭信贷都受到危机重创，住宅按揭市场尤甚。按揭止赎数量急剧攀升，从 2008 年到 2011 年，每月新增止赎申请达到数十万。[3]2008 年之后提供的按揭数量掩盖了一个事实，很多止赎房以优惠价格卖给新屋主，而有些屋主则对已有债务进行再融资。

这次危机还为 21 世纪初期掀起的一股浪潮推波助澜。2010 年，消费者对借记卡的使用几乎与信用卡持平，消费者试图通过购买时即时付款从而减少负债，进而免除债务利息。[4] 但是，信用卡违约数量仍旧飙升，创下新高。2010 年，违约率接近 10%，这是信用卡贷方认为的正常数字的三倍。[5] 信贷商品化的巨大讽刺之一便在于这些贷方所称的“违约率”。按照贸易术语，这不是指未支付账单的持卡人比率，而是指对那些以某种方式违反发卡公司收账政策的人所收取的利率。如果拖延付款，发卡公司将会把利率提升至 30%，以此说明持卡人对公司造成更大风险。公司不会拒绝进一步的信贷申请，但代价更高，然而，

[1] 按揭银行协会：《抵押起始预估》，2011 年 2 月。

[2] 美联储委员会：《统计报告》，2009 年 12 月及 2010 年。

[3] RealtyTrac.com，各期。

[4] 《尼尔森报告》，各期。

[5] 《尼尔森报告》，各期。

即便利率提高，也无法弥补证券化市场崩溃所造成的亏损。

2008年秋天，国会通过应急措施，即所谓的“问题资产救助计划（Troubled Assets Relief Program，简称TARP，又译‘不良资产救助计划’）”，批准财政部购买市场上的金融资产，以此稳定资产价格。除此之外，美联储宣布商业票据融资机制（Commercial Paper Funding Facility），从而可以购买市场中的商业票据，以此确保利率不再上升而是维持低位，这便说明，机构投资商对货币市场状况疑虑重重，雷曼兄弟土崩瓦解之后尤其如此。随着危机袭来，很多投资者对商业票据避而远之，无意之中便将消费者信贷供应逼上绝境。此举为很多信用卡贷方提供支持，为他们的货币市场业务筹资，从而保障了消费者贷方能继续获得短期资金，不过额度有所减少。商业票据的利率一路下滑，侧面体现了美联储在危机时期采取的宽松性货币政策。然而，贷方很快就上调了自己对持卡人收取的利率，宣称这是因为对手和信贷风险增加。信用卡利率的上涨刺激了立法者和消费者，很多人认为，此时理应降低利率，可贷方却故意收取高利率。数十年来，高利贷一直躲在金融市场讨论的暗处，此时再度浮现，而这次讨论的重心是要求放松而非强化监管。

最后一次

金融危机挥之不去，高利贷再次纠缠着各州政府和华盛顿中央政府。34 个州都有《重利法》，将消费者利率上限控制在 36%；另有十几个州的法律则旨在监管发薪日贷方。这类法律绝大部分是 20 世纪 20 年代提高高利贷上限运动的遗产。很多《重利法》将银行归为例外，而只是针对金融公司等其他贷方。对银行区别对待的原意是希望避免与 1864 年《国家银行法》设定的高利贷上限发生冲突。实际上，只要牵扯银行，基本遵循马奎特银行案件的判决结果。

贷方普遍收取高额利率，这便促使国会试图出面干预，规定高利贷上限为 36%，所有贷方必须遵守。对于曾从财政部获得问题资产救助计划资金的机构，国会试图将利率进一步压低。[1] 除此之外，国会计

[1] 值得注意的是，2009 年制定了两部法律。《保护消费者避免不合理信贷利率法》（HR 1608）旨在将 36% 设定为全国高利贷利率上限，《利率股权法》（HR 1610）则要将获得问题资产救助计划资金的机构的信用卡利率上限设定为 18%。

划根据银行的市场成本特定差价，压低最高放贷利率。尽管多番努力，可公众普遍认为，金融危机时期限制利率无益于贷方，甚至会导致市场信贷进一步缩减，此时已经呈现下滑之态，因为银行对放贷原则极其谨慎。信贷危机促使放贷标准和消费者利率均有所提高。只有提高利率才能弥补银行所面对的按揭和消费者放贷市场的违约风险。

住房止赎权危机，外加信用卡贷方的掠夺性做法，国会不得不推动各项改革，其中包括2010年通过的《多德－弗兰克华尔街改革法》（*Dodd-Frank Wall Street Reform Act*），除此之外，还要新设立一个消费者保护机构。这部新法律基于先前美联储数次举措，旨在保护消费者避开信用卡贷方急剧飙升的利率，但是，与之前的法律不同，它并未指明可以收取的实际利率。从感性视角来看，高利贷上限自然吸引大众，可是法律中并未提及。如果美联储之前规定消费者贷款利率，此举将违背其一贯以来对货币供应和浮动的管理，而这种监管是依赖货币总量从而控制利率，而非反过来。利率上限似乎还是静态的，只有民粹主义和非市场导向的激进分子才挂在心上。

虽然国会等机构试图重新点燃高利贷上限争辩，但是《多德－弗兰克华尔街改革法》并未禁止收取高额利率。这一事件中，自由市场意识形态再占上风，美联储一如往日依照Z条例坐镇指挥。只要贷方事先告知消费者，根据1968年的消费者放贷法，究竟要收取多少实际利率，那么消费者大可自由借贷。信贷市场危机尚未对古老争辩产生立竿见影的作用，这就说明，在商品化信贷的世界里，这种概念没有立锥之地。中央银行监管者能够成功掌控货币总量的想法让高利贷成了一个落伍过时的概念，高利贷犯罪除外。

美国数十年来总是坚持高利贷和美国金融体系毫无瓜葛，《多德－弗兰克华尔街改革法》还是只言片语略有涉及，然而，在支持者眼里，这一蜻蜓点水式的提及远远不够。按照法律，没有国会的专门性法律，新法律“无权设定高利贷上限”。[1] 此举是旨在维持国家银行与其他银行的分界线，从而防止各州银行特权与联邦银行法律之间发生司法冲突。要想通过全国性重利法，只能是国会出面，而且不能由《多德-弗兰克华尔街改革法》等改革措施中的联邦机构负责执行。针对法律这一部分内容，一家颇有名气的华尔街法律事务所认为：“有些国会议员没准谋算着要修改法律，增加一些额外的实质性条款。例如，法律对设定全国性高利贷上限的禁止，以及维持全国性银行对输出利率的掌控，将来也许会卷土重来，尤其要注意到，这两条如今与法律的其他目标背道而驰。”[2]

市场经济越发成熟，静态概念诸如“高利贷”被认定比其实用性持续得更长久。但是，对这一术语的争辩和使用一如往昔。《多德-弗兰克华尔街改革法》中有上百个更具当代性的术语和实践，高利贷占据一席之地，这就证明，这一概念虽然处在半休眠状态，但还算是一息尚存。曾几何时，高利贷禁令被视为自然法理论的里程碑，这一想法早已烟消云散，取而代之的是现代消费者社会的五光十色以及经济增长的独占鳌头，它们才是20世纪的公共政策。但是，不论是名义利率上还是由于叠加导致的实际利率，高额利息依然俯拾皆是。充满讽刺意味的是，2007年之后，金融危机期间向消费者收取的名义利率与马库斯·尤尼乌斯·布鲁图收取的利率，以及爱德华三世支付的利率大同小异。市场经济的发展创造出一套商业和企业利率，严格恪守着市场的供求指令，但是，从古至今，消费者贷款利率依然是个棘手难题。当铺的长盛不衰一直在昭示着大家对高利率的默然接受，贷方

[1] 美国国会，众议院：《多德-弗兰克华尔街改革法》HR 4137，第628页，1027(o)。

[2] 世达律师事务所，《多德-弗兰克法案：评论与见解》（纽约：内部出版，2010年版），187。

将它们伪装成为工薪阶层偶尔解决燃眉之急的信贷机构。

据传，阿尔伯特·爱因斯坦曾将复利描述为世界第八大奇迹。理查德·普莱斯对这一现实了然于心，但是在18世纪，借用复利完成有意义的公共事业的政治意愿欠缺，到了21世纪并无改观。漫漫历史长河里，尽管计算方法和放贷政策在年年岁岁里有了微妙改变，然而消费者利息还是一如昨日。就长期规划而言，通过年金和养老金项目，它多少有了更为积极的用武之地。过去三千年间，利息，尤其是叠加利息，素来是社会经济的重要议题之一。但是，除了金融专家和银行家之外，玄妙深奥的计算方法对于其他人而言总是一个难解之谜。不同于其他那些自然法或经济理论的里程碑，复利行为永远包含着正反两面，最终，反不胜正。中世纪，它成了一种不可或缺的罪恶，一种养家糊口和走向明天的方式。今时今日，这一代价值得付出，因为它彰显了人类社会的朝气蓬勃和乐观精神。

利息和借贷是自然法传统的一部分，这种认识有助于揭开三千年来债务在银行金融界的重要性和模糊性。数世纪风云变幻，债务已经成为一个核心议题。虽然金融理论和实践在现代社会大为改善，然而就像曾经的古代社会和中世纪，债务依旧困扰着现代人。在实践中，债务改变甚少，不论古今，滥用债务所造成的影响将引发动荡。2008年爆发债务危机，而在这之前，人们曾经错误地认为，自己能够控制并管理高额借入额，不会出什么岔子。然而，事实证明，误算误断也是历史传统的一部分。

附　录

早期利率表和计算

西蒙·斯特芬（Simon Stevin）

西蒙·斯特芬的利率表首次发表于1582年，属于折现或现值表格，其中也包括年金终值。表1的利率为6%，援引自出版于1625年的《利率表》法文版本。第1列是时间，或者年限。第2列是一千万单位根据6%利率的现值，第3列是复利，或者说第2栏折现值的终值，出发点是基于相同期限的年金（同样按照6%）。两栏均将小数点省去，这是以读者知道折现额度要小于1、复利额度要大于1为假设前提。第2列的数值全部低于1.0，而第3列高于1.0。所有数值均为半年复利或折现。

1	2	3
1	9433962	9433962
2	8899964	18333926
3	8396192	26730118
4	7920936	34651054
5	7472581	42123635
6	7049605	49173240
7	6650571	55823311
8	6274124	62097935
9	5918985	68016920
10	5583948	73600868
11	5267875	78868743
12	4968983	83838436
13	4688390	88526826
14	4423009	92949835
15	4172650	97122485
16	3936462	101058947
17	3713643	104772590
18	3503437	108276027

19	3305129	111581156
20	3118046	114699202
21	2941553	117640755
22	2275050	120415805
23	2617971	123033777
24	2469785	125503562
25	2329986	127833548
26	2198100	130031648
27	2073679	132105327
28	1956301	134061628
29	1845567	135907195
30	1741101	137648296

表 1　斯特芬 6% 利率表

来源：西蒙·斯特芬，*L'arithmetique de Simon Stevin de Bruges: Reueue corrigee et augmentee de plusieurs traictez et annotations par Albert Girard*（莱顿：De l'imprimerie des Elzeviers，1625）。

詹姆斯·霍德（James Hodder）

图 1 是霍德利率表的一个摹本，取自其出版于 1719 年的著作的首部美国版本。此处利率为 6%。要想计算 20 年 36 英镑的利息（按照 6% 的利率），用 20（图表最左边）右边的数字乘以 36 英镑，这些数字是

3 英镑、4 先令、1 便士和 2 法辛。由于英美两国直到 1750 年才使用公历，他的答案必须每年调整（缩短）10 天，这样才能与斯特芬表格的类似计算保持一致。另外，计算的前提条件为 20 先令为 1 英镑、240 便士为 1 英镑、4 法辛为 1 便士，或者 960 法辛为 1 英镑[1]。

	l.	s.	d.	q.
1	1	01	02	1
2	1	02	05	2
3	1	03	09	3
4	1	05	03	0
5	1	06	09	0
6	1	08	04	1
7	1	10	00	3
8	1	11	01	2
9	1	13	09	1
10	1	15	09	3
11	1	17	11	2
12	2	00	02	3
13	2	02	07	3
14	2	05	02	2
15	2	07	11	0
16	2	10	09	2
17	2	13	10	0
18	2	17	00	3
19	3	00	05	3
20	3	04	01	2
21	3	07	11	2

The Table is ſo plain, that I ſuppoſe it needs very little Demonſtration; I ſhall therefore only give you one or two Examples.

As,

If you would know what 36 *l.* comes to Intereſt upon Intereſt for 20 Years.

Look againſt Number 20 in the firſt Column, and you will find what the Intereſt upon Intereſt of 1 *l.* comes to for that time. Then ſay, by the Rule of Three,

图 1　霍德的利率表

来源：詹姆斯·霍德，*Hodder's Arithmetick*（波士顿：J. Franklin 出版社，1719）。

参考译文：

该表清晰易懂，笔者认为无须多费笔墨解释，因此只为读者提供一两个

[1] 译者注：l 指代英镑，s 指代先令，d 指代便士，q 指代法辛。

例子。如果读者想知道 20 年 36 英镑的叠加利息，请在表格左边找到 20，你会看到这段时限的 1 英镑叠加利息。假设按照第三准则……

爱德蒙·哈雷（Edmund Halley）

图 2 是一份年金解释，其中援引了哈雷的表格，出版于早期的《大不列颠百科全书》（*Encyclopaedia Britannica*）。

III. *Life Annuities.*

THE value of annuities for life is determined from obſervations made on the bills of mortality. Dr Halley, Mr Simpſon, and Monſ. de Moivre, are gentlemen of diſtinguiſhed merit in calculations of this kind.

Dr Halley had recourſe to the bills of mortality at Breſlaw, the capital of Sileſia, as a proper ſtandard for the other parts of Europe, being a place pretty central, at a diſtance from the ſea, and not much crowded with traffickers or foreigners. He pitches upon 1000 perſons all born in one year, and obſerves how many of theſe were alive every year, from their birth to the extinction of the laſt, and conſequently how many died each year, as in the firſt of the following tables; which is well adapted to Europe in general. But in the city of London, there is obſerved to be a greater diſparity in the births and burials than in any other place, owing probably to the vaſt reſort of people thither, in the way of commerce, from all parts of the known world. Mr Simpſon, therefore, in order to have a table particularly ſuited

图 2

fuited to this populous city, pitches upon 1280 perfons all born in the fame year, and records the number remaining alive each year, till none were in life.

Dr Halley's table on the bills of mortality at Breflaw.

Age.	Perf. liv.	A.	Perf. liv.	A.	Perf. liv.	A.	Perf. liv.
1	1000	24	573	47	377	70	142
2	855	25	567	48	367	71	131
3	798	26	560	49	357	72	120
4	760	27	553	50	346	73	109
5	732	28	546	51	335	74	98
6	710	29	539	52	324	75	88
7	692	30	531	53	313	76	78
8	680	31	523	54	302	77	68
9	670	32	515	55	292	78	58
10	661	33	507	56	282	79	49
11	653	34	499	57	272	80	41
12	646	35	490	58	262	81	34
13	640	36	481	59	252	82	28
14	634	37	472	60	242	83	23
15	628	38	463	61	232	84	20
16	622	39	454	62	222	85	15
17	616	40	445	63	212	86	11
18	610	41	436	64	202	87	8
19	604	42	427	65	192	88	5
20	598	43	417	66	182	89	3
21	592	44	407	67	172	90	1
22	586	45	397	68	162	91	0
23	579	46	387	69	152		

Mr Simpfon's table on the bills of mortality at London.

It may not be improper in this place to obferve, that however perfect tables of this fort may be in themfelves, and however well adapted to any particular climate, yet the conclufions deduced from them muft always be uncertain, being nothing more than probabilities, or conjectures drawn from the ufual period of human life. And the practice of buying and felling annuities on lives, by rules founded on fuch principles, may be juftly confidered as a fort of lottery or chance-work, in which the parties concerned muft often be deceived. But as eftimates and computations of this kind are now become fafhionable, we fhall here give fome brief account of fuch as appear moft material.

From the above tables the probability of the continuance or extinction of human life is eftimated as follows.

1. The probability that a perfon of a given age fhall live a certain number of years, is meafured by the proportion which the number of perfons living at the propofed age has to the difference between the faid number and the number of perfons living at the given age.

Thus, if it be demanded, what chance a perfon of 40 years has to live feven years longer? from 445, the number of perfons living at 40 years of age in Dr Halley's table, fubtract 377, the number of perfons living at 47 years of age, and the remainder 68, is the number of perfons that died during thefe 7 years; and the probability or chance that the perfon in the queftion fhall live thefe 7 years is as 377 to 68, or nearly as 5½ to 1. But, by Mr Simpfon's table, the chance is fomething lefs than that of 4 to 1.

2. If the year to which a perfon of a given age has an equal chance of arriving before he dies, be required, it may be found thus: Find half the number of perfons living at the given age in the tables, and in the column of age you have the year required.

Thus, if the queftion be put with refpect to a perfon of 30 years of age, the number of that age in Dr Halley's table is 531, the half whereof is 265, which is found in the table between 57 and 58 years; fo that a perfon of 30 years has an equal chance of living between 27 and 28 years longer.

3. By the tables, the premium of infurance upon lives may in fome meafure be regulated.

Thus, The chance that a perfon of 25 years has to live another year, is, by Dr Halley's table, as 80 to 1; but the chance that a perfon of 50 years has to live a year longer is only 30 to 1. And, confequently, the premium for infuring the former ought to be to the premium for infuring the latter for one year, as 30 to 80, or as 3 to 8.

PROB. I. To find the value of an annuity of 1 l. for the life of a fingle perfon of any given age.

Monf. de Moivre, by obferving the decreafe of the probabilities of life, as exhibited in the table, compofed an algebraic theorem or canon, for computing the value of an annuity for life; which canon I fhall here lay down by way of

RULE. Find the complement of life; and, by the tables, find the value of 1 l. annuity for the years denoted by the faid complement; multiply this value by the

amount

amount of 1 l. for a year, and divide the product by the complement of life; then ſubtract the quot from 1; divide the remainder by the intereſt of 1 l. for a year; and this laſt quot will be the value of the annuity ſought, or, in other words, the number of years purchaſe the annuity is worth.

EXAMP. What is the value of an annuity of 1 l. for an age of 50 years, intereſt at *5 per cent.*

86
50 age given.
36 complement of life.

By the Tables, the value is, 16.5468
Amount of 1 l. for a year, 1.05
827340
165468

Complement of life, 36)17.374140(.482615
From unity, viz. 1.000000
Subtract .482615
Intereſt of 1 l. .05).517385(10.3477, value ſought.

By the preceding problem is conſtructed the following table.

The value of 1 l. annuity for a ſingle life.

Age.	3 per c.	3½ per c.	4 per c.	4½ per c.	5 per c.	6 per c.
9=10	19.87	18.27	16.88	15.67	14.60	12.80
8=11	19.74	18.16	16.79	15.59	14.53	12.75
7=12	19.60	18.05	16.64	15.51	14.47	12.70
13	19.47	17.94	16.60	15.43	14.41	12.65
6=14	19.33	17.82	16.50	15.35	14.34	12.60
15	19.19	17.71	16.41	15.27	14.27	12.55
16	19.05	17.59	16.31	15.19	14.20	12.50
5=17	18.90	17.46	16.21	15.10	14.12	12.45
18	18.76	17.33	16.10	15.01	14.05	12.40
19	18.61	17.21	15.99	14.92	13.97	12.35
4=20	18.46	17.09	15.89	14.83	13.89	12.30
21	18.30	16.96	15.78	14.73	13.81	12.20
22	18.15	16.83	15.67	14.64	13.72	12.15
23	17.99	16.69	15.55	14.54	13.64	12.10
3=24	17.83	16.56	15.43	14.44	13.55	12.00
25	17.66	16.42	15.31	14.34	13.46	11.95
26	17.50	16.28	15.19	14.23	13.37	11.90
27	17.33	16.13	15.04	14.12	13.28	11.80
28	17.16	15.98	14.94	14.02	13.18	11.75
29	16.08	15.83	14.81	13.90	13.09	11.65
30	16.80	15.68	14.68	13.79	12.99	11.60
2=31	16.62	15.53	14.54	13.67	12.88	11.50
32	16.44	15.37	14.41	13.55	12.78	11.40
33	16.25	15.21	14.27	13.43	12.67	11.35
34	16.06	15.05	14.12	13.30	12.56	11.25
35	15.86	14.89	13.98	13.17	12.45	11.15
36	15.67	14.71	13.82	13.04	12.33	11.05
37	15.46	14.52	13.67	12.90	12.21	11.00
38	15.29	14.34	13.52	12.77	12.09	10.90
1=39	15.05	14.16	13.36	12.63	11.96	10.80
40	14.84	13.98	13.20	12.48	11.83	10.70

The value of 1 l. annuity for a ſingle life.

A.	3 per c.	3½ per c.	4 per c.	4½ per c.	5 per c.	6 per c.
41	14.63	13.79	13.02	12.33	11.70	10.55
42	14.41	13.59	12.85	12.18	11.57	10.45
43	14.19	13.40	12.68	12.02	11.43	10.35
44	13.96	13.20	12.50	11.87	11.29	10.25
45	13.73	12.99	12.32	11.70	11.14	10.10
46	13.49	12.78	12.13	11.54	10.99	10.00
47	13.25	12.56	11.94	11.37	10.84	9.85
48	13.01	12.36	11.74	11.19	10.68	9.75
49	12.76	12.14	11.54	11.00	10.51	9.60
50	12.51	11.92	11.34	10.82	10.35	9.45
51	12.26	11.69	11.13	10.64	10.17	9.30
52	12.00	11.45	10.92	10.44	9.99	9.20
53	11.73	11.20	10.70	10.24	9.82	9.00
54	11.46	10.95	10.47	10.04	9.63	8.85
55	11.18	10.69	10.24	9.82	9.44	8.70
56	10.90	10.44	10.01	9.61	9.24	8.55
57	10.61	10.18	9.77	9.39	9.04	8.35
58	10.32	9.91	9.52	9.16	8.83	8.00
59	10.03	9.64	9.27	8.93	8.61	8.00
60	9.73	9.36	9.01	8.69	8.39	7.80
61	9.42	9.08	8.75	8.44	8.16	7.60
62	9.11	8.79	8.48	8.19	7.93	7.40
63	8.79	8.49	8.20	7.94	7.68	7.20
64	8.46	8.19	7.92	7.67	7.43	6.95
65	8.13	7.88	7.63	7.39	7.18	6.75
66	7.79	7.56	7.33	7.12	6.91	6.50
67	7.45	7.24	7.02	6.83	6.64	6.25
68	7.10	6.91	6.75	6.54	6.36	6.00
69	6.75	6.57	6.39	6.23	6.07	5.75
70	6.38	6.22	6.06	5.92	5.77	5.50
71	6.01	5.87	5.72	5.59	5.47	5.20
72	5.63	5.51	5.38	5.26	5.15	4.90
73	5.25	5.14	4.02	4.92	4.82	4.60
74	4.85	4.77	4.66	4.57	4.49	4.30
75	4.45	4.38	4.29	4.22	4.14	4.00
76	4.05	3.98	3.91	3.84	3.78	3.65
77	3.63	3.57	3.52	3.47	3.41	3.30
78	3.21	3.16	3.11	3.07	3.03	2.95
79	2.78	2.74	2.70	2.67	2.64	2.55
80	2.34	2.31	2.28	2.26	2.23	2.15

The above table ſhews the value of an annuity of one pound for a ſingle life, at all the current rates of intereſt; and is eſteemed the beſt table of this kind extant, and preferable to any other of a different conſtruction. But yet thoſe who ſell annuities have generally one and a half or two years more value, than ſpecified in the table, from purchaſers whoſe age is 20 years or upwards.

Annuities of this ſort are commonly bought or ſold at ſo many years purchaſe; and the value aſſigned in the table may be ſo reckoned. Thus the value of an annuity

参考译文：

III．人寿年金

人寿年金的价值是基于对死亡统计表的分析。哈雷博士、辛普森先生和棣莫弗先生对这类计算颇有成就，名声赫赫。

哈雷博士借用了西里西亚布雷斯劳的死亡统计表，该地是欧洲各地区的最佳代表，地处核心地带，远离海洋，没有太多走私者或外国人。他选出同一年出生的 1000 个人，并分析每年有多少人存活，从出生到最后一个人的死亡时间，接着分析每年有多少人死亡，请参照下文表格。这普遍适用于欧洲。但是，伦敦市的出生死亡和其他地区差别甚大，主要原因或许是这里人口庞杂，大家出于商贸目的，从世界各地来到这里。因此，为了制定一个特别针对该人口众多城市的表格，辛普森先生分析了同一年出生的 1280 个人，并记录下每年的存活人数，直到这些人全部过世。

不论这类表格多么完美无缺，不论多么适用于各类环境，然而从中得出的结论总有不确定性，最多只能说明某种概率，或者说是从正常寿命当中所得出的假设，这样说或许不能算是有失公允。基于这类原则所设定的规定，买卖人寿年金或许只能算是某种彩票或抽奖，相关人士免不了上当受骗。但是，这类推测和计算如今越发盛行，笔者此处将和绝大多数材料一样，针对该问题给出一些简要介绍。

根据上文表格，寿命延续和消亡的概率估测如下：

1. 某特定年龄人士存活的概率衡量是根据预期年龄人数比设定年限与特定年龄人数差额的对比。

因此，如果要计算一个 40 岁的人多活七年的概率有多大，那么根据哈雷博士的表格，40 岁的存活人数有 445 人，减去 47 岁的存活人数 377，结果是 68，这就是七年里会过世的人数。这个人多活七年的概率是 377 比 68，约为 51/2（原文数字不清晰）比 1。但是，根据辛普森先生的表格，概率低于 4 比 1。

2. 如果要计算某特定年龄人士还有多久过世，方法如下：在表格中找到该特定年龄的存活人数，分成两半，最后结果在表格的年龄一栏。

如果问题涉及到某位 30 岁年纪的人，按照哈雷博士的表格，对应数字为 531，一半就是 265，这个数字介于 57~58 岁，因此，30 岁的这个人能继续活 27~28 年左右。

3. 通过表格就能大致计算人寿保险费用。

因此，根据哈雷博士的表格，某人 25 岁，他多活一年的可能性是 80:1，但是，某个 50 岁年纪的人多活一年的可能性只有 30:1。有鉴于此，前者保费与后者保费应该是 30:80，或者 3:8。

问题 1：针对特定年龄人士，判断 1 英镑年金的价值。

棣莫弗先生分析了寿命存活概率的下滑，如表所示，从而提出一个代数定理或法则，用于计算人寿年金价值，具体如下：

法则：找出寿命差；根据这一数值所标识的年限，在表格中找出 1 英镑年金的价值; 用一年 1 英镑乘以该价值; 用该数字除以寿命差; 用 1 减去该数字; 用所得数字除以一年 1 英镑的利息；最后得出的数字即为价值，换言之，购买年金的合理年限。

例子：某人 50 岁，按照 5% 利率，1 英镑年金的价值是多少？

86

50 特定年龄

36 寿命差

按照表格，价值为 16.5468

一年 1 英镑金额，　1.05

827340

165468

寿命差，　36)17.374140(.482615

统一起来，即 1.000000

减去　　.482615

1 英镑利息 .05).517385(10.3477，价值结果

通过以上计算，得出下文表格。

个人 1 英镑价值表格

上文表格说明了一个人 1 英镑年金的价值，利率按照现行标准；这是此类表格中最完善的一个，比其他表格有优势。但是，有人认为，较之于该表格给出的特定数据，年金价值应该多一年半或两年，购买者是 20 岁或以上尤甚。

这类年金的买卖年限较长，表格所列价值或许可以相应推算。因此，年金价值……

威 廉· 韦 伯 斯 特（William Webster）

参考译文：

8% 的复利

10 英镑年金的年增长以及任何年金或年支付，按照三十一年期限，8% 复利：所有之前费用，如有拖延，必须补偿。分解部分为便士。

来源为 *Webster's Tables*（伦敦：M. Flesher for Nicolas Bourne 出版社，1634）。

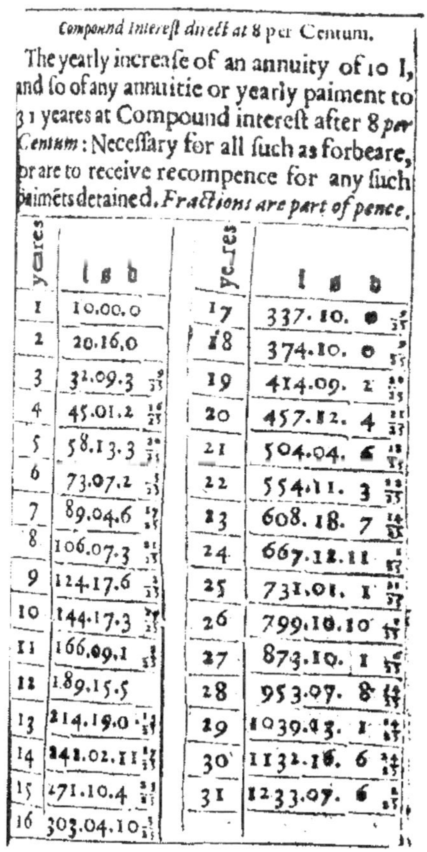

Compound Interest direct at 8 per Centum.

The yearly increase of an annuity of 10 l, and so of any annuitie or yearly paiment to 31 yeares at Compound interest after 8 *per Centum*: Necessary for all such as forbeare, or are to receive recompence for any such paimets detained. *Fractions are part of pence.*

yeares	l s d	yeares	l s d
1	10.00.0	17	337.10.0
2	20.16.0	18	374.10.0
3	32.09.3	19	414.09.2
4	45.01.2	20	457.12.4
5	58.13.3	21	504.04.6
6	73.07.2	22	554.11.3
7	89.04.6	23	608.18.7
8	106.07.3	24	667.12.11
9	124.17.6	25	731.01.1
10	144.17.3	26	799.10.10
11	166.09.1	27	873.10.1
12	189.15.5	28	953.07.8
13	214.19.0	29	1039.03.1
14	241.02.11	30	1132.16.6
15	271.10.4	31	1233.07.6
16	303.04.10		

图 3　威廉 • 韦伯斯特利率表

艾萨克·牛顿（Isaac Newton）

图 4 说明了艾萨克·牛顿针对复利提出的问题，首次出版于 1720 年。如果使用当代术语，它所解决的复利问题应该属于年金到期收益。这是力图解决利率问题的早期尝试之一。

PROBLEM XVI. If an annual Penſion of the [Number of] Pounds a, to be paid in the five next following Years, be bought for the ready Money c, to find what the Compound Intereſt of 100 *l. per Annum* will amount to?

Make $1 - x$ the Compound Intereſt of the Money x for a Year, that is, that the Money 1 to be paid after one Year is worth x in ready Money; and, by Proportion, the Money a to be paid after one Year will be worth ax in ready Money, and after 2 Years [it will be worth] axx, and after 3 Years ax^3, and after 4 Years ax^4, and after 5 Years ax^5. Add theſe 5 Terms, and you'll have $ax^5 + ax^4 + ax^3 + axx + ax = c$, or $x^5 + x^4 + x^3 + x^2 + x = \frac{c}{a}$ an Æquation of 5 Dimenſions, by Help of which when x is found by the Rules to be taught hereafter, put $x : 1 :: 100 : y$, and $y - 100$ will be the Compound Intereſt of 100 *l. per Annum.*

It is [will be] ſufficient to have given theſe Inſtances in Queſtions where only the Proportions of Quantities are to be conſider'd, without the Poſitions of Lines: Let us now proceed to the Solutions of Geometrical Problems.

图 4　牛顿提出的复利问题

来源：艾萨克·牛顿，*Universal Arithmetick: or, A Treatise of Arithmetical Composition and Resolution*，拉夫森（Raphson）翻译（伦敦：J. Senex 出版社，1720）。

参考译文：

问题 XVI。如果年度养老金额度为 a 英镑，要在未来五年支付，用已有现金 c 购买，那么按照每年 100 英镑的复利计算，金额是多少？

复利从 1 到 x，钱的额度为 x，期限一年，换言之，一年之后，要支付的1钱为x现钱。按比率，一年之后，要支付的a钱为ax现钱；两年之后，（将价值）axx；三年之后变成ax3；四年之后变成ax4；五年之后为ax5。按照五年期限，ax5+ax4+ax3+axx+ax=c，或者是x5+x4+x3+x2+x=c/a，这是五个维度的等式，另外根据下文介绍的定理找出x，放入x:1::100:y，那么y-100就是每年100英镑的复利。

给出问题例子，只交代数量比例，不涉及具体定位，现在（将来）就足以说明问题。现在我们来论述如何解决几何问题。

借钱：利息、债务和资本的故事

出版统筹：新华先锋
出版策划：王　铭　木易雨田
特约监制：海　莲
营销统筹：杨文璐
版权运营：刘　洋
策划编辑：海　莲
文字编辑：温　星
封面设计：王　鑫
版式设计：朱明月
责任印制：李　静

天猫旗舰店
京东旗舰店
当当自营
微信公众号

投稿邮箱：tougao@cooldu.com
新浪微博：@新华先锋（免费精品好书天天送）